Subartu VIII

Cultures locales du Moyen-Euphrate
Modèles et Événements
IIe-Ier Mill. av. J.-C.

Subartu

Subartu is edited by the European Centre for Upper Mesopotamian Studies.

Manuscripts are to be submitted to:
Marc Lebeau, ECUMS-Brussels, 41, Boulevard A. Reyers, B-1030 Brussels, Belgium (or to)
Karel Van Lerberghe, ECUMS-Leuven, Departement Oosterse Studies, KUL, Blijde Inkomststraat 21, B-3000 Leuven, Belgium.

Order forms to be mailed to:
Brepols Publishers, Begijnhof 67, B-2300 Turnhout, Belgium.

This publication is integrated in a research program supported by:

Direction Générale des Antiquités et des Musées de Syrie - Deutsche Forschungsgemeinschaft -
Fonds National de la Recherche Scientifique (Belgique) - Förderverein Tell Beydar e.V. und seine Sponsoren

- Interuniversity Pole of Attraction 34 (Belgian State, Science policy programming) -

Med-Campus 95 (European Union) - Nationaal Fonds voor Wetenschappelijk Onderzoek (België) - Onderzoeksraad
K. U. Leuven - Nationale Loterij - Société Générale de Belgique -
Université Libre de Bruxelles (Faculté de Philosophie et Lettres & Institut de Philologie et d'Histoire orientales)
& a great number of private sponsors.

Maria Grazia MASETTI-ROUAULT

CULTURES LOCALES DU MOYEN-EUPHRATE
MODÈLES ET ÉVÉNEMENTS
IIe-Ier MILL. AV. J.-C.

BREPOLS

MASETTI-ROUAULT, Maria Grazia
Cultures locales du Moyen-Euphrate.
Modèles et événements, IIe-Ier mill. av. J.-C.
(= Subartu VIII), Brepols, Turnhout, 2001.
A4, sewn, 208 pages.
Contents: Assyriology, Archaeology, Iconography,
Ideology, semi-Nomadism, Arameans, Amorites,
Areas: Upper Mesopotamia, Jezirah, Northern Syria,
Middle Euphrates

ISBN 2-503-99116-5
D/2001/0095/29

Printed in the E.U. on acid-free paper.

Table des matières

Introduction 1

0.1. Les études sur le début de l'Âge du Fer dans le Moyen-Euphrate 1
0.2. La crise des modèles classiques de l'histoire proto-araméenne 2
0.2.1. La critique biblique 2
0.2.2. Les études sur la société amorrite 3
0.2.3. Les nouvelles données épigraphiques et archéologiques 4
0.3. Pouvoir, culture locale et idéologie assyrienne 5
0.4. Valeur paradigmatique des recherches récentes sur le Moyen-Euphrate 7
0.5. Un document exceptionnel pour illustrer l'analyse : la stèle d'Ashara 8

1 La Syrie du nord et le Moyen-Euphrate : géographie et histoire 11

1.1. Le cadre géographique 11
1.1.1. Description géographique et géomorphologique 13
1.1.2. Aspects climatiques 16
1.1.3. Climat et histoire 17
1.2. L'écosystème et l'économie 18
1.2.1. Les débuts de l'agriculture et de l'élevage 19
1.2.2. Agriculture irriguée, systèmes à économie mixte et formation des structures urbaines 20
1.2.3. Nomades et sédentaires: historique de la question 25
1.2.4. La vallée, la ville et la steppe: symbiose et exploitation 30

2 Le passage de l'Âge du Bronze Moyen à l'Âge du Bronze Récent en Syrie du nord, dans le Moyen-Euphrate et en Assyrie: événements et modèles 39

2.1. Le cadre politique général 39
2.1.1. La fin du Bronze Moyen: modèles d'interprétation 39
2.1.2. Bronze Moyen et Bronze Récent en Syrie du nord : rupture et continuité dans les culture locales 42
2.1.3. Bronze Moyen et Bronze Récent dans le Moyen-Euphrate: le cas du royaume de Ḫana 47
2.2. La formation de l'empire médio-assyrien 53
2.2.1. L'Assyrie et la domination mitannienne 53
2.2.2. L'empire médio-assyrien: idéologie, économie et culture 58
2.2.3. Les relations avec la Syrie du nord et le Moyen-Euphrate 63

3 L'Âge du Fer en Syrie du nord et dans le Moyen-Euphrate: crise et restructuration 71

3.1. Le passage de l'Âge du Bronze à l'Âge du Fer: les modèles historiographiques 71
3.2. La situation historique en Palestine et en Syrie 75
3.3. Les centres syro-hittites et paléo-araméens en Syrie du nord et en Anatolie méridionale 78
3.4. Le Moyen-Euphrate: nomades et sédentaires dans le contexte historique 82

4 La stèle d'Ashara-Sirqu: vers une nouvelle interprétation 89

4.0. Introduction 89
4.1. Intertextualité de la stèle 90
4.1.1. L'iconographie 90
4.1.1.1. Le dieu de l'Orage 91
4.1.1.2. Le serpent 93
4.1.1.3. Le génie apkallu 97
4.1.1.4. Le "roi" 100
4.1.2. L'inscription 103
4.1.2.1. Transcription et traduction 104
4.1.2.2. La première interprétation du texte (Tournay 1952) 105
4.1.2.3. Nouvelle interprétation 108
4.2. Le contexte de la stèle 110
4.2.1. Les données culturelles 110
4.2.1.1. Les tradition assyriennes 110
4.2.1.2. Les traditions syriennes 113
4.2.2. Les données historiques 114
4.2.2.1. Résumé de l'histoire du Moyen-Euphrate 114
4.2.2.2. Les campagnes d'Adad-nirâri II 118
4.2.2.3. Les campagnes de Tukulti-Ninurta II 120
4.2.2.4. Les campagnes royales au pays de Laqê d'après la tradition historiographique assyrienne 121
4.2.2.5. Le Moyen-Euphrate après Tukulti-Ninurta II 122
4.2.2.6 Laqê et Assyrie au début du 9e siècle 125
4.3. Conclusions 127
4.3.1. Culture locale et culture araméenne 127
4.3.2. Politique et société à Sirqu 130

Conclusions 135

Annexes 137

La VIIe campagne d'Adad-nirâri II
La campagne de Tukulti-Ninurta II

Abréviations 141

Bibliographie 143

Index 187

1. Noms de personnes et de dieux 187
2. Noms géographiques 188

Illustrations 191

Introduction

0.1. Les études sur le début de l'Âge du Fer dans le Moyen-Euphrate

Cet ouvrage présente une étude de la situation sociale, politique et culturelle de la région du Moyen-Euphrate syrien pendant la période couvrant la fin de l'Âge du Bronze et le début de l'Âge du Fer (12e-9e siècles), en analysant particulièrement les relations entre le monde assyrien et les cultures locales. C'est dans ce contexte historique que la civilisation araméenne s'est formée et qu'elle est documentée pour la première fois.

Dans l'état actuel des études assyriologiques et sémitiques, comme elles sont représentées et résumées dans le discours de la plupart des manuels d'histoire ancienne classiques, le projet d'étudier le problème des relations entre pouvoir assyrien et sociétés locales dans la région du Moyen-Euphrate à l'Âge du Fer peut sembler chimérique ou, au moins, prématuré. En effet, l'image traditionnelle proposée pour ces territoires à cette époque est celle d'un pays sans villes, sans structures urbaines assez développées pour être considérées comme responsables de créations artistiques, littéraires, ou de programmes politiques d'envergure qui puissent de quelque façon être comparés à la civilisation assyrienne contemporaine. En ce sens, la situation locale à la fin de l'Âge du Bronze s'oppose clairement à celle des époques précédentes, quand les vallées du Moyen-Euphrate et du Khabour ont constitué le milieu où plusieurs grandes cultures ont pu se former et vivre, y laissant les traces de leurs réalisations dans de nombreux sites de grande importance. Depuis le Néolithique, en passant par la période d'Uruk IV, les vestiges des villes du Bronze Ancien et Moyen, comme Mari, Terqa, Tell Brak, Tell Beidar ou Tell Leilan, ainsi que l'ensemble de la documentation archéologique et épigraphique qui y a été recueillie, témoignent du haut niveau de civilisation atteint par les populations locales.

Par contre, dans les périodes suivantes et en particulier au début de l'Âge du Fer, pratiquement toute la Djéziré est considérée comme traversant une crise grave, se manifestant par une nette réduction de la quantité des sites urbains et de leur extension, et s'accompagnant d'un vide documentaire presque total. Interprétée en général comme la manifestation locale d'un état de désordre et d'écroulement des structures politiques et sociales touchant tout le Proche-Orient et la Méditerranée, cette situation connaît toutefois une exception. La politique d'expansion à l'ouest du Tigre suivie par la monarchie assyrienne depuis le 13e siècle a provoqué l'occupation de plusieurs centres de la région, et même des fondations nouvelles, qui se développent jusqu'à la fin du 11e siècle, avant de connaître eux aussi une période d'affaiblissement marqué. La colonisation de la vallée reprend seulement à la fin du 9e siècle avec la renaissance des centres administratifs assyriens, dont la recherche archéologique a montré la complète dépendance culturelle et artistique vis-à-vis de la métropole.

Les seules populations dont la présence dans cette région soit attestée par les sources assyriennes à partir du 12e siècle sont désignées à plusieurs reprises dans les textes par le nom d'"Araméens". Par conséquent, elles ont été couramment considérées par les historiens comme les représentants de la phase la plus ancienne, remontant aux origines, de cette civilisation araméenne, qui, dès le milieu du Ier millénaire av. J.-C imposera sa langue à tout le Proche-Orient. Traiter aujourd'hui du thème des relations entre pouvoir et culture assyriens et sociétés locales en Mésopotamie du nord, et en particulier dans la vallée du Moyen-Euphrate, pour cette période, reviendrait apparemment à s'occuper des rapports et des conflits entre l'empire assyrien et les Araméens.

Toutefois, il ressort immédiatement que, dans ce contexte, les termes "société locale" ou "culture locale" seraient des expressions impropres: en effet, la civilisation araméenne ne peut pas – et en réalité elle ne l'est jamais – être considérée comme locale dans la région du Moyen-Euphrate, et cela pour différentes raisons. D'abord, parce qu'elle se présente comme une réalité historique beaucoup plus vaste et complexe, manifestant un développement dans le temps et dans l'espace géographique et politique qui n'est pas explicable comme une expansion, à partir d'un "pays d'origine", vers le reste du monde oriental. En outre, la population araméenne décrite par les textes médio-assyriens apparaît extrêmement mobile, probablement semi-nomade, et peu liée à un territoire déterminé. De ce mode de vie non urbain, par analogie avec d'autres exemples proche-orientaux, on a pu déduire que la société araméenne des origines avait une structure tribale et devait être par conséquent assez primitive. Le stade barbare de sa civilisation, son état "sauvage" à la fin du IIe millénaire justifient d'autre part l'absence d'une documentation archéologique et épigraphique identifiables comme sa production, dans la région qu'elle a occupée.

C'est donc le caractère international même du phénomène araméen, largement reconnu pour les périodes plus récentes, et, d'autre part, la structure semi-nomade attribuée à la forme primitive de cette société, qui semblent interdire sa prise en considération en tant que fait local, dans le cadre d'une étude sur la culture locale du Moyen-Euphrate.

0.2. La crise des modèles classiques de l'histoire proto-araméenne

Dans le discours historique courant, le développement des relations assyro-araméennes semble couvrir et contenir l'ensemble des phénomènes qui se présentent dans le Moyen-Euphrate et dans toute la Djéziré dès la fin de l'Âge du Bronze. L'analyse des sources assyriennes et, dès la fin du 9e siècle, des documents araméens, a montré que ces relations ont connu des modifications profondes dans le cours du temps. Les programmes et les stratégies militaires et administratives des Assyriens concernant la Mésopotamie du nord et la Syrie ont évolué en fonction de la situation politique et sociale de la métropole.

Du côté araméen, quoique la documentation soit bien plus limitée, on assiste à une sédentarisation progressive de la population semi-nomade des premiers siècles, par un mouvement qui, déjà pleinement accompli en Syrie occidentale et septentrionale au 10e siècle, avec la fondations des royautés araméennes, est encore en cours dans le Moyen-Euphrate au début du 9e siècle, quand il y sera mis fin par l'Assyrie.

On s'attendrait à ce que cette dialectique instaurée par la confrontation culturelle, politique et économique entre ces deux peuples, ces deux ethnies et ces deux langues, explique et épuise toute la problématique historique qui ressort de la documentation archéologique et épigraphique de l'Âge du Fer et, en général, c'est justement cette orientation et cette logique que les historiens suivent et utilisent, afin de rendre compte de la situation en Syrie du Nord pour l'époque en question.

En réalité, grâce aux progrès continus de la recherche dans toute la Mésopotamie du nord, amenant la découverte de nouveaux faits de civilisation, ainsi que la redécouverte d'une documentation déjà connue, on commence à réaliser, d'une façon de plus en plus claire, que ce modèle et cette dialectique ne permettent plus d'interpréter et de structurer la complexité des phénomènes observés, ni, plus généralement, d'expliquer tous les caractères de la civilisation syrienne du Ier millénaire.

Au delà des phénomènes d'acculturation entre deux ethnies et deux langues, on commence à reconnaître que d'autres facteurs et d'autres analyses peuvent entrer en jeu dans l'étude de l'histoire de ces régions à l'Âge du Fer. Tandis que les études assyriologiques, fondées sur une documentation au fond assez vaste et éditée avec cohérence, semblent dans leur ensemble plutôt aptes à résister à une critique de fond, c'est la reconstruction traditionnelle de l'histoire des Araméens – surtout celle concernant ses phases plus anciennes des 12e-9e siècles – qui se trouve remise en cause: l'impact des données nouvelles et les développements parallèles des recherches animant depuis une trentaine d'années les études sémitiques et bibliques, ont permis d'ouvrir un vaste débat sur les modalités de la formation des états en Syrie et en Palestine à l'Âge du Fer.

0.2.1. La critique biblique

Il n'est pas possible d'identifier ou même d'assimiler d'une façon automatique le processus ayant abouti à la fondation de la monarchie israélite et à l'organisation politique de la Palestine – selon l'interprétation récente de chercheurs comme Alt, Mendenhall, Gottwald, Weippert, Finkelstein et autres – avec les phénomènes relatifs à la formation de la civilisation et des états araméens en Syrie à la même époque. Toutefois, le changement de perspective historique que ces études du milieu biblique ont imposé dans les disciplines concernées ne peut pas ne pas affecter aussi la façon de considérer aujourd'hui le problème de l'origine de la culture araméenne, de ses caractéristiques et de ses réalisations matérielles et politiques.

Grâce aux résultats de ces recherches, ainsi que de celles, partiellement apparentées, développées dans le milieu assyriologique et concernant la structure sociale de la société amorrite du IIe millénaire, on peut plus facilement aujourd'hui réaliser l'importance, mais aussi la relativité, des critères linguistiques et philologiques traditionnels qui formalisent nos connaissances de cette période et de l'histoire araméenne. C'est en effet sur la base d'un critère de jugement uniquement linguistique, sans prendre en compte ni rechercher d'autres types de sources, qu'on définit comme "araméens" des centres urbains ou des populations qui sont censés parler une forme de la langue araméenne, identifiée à partir des données textuelles ou de l'onomastique.

Ainsi, à partir de données linguistiques, on a généré le concept d'une ethnie et d'un peuple araméens, dont l'histoire débuterait et l'identité se formerait en opposition avec celles des autres cultures présentes en Mésopotamie du nord, à la fin de l'Âge du Bronze. L'activité principale des historiens consiste à isoler les éléments de culture linguistiquement araméens de ceux qui ne le sont pas. Le fait que cette opération ne soit possible qu'à partir du moment où l'on dispose effectivement d'une documentation araméenne écrite, donc pas avant le milieu du 9e siècle, et uniquement à travers la tradition écrite – on ne peut pas identifier un art original araméen ni une culture matérielle araméenne – n'a pas provoqué de doutes méthodologiques: cette situation a été présentée comme le résultat du hasard de la recherche archéologique, ou bien comme une conséquence de la nature "semi-nomade" des ancêtres araméens.

La critique des textes bibliques, la discussion autour du terme de "Ḫapiru", l'analyse des données archéologiques disponibles et l'approfondissement des recherches et des théories anthropologiques dans les dernières décennies ont tous contribué à mettre en évidence le fait que l'utilisation des concepts d'"ethnicité" et de conflit ethnique – pourtant explicitement attestés dans la tradition écrite – n'est pas vraiment utile ni productive dans la reconstruction moderne de l'histoire des états israélites. Les phénomènes liés à la formation de ces états, de leur culture, de leur religion et de leur idéologie, sont beaucoup plus compréhensibles si on les interprète comme le résultat d'ajustements, parfois violents et radicaux, de la structure de la société de l'époque. Il s'agirait des effets de conflits politiques et économiques, internes à une culture spécifique, et aboutissant à une modification profonde de l'organisation du pouvoir.

Ainsi, l'image biblique d'une guerre entre peuples dont les israélites sont sortis vainqueurs et dont l'objet aurait été le contrôle d'un territoire déterminé, est remplacée dans l'historiographie moderne par celle d'un changement politique aboutissant à une nouvelle organisation d'une partie de la société ainsi qu'à une modification des partages fonctionnels, économiques et administratifs qui avaient déterminé sa position marginale par rapport au pouvoir en place. Ces changements ont impliqué une "révolution culturelle" et le développement d'une idéologie religieuse différente, correspondant certes à l'affirmation des valeurs et des projets politiques de la structure sociale nouvelle, mais qui ne peuvent pas être considérés comme le triomphe d'une culture étrangère sur une culture locale.

La tradition de l'historiographie biblique, qui n'avait pas d'autres moyens d'analyse, et qui était par ailleurs structurée par des finalités idéologiques précises, a formulé les récits concernant la période de la formation de l'état selon les critères du conflit ethnique et religieux. La critique historique actuelle, maîtrisant un langage et une technique d'étude plus développés et affinés, aboutit à la construction d'un modèle différent, dont l'importance n'est pas limitée au domaine biblique, mais qui intéresse au fond toute l'historiographie moderne concernant le Proche-Orient à l'Âge du Fer.

0.2.2. Les études sur la société amorrite

Les recherches développées par Luke, Rowton, Matthews, Buccellati et autres, sur les matériaux épigraphiques retrouvés dans les archives royales de Tell Hariri-Mari – qui fut un des centres les plus importants du Moyen-Euphrate pendant l'Âge du Bronze Ancien et Moyen – ont également permis de relativiser l'importance des critères ethniques et des différences culturelles et linguistiques dans l'interprétation des relations entre des groupes et des communautés assurant des fonctions différentes dans la structure économique et politique de la société locale. Bien que les différences soient effectivement marquées dans les textes comme fondées sur ces caractéristiques ethniques et culturelles, les recherches historiques, géographiques et économiques ont prouvé assez clairement que la société du Moyen-Euphrate des débuts du IIe millénaire était bien une réalité unitaire, comportant tout à la fois des aspects urbains, sédentaires, liés à l'agriculture irriguée, et des aspects semi-nomades dans la steppe syrienne, liés à l'élevage ou à des activités militaires.

A la différence des études réalisées dans le contexte biblique, qui ont atteint un certain niveau de conscience critique à travers le travail commun de philologues, d'archéologues, d'ethnologues et d'historiens, et dont les résultats sont en train de remodeler la discipline même et ses méthodes, le débat scientifique qui a entouré la question amorrite n'est pas encore arrivé à des conclusions claires. On a l'impression que l'avancement et le perfectionnement continuel du travail philologique, épigraphique et grammatical ne s'accompagnent pas de progrès parallèles dans l'interprétation historique des faits de culture et de civilisation mis en lumière. Cette situation est d'autant plus regrettable que la structure de la société amorrite du IIe millénaire est souvent évoquée comme l'exemple le plus proche – sinon comme l'ancêtre direct – de la civilisation des Araméens, qui se développera dans la même région, soumise aux mêmes contraintes géographiques et économiques, un demi millénaire plus tard.

Les théories traditionnelles et encore courantes développées autour du problème des origines araméennes doivent forcément être revues à la lumières des résultats indiscutables obtenus par toutes ces recherches, qui, au fond, ont fait ressortir le poids excessif accordé, dans l'interprétation historique moderne, aux facteurs linguistiques, ainsi que, plus généralement, aux données fournies par des sources textuelles anciennes. Suivant les perspectives des études bibliques actuelles, qui montrent que les différences représentées, dans la documentation écrite, comme linguistiques ou ethniques peuvent correspondre à une distance sociale, économique et fonctionnelle entre des parties de la population, l'histoire des origines des Araméens, de leur langage, de leur civilisation, ainsi que la description même de leur société et leur économie, de leur relations avec le milieu naturel ou politique, peuvent et doivent être complètement réorganisées et repensées.

Si le terme de "culture araméenne", aux débuts de l'Âge du Fer, correspond effectivement à la culture d'une catégorie sociale – constituée au moins dans une certaine mesure par des populations semi-nomades s'occupant de l'élevage d'ovins et de caprins – alors sa formation et son développement peuvent être compris en les replaçant à l'intérieur de la structure de la civilisation syrienne et de sa dialectique, tant sur le plan diachronique que dans la synchronie. Le recours à toutes les disciplines capables de s'occuper de phénomènes sociaux, comme l'ethnologie, l'anthropologie, la sociologie, l'ethnolinguistique et l'économie – à côté du monopole actuel de l'épigraphie et de la philologie – est ainsi justifié et totalement légitime.

Le paradigme de l'acculturation peut dans ce contexte être employé pour étudier non seulement les relations entre cultures différentes d'un point de vue linguistique, mais aussi entre celles qui pouvaient exister entre différents niveaux d'une même société locale, différenciés ou non par une distance dialectale observable.

0.2.3. Les nouvelles données épigraphiques et archéologiques

L'affaiblissement des théories en cours concernant les origines et le développement de la culture et de la société araméenne, qui comporte par conséquent la crise du modèle de ses relations avec la civilisation assyrienne, n'est pas provoqué seulement par des considérations méthodologiques ou des préoccupations comparatistes. Une série de découvertes épigraphiques relativement récentes, comme les textes cunéiformes provenant de Tell Bderi, ou la statue bilingue, assyro-araméenne, de Tell Fékhériyé, dans la vallée du Khabour, ou encore les textes de Anat, dans la vallée du Moyen-Euphrate, ont également contribué à montrer que les situations locales dans cette région, leur culture et leur idéologie, comme elles sont représentées dans ces textes, ne correspondent pas aux conclusions générées par les modèles courants des relations assyro-araméennes.

D'une part, les inscriptions d'Assur-šum-kitti-lišir de Tell Bderi montrent l'existence, au milieu du 12ᵉ siècle, d'une communauté locale dans la vallée du Khabour qui, tout en reproduisant matériellement les formes de la culture assyrienne contemporaine, est politiquement indépendante de la métropole. De l'autre, la statue de Adad-it'i, gouverneur-roi de Guzana, qui a été retrouvée à Tell Fékhériyé, manifeste dès le milieu du 9ᵉ siècle, par ses qualités artistiques et par la présence d'une inscription bilingue en akkadien et en araméen, le très haut niveau de développement de la culture de la communauté locale parlant araméen, dans une situation de contact direct avec la culture et le système politique assyriens.

Les textes provenant de la région de Anat, rédigés en akkadien, donnent des éléments d'information très importants sur la situation du pays de Suḫu que l'on peut comparer à celle de Guzana, bien qu'elle soit plus récente d'un siècle environ et sans doute beaucoup plus marquée par l'influence babylonienne. On voit apparaître au pays de Suḫu une communauté locale stable, structurée politiquement comme un petit royaume géré par une dynastie qui fonde, dans la titulature de ses inscriptions, sa propre légitimité sur une descendance directe de rois paléobabyloniens et kassites de l'Âge du Bronze Moyen. Cette communauté présente une stratification sociale claire et a développé des cultes locaux assez originaux, tout en restant liée à la tradition religieuse et culturelle babylonienne. Les textes montrent cette société locale du Moyen-Euphrate aux prises avec des bandes de nomades araméens qui sont en train de menacer la région par leurs activités militaires, en présence d'une garnison assyrienne incapable de leur tenir tête.

L'image de cette partie de la vallée donnée par les inscriptions royales assyriennes contemporaines n'aurait en rien laissé supposer cette vie, cet état de la situation ou ce type d'organisation sociale. Elle n'aurait pas non plus permis de deviner la présence de cette culture qui, intégrant les apports assyriens et, d'autre part, manifestant une grande créativité et une capacité réelle d'innovation dans tous les domaines, garde encore intactes ses relations avec les grandes civilisations syriennes et mésopotamiennes de l'Âge du Bronze. Les nouvelles données, évoquées ici de façon rapide, confirment ainsi que le discours encore courant autour des relations assyro-araméennes, qui est censé résumer l'histoire de la Mésopotamie du nord entre l'Âge du Bronze et l'Âge du Fer, est maintenant obsolète. En effet, ce discours a été développé sur la base d'informations fournies presque exclusivement par les inscriptions royales assyriennes, qui ignorent systématiquement les réalités locales, focalisant les récits uniquement sur les contacts avec les "Araméens". Ces tribus semi-nomades de l'Âge du Fer I sont considérées comme constituant, au début du Iᵉʳ millénaire, la grande majorité de la population locale de Mésopotamie du nord, et la base sociale des monarchies araméennes des siècles suivants. Les informations provenant des textes nouveaux suggèrent au contraire, et de façon claire, que les communautés locales et urbaines constituent aussi un facteur très important pour la compréhension des processus en cours, tant comme cadre réel où se déroulent les phénomènes de confrontation et d'acculturation entre Assyriens et Araméens, que comme troisième élément actif et facteur d'interférence dans leurs relations politiques.

L'usage inconscient mais encore actuel du modèle de la tribu araméenne nomade ou semi-nomade, donc forcément barbare, sans littérature, sans traditions architecturales et sans capacités artistiques, a sans doute été une des raisons qui ont fortement limité l'élargissement des recherches sur la formation de la civilisation araméenne dans le domaine de l'archéologie, de l'iconographie et de la culture matérielle. Cette vision de la situation aux débuts de l'Âge du Fer a d'ailleurs permis d'expliquer le manque évident de documentation qui a souvent été déploré pour toute la région, et de s'en accommoder. En même temps, elle a empêché la recherche de s'orienter vers tous ces matériaux provenant de sites que l'absence de textes écrits n'avait permis d'identifier ni comme Araméens ni comme Assyriens. En réalité, les vallées du Moyen-Euphrate et du Khabour, ainsi que toute la Syrie du Nord, là où la présence d'une population "araméenne" s'est manifestée pour la première fois, ne sont pas vides de sites de l'Âge du Fer, ni de la fin du Bronze Récent. Bien avant que ne soient connus les résultats des nombreuses campagnes de prospection qui s'y sont développées dans la dernière décennie, attestant pour cette période une augmentation stable des habitats urbains, les fouilles anciennes – il est vrai souvent réalisées avec des méthodes qui ne correspondent plus aux exigences scientifiques actuelles – avaient livré, surtout dans les régions les plus septentrionales, une très riche documentation archéologique.

La présence d'imposantes structures urbaines et architecturales et la quantité de représentations iconographiques extrêmement complexes et articulées sont le témoignage de l'existence d'une culture locale forte et prospère, dépendant sans doute, comme l'analyse interne des monuments semble l'indiquer, des grandes civilisations de l'Âge du Bronze. Le fait que cette documentation ait pu être attribuée à des traditions plus anciennes – et pas forcément sémitiques mais en l'occurrence hittites ou hourrites – a dilué son importance et découragé son utilisation dans les recherches sur la culture proto-araméenne. Pourtant, comme l'ont récemment démontré des études ponctuelles du style et de l'iconographie de ces monuments provenant de sites différents de Syrie du Nord, ces cultures urbaines sont strictement contemporaines de la présence araméenne dans la région aux 10e-9e siècles, dont elles partagent et occupent le même cadre géographique. Bien qu'on ne puisse pas démontrer l'existence d'une iconographie ni d'un art proprement araméens, la reconstruction historique moderne, sur la base de critères linguistiques et ethniques, préfère en général exclure l'éventualité que la documentation néo-hittite ou syro-hittite provenant de Mésopotamie du nord puisse correspondre aussi à la production de populations locales "araméennes".

0.3. Pouvoir, culture locale et idéologie assyrienne

En l'état actuel des études portant sur l'histoire de la civilisation du Moyen-Euphrate à l'Âge du Fer, et devant le constat de la crise et des problèmes provoqués par le modèle traditionnel des relations assyro-araméennes, l'introduction des termes de "pouvoir local", et de "culture locale", dans une analyse de la documentation de cette époque, ne peut plus être considérée comme inutile ou abusive. La dimension locale apparaît au contraire comme le seul cadre historique dans lequel les contacts entre Assyriens et Araméens ont pu se réaliser d'une façon directement observable, et dans lequel leurs modalités, causes et effets deviennent donc un objet d'étude possible. Dans l'optique de cette démarche, la dimension locale n'est toutefois pas uniquement considérée comme un élément neutre de l'analyse ni comme le simple théâtre des événements en cours entre Assyriens et Araméens. Au contraire, le milieu local est considéré comme ayant déterminé en partie le développement de ces relations, en raison des contraintes géographiques et économiques qu'il impose, mais aussi et surtout, parce qu'il correspond politiquement à une communauté, une société locale, qui ne s'identifie complètement ni avec les Assyriens ni avec les Araméens.

Après avoir démontré la légitimité de cette démarche, analysant d'une part les conditions historiques générales dans lesquelles les sociétés locales du Moyen-Euphrate ont pu s'établir et se développer, de l'autre la formation et le fonctionnement actuel du modèle de l'histoire proto- et paléo-araméenne, nous nous proposons donc d'explorer les caractéristiques de cette société locale dès le début de l'Âge du Fer, et en particulier à partir du 9e siècle, lorsque la documentation devient plus abondante.

Il convient de préciser que le type de société locale auquel il est fait ici référence correspond à une culture déterminée, et n'est pas complètement assimilable à une expression périphérique de la civilisation assyrienne largement représentée dans la région. Par culture locale nous entendons ici une culture spécifique, enracinée dans une tradition identifiable et attestée dans la durée par une production textuelle, artistique et matérielle déterminée, qui apparaît structurée dans son développement par des conditions sociales, économiques et écologiques constantes. Ses mutations diachroniques sont des effets de sa propre croissance mais, de par sa position dans un système géographique, politique et économique international, elles dépendent aussi des effets des crises et des modifications de l'environnement naturel ou social trouvant leur origine à l'extérieur. Ses créations et ses changements doivent pouvoir correspondre à un paradigme de développement et d'assimilation précis et identifiable.

Ce modèle de culture se définit donc aussi par rapport à un projet de conservation consciente, du point de vue de l'idéologie, de son identité historique, tant en ce qui concerne sa spécificité locale que son appartenance à une tradition classique et à un horizon international. Nous présenterons donc l'étude de la culture locale des communautés présentes et actives dans le Moyen-Euphrate à l'Âge du Fer, comme une recherche sur une manifestation particulière de la culture syrienne de cette époque. Il s'agit en effet d'une analyse et d'une tentative de restitution de la culture syrienne locale du Moyen-Euphrate au Ier millénaire, s'insérant dans un projet scientifique et historique de plus grande envergure: l'identification même des paradigmes constitutifs de la civilisation syrienne ancienne. La reconnaissance de l'existence d'une culture et d'un art syriens, qui ne seraient pas que la somme d'influences diverses venant d'ailleurs, de Mésopotamie, d'Égypte ou d'Anatolie, mais qui relèveraient d'un paradigme créatif autonome et original, est au fond une acquisition relativement récente dans la discussion historique. Elle a été développée et a gagné force et autorité surtout dans les travaux portant sur la civilisation d'Ebla pour le Bronze Ancien et Moyen, et d'Emar pour le Bronze Récent, trouvant par ailleurs une nouvelle confirmation dans les recherches réalisées en Mésopotamie du nord.

Les résultats des programmes de fouilles et de prospections archéologiques dans toute cette région, et en particulier dans la partie syrienne de la vallée de l'Euphrate, ainsi que dans celles du Balikh et du Khabour, ont en effet apporté une quantité de renseignements inédits, permettant de remettre en cause l'image traditionnelle de ces régions, qui leur attribuait un rôle au fond secondaire dans l'histoire du Proche-Orient ancien, marqué par une profonde dépendance culturelle et politique vis-à-vis des grandes civilisations mésopotamiennes.

Les recherches historiques développées à partir de la documentation archéologique s'orientent par conséquent de plus en plus vers l'identification des paradigmes de l'identité culturelle syrienne à travers le temps. Ainsi dégagé par la dialectique propre à l'archéologie, à travers l'analyse de données de la culture matérielle et artistique, le concept de "culture syrienne" doit toutefois encore être intégré et approfondi dans le contexte des études historiques plus générales.

En ce qui concerne la documentation de l'Âge du Fer, tant archéologique qu'épigraphique, le travail est en cours, et les premiers résultats commencent à peine à apparaître dans les publications les plus récentes. Le réseau intertextuel et contextuel de la culture syrienne du Ier millénaire, formé par les connections entre différentes traditions locales, marquées ou non par des oppositions dialectales, ainsi que par les références à des traditions et à des corpus plus anciens ou classiques, est en train de devenir visible, et les articulations principales de cette structure commencent à être analysables.

Par ailleurs, la culture syrienne ne semble pas pouvoir être représentée comme une culture "nationale", puisqu'elle ne correspond pas à une structure politique précise, état, monarchie ou nation. La culture syrienne doit plutôt être étudiée comme un paradigme créatif unitaire, qui génère les formes produites dans chaque région et chaque centre, selon le "style" qui les identifie. Ces formes présentent donc des caractéristiques spécifiques locales variables, dépendant de la composition et de l'histoire des communautés qui les ont créées. Ainsi, le modèle de la culture syrienne s'oppose-t-il historiquement aux cultures et aux formes d'art "internationales", exportées et soutenues par des idéologies impériales ou impérialistes.

Pour avancer une hypothèse vraisemblable à propos de la structure de la culture locale du Moyen-Euphrate, il semble donc nécessaire de reprendre l'analyse de l'image même de la préhistoire araméenne comme elle est actuellement formulée – en tant qu'histoire globale de la Syrie continentale pour cette période – et de revoir les sources, les données et les interprétations théoriques qui ont contribué à sa formation et à son affirmation. De ce point de vue, il sera très important d'évaluer avec précision l'importance et le poids accordés aux textes assyriens – inscriptions royales et archives – retrouvés dans les provinces de Mésopotamie du nord aussi bien que dans la métropole, pour la reconstitution de l'histoire de ces régions. Pour toute la période du début de l'Âge du Fer, nous dépendons entièrement de ces textes, qui continuent d'ailleurs à être des témoins privilégiés aussi pour des époques plus récentes, lorsque, dès le milieu du 9e siècle, des inscriptions alphabétiques phéniciennes et araméennes commenceront à apparaître en Syrie nord-occidentale.

Les positions idéologiques qui structurent les inscriptions royales assyriennes, déterminant formes et contenus de ce type de narration "historique", commencent à être bien connues par les historiens, qui arrivent à en suivre les modifications et les développements correspondant à des stratégies politiques diverses. Néanmoins, en raison du monopole objectif de l'information que ces textes détiennent, la critique historique ne prend pas suffisamment en compte l'influence de l'idéologie officielle de la cour d'Assur dans la formulation des récits qui nous informent sur les origines des Araméens, aussi bien en ce qui concerne la connotation des protagonistes que la description des événements.

La valeur réelle des informations présentées dans le contexte des inscriptions royales peut être dégagée uniquement à partir d'une compréhension et d'une évaluation correctes du système idéologique et du programme politique précis véhiculés par ce type de textes. Ce travail d'interprétation est réalisable seulement à partir de l'analyse des conditions sociales, économiques et politiques dans lesquelles le programme a été élaboré, afin de répondre à des exigences précises et de résoudre des problèmes concrets de propagande.

La présentation de l'histoire de la société et de la cour d'époque médio- et néo-assyrienne dans le second chapitre aura principalement pour but de proposer une étude des causes et des circonstances qui ont déclenché l'avancée assyrienne vers l'ouest jusqu'à la Méditerranée, la colonisation des territoires de la Djéziré et les choix successifs de types d'administration différents.

Au delà du discours des inscriptions royales, les modalités de la présence de la culture assyrienne en Mésopotamie du nord, ainsi que de son comportement militaire ou commercial, peuvent être mieux comprises à partir d'une évaluation de la situation interne du pays, ainsi que de ses relations avec les autres pouvoirs en place en Mésopotamie et en Anatolie. La stratégie rhétorique des récits de l'historiographie royale officielle, qui ont fourni la première image de la civilisation araméenne comme celle d'un peuple nomade, belliqueux et ennemi, peut ainsi être saisie et mise en lumière dans son contexte littéraire et politique, permettant par ailleurs une réévaluation de la présence et de la politique assyriennes dans cette région. Si, le long de l'Euphrate, les Assyriens, pendant plus de quatre siècles, ne se battent plus – ou pas uniquement – avec des semi-nomades ou des villageois barbares, il devient alors important de rechercher les effets de leurs contacts et de leurs échanges avec les sociétés et les cultures locales, et d'en étudier les conséquences dans les deux camps.

D'autre part, les progrès des programmes de fouilles et de prospections archéologiques dans toute la vallée du Moyen-Euphrate, dans les bassins du Balikh et du Khabour, sont en train d'apporter une grande quantité de renseignements inédits illustrant les caractéristiques de la présence politique, culturelle et de la fonction économique de l'Assyrie dans ces régions. Cette remise en cause de l'image historique traditionnelle de l'Assyrie suppose aussi une révision des paradigmes selon lesquels on décrit et on explique les différents phénomènes de contact, d'acculturation et d'exploitation entre la grande puissance coloniale et la société syrienne locale dans la période en question.

C'est sur ces lignes de recherches que les deux premières parties de l'ouvrage se développeront, présentant l'état de la question et du débat scientifique d'abord sur les modèles concernant la "protohistoire" araméenne, ensuite sur ceux utilisés pour définir les conditions matérielles, culturelles et politiques de l'Assyrie, au moment de la réalisation de son programme de colonisation de la Syrie du Nord.

0.4. Valeur paradigmatique des recherches récentes sur le Moyen-Euphrate

L'occasion nous a déjà été donnée de vérifier la valeur et l'utilité du concept de culture locale tel que nous nous proposons de l'utiliser dans ce travail, dans le cadre des travaux et des fouilles de la mission archéologique française à Terqa, un important centre politique et religieux du Moyen-Euphrate actif dès le IIIe millénaire av. J.-C. Avant la diffusion des résultats de nos travaux, la culture de Ḫana – du nom du royaume dont Terqa était devenue la capitale après la destruction de Mari au milieu du 18e siècle – pouvait être définie, dans les manuels d'histoire, sur la base de quelques informations éparses, comme le dernier et pâle reflet de la grande civilisation paléobabylonienne dans sa version mariote. Son organisation politique et son pouvoir aussi étaient décrits comme un court phénomène politique transitoire, juste avant la déliquescence de l'urbanisme et le néant documentaire qui caractérisent la région jusqu'à la fin du IIe millénaire av. J.-C. Cet écroulement progressif de la civilisation du Bronze Moyen est généralement présenté comme un effet retardé de la destruction infligée à la ville de Mari par Hammourabi de Babylone en 1758, qui marque la fin de la culture paléobabylonienne dans la région. Après Mari et son palais, le déluge! Privées d'un vrai pouvoir politique local stable – le royaume du Ḫana n'étant qu'un épisode secondaire – les vallées du Moyen-Euphrate et bas Khabour sont ainsi destinées désormais au silence, en particulier de la documentation cunéiforme, se transformant progressivement en un espace vide, territoire d'élection pour des tribus semi-nomades – par ailleurs déjà présentes à une époque plus ancienne – avant l'installation des tribus araméennes et le développement de la colonisation médio-assyrienne, à la fin du IIe millénaire. Ce cadre et ce type de récit semblaient satisfaire pleinement les exigences des historiens, sans soulever de doutes ni d'interrogations, correspondant à une logique explicative impeccable, qui avait déjà fait ses preuves en d'autres occasions.

Et pourtant, la reprise des fouilles sur le site de Terqa, la découverte et l'étude d'une importante quantité de données archéologiques nouvelles, ainsi que la mise au jour d'une archive de tablettes cunéiformes appartenant, sans doute possible, à la tradition juridique et textuelle de la période de Ḫana, ont prouvé que l'interprétation de l'histoire de la culture locale de Terqa comme une manifestation périphérique et finale de la culture mariote était un raccourci trop rapide.

La documentation retrouvée pour cette époque, bien qu'elle soit encore limitée quantitativement et qualitativement, montre avec certitude que la culture locale de Terqa, centre principal du royaume de Ḫana, ne peut pas être considérée comme la version secondaire, provinciale et imitative, du modèle "classique" et unitaire de culture paléobabylonienne représenté par Mari. Au contraire, la production textuelle, artistique et matérielle documentée par les fouilles de Terqa manifeste un caractère d'originalité profonde, dont les racines reposent sans doute dans une tradition locale remontant au IIIe millénaire.

Les recherches préliminaires réalisées sur les données archéologiques et textuelles montrent que la culture ḫanéenne de Terqa dispose d'un paradigme de développement et d'adaptation à la réalité historique qui lui est propre, l'identifiant avec cohérence dans ses mutations dans le cours du temps, et qu'elle a connu une histoire beaucoup plus longue et complexe qu'on avait pu le supposer. Si les dates portées dans les tablettes les plus récentes indiquent qu'à la fin du 15ᵉ siècle, en pleine période mitannienne, Terqa était encore un centre politique et culturel en pleine activité, d'autres indices laissent à penser qu'encore au 13ᵉ siècle, à l'époque de la fondation de la colonie médio-assyrienne de Dûr–katlimmu dans le bas Khabour, les traditions scribales ḫanéennes, et donc probablement les écoles qui les diffusaient, étaient encore vivantes et actives dans la région.

Les réflexions d'ordre méthodologique et historique que nous avons eu l'occasion de développer dans le cadre des travaux de la mission de Terqa sont, nous semble-t-il, d'un intérêt direct dans la discussion générale sur la situation politique et culturelle du Moyen-Euphrate au début de l'Âge du Fer, les deux époques en question montrant des similitudes importantes. D'une part, la situation géographique, climatique, écologique et économique reste globalement stable, et les techniques de recherche, les critères de sélection des données et d'analyse à utiliser sont les mêmes. De l'autre, l'"époque de Ḫana" et la "protohistoire araméenne" ont connu, dans les reconstitutions historiques, un traitement parallèle, qui utilise le même type de représentations discursives, de topoi et de concepts, les mêmes références à des processus sociaux et économiques, pour décrire et expliquer un "retour" à la steppe après une phase d'urbanisation intense.

Ces premières conclusions, encore préliminaires, des recherches récentes à Terqa, ainsi que, plus généralement, les résultats des campagnes de fouilles et des nombreuses prospections archéologiques réalisées ces dernières années dans la région du Moyen-Euphrate et du Khabour, nous ont fourni les éléments principaux pour élaborer notre réflexion sur les cultures locales de la région à l'Âge du Fer. C'est en nous fondant sur ces données et sur ce paradigme que nous pensons pouvoir formuler avec vraisemblance l'hypothèse – qui reste évidemment à démontrer – d'une possible survie, *mutatis mutandis*, de la culture ḫanéenne à l'Âge du Fer.

Bien qu'il soit évident que la culture ḫanéenne reste fondamentalement un phénomène local, dont les perspectives et les zones d'influence ne sont certainement pas universelles, ni même internationales, elle représente aussi, sans doute, un aspect de la civilisation syrienne d'époque paléobabylonienne. Dans ce sens, elle pourrait constituer un des chaînons manquants permettant de relier l'univers intellectuel, conceptuel et aussi matériel, de l'Âge du Fer à celui de l'Âge du Bronze dans la région. Le développement de cette culture serait dans ce cas parallèle à celui de la culture médio-assyrienne, attestée pratiquement dans le même territoire et pour la même période, bien qu'avec des lacunes et des interruptions.

En outre, si l'existence d'une culture locale "traditionnelle" du Moyen-Euphrate pouvait être documentée après le début du Iᵉʳ millénaire, à la même époque que celle de la création de l'empire néo-assyrien, alors elle aurait eu une résistance et une durée tout à fait comparables à celles de la civilisation de la Babylonie kassite, qui a joué le même rôle en Mésopotamie centrale et méridionale, conservant puis transmettant à une société du Iᵉʳ millénaire déjà profondément aramaïsée le fonds de l'ancienne culture paléobabylonienne.

0.5. Un document exceptionnel pour illustrer l'analyse: la stèle d'Ashara

C'est précisément dans le cadre de recherches sur l'histoire la plus récente de Terqa, à l'Âge du Fer – époque par ailleurs mal documentée par les vestiges archéologiques du site – que nous avons eu l'occasion de reprendre globalement l'étude du traitement et les interprétations de la période qui nous intéresse ici, et de faire le bilan de la bibliographie traditionnelle ainsi que des travaux les plus récents. Caractérisées par des contours imprécis mais globalisants, les représentations discursives forgées pour rendre compte de l'apparition et du développement de la population araméenne en Syrie dans la partie finale de l'Âge du Bronze, s'accordent bien en général avec une autre image largement utilisée pour expliquer la situation politique générale contemporaine du Proche-Orient, et même de tout le monde "civilisé" autour de la Méditerranée, celle de la "crise de 1200", appelée aussi le "Dark Age", l'âge obscur.

Bien avant que la critique historique contemporaine ne fasse justice de l'utilisation abusive des paradigmes de crise et d'âge obscur, surtout en ce qui concerne le 12ᵉ siècle autour de la Méditerranée orientale, W.F. Albright avait déjà, en 1956, protesté contre l'application de cette définition-"rideau", appelant d'une façon polémique l'attention des savants sur une série de documents et de monuments qui, selon lui, étaient susceptibles de fournir des informations importantes pour la chronologie et la reconstitution de la période en question.

Si les développements ultérieurs des recherches lui ont donné tort sur certains points de son argumentation, il n'en reste pas moins qu'Albright avait eu une perception et une intuition justes sur le fond du problème, surtout quand il a souligné l'importance, dans le cadre de ce débat, de la "stèle d'Ashara", retrouvée sur le tell de Terqa en 1948. En effet, depuis sa publication en 1952 par R.-J. Tournay et S. Saouaf, cette stèle, qui est aujourd'hui conservée au Musée National d'Alep, occupe une place particulière parmi les rares documents qui peuvent donner des renseignements directs sur cette époque. Ce monument de basalte, portant sur ses quatre faces un groupe de reliefs à l'iconographie particulièrement suggestive, contient aussi un texte en caractères cunéiformes en deux parties, permettant de le dater sans doutes possibles de l'année 884 av. J.-C.

Les premiers chercheurs intéressés par cette œuvre avaient déjà remarqué que la stèle d'Ashara, qui illustre des aspects de l'idéologie et de la politique assyrienne des débuts du 9e siècle av. J.-C. à travers l'inscription royale qu'elle contient, était aussi, bizarrement, susceptible de donner la mesure des réalisations artistiques à laquelle l'art local – donc araméen – était parvenu dans une période encore archaïque de son développement. En effet, à un texte appartenant assez clairement à la tradition historiographique officielle de la cour assyrienne, correspond une iconographie plutôt allogène, jugée selon les auteurs tantôt de type syro-anatolien et néo-hittite, tantôt de type araméen.

Pourtant, malgré son intérêt évident pour la problématique des origines de la culture araméenne et de ses relations avec l'Assyrie – surtout dans la pénurie presque totale d'autres sources d'information comparables – ce monument n'a suscité qu'un intérêt modéré de la part des assyriologues et des spécialistes des études sémitiques, qui l'ont toujours considéré sans beaucoup d'enthousiasme, et au contraire avec un certain dédain. D'ailleurs, les données historiques brutes qu'on avait pu tirer de la stèle à partir du texte, s'adaptant comme un gant au modèle préexistant, semblaient n'avoir qu'une valeur secondaire de confirmation bienvenue, mais au fond pas nécessaire, d'une théorie déjà bien rodée, fondée comme elle l'était directement sur des versions canoniques des inscriptions royales assyriennes.

Considérant sa provenance, la localisation géographique de sa découverte, sa position chronologique et historique, mais aussi la problématique déjà manifeste dans la bibliographie encore réduite la concernant, il nous a semblé évident que la stèle d'Ashara constituait un matériel d'élection, unique dans sa typologie, pour une analyse cherchant à réunir des données pour une définition et une histoire de la culture locale du Moyen-Euphrate à l'Âge du Fer. Le caractère exceptionnel de son iconographie et la richesse d'informations qu'elle contient, surtout en ce qui concerne la mythologie et les conceptions religieuses et idéologiques de l'époque, méritent une étude approfondie, non seulement dans le but de classer ce monument dans l'une ou l'autre des traditions stylistiques et artistiques contemporaines, mais aussi dans le but de se former une image de la culture qui l'a produit.

La formation de ce modèle doit permettre d'expliquer d'une façon cohérente la phénoménologie globale du monument, non seulement en prenant en compte toute la variété des messages et des informations fournis par l'analyse, éliminant les contradictions et les incompatibilités logiques et historiques, mais aussi en identifiant le mécanisme de production, le paradigme créatif de cette culture qui a permis la réalisation même de l'œuvre.

L'analyse de la stèle d'Ashara représentera donc le troisième stade et le troisième chapitre de cette étude. La restitution du cadre des références littéraires, religieuses, artistiques et idéologiques ainsi formé, sur le fond de la culture générale classique du Proche-Orient ancien du début du Ier millénaire, devrait permettre de repérer l'extension, la structure et les caractéristiques principales de la culture de la société locale, du groupe qui a produit le monument en question. Enfin, l'étude de la signification et de la fonction de cette stèle, ainsi que la recherche des motivations précises ayant déterminé sa création, nous permettront de définir la position et la stratégie politique de la culture locale dans le cadre historique général de l'époque, marquée par la présence assyrienne.

Des travaux de recherche archéologique et épigraphique, réalisés en Mésopotamie du nord dans les dernières décennies, ont livré à l'interprétation des historiens une grande quantité d'informations nouvelles, destinées sans doute à modifier le cadre traditionnel de nos connaissances, et qui doivent encore être intégrées et assimilées dans le discours historique d'une façon cohérente et approfondie. Cette situation historiographique est sans doute favorable à une révision de l'étude des conditions politiques, culturelles, religieuses et institutionnelles du Moyen-Euphrate à cette époque, surtout en ce qui concerne la position assyrienne et ses interactions avec les communautés locales.

Le but de ce travail de recherche n'est pas d'introduire dans le débat actuel autour de la formation du monde proche-oriental du Ier millénaire un nouveau modèle discursif, celui de la "culture locale", en lui attribuant un rôle "hyper-explicatif", et en prétendant que son utilisation – surtout dans la reconstruction de l'histoire du Moyen-Euphrate – serait susceptible d'illuminer d'un jour nouveau toute la problématique complexe qu'on vient d'évoquer, et d'en éliminer les zones d'ombre et de vide. Il s'agira plus simplement de proposer un nouvel élément dans le raisonnement historique, fondé sur l'existence d'un troisième facteur à côté des Araméens et des Assyriens, et dont il sera peut être utile de tenir compte dans l'évaluation des faits et de leur chronologie relative. Bien que la "protohistoire" araméenne ne soit pas l'objectif de cette recherche, on peut prévoir – et cela pourrait être l'objet d'une recherche ultérieure – que l'élaboration du modèle de culture locale et de pouvoir local, et l'étude de ses relations avec la société araméenne, seront susceptibles de provoquer une certaine réorganisation de l'ensemble des concepts et des connotations employés pour définir cette première époque de l'histoire des Araméens, aboutissant peut-être à une meilleure compréhension des activités économiques et des fonctions institutionnelles de cette importante composante de l'histoire du Proche-Orient antique.

1- La Syrie du nord et le Moyen-Euphrate: géographie et histoire

1.1. Le cadre géographique

La région concernée par cette étude se situe dans le bassin de l'Euphrate syrien, et comprend essentiellement la vallée du fleuve, encaissée dans le vaste plateau subdésertique au sud du Taurus – plus spécifiquement sa section au sud de Deir-ez-Zor – ainsi que la vallée de son principal affluent de rive gauche, le Khabour[1]. Cette région constitue la partie centrale, la plus importante, du territoire qui est appelé en arabe la Djéziré, l'"Île", correspondant aux terres comprises entre le cours du Tigre à l'est et, à l'ouest, celui de l'Euphrate. Les limites septentrionales de la Djéziré sont marquées par la chaîne des montagnes du Taurus, qui se développe en territoire turc jusqu'au lac de Van, tandis que sa frontière méridionale est représentée par le cours même de l'Euphrate, qui, dessinant une courbe brusque vers l'est, coupe en deux parties la steppe syrienne. La partie nord-occidentale et syrienne de la Djéziré est traversée, du nord au sud, par les vallées de deux rivières affluentes de l'Euphrate, le Balikh et le Khabour, tandis que le ouadi Tharthar coule parallèlement au Tigre dans sa section sud-orientale, en territoire irakien. Les territoires du Moyen-Euphrate qui seront pris plus particulièrement en considération dans cette recherche sont donc bordés à l'ouest par le bassin du Balikh, et, à l'est, par le bassin du Tigre, cœur de l'état assyrien.

Il est clair que la définition et le partage de la région proposés ont un sens éminemment politique et culturel, et une valeur limitée à la période historique qui nous intéresse ici, l'Âge du Fer. En effet, dès le 13e siècle, ce secteur de la vallée du Moyen-Euphrate a constitué le milieu naturel et social où s'est manifestée avec une particulière clarté la volonté d'expansion territoriale de l'état assyrien, réalisée à travers la fondation de colonies[2]. Bien que les résultats de fouilles récentes dans le bassin du Balikh aient confirmé les affirmations des inscriptions royales assyriennes proclamant le contrôle militaire total de toute la Djéziré dès cette époque ancienne[3], il semble évident que l'axe formé par le Khabour et le Moyen-Euphrate a constitué pour toute la période de l'Âge du Fer I et jusqu'au 8e siècle, la frontière réelle séparant les territoires de la sphère assyrienne de ceux liés à la sphère anatolienne, syro-hittite et araméenne[4].

De par sa position et ses caractéristiques géographiques, le Moyen-Euphrate peut être considéré, selon les époques, comme une région de rencontres et d'échanges culturels et économiques, ou bien au contraire comme une frontière politique étanche[5]. Par ailleurs, sa double nature est aussi interprétée de façon différente selon la direction des relations et des mouvements de biens ou de personnes: il est présenté tantôt comme une sorte de voie de passage entre la Mésopotamie au sud et le Croissant fertile au nord, tantôt comme un pont entre la Syrie-Palestine et la Méditerranée à l'ouest et les empires assyro-babyloniens à l'est. Le Moyen-Euphrate est donc couramment cité et pris en compte dans les études géographiques concernant toutes ces parties du Proche-Orient ancien, mais toujours comme région périphérique, éloignée des vrais centres de civilisation, dont l'importance du point de vue historique, à quelques exceptions près, se mesure surtout en fonction de son rôle d'intermédiaire ou d'obstacle dans les relations et les échanges internationaux.

Les effets de la superposition de critères géographiques, historiques et politiques[6], lorsqu'il s'agit de la Syrie septentrionale, sont particulièrement visibles dans les descriptions et définitions de ses territoires élaborées, selon une tradition déjà ancienne, par les géographes et les historiens[7]. La variation de la

---

[1] Cf. ill. 1 et 2. Une évaluation de l'histoire de la cartographie de la Syrie se trouve dans Dussaud 1927: XVI-XVIII; Dilleman 1962: 27-28.

[2] En général, sur la formation de l'empire médio-assyrien: Cassin 1968: 73-81; Garelli 1969: 208-209; Postgate 1972; Liverani 1988: 581-583 et 759-765. Les relations de l'Assyrie avec la Mésopotamie du nord jusqu'au 12e siècle sont analysées dans Harrak 1987, en particulier pp. 237-284. Pour la politique assyrienne dans le Khabour, voir maintenant Kühne 1990a: 153-154, ainsi que Kühne 1991 et 1995.

[3] Matthiae 1980; Akkermans - Rossmeisl 1990; Akkermans - Limpens - Spoor 1993; Akkermans 1994a, b, c.

[4] Kühne 1990a: 153; Kühne 1995.

[5] Dussaud 1927: 447-448; Deshayes 1980; Sanlaville 1985; Lebeau 1990; Rouault 1993. En ce qui concerne le IIIe millénaire, une discussion du rôle de l'Euphrate dans le partage des cultures céramiques se trouve dans Mazzoni 1985 et Jamieson 1993, qui expriment des opinions différentes.

[6] Michalowski 1986; Liverani 1988: 28-36.

[7] Dussaud 1927: III-LII; Dilleman 1962: 15-24, avec bibliographie; Winter 1973: 32-35.

toponymie et le fait que la définition des frontières dépende de considérations d'ordre politique et idéologique, ne constituent pas des phénomènes uniquement modernes et sont attestés clairement dès l'antiquité[8]. Ainsi par exemple, à certaines époques, les territoires de Syrie du nord et de la Djéziré sont appelés, dans les inscriptions royales assyriennes, "pays de Hatti", et ses habitants sont caractérisés comme Hittites, ainsi associés au système impérial anatolien[9]. La même terminologie apparaît dans certaines traditions bibliques[10]. Les mêmes textes montrent en général peu d'intérêt ou de précision dans la description des centres urbains, de l'extension de leurs territoires, ou du peuplement effectif de la Djéziré au début de l'Âge du Fer[11]. Par contre, aux époques suivantes, les inscriptions témoigneront d'un réel souci d'exactitude topographique et géographique dans les descriptions[12]. La continuité d'une tradition, dans la culture assyrienne, concernant la connaissance géographique et historique de ces régions, comme du reste du monde proche-oriental, est attestée aussi par d'autres types de documents écrits[13].

Pratiquement depuis l'époque romaine, on peut noter une grande imprécision dans la terminologie géographique concernant tous les territoires situés au nord de Damas, variant selon le point de vue spécifique de chaque observateur[14]. Les lignes de démarcation entre Syrie du nord et reste de la Syrie, entre Syrie du nord et Mésopotamie du nord, entre Mésopotamie du nord et Anatolie méridionale, ne reposent manifestement pas sur des critères géographiques objectifs, ni sur des critères linguistiques ou des oppositions culturelles et religieuses. Les vicissitudes modernes et contemporaines de ces régions, partagées au moment de la chute de l'Empire Ottoman en zones d'influence des puissances européennes, le flottement des frontières et les conflits qui s'en sont suivis, sont les dernières manifestations de la complexité de leur structure géographique et de leur distribution ethnique.

Il semble toutefois exister un certain consensus quant à l'importance accordée à l'Euphrate dans le partage régional et culturel de la Syrie. Puisque l'extension de son territoire est étroitement liée aux cours du Tigre et de l'Euphrate, la Djéziré peut paraître au fond étrangère au domaine syrien propre, et lui être opposée sur la base de son appartenance à la Mésopotamie. La géographie ancienne et classique, à partir de Ptolémée, qui voit les choses depuis l'ouest, a pris ce parti et a vu en effet dans la courbe de l'Euphrate, à la hauteur d'Alep, la frontière orientale "naturelle" de la Syrie, qui la sépare de l'Assyrie et de toute la Mésopotamie[15]. Dans ce sens, la Djéziré se retrouve comprise dans la "Mésopotamie du nord", la "Upper Mesopotamia"[16], le terme "Syrie du nord" restant disponible pour indiquer les territoires situés entre l'Euphrate et la Mer Méditerranée, incluant donc aussi le Levant[17]. Vu de l'est et du sud-est, du point de vue des traditions littéraires akkadiennes et assyro-babyloniennes, l'Euphrate n'est qu'un dernier obstacle naturel à surmonter avant d'arriver aux vraies frontières du monde, le rivage de la mer.

---

[8] Limet 1977; Astour 1977.

[9] Hawkins 1974; Matthiae 1980: 35-37, n. 2.

[10] Ishida 1979: 467-478.

[11] Pour les problèmes d'interprétation du terme "Araméens" dans le contexte des inscriptions royales assyriennes, voir Brinkman 1968: 277-278, n. 1799; Zadok 1991; Schwartz 1989.

[12] A partir du 9e siècle, la toponymie de la région du Moyen-Euphrate est établie avec précision dans des parties des inscriptions royales assyriennes organisées comme des itinéraires de voyage: les études les plus récentes et complètes, comparant ces listes de noms de lieux avec les sites archéologiques identifiés dans la vallée du Khabour, se trouvent dans Kühne 1977 et 1979, avec bibliographie; pour le Moyen-Euphrate, voir aussi Kühne 1980b; Russell 1985; voir également Liverani 1992: 63-80 et 108-109. Après les premiers travaux de Schiffer 1911, la géographie des provinces syriennes de l'empire néo-assyrien a été analysée à travers le système administratif dans Forrer 1920: 5-31. Certains problèmes de la topographie historique de la Mésopotamie du nord et de la Syrie au Ier millénaire ont été discutés plus récemment dans Kessler 1975 et Kessler 1980a et b. Des listes topographiques à jour pour l'époque médio et néo-assyrienne, contenant les informations relatives aux territoires de la Djéziré, se trouvent respectivement dans Parpola 1970b et Nashef 1982.

[13] Voir, par exemple, les textes géographiques publiés dans Weidner 1953, étudiés à nouveau dans Grayson 1977. Bien que ces textes, censés décrire l'empire de Sargon d'Akkad, aient été rédigés à l'époque néo-assyrienne, ils prouvent la continuité d'une tradition ancienne.

[14] Frézouls 1980.

[15] Dussaud 1927: III; Winter 1973: 35.

[16] O'Callaghan 1948: 5-6. Le toponyme biblique "Aram Naharaim", traditionnellement considéré comme correspondant au terme de Djéziré, et à la "Upper Mesopotamia", désigne en réalité, selon O'Callaghan 1948: 130, plus spécifiquement la région comprise entre le Balikh et le Khabour.

[17] Winter 1973: 35-40; toutefois, cf. pp. 53-54, les régions du Moyen-Euphrate et du Khabour sont réintégrées, en tant que "périphérie", dans les frontières politiques et culturelles de la "Syrie du Nord". Dussaud 1927: 413-501, avait déjà décrit la "Haute Syrie" d'époque classique comme comprenant tant la côte méditerranéenne au nord de Lattaqié, la région d'Antioche et d'Alexandrette, que le Moyen-Euphrate et le bassin du Khabour.

Dans le cadre de notre étude, et pour les époques prises en considération, la division déterminée par l'Euphrate entre régions mésopotamiennes et régions syriennes, anatoliennes ou levantines, ne semble pas être adéquate. Suivant les orientations récentes de la recherche archéologique et de la réflexion historique, qui soulignent le caractère unitaire de la culture syrienne dans ses différentes manifestations locales[18], on adopte souvent comme cadre géographique général de référence celui de l'état syrien moderne. Quand on parle de Syrie du nord, on se réfère ainsi, selon cette thèse, à tout le secteur nord et nord-ouest de la Syrie politique, qui va du golfe d'Alexandrette au "Bec de canard", la limite orientale du bassin du Khabour, à la frontière avec l'Irak.

Dans ce contexte, les vallées du Khabour et du Moyen-Euphrate sont considérées comme une région spécifique, dont l'organisation politique et les caractères culturels semblent définis par une histoire partiellement commune depuis l'Âge du Bronze Moyen. Il s'agit en particulier de la région où, dès la fin du 12e siècle, la civilisation araméenne se manifeste et affirme sa présence face au système politique, administratif et culturel des Assyriens.

Par ailleurs, d'un point de vue plus géographique, la région qui nous intéresse est identifiable et peut être définie dans le cadre de la Djéziré sur la base de critères climatiques et écologiques. Il s'agit en effet des parties des bassins du Khabour et du Moyen-Euphrate qui se trouvent au sud de la coupure marquée par l'isohyète des 250 mm de pluie et des régions voisines, où le système d'exploitation agricole est fondé sur l'irrigation qui a permis, à l'Âge du Bronze, le développement de centres urbains importants[19]. Ce territoire est aussi considéré, dans son ensemble, comme le domaine idéal pour l'élevage et le développement de diverses formes de nomadisme[20].

1.1.1. Description géographique et géomorphologique

L'Euphrate et le Tigre, prenant leur source dans des régions montagneuses d'Anatolie orientale, coulent vers l'estuaire du Shatt el-Arab à travers une séries de plateaux et de plaines, selon une pente dont la dénivellation est d'environ cinq cents mètres. Ils partent d'une région au climat méditerranéen pour arriver dans un environnement semi-aride[21]. Le terme de "Moyen-Euphrate" est généralement appliqué à la partie de la vallée qui s'étend de la frontière entre Syrie et Turquie, au nord, jusqu'aux régions de Ḫît et Ramadi, en territoire irakien, au sud. La Djéziré occupe la partie la plus septentrionale des bassins des deux fleuves, se présentant comme un vaste piémont sous les chaînes du Taurus et des montagnes du Kurdistan. Elle est partagée en deux régions principales par les faibles reliefs, orientés est-ouest, du Djebel Abd-el-Aziz et du Djebel Sindjar, respectivement à l'ouest et à l'est du Khabour. La haute Djéziré et la basse Djéziré se distinguent essentiellement par la différence de leur situation pluviométrique, l'alignement Djebel Abd-el-Aziz - Djebel Sindjar correspondant en effet à l'isohyète des 250 mm: tandis qu'au nord de cette ligne le régime des pluies permet une agriculture extensive sèche, sans irrigation[22], les territoires situés au sud sont arides et cultivables uniquement grâce à l'irrigation permise par les eaux du Khabour et de l'Euphrate[23].

Le Moyen-Euphrate coule en terre syrienne creusant son chemin à travers les plateaux de la Djéziré sur une longueur de 675 km, avec une dénivellation totale de 130 m, soit avec une pente d'environ vingt centimètres par kilomètre. Le courant est donc relativement fort et augmente notablement au printemps, au moment des crues saisonnières, qui dépendent de la fonte des neiges en Anatolie. Les mois d'été et le début de l'automne sont par contre marqués par un certain étiage, plus important dans les années sèches: pendant ces périodes il est possible de traverser l'Euphrate à gué en plusieurs endroits, tandis qu'habituellement l'usage de bacs ou de bateaux est nécessaire[24]. La question de la navigabilité du fleuve aux époques historiques, fondamentale pour comprendre le rôle et l'importance de l'Euphrate dans les échanges politiques, économiques et culturels inter-régionaux, a été longuement débattue et reste encore ouverte[25]. Si, d'une

---

18 Matthiae 1962; Matthiae 1977: 218-223 discute le rôle de la culture éblaïte de l'âge du Bronze Ancien et Moyen dans le développement de l'art syrien et araméen de l'âge du Fer. Pour la culture locale syrienne dans le Moyen-Euphrate, voir maintenant Rouault 1992.

19 Geyer - Monchambert 1987: 315-332.

20 Kupper 1957: ix-x; une carte de cette région est donnée dans Kupper 1959: 114. Voir aussi Luke 1965: 1-19; cf. aussi les remarques récentes de Buccellati 1990b.

21 Des descriptions géographiques détaillées des bassins du Tigre et de l'Euphrate, avec des considérations sur les conséquences historiques, sociales et culturelles de l'influence du milieu naturel sur l'habitat se trouvent dans Braidwood - Howe 1960; Oates 1968: 1-15; Adams 1981: 8-11; Sanlaville 1985.

22 Weiss 1986b: 71-83, avec importante bibliographie pp. 98-108.

23 Sanlaville 1985: 15-17; 1990: 1-3. Ergenzinger - Kühne 1991.

24 Besançon - Sanlaville 1981: 6-7; Sanlaville 1985: 24-25.

25 Margueron 1989 et 1990; Kühne 1990. Pour la navigabilité du Khabour, voir Monchambert 1984: 181; *contra* Fortin 1989: 48-51; 1991.

part, les textes du IIe et du Ier millénaires indiquent assez clairement l'existence d'une circulation fluviale plus ou moins développée selon les périodes, d'autre part, les difficultés provoquées par la morphologie même du cours de l'Euphrate – la variabilité saisonnière de son débit d'eau, les changements continus des méandres empruntés ou encore l'instabilité des berges – ont sans doute limité l'importance et le volume de la navigation et du trafic commercial[26].

Le cours du fleuve est d'abord orienté en direction nord-sud mais, à la hauteur d'Alep, il tourne brusquement vers l'est, selon un angle de 45°, pour couler enfin en direction sud-est après la région du défilé de Halebiyé-Zénobiyé et la confluence avec son principal affluent, le Khabour. Dans les plateaux steppiques, constitués par des roches tendres, marneuses, marno-calcaires et gypseuses, de la Djéziré et de la Shamiyé – c'est ainsi que l'on nomme les régions de la rive droite du fleuve – l'action des eaux de l'Euphrate a entaillé une série de terrasses alluviales, en dégradé vers le fond plat de la vallée, séparées par des dénivellations très variables, allant de quelques mètres jusqu'à près de soixante mètres.

Cette plaine alluviale, qui tend à s'élargir d'amont en aval, passant d'une moyenne d'environ cinq kilomètres dans le nord jusqu'à huit ou dix kilomètres à proximité de la frontière avec l'Irak, ne suit pas le cours d'eau de façon régulière et présente plutôt l'aspect d'une chaîne, dont les maillons sont constitués par une série d'alvéoles d'ampleur différente. C'est la composition de certains types de roches des bordures du plateau environnant, offrant une résistance à la force d'érosion des eaux fluviales, qui a déterminé la formation de ces alvéoles, créant des resserrements, ou, dans quelque cas, comme à Halebiyé-Zénobiyé, de vraies gorges où l'Euphrate s'engouffre directement entre des roches basaltiques[27]. Changeant parfois de cours à l'occasion des périodes de crue, le fleuve a formé, dans la fond de la vallée, de vastes méandres, des faux bras abandonnés, des îles et des marécages, créant un paysage naturel en constante évolution.

Depuis l'antiquité, et malgré les dangers d'inondation lors des crues, le lit majeur du fleuve et les terrasses les plus basses ont abrité de nombreux villages et villes et sont devenus le théâtre d'activités agricoles stables fondées sur l'irrigation[28]. L'encaissement de la vallée dans les plateaux, l'importante dénivellation et l'escarpement entre les terrasses, ont toutefois imposé des limites très strictes à l'élargissement progressif du système d'irrigation par canaux employé dans le lit du fleuve, qui ne peut atteindre les niveaux les plus élevés des terrasses et la steppe environnante. Si, dans la partie la plus septentrionale de la Djéziré, le régime des pluies permet de toute façon le développement de la végétation et l'extension de l'agriculture sèche dans le territoire environnant le fleuve; au sud de l'actuelle ville de Raqqa, le ruban vert de la vallée se présente dans la steppe aride comme un étroit couloir reliant le Croissant Fertile aux plaines agricoles de la Mésopotamie centrale et méridionale, bien plus largement irriguées par les eaux des deux fleuves.

Là où il est impossible de dériver par des canaux les eaux de l'Euphrate, tant vers les terrasses plus hautes de la vallée que vers les plateaux rocheux, la steppe syrienne est très peu favorable à l'agriculture, non seulement pour des raisons climatiques et hydrologiques, mais aussi en raison de la qualité chimique des roches qui la composent. Elle n'est pas pour autant inhabitable et foncièrement hostile à la présence humaine. Au contraire, durant la saison hivernale, les pluies, bien que limitées en quantité, permettent la croissance d'une abondante végétation spontanée, qui peut être utilisée pour l'élevage tant du petit bétail que, pour des époques plus récentes, de troupeaux de chameaux[29]. Ces herbages constituent un pâturage adapté aux besoins du petit bétail pendant une courte période de l'année, et ils se dessèchent rapidement, dès que la température augmente, jusqu'à disparaître totalement pendant la saison chaude, durant laquelle les steppes syriennes présentent un aspect pratiquement désertique.

Des puits et des sources disséminés dans la steppe fournissent une certaine quantité d'eau, souvent de qualité moyenne, trop salée pour la consommation humaine mais potable pour les animaux. La présence de ces points d'eau a permis dans l'antiquité l'établissement de pistes et d'itinéraires empruntés par les populations nomades, mais aussi par les voyageurs et les caravanes de marchandises[30]. Les eaux de pluie, qui dans les années humides peuvent être occasionnellement très abondantes, recueillies dans le fond des ouadis, permettent par ailleurs des formes d'agriculture légère, au moins dans certains secteurs privilégiés de la steppe. Toutefois, le coût de production de ces cultures est très élevé, étant donné l'extrême variabilité

---

[26] Finet 1985; Sanlaville 1985: 25; Geyer - Monchambert 1987: 313-314.

[27] Toueir 1984: 215-217, Durand 1985: 79-82.

[28] Besançon - Sanlaville 1981: 8-12; Geyer 1985: 31-35; sur les phases et les modalités de l'occupation humaine des différents niveaux des terrasses, voir en particulier Geyer - Monchambert 1987: 299-306. Pour la fondation des villes, Margueron 1987: 483-498 et 1990; Buccellati 1979: 84-86; Curvers 1989: 188-190.

[29] Bernbeck 1993: 9-10; pour la domestication et l'élevage des dromadaires, voir Zarins 1978; Lambert 1960; Schwartz 1989: 282.

[30] Sur l'exploitation du "zor" syrien dans la région du Moyen-Euphrate, voir Buccellati 1990b et d.

des résultats annuels[31]. Elles ne sont donc rentables que dans un régime d'économie mixte, associées à l'élevage. La présence de dépôts de sel, de *sebkha*, en particulier dans la région de Bouara, située au sud-est de l'embouchure du Khabour, a donné lieu, probablement dès les époques plus anciennes, à des activités d'extraction, de transport et de commerce du sel, qui est par ailleurs relativement rare en Mésopotamie[32].

Du point de vue de la topographie, la steppe entourant la vallée du Moyen-Euphrate présente un aspect plutôt monotone, avec de vastes plateaux inclinés de l'ouest vers l'est et couverts de rochers et de cailloutis blanchâtres, interrompus par des séries de collines basses. Sur la rive droite du fleuve, la Shamiyé, dans la région au sud de l'embouchure du Balikh, se situe un relief d'une certaine importance, au moins du point de vue historique: il s'agit du Djebel Bishri, culminant à 867 m d'élévation, et qui couvre, avec son piémont, une zone assez large traversée par quelques ouadis. La montagne du Bishri, qui, avec la Palmyrène et les oasis d'El-Kowm, a connu une occupation humaine depuis le VIIe millénaire av. J.-C.[33], est considérée, dans la tradition littéraire mésopotamienne, à partir de la fin du IIIe millénaire, comme le pays d'origine, la patrie et le refuge des populations nomades et semi-nomades amorrites[34].

La vallée du Khabour présente une structure géographique et géomorphologique dans son ensemble assez comparable à celle de l'Euphrate. La rivière est alimentée par d'importantes sources karstiques situées à la frontière turco-syrienne, et dont les plus riches se situent à l'ouest, dans la région de Ras el 'Ain, à la hauteur de la ville de Hassaké. Elle est rejointe par l'ouadi Djaghdjagh et le ouadi al-Radd, pour former le plus gros affluent de l'Euphrate. Cette partie septentrionale du bassin du Khabour, une vaste plaine agricole traversée par les différents ouadis tributaires, se situe dans une zone d'agriculture sèche qui a vu se développer, dès le début de l'Âge du Bronze, une série de concentrations urbaines de structure complexe, avant même que l'installation de villes dans la vallée de l'Euphrate n'ait été rendue possible par le perfectionnement des techniques d'irrigation et de contrôle des eaux fluviales.

Le fait que, dans cette région, la culture des céréales dépende en grande partie du régime des pluies a permis la dispersion de l'habitat et des villes hors de la vallée principale, garantissant une certaine autonomie aux économies locales, et créant en même temps un réseau de communications élargi[35]. Le bassin du haut Khabour, grâce à l'ampleur du développement est-ouest de ses bras, aurait constitué depuis les débuts de l'Âge du Bronze une des principales routes suivies par les mouvements d'échange entre Mésopotamie, Syrie et Anatolie, ainsi qu'entre les vallées du Tigre et de l'Euphrate. L'examen du schéma de l'implantation de nombreux sites de l'époque d'Uruk dans toute cette région, témoignant de l'établissement de relations stables entre la Mésopotamie méridionale et le Nord, montre que la voie fluviale de l'Euphrate n'était que secondaire à cette époque[36], et cette situation s'est probablement maintenue assez longtemps. Par la suite, une série de cultures locales et régionales, dénommées selon des types céramique qui leur sont caractéristiques – dont les plus importantes sont la Ninive 5, la Metallic Ware et la Khabur Ware – se développent dans toute la Mésopotamie du nord au IIIe et au IIe millénaires, suivant un axe est-ouest, centré sur le bassin du haut Khabour[37]. Le bas Khabour et le Moyen-Euphrate participent à ces phénomènes culturels de façon marginale, constituant la limite extrême de leur pénétration vers le sud.

Les reliefs du Djebel Abd-el-Aziz (810 m), et du Djebel Sindjar(1460 m)[38], sont séparés par la vallée du moyen Khabour, constituant dans leur ensemble la ligne de partage entre la haute et la basse Djéziré. Des routes très anciennes suivaient leur piémont pour relier directement la vallée du Tigre avec celle du Khabour, et de là le Moyen-Euphrate, traversant la partie nord du bassin du ouadi Tharthar[39]. Ces chaînes de montagnes, coupées par des cols relativement faciles à franchir, portent encore les traces du même type de couverture végétale que celle qui, dans l'antiquité, était présente dans tout le nord-est de la Syrie[40]. Il s'agit de forêts ouvertes de genévriers et de pistachiers, progressivement dégradées surtout à cause de l'intervention humaine[41].

---

[31] Oates 1968: 1-5; Adams 1981: 11-13; Geyer - Monchambert 1987: 296-297; Bernbeck 1993: 11; D'Hont 1994: 207-212.

[32] Durand 1987: 199-205; Buccellati 1990c.

[33] Zarins 1989.

[34] Buccellati 1966: 236-242.

[35] Oppenheim 1975: 69; Van Liere 1963: 107-122; Moortgat-Correns 1972. En général Curvers 1989: 185-188; Lebeau 1990; Weiss 1983, 1986a, 1986b et 1993.

[36] Lebeau 1990: 247-250; Oates 1985.

[37] Hamlin 1971; Kühne 1976; Schwartz 1985 et 1987; Hrouda 1972; Mazzoni 1985a; Jamieson 1993.

[38] Voir Stol 1979.

[39] Lloyd 1938 et 1940; Oates 1968: 13-15; 1987: 587-589; Kessler 1980: 185-223; pour une étude historique et archéologique de la situation des versants septentrionaux, voir Oates - Oates 1990: 239-241

[40] Bottema 1989: 3.

[41] Rowton 1967a et b; Miller 1986.

Aujourd'hui partiellement recouverte par les eaux d'un grand lac de barrage, la partie moyenne de la vallée du Khabour, peu profonde, présente des caractéristiques intermédiaires entre les régions qu'elle sépare. D'un point de vue culturel et historique, cette région semble plutôt liée à la civilisation du nord au IIIe millénaire, se rattachant directement au bas Khabour et au Moyen-Euphrate pendant les périodes du Bronze Moyen et du Fer[42]. À l'est de la confluence du ouadi al-Radd et du Khabour, se trouve le cône d'un volcan éteint, le Kawkab, dont la silhouette marque le paysage de la Djéziré, étant bien visible depuis les rives de l'Euphrate[43].

La vallée du bas Khabour se trouve complètement incluse dans la zone située au sud de l'isohyète des 250 mm de pluie, et bien que profitant de conditions climatiques générales légèrement meilleures que le Moyen-Euphrate, elle en partage à peu près les caractéristiques en ce domaine. On y retrouve donc, dès les époques anciennes, le même type d'aménagement et d'exploitation des terres. Villes et villages s'alignent en bordure de la rivière[44], tandis que des sites de plus petite dimensions, éparpillés dans la steppe orientale, témoignent d'activités diverses, liées à l'élevage, à l'extraction du sel minéral ou à la présence de pistes menant vers le bassin du ouadi Tharthar, et, de là, vers l'Assyrie[45]. L'alimentation en eau du Khabour, dépendant de la puissance des sources et de la quantité de pluie dans les montagnes qui les entourent, n'est pas concernée par les crues dues à la fonte des neiges. Elle reste relativement abondante et stable toute l'année, sauf pendant les mois d'été.

La mise en place d'un système de canaux pour l'irrigation dans la vallée du bas Khabour est attestée dès le Bronze moyen, ainsi que sa connexion ancienne avec le réseau dépendant des eaux de l'Euphrate[46], qui était centré autour de la ville de Terqa, dans une des plus importantes alvéoles, au sud de la confluence. La question de l'existence dès le IIIe millénaire d'un canal de grande envergure, qui, se détachant du cours du bas Khabour sur sa rive gauche, aurait rejoint l'Euphrate à la hauteur de Terqa, assurant l'irrigation, mais surtout les transports commerciaux de la Djéziré du nord vers la ville de Mari, capitale du Moyen-Euphrate, reste ouverte[47].

Une série de recherches récentes ont révélé par ailleurs un important système d'aménagement des eaux du bassin du bas Khabour, qui doit avoir profondément modifié son paysage naturel. Il s'agit d'un réseau de canaux tant sur la rive droite que sur la rive gauche, sur une extension de plus de 200 km, alimentés par les bras du Khabour situés dans la Djéziré septentrionale, au nord du Djebel Abd-el-Aziz et du Djebel Sindjar. La construction de ce système de canaux a sans doute demandé un énorme investissement économique, exigeant en particulier le creusement de tunnels dans les roches, et le contrôle du débit de l'eau sur une surface agricole très étendue. Un projet hydraulique aussi gigantesque ne peut qu'être associé aux activités agricoles et économiques – ainsi qu'aux compétences techniques – de l'administration de l'empire assyrien, dans les périodes où elle a pu contrôler effectivement cette région, aux 13e-12e siècles, et, à nouveau, aux 9e-8e siècles[48].

1.1.2. Aspects climatiques

En général, la situation climatique de la Syrie centrale est déterminée tant par son éloignement par rapport à la côte méditerranéenne – Mari se trouve à environ 460 km de la mer – que par sa latitude (34° 30'), chiffres qui expliquent en eux-mêmes la rareté des pluies et l'aridité subdésertique caractérisant ces régions. Au dessous de l'isohyète des 250 mm, les précipitations ne sont pas seulement réduites en quantité, mais aussi distribuées d'une façon très irrégulière dans le cours de l'année et dans la séquence interannuelle, créant des conditions d'autant plus défavorables à l'agriculture sèche. Les périodes de l'année durant lesquelles les pluies sont les plus abondantes – la fin de l'hiver – sont aussi les plus froides: les activités agricoles concernées par la céréaliculture n'y trouvent aucun avantage, ayant besoin d'eau surtout à l'automne et au printemps. La force des averses orageuses est par ailleurs un important facteur d'érosion, provoquant le ravinement des tells ainsi que des bordures des terrasses fluviales[49]. La saison sèche est très

---

42 Monchambert 1984; Curvers 1989: 187-188; Maul 1992: 9-11.

43 Bonechi - Catagnoti 1992.

44 Kühne 1977 et 1979.

45 La prospection de cette partie de la région est publiée dans Pfälzner 1984; on trouvera une étude générale dans Bernbeck 1993.

46 Thureau-Dangin - Dhorme 1924; Klengel 1980; Geyer 1985: 33-34, n. 13; Durand 1990; Finet 1990.

47 Geyer - Monchambert 1987: 313; Monchambert 1990; Margueron 1990; voir, pour une datation postérieure, Kühne 1990a.

48 Essentiellement, voir Ergenzinger - Kühne 1991; pour l'époque néo-assyrienne, voir Postgate 1974: 236-237; sur la carrière de Nergal-ereš, gouverneur de la région, responsable d'un projet de ce type, page 1968: 141-143 et 150-152; Grayson 1993: 27-28; Maoudi Bouecossi 1996b.

49 Pour les effets en milieu urbain, Margueron 1985; Seeden - Wilson 1988: 185-187.

longue – mai-octobre – ponctuée par des tempêtes de vent très violentes, surtout au printemps et en été, comme le *khamsin*, caractérisé par une durée parfois très longue, ou les *ajaj*, qui, transportant une grande quantité de sable et de poussière, peuvent provoquer de très graves dommages aux cultures et à l'habitat en desséchant et érodant complètement les surfaces et en étouffant tout le milieu végétal[50].

Les températures enregistrées dans ces régions connaissent de fortes amplitudes entre l'été et l'hiver. Les étés sont en général très chauds, souvent torrides, avec des valeurs moyennes de plus de 40° pendant plus de 34 jours par an, et des maxima qui s'approchent facilement de 50° en juillet et août. Pendant la nuit on note souvent un certain rafraîchissement, qui n'a toutefois aucune conséquence positive sur le milieu naturel. La moyenne des valeurs, mais aussi les maxima, tendent à augmenter vers l'est et vers le sud. La partie nord-orientale de la Djéziré est toutefois légèrement plus humide, grâce à la proximité des reliefs anatoliens.

Les hivers, de type continental, ne sont pas généralement trop froids, mais la température peut souvent tomber sous 0°, surtout pendant la nuit: dans la vallée du haut Khabour on a enregistré jusqu'à 36 jours de gelée par an, tandis que, dans la partie plus au sud du Moyen-Euphrate, on en a compté 22. L'adoucissement progressif des températures hivernales du nord vers le sud est le facteur qui permet la culture extensive du palmier dattier, qui reste plutôt rare dans la vallée du Moyen-Euphrate, et pratiquement limitée à la région de Mari, et plus au sud[51]. Toutefois, les différences de températures ne sont pas vraiment importantes entre les diverses zones: c'est en fait la pluviométrie, et donc la position par rapport à l'isohyète des 250 mm, qui détermine la qualité aride et subdésertique de la Djéziré méridionale et le type d'exploitation possible par l'homme.

L'amélioration progressive des conditions climatiques de la Syrie centrale et septentrionale, marquée par une augmentation de l'humidité, entre le XIIe et le IXe millénaires, a créé une situation optimale pour la diffusion de la couverture végétale – et des espèces animales qui en dépendent – et la croissance spontanée de céréales sauvages et de légumineuses sur les plateaux et dans les vallées fluviales. Dans la Djéziré, avant toute autre zone du monde occidental, grain et orge ont commencé à faire partie du régime alimentaire humain, bien avant que le processus de domestication n'ait commencé, permettant ainsi le repeuplement de ces régions et favorisant la fixation des groupes de chasseurs-cueilleurs dans des territoires plus restreints. C'est ainsi qu'apparaissent les prémisses de la "révolution néolithique", au moment de la dernière modification importante du climat proche-oriental.

Des études récentes de palynologie, ainsi que des analyses de restes biologiques, réalisées essentiellement dans le bassin du bas Khabour, tendent à prouver que la végétation – et donc le climat – de ces régions n'ont pas connu de variations importantes dans les 6000 dernières années[52]. Si les conditions climatiques restent constantes, cela signifie, d'un point de vue historique, que tous les changements du milieu naturel, de la végétation et de la faune locales, relevés par l'observation, la recherche et la comparaison avec des données anciennes, doivent être compris comme conséquences directes de la présence et des activités humaines. Les modifications imposées par l'homme, et, dans cette région en particulier, par l'expansion continuelle des cultures irriguées, ont en général beaucoup appauvri les ressources naturelles des vallées, ainsi que de la steppe environnante. La destruction intense de la végétation des forêts sur les reliefs et dans les lits des cours d'eau[53], l'exploitation intensive des herbes et arbustes sur les plateaux pour le pâturage, ainsi que leur éventuel remplacement par d'autres espèces utiles à l'homme[54], ont aussi affecté la faune sauvage. L'étude des marques de cette dégradation progressive du milieu naturel et de ses différentes étapes a montré que ce processus était déjà avancé à la fin du IIe millénaire, à l'époque médio-assyrienne, et que ses effets avaient augmenté vers le milieu du Ier millénaire, à l'époque néo-assyrienne, en raison de l'intensité de l'exploitation agricole du domaine irrigué.

1.1.3. Climat et histoire

Les différences d'opinion quant à l'évaluation de l'importance des facteurs climatiques, ou même, plus généralement, des facteurs écologiques, sur le cours de l'histoire d'une région ou d'une population attestent, dans le débat entre archéologues, philologues et historiens, un conflit méthodologique et épistémologique

---

[50] En général, voir Traboulsi 1981; pour le Moyen-Euphrate, Sanlaville 1985: 15-21; Geyer 1985: 30.

[51] Sanlaville 1981: 6; 1985: 15-18.

[52] Bottema 1989: 6-7; Gremmem - Bottema 1991; Krupp - Schneider 1991; Frey - Kürschner 1991; voir aussi les remarques de Geyer 1992: 153-154; Butzer 1994.

[53] La relation de ces phénomènes avec les exigences économiques des villes et la sédentarisation de populations semi-nomades est étudiée dans Rowton 1967a et 1967b: 276; Miller 1986: 35-37.

[54] Willcox 1974: 130.

profond et particulièrement vif[55]. Par contre, on note un certain consensus pour les périodes préhistoriques.

L'utilisation des données fournies par les sciences naturelles – biologie, zoologie, botanique, médecine ou géographie et géologie –, d'ailleurs souvent récoltées dans le contexte de recherches d'un autre type, pour fonder, soutenir ou contester la reconstitution historique d'une période donnée ou d'un événement politique particulier, est une pratique de plus en plus courante dans la discussion scientifique actuelle: une bonne partie de l'investissement en énergies et crédits des missions archéologiques travaillant aujourd'hui dans ces régions concerne d'ailleurs des recherches sur l'environnement. S'il est évident que les résultats de ces analyses sont utiles et même fondamentaux pour comprendre les stratégies humaines d'adaptation, de survie et de développement, la manipulation des données provenant de disciplines scientifiques non historiques doit être parfaitement contrôlée dans le travail des historiens, vérifiant continuellement la valeur des assertions avancées par rapport au niveau même de la recherche envisagée. Ce type de données, apparemment plus objectif, plus "scientifique", demande en effet le même type d'interprétation que les informations recueillies dans le domaine archéologique classique – architecture, culture matérielle, iconographie, textes – avant d'être correctement utilisé dans le discours et la synthèse historiques.

Le cas des recherches menées récemment à propos des changements climatiques au Proche-Orient, et en particulier dans la Djéziré, à la fin de l'Âge du Bronze, est dans ce sens typique. Les résultats des analyses réalisées dans le bassin du bas Khabour, auxquelles on a déjà fait référence[56], insistant sur l'idée de la stabilité et de la continuité des conditions climatiques de la région depuis le début du Bronze Ancien jusqu'à aujourd'hui, semblent s'opposer aux données avancées dans une étude plus générale sur les rapports entre un phénomène de variation climatique et les crises politiques et sociales enregistrées en Mésopotamie et en Assyrie aux 11e et 10e siècles[57]. Ces évaluations divergentes ne se contredisent pas réellement, puisqu'elles se réfèrent à des phénomènes et à des durées différentes et opposent des considérations générales à des phénomènes de variations climatiques exceptionnelles. On peut les comprendre lorsqu'on les replace dans le cadre des stratégies intellectuelles et des raisonnements historiques qui les ont générées.

Dans le premier cas, avoir établi la stabilité du climat est la première phase dialectique d'un programme de recherche destiné à démontrer que c'est uniquement grâce à un aménagement hydrologique de grande envergure de ce territoire que les Assyriens ont pu fonder une colonie comptant au moins trois fois plus de personnes que la communauté de paysans qui y vivent aujourd'hui, et avec beaucoup de difficultés[58]. Dans le second cas, l'argument du changement climatique, qui serait par ailleurs plus limité dans l'espace et dans le temps, provoquant une aggravation de l'aridité normale sous ces latitudes, est évoqué afin d'expliquer un phénomène historique connu et attesté dans les textes cunéiformes contemporains, en l'occurrence l'attaque de centres urbains mésopotamiens par des tribus semi-nomades résidant normalement dans les steppes de la Djéziré.

1.2. L'écosystème et l'économie

Même sans vouloir tomber dans la rhétorique d'un déterminisme rigide, ni dans celle d'un anthropocentrisme excessivement optimiste, une présentation des conditions géomorphologiques et climatiques du Moyen-Euphrate, ainsi que de l'histoire des civilisations qui s'y sont installées, ne peut pas faire l'économie d'une étude des conditionnements profonds que le milieu naturel a imposé sur l'organisation de la société et de son économie, ni, d'autre part, des modifications durables que l'activité humaine a générées sur le paysage et l'environnement.

L'importance des facteurs topologiques pour le développement des premières formes d'organisation sociale, à travers la formation progressive d'un habitat sédentaire à économie agricole et l'apparition consécutive d'activités pastorales spécialisées impliquant des formes de nomadisme, a été reconnue et étudiée de façon approfondie dès les époques préhistoriques. Toutefois, ces recherches n'ont pas donné lieu à l'ouverture d'un débat scientifique et idéologique comparable à celui qui s'est établi parmi les partisans des différents modèles d'interaction entre nomades et sédentaires, proposés pour rendre compte des réalités de ces mêmes régions à l'époque historique.

---

[55] Voir par exemple, à ce propos, les développements de la polémique récente Weiss-Courty/Glassner-Cleuziou autour de la "chute de l'empire d'Akkadé", dans Cleuziou 1994, Glassner 1994 et Weiss - Courty 1994.

[56] Bottema 1989; Gremmem - Bottema 1991.

[57] Neumann - Parpola 1987, qui utilisent entre autres des recherches sur les alluvions du Tigre et de l'Euphrate aux époques historiques, publiées dans Kay - Johnson 1981; voir aussi Liverani 1968; Hamlin 1977; Adams 1981: 11-13; Brinkman 1984.

[58] Kühne 1991; Ergenzinger - Kühne 1991.

1.2.1. Les débuts de l'agriculture et de l'élevage

Malgré des conditions naturelles défavorables à la présence humaine, la Djéziré syrienne a en réalité connu, surtout sur les rives du Moyen-Euphrate, une occupation presque continue depuis la préhistoire, dès le Paléolithique inférieur, il y a environ 600.000 ans[59], jusqu'à la fondation des premiers villages[60], comme celui qui a été fouillé sur le site de Abu Hureyra[61] (9000-8500 av. J.-C.). La communauté natoufienne qui l'habite, encore très mobile, fonde sa survie sur la chasse et la pêche: la plaine alluviale, couverte par la forêt, abrite de nombreuses espèces animales, gibier et bétail, et la rivière peut fournir une grande quantité de poissons. Sur les plateaux environnants, les conditions climatiques permettent la croissance de différents types de céréales sauvages, que le groupe humain apprend à sélectionner et à cueillir[62]. La pluralité de ressources naturelles que la vallée offre rend possible l'abandon progressif du nomadisme préhistorique et l'installation des villages, créant les fondements du processus de "néolithisation", qui se développera aux époques suivantes[63].

C'est dans les sites proches de Mureybet I-IV, (fin du IXe - première moitié du VIIe millénaires) qu'on assiste aux phases progressives du changement culturel et économique aboutissant à la "révolution néolithique"[64]. Le contrôle des techniques agricoles nécessaires à la culture des céréales, acquis par la culture dite PPNB (Pre-Pottery Neolithic B) sur les rives de l'Euphrate, garantit désormais l'existence d'une organisation sociale stable dans des villages où vit une population paysanne assez nombreuse, ayant appris à élever le petit bétail, à construire des maisons complexes, à fabriquer des outils en pierre utilisés à des fins cultuelles, agricoles ou pour la chasse.

A la fin du VIIe millénaire, quand l'acquisition d'une certaine maîtrise des techniques agricoles et de l'élevage permet d'exploiter des territoires plus arides, la partie plus méridionale du Moyen-Euphrate, au sud de l'embouchure de Khabour, voit la fondation et le développement d'un village important, près du site de Bouqras[65]. L'urbanisme de ce centre, la structure architecturale des habitations, la qualité de l'iconographie des fresques et des figurines en argile qui y ont été produites, montrent le haut niveau de civilisation de cette communauté, qui partage ses activités économiques entre un élevage spécialisé et une agriculture, encore primitive, sur les bords de la vallée.

En effet, la culture intensive de céréales n'était pas encore possible dans le lit de l'Euphrate, parce que les techniques de contrôle des eaux étaient encore très limitées: les villages néolithiques ont pu s'installer uniquement sur le bord des terrasses plus élevées, pour échapper aux inondations et aux changements de parcours des bras du fleuve, renonçant aux avantages de la proximité et de l'accès direct au fleuve. L'agriculture se développait plutôt sur le plateau environnant, grâce aux ouadis, et, sans doute, à un climat plus humide; l'élevage gardait une grande importance, peut-être même plus grande que celle de l'agriculture[66].

Dans les plaines de la Djéziré septentrionale, à la fin du VIe millénaire, du fonds néolithique commun se détache et se développe progressivement une culture locale spécifique, la culture Halaf, une des premières civilisations unifiant toute cette région, depuis la Méditerranée jusqu'au Zagros, en passant par les bassins du Balikh et du Khabour[67]. Cette culture est caractérisée par l'invention et la production d'une céramique de très haut niveau technique et artistique[68]. Les conditions climatiques de la Syrie au nord de l'isohyète des 250 mm de pluie annuelle, permettant des activités agricoles stables sans besoin d'irrigation ni de proximité immédiate des cours d'eau, auraient favorisé la création d'une pluralité de petits centres relativement autonomes, gérés par une hiérarchie locale de type familial. Des découvertes récentes ont montré la présence de sites Halaf aussi dans la vallée du Moyen-Khabour et du Moyen-Euphrate, au Sud de l'embouchure. Les techniques d'élevage, pratiquées sur une vaste échelle, se perfectionnent et se fondent sur une transhumance saisonnière, les bergers restant liés à leur village d'origine. D'autre part,

---

[59] Muhesen 1993a et 1993b.

[60] Cauvin 1978; 1985: 22-24; 1993: 32-35.

[61] Moore 1975; Moore 1993.

[62] Bottema 1989: 7; Maréchal 1993.

[63] Sur la domestication des plantes et des animaux, cf. Berger - Protsch 1973; en général, Nissen 1988: 15-38; Liverani 1988: 62-91.

[64] Cauvin 1977; 1978; 1980; 1985: 22-23; 1993: 34-36; Muhesen 1993a: 24-25.

[65] Van Loon - Skinner 1978-1979; 1984.

[66] Geyer - Monchambert 1987: 299-301.

[67] Watson 1984; Akkermans 1990 et 1993a. Les plus récents rapports de fouille d'un important site Halaf dans la Djéziré, Tell Sabi Abyad, sont publiés dans Akkermans - Le Mière 1992; voir aussi, en général, Akkermans 1993a et 1993b avec bibliographie; Akkermans 1994a et b. Dans la vallée du Khabour, pour le site de Umm Qseir, cf. Tsuneki-Miyake 1998; pour le Moyen-Euphrate, et le site de Tell Masaïk, voir Rouault 1998a.

[68] Nissen 1988: 44-48; Le Mière 1989.

la diffusion et l'homogénéité de la culture matérielle Halaf dans toute la Mésopotamie du nord indiquent sans doute que les villages faisaient partie d'un réseau de communications et d'échanges assez développé, qui pouvait correspondre aussi à quelque forme élémentaire d'organisation politique[69]. Pour cette raison, la société halafienne est aujourd'hui présentée comme la phase intermédiaire entre le stade néolithique des communautés agricoles villageoises et le développement d'une civilisation urbaine à structure étatique en Mésopotamie du nord.

1.2.2. Agriculture irriguée, systèmes à économie mixte et formation des structures urbaines

Après des contacts prolongés avec le sud mésopotamien déjà attestés pendant tout le Ve millénaire, durant la période d'Obeid[70], les cultures du Moyen-Euphrate et de la Djéziré ont subi une série de modifications profondes consécutives à l'implantation, vers la moitié du IVe millénaire, d'une chaîne de centres urbains présentant une typologie nouvelle tout le long de la vallée de l'Euphrate[71]. Ces villes, comme celle qui occupe le site de Habuba Kabira-Tell Kannas, sont de dimensions imposantes et montrent, dans leur culture matérielle comme dans leur structure urbaine, une dépendance évidente et directe des modèles de la civilisation d'Uruk, qui s'est développée dans l'extrême sud de la Mésopotamie[72].

Le débat ouvert par la découverte de ces sites de l'Uruk syrien pour donner une interprétation historique de cette première manifestation évidente du cycle "expansion culturelle / acculturation / réaction locale", semble avoir aujourd'hui abouti à un certain consensus: on pense généralement qu'il s'agit des effets d'un programme de colonisation et d'exploitation commerciale, géré par les villes-états implantées au cœur du pays de Sumer[73]. Les finalités de cette opération ne semblent pas être politiques ni militaires, mais plutôt économiques et commerciales[74]. La structure de ces colonies Uruk en Syrie du nord semble adéquate pour organiser un échange asymétrique, à grande distance, de matières premières et de produits finis, ainsi que de technologies. La Djéziré, en contact direct avec les montagnes anatoliennes et la côte de la Méditerranée, peut en effet fournir aux plaines du sud bois, pierres et métaux, tandis que la Mésopotamie méridionale exporterait au nord essentiellement son savoir, sa culture, ses techniques d'aménagement du territoire, d'administration, et de contrôle social et politique des populations.

Selon cette interprétation, les centres de la culture d'Uruk du Moyen-Euphrate auraient introduit dans la constellation des cultures locales de Syrie du nord et d'Anatolie méridionale une nouvelle conception de la structure politique de la communauté, qui venait d'être élaborée dans les plaines irriguées de la Mésopotamie méridionale dans le contexte des villes-états[75]. À la différence de la Djéziré, la Mésopotamie centrale et méridionale est située en zone totalement aride, où la possibilité de pratiquer l'agriculture est liée exclusivement à la présence des eaux fluviales. Toutefois, dans cette partie de leurs vallées, le Tigre et l'Euphrate ne sont pas encaissés dans des plateaux rocheux comme au nord, mais ils traversent de vastes plaines, qui peuvent devenir extrêmement fertiles grâce à un aménagement hydraulique approprié. Ce seraient donc les contraintes imposées par le milieu naturel sur les communautés installées dans ces terres qui les auraient poussées à se donner une organisation politique centralisée et autoritaire[76], qui amasse la production agricole et la redistribue selon un système de rations[77]. Les structures urbaines du pouvoir administrent toute la population d'un territoire délimité, contrôlant les activités économiques, essentiellement l'agriculture, mais aussi l'élevage, et gérant les relations entre les différentes communautés.

Dans la nouvelle structure architecturale urbaine et politique de la ville, la division du travail, la stratification sociale, l'institution de la monarchie[78], l'invention de techniques administratives raffinées comme

---

69 Akkermans 1993a: 28-29. *Contra*, cf. Forest 1996: 21-35.

70 Oates 1983; Thuesen 1992; Breniquet 1993.

71 Strommenger 1980; Van Driel - Van Driel-Murray 1979 et 1983; Van Driel 1993; Finet 1979; Buccellati 1983: 5-7; Reimer 1984.

72 Finet 1975; Sürenhagen 1986; Liverani 1988: 146-151; Lebeau 1990: 241-253; Amiet 1993.

73 Liverani 1988: 141-145; Algaze 1989 et 1993; Steinkeller 1993: 109-119; Schwartz 1993; Rothman 1993.

74 Mellaart 1982: 7-10; Lebeau 1990: 250-252; Buccellati 1990c; Oates (J.) 1993; Schwartz 1993: 36-37.

75 Sur la "révolution urbaine", voir Childe 1950; Kraeling - Adams 1960; Adams 1966; Buccellati 1977; Liverani 1986; Liverani 1988: 107-123; Nissen 1988: 58-64.

76 Wittfogel 1977. Dans une perspective historique qui tient compte de toute la période proto-dynastique et présargonique, plusieurs études sur la formation et l'organisation de la société mésopotamienne restent fondamentales, et en particulier: Falkenstein 1954; Jacobsen 1957; Rowton 1967b; Diakonoff 1969; Gelb 1969; Schwartz 1993: 34.

77 Gelb 1965; Milano 1989; sur l'usage et la signification archéologique des "écuelles grossières" (*bevelled rim bowls*), Le Brun 1980; Frangipane 1989; opinions différentes dans Beale 1978 et Buccellati 1990c.

78 Edzard 1974; Hallo 1957; Forest 1996.

l'écriture[79], l'usage extensif des sceaux[80], l'élaboration et la définition d'une culture et d'une religion spécifiques se présentent comme des efforts, réussis, d'adaptation à une situation écologique déterminée. Grâce à ces succès, l'organisation politique et idéologique de la société élaborée en Mésopotamie du sud est destinée à se reproduire et à devenir le modèle universel d'une civilisation accomplie.

En Mésopotamie du nord, la situation apparaît différente: la structure géographique de la région semble avoir favorisé dès les périodes les plus anciennes le développement d'autonomies locales et stimulé l'indépendance économique des communautés, qui apprennent à différencier systématiquement leurs activités et leurs ressources pour faire face à l'instabilité climatique du régime des pluies[81]. Il n'en reste pas moins que l'impact des modèles économiques et politiques prenant leur origine dans le sud, sur les sociétés locales de la Mésopotamie du nord, a sans doute modifié, d'une façon complexe et encore difficile à définir, leur développement historique et culturel. Les différents centres de la Djéziré ont réagi d'une manière nuancée et localement différenciée aux stimuli étrangers, donnant lieu à une série de phénomènes culturels, sociaux et politiques[82], dont une partie cohérente, présentant des caractères locaux constants dans toute la Mésopotamie du nord, est regroupée sous l'expression de culture "Ninive 5", du nom du type de céramique qui la caractérise.

La culture Ninive 5[83] unifie et couvre toute la Djéziré, jusqu'à la vallée du Tigre, ayant comme limite méridionale l'Euphrate à Mari. Les centres présents dans la Djéziré n'ont encore ni les dimensions ni la structure d'une ville mais, à la fin de l'époque d'Uruk, ils peuvent déjà être décrits comme proto-urbains[84]. Ces sociétés sont apparemment marquées par une certaine cohésion interne, peut-être fondée sur des liens tribaux, mais la stratification sociale, dérivant d'un partage du travail, commence à se manifester[85]. Ne fondant pas leur économie exclusivement sur des activités sédentaires agricoles, plus ou moins liées à l'irrigation, les centres proto-urbains de Syrie du nord intègrent aussi d'autres modes de vie et de production. Elles perfectionnent en particulier les techniques de l'élevage du petit bétail en développant des formes de transhumance saisonnière, à courte distance des villages d'origine. À partir de l'époque d'Uruk, la Mésopotamie du nord commence à faire partie intégrante d'un cadre politique et économique international, comprenant désormais tout le Proche-Orient, y compris l'Égypte et les pays du Golfe arabo-persique.

En ce qui concerne la vallée du Moyen-Euphrate syrien, qui se rattache, de par ses conditions climatiques, à la réalité des plaines mésopotamiennes, il est possible que l'introduction des techniques d'aménagement hydrologique du territoire mises au point dans le sud ait permis un nouvel élan de l'occupation du lit du fleuve, et le lancement d'une nouvelle politique d'implantation humaine et d'activités agricoles. L'implantation d'un site de l'époque Uruk à Tell Graya, qui succède à un village Obeid[86], sur la rive droite du fleuve, en aval de l'embouchure du Khabour, ainsi qu'à Ramadi, environ à 40 km plus à Sud, pourrait avoir facilité l'importation de pratiques agricoles efficaces dans le domaine du contrôle des eaux et, surtout, de l'irrigation dans la plaine alluviale.

En effet le village Uruk de Tell Graya n'est plus situé en bordure de la terrasse supérieure, mais il se trouve au bord du fleuve, près des eaux, protégé par ailleurs des alluvions et des inondations par sa position légèrement surélevée, sur une butte rocheuse résistant à l'action des eaux[87]. La position du site dans le fond de la vallée pourrait être expliquée sans doute en relation avec ses éventuelles fonctions commerciales et portuaires, si l'Euphrate était vraiment à cette époque la grande voie de transport et de communication nord-sud. Puisqu'il semble par ailleurs que les routes commerciales de l'époque suivaient une autre direction[88], traversant la Djéziré d'est en ouest, la présence d'une colonie Uruk à Tell Graya sur le bord de l'Euphrate montre plutôt l'affirmation d'une nouvelle perception des possibilités agricoles offertes par le fleuve. Les débuts probables de la construction de canaux d'irrigation rendent possible l'expansion de l'agriculture dans la plaine alluviale, garantissant à la communauté une production abondante et sûrement beaucoup plus régulière que dans les régions à agriculture sèche.

---

[79] Gelb 1973: 69-83; Schmandt-Besserat 1988; Goody 1977: 74-111; Bottéro 1987: 89-112. Une étude approfondie des causes et des conséquences de l'invention de l'écriture dans la structure des sociétés et des cultures, aussi en milieu mésopotamien, a été développée dans Goody 1980.

[80] Amiet 1963, 1973: 1-71 et 1980; Brandes 1979; Collon 1987: 13-31.

[81] Rowton 1976b: 19-23; Oates 1980; Weiss 1983: 39-52 et 1986: 71-87; Palmieri 1985.

[82] Vertesalji 1985; Oates 1986; Postgate 1986; Sürenhagen 1986; Lebeau 1990: 253-283;

[83] Schwartz 1985; Roaf - Killik 1987.

[84] Lebeau 1990: 267-275; Schwartz 1987.

[85] Schwartz 1985: 61; analysant les pratiques funéraires, ses conclusions sont plus prudentes; voir Schwartz 1986; Weiss 1993: 40; Hole 1991. Voir aussi, en général, Liverani 1988: 151-163.

[86] Buccellati 1983: 5-7; Reimer 1984.

[87] Geyer - Monchambert 1987: 302-304 et 318 (Tell Graïyé nord).

[88] Lebeau 1990: 246-250.

La présence et l'expansion de la culture Uruk en Syrie du nord trouvent brusquement un terme à la fin du IVe millénaire dans le cadre de conflits dont la nature exacte n'est pas encore établie[89]. Vers le début du IIIe millénaire, toute la Mésopotamie du nord connaît une période de grand développement politique et économique[90], qui se manifeste par la formation de plusieurs centres urbains ou par leur soudaine croissance, comme ce fut le cas par exemple pour Ébla en Syrie occidentale[91], Tell Leilan[92], Tell Khuera[93] ou Tell Brak[94], dans la Djéziré. Dans la haute vallée de l'Euphrate syrien, plusieurs centres continuent à exister, et d'autres apparaissent au milieu IIIe millénaire[95]. Les efforts d'aménagement de la plaine alluviale commencés à l'époque précédente dans le Moyen-Euphrate, aboutissent à la fondation d'une série de villes dans la partie de la vallée qui se trouve sous l'isohyète des 250 mm de pluie, et plus au sud par rapport à la région colonisée pendant la période d'Uruk: Tell Bi'a-Tuttul[96], Tell Ashara-Terqa[97], Tell Hariri-Mari[98] deviennent les centres les plus importants de la région, jouant un rôle fondamental dans le développement culturel, religieux et politique de la Mésopotamie du nord pendant tout le Bronze Ancien et Moyen.

A cette époque, dans la Djéziré septentrionale, les centres anciens, et en particulier ceux correspondant aux sites de Tell Khuera, Tell Brak, Tell Leilan et Tell Mozan, témoignent d'un changement radical dans leur développement et d'un remaniement profond de leurs institutions[99], bien que la culture matérielle, et donc la composition de base de la population semblent rester constantes. L'analyse des vestiges archéologiques, en particulier à Tell Leilan, montre que la communauté locale passe d'une organisation économique et politique de dimensions limitées, villageoises et "proto-urbaines" – comme avaient été celles de la culture Ninive 5 – à une structure sociale pleinement urbaine et étatique. Chaque ville est caractérisée par une extension territoriale déterminée, qui comprend des terres agricoles, des villages et des zones plus vastes destinées à l'élevage[100].

Selon l'interprétation fournie par les fouilleurs, ce développement vers la formation de l'état urbain a été déclenché par de nouveaux contacts directs avec l'organisation politique et la culture sumérienne, attestés par l'adoption de pratiques administratives et de tendances iconographiques caractéristiques du sud. L'évolution de la structure étatique et institutionnelle de ces villes septentrionales semble par ailleurs suivre un schéma autonome par rapport à la Mésopotamie méridionale: on y note en particulier l'absence de traces de l'opposition entre une culture sémitique et une culture sumérienne, qui allait aboutir à la fondation de l'empire akkadien[101]. Dès leur établissement, les états de la Djéziré septentrionale, appelés dans la tradition littéraire sumérienne "pays de Subir", entrent en conflit ouvert d'abord avec les villes de Sumer, et ensuite avec l'organisation impériale akkadienne basée en Mésopotamie centrale, qui va contrôler toute la région à partir du 23e siècle, sous la tutelle du roi Sargon[102].

---

[89] Postgate 1986; Lebeau 1990: 255-259; Weiss - Courty 1993: 132-133.

[90] Liverani 1988: 207-221; Curvers 1989; Lebeau 1990: 275-283; Oates (J.) 1993; Weiss - Courty 1993: 133-135.

[91] Matthiae 1977: 59-113 et 1993b; Mazzoni 1991.

[92] Weiss 1983, 1986 et 1990.

[93] Kühne 1976; Orthmann 1986; pour les sites de type "Kranzhügel", voir Lauffray - Van Liere 1955; Moortgat-Correns 1993. En général, Lebeau 1990: 281-283.

[94] Oates 1985, 1986 et Oates (J.) 1993.

[95] Des considérations générales concernant cette région se trouvent dans Margueron 1990: 179–180.

[96] Strommenger 1993.

[97] Buccellati 1979: 75-86; 1983: 7-10; Rouault 1993b.

[98] Margueron 1987; 1990; 1993b: 97-98 et Lebeau 1985. Gelb 1981 propose une interprétation nouvelle de la diffusion d'une culture urbaine sémitique aux époques protodynastique et pré-akkadienne, la "Kish Civilization", opposée à une culture uniquement sumérienne dans la Mésopotamie méridionale, et unissant tout le Moyen-Euphrate et la Syrie du nord autour d'Ébla.

[99] Liverani 1988: 201-207; Oates (J.) 1993: 52; Weiss - Courty 1993: 135-139.

[100] Weiss 1992 et 1993: 40-43.

[101] Liverani 1988: 264 et 270, et Oates 1993: 52 indiquent que la Djéziré septentrionale, ainsi que l'Anatolie méridionale, sont les régions où, à partir du début du IIe millénaire, s'établiront des états hourrites, en même temps que les populations amorrites, sans par ailleurs insister sur une relation ethnique précise entre la configuration culturelle et politique de cette zone au début de l'âge du Bronze Ancien et au Bronze Moyen. La question du rapport entre Hourrites et Soubaréens aux IIIe et IIe millénaires est débattue déjà dans Gelb 1944, Finkelstein 1955 et Durand 1977; voir aussi Wilhelm 1989: 7-16. Pour Weiss 1993, Subir a une signification essentiellement géographique, dénotant les populations du nord, mais cf. Michalowski 1986: 135-144.

[102] Weiss 1993: 43-44; Weiss - Courty 1993: 139-141 et 147-150; Weiss 1986: 85-87 se réfère à une inscription d'Eannatum de Lagaš, Sollberger - Kupper 1971: 55-59, dans la nouvelle interprétation présentée par Steible 1982: 143-150, commémorant une victoire de ce roi sumérien contre des envahisseurs venus du nord. Les relations suméro-akkadiennes ont fait l'objet de nombreuses études; cf., parmi d'autres, Gelb 1960; Kraus 1970; Edzard 1968: 59-66; Cooper 1973. Pour la conquête akkadienne de la Mésopotamie et de la Syrie du nord, voir aussi Liverani 1988: 232-241; Oates 1993; Michalowski 1993.

La fondation de villes comme Terqa et Mari s'insère dans le même contexte historique de la formation des états dans la Djéziré septentrionale. Les travaux d'aménagement du territoire dans la plaine alluviale, nécessaires à la sécurité des centres habités et à l'expansion de zones agricoles suffisantes pour garantir par leur production l'entretien d'une population importante, sont en effet envisageables uniquement en postulant l'existence d'une autorité centrale, étatique, capable de programmer et de gérer cette opération[103]. Les couches archéologiques les plus anciennes mises au jour à Mari contiennent de nombreux exemples de céramique Ninive 5, ainsi que d'autres cultures céramiques de la Mésopotamie du nord, qui démontrent les liens profonds rattachant cette région à la culture syrienne ancienne[104]. Les fouilles de Terqa ont fourni une documentation tout à fait semblable, bien que les niveaux plus anciens correspondants nous soient encore très peu connus[105].

Une série d'observations concernant la position topographique de ce dernier site ont déjà mis en relief la probable antériorité de sa fondation par rapport à celle de Mari. Selon ces études, Terqa a été fondée sur la rive de l'Euphrate à un endroit relativement protégé des alluvions par l'avancée en amont du massif rocheux de Tell Graya, à une époque où les techniques de contrôle des inondations par des canaux et des digues étaient déjà assez développées pour garantir la sécurité de la ville et l'entretien de la population locale[106]. Le projet de fondation de la nouvelle ville de Mari, à l'intérieur des terres, aurait trouvé son origine dans le cadre du développement économique et démographique de la société urbaine de Terqa, ou bien d'un autre centre similaire, grâce au perfectionnement des techniques hydrauliques et à l'augmentation de ses capacités d'investissement[107]. L'analyse de l'aménagement de l'alvéole de Mari, ainsi que de sa structure urbaine, a en effet montré que la construction de ce centre avait été préparée et organisée soigneusement, dans le but d'exploiter à fond les possibilités agricoles et commerciales créées par un réseau des canaux d'irrigation et de navigation très développé, et élargi sur un territoire relativement vaste, en tout cas bien au delà des limites de l'alvéole et de la vallée de l'Euphrate[108].

L'étude de la céramique des sites du Moyen-Euphrate – Ninive 5, Metallic Ware, etc. – provenant des couches datées de la première moitié du IIIe millénaire, indique sans doute possible l'enracinement de cette culture dans la civilisation de la Mésopotamie du nord, ainsi que le début de contacts avec le monde mésopotamien central. À cette époque remontent en effet les premières attestations de relations avec les cultures de la vallée de la Diyala et du Djebel Ḫamrin, à l'est du Tigre, à travers la steppe et le bassin méridional du ouadi Tharthar[109]. Les résultats des analyses plus récentes de l'architecture et de la production artistique et artisanale de Mari ont révélé une civilisation locale qui apparaît, au début de l'Âge du Bronze, profondément marquée par son appartenance à la tradition nord-syrienne et syrienne, présente aussi à Tell Khuera et à Ébla. Toutefois, en général, la culture mariote dans son ensemble, ainsi que celle de toute la région environnante, a été considérée comme une sorte de manifestation splendide et périphérique de la civilisation mésopotamienne sumérienne et akkadienne, avec laquelle elle a sans doute entretenu des relations privilégiées depuis les époques les plus anciennes[110]. La tradition littéraire historiographique sumérienne considère d'ailleurs la ville et la royauté de Mari comme des institutions faisant partie intégrante de son univers, comptant la capitale du Moyen-Euphrate parmi les localités dans lesquelles la royauté a fixé sa résidence "quand elle est descendue du ciel"[111].

Les développements de la civilisation du Moyen-Euphrate, la structure et la composition de la société locale peuvent être connus et suivis d'une façon plus précise à partir du moment où, aux données archéologiques classiques et aux informations provenant de l'étude de la culture matérielle et de l'iconographie, s'ajoutent des textes. Relativement peu nombreux jusqu'à la fin du IIIe millénaire[112], bien qu'il soit évident que la tradition scribale mésopotamienne s'était implantée à Mari depuis une date très ancienne, les textes cunéiformes deviennent la source de renseignements la plus importante pour la reconstruction de l'histoire de la région à partir du début du IIe millénaire et pour toute la période du Bronze Moyen, qui est aussi appelée, en référence à l'importance de la civilisation méridionale, époque paléobabylonienne[113].

[103] Margueron 1987 et 1990: 179-188; 1998; Lebeau 1987.

[104] Lebeau 1985 et 1990: 283-286; Margueron 1993a: 100-101.

[105] Kelly-Buccellati 1979: 72-73.

[106] Geyer - Monchambert 1987: 304; Margueron 1990: 182.

[107] Geyer - Monchambert 1987: 304-305; Margueron 1987: 497-498; 1990.

[108] Margueron 1990: 183-186; 1991; Fortin 1989; 1991a et b.

[109] Lebeau 1987; 1990: 284 et 287.

[110] Spycket 1981: 88-99; Crawford 1992: 79-80; Margueron 1993a: 101.

[111] Jacobsen 1939: 71-103.

[112] Charpin 1987c.

[113] Sur la tradition scribale de type *šakkanakku*, active à Mari depuis le début du IIe millénaire, voir Durand 1985; les textes de Mari d'époque amorrite sont publiés dans les séries ARM (Archives Royales de Mari) et TCM (Textes Cunéiformes de Mari), Geuthner, Paris, AEM (Archives Epistolaires de Mari), ADPF, Paris, ainsi que dans des revues, comme RA, Syria, ou MARI.

La conquête des états de Mésopotamie du nord et de Syrie par Sargon et Naram-Sin d'Akkad, et l'intégration rapide de cette région dans l'empire sémitique akkadien, ont provoqué une réorganisation générale de ces territoires, transformés en provinces en vue d'une exploitation complète de leurs ressources agricoles, minérales et forestières. Cette politique impériale avait donné lieu à l'établissement de colonies akkadiennes dans tout le nord, dont les plus importantes étaient situées à Tell Brak et Tell Leilan et, pour l'Euphrate, à Mari[114]. Elle avait sans doute comporté l'assujettissement ou l'élimination des classes dirigeantes et la destruction des cultures urbaines locales, remplacées par l'administration des gouverneurs akkadiens et l'importation de l'art et de l'idéologie de l'empire sémitique[115].

Après l'écroulement de ce système, provoqué par une crise sociale et économique grave, qui se déclare d'abord dans le haut Khabour[116] et s'étend par la suite aux villes-états sumériennes[117], la Djéziré et la vallée de l'Euphrate ne retrouvent plus les formes d'organisation sociale ni les techniques de production qui avaient fondé leur existence au Bronze Ancien. L'empreinte laissée par l'occupation akkadienne, couvrant environ un siècle, reste évidente, et les expériences faites à cette période restent dans la conscience locale comme les principaux éléments de formation de l'identité culturelle de la ville. Les habitants des centres urbains du Moyen-Euphrate à la fin du Bronze Ancien se reconnaissent donc comme Akkadiens, et estiment faire partie d'un horizon culturel et idéologique assez précis. Du point de vue politique, échappant au contrôle de la dynastie néo-sumérienne d'Ur III, qui essaye de récupérer les zones soumises au pouvoir des sargonides[118], le Moyen-Euphrate et le bassin du Khabour se restructurent autour de nouvelles dynasties et de nouvelles institutions qui prétendent se rattacher aux traditions d'un empire qui n'existe plus: à Mari les "gouverneurs" *šakkanakku*[119], dans le Khabour des rois d'origine probablement hourrite[120], gèrent leur pouvoir d'une façon autonome, mais très limitée du point de vue territorial, établissant par ailleurs certaines relations commerciales et politiques avec le sud. Les liens culturels avec la Mésopotamie de l'époque d'Ur III restent solides.

Il est possible que la destruction des anciennes structures urbaines et étatiques de Mésopotamie du nord, consécutive à la domination akkadienne, ait eu aussi un autre effet, bien plus difficile à évaluer, sur l'organisation générale des sociétés de la région. La fin du contrôle direct, par les autorités palatiales traditionnelles, de l'ensemble du territoire environnant la ville, ainsi que l'adoption d'une politique différente, inaugurée par les gouverneurs impériaux – surtout intéressés par la production céréalière, ils ont sans doute limité leur domination directe aux terroirs agricoles – peuvent avoir été des facteurs favorisant le développement et la croissance politique et économique autonomes des villages et des populations semi-nomades, vouées à l'élevage, qui vivaient dans les steppes syriennes à l'écart des centres urbains et des colonies akkadiennes[121]. Ces couches des populations de la Djéziré et du Moyen-Euphrate pourraient avoir choisi la période de troubles et de réorganisation sociale et économique qui a suivi l'effondrement de l'empire pour se rapprocher des villes et se réintégrer dans leur système régional, conscientes de leur importance économique et de leur rôle dans la direction de l'état.

En Mésopotamie du sud, à l'époque de la IIIe dynastie d'Ur, une exploitation excessive des plaines agricoles et un développement mal contrôlé de l'irrigation seraient à l'origine d'une salinisation générale des terres, qui pourrait avoir provoqué l'élargissement du domaine de la steppe au détriment des zones cultivées. La population villageoise aurait transformé ses activités, se tournant vers l'élevage, s'affranchissant progressivement de sa dépendance économique et politique vis-à-vis des centres urbains néo-sumériens[122]. Ces phénomènes – désertification des plaines et apparition de populations nomades ou semi-nomades – pourraient expliquer la crise et l'écroulement de l'empire d'Ur III, qui sont en effet souvent attribués à la pression politique, économique et militaire exercée par les populations amorrites[123]. Bien que le coup final

---

114 Tell Brak, voir Oates - Oates 1989; Michalowski 1993: 79-81; Tell Leilan, voir Weiss 1990; Weiss - Courty 1993: 139-141; Mari, Durand 1985: 158, et Lebeau 1990: 288; Michalowski 1993: 82-83, est moins certain. En général, voir aussi Oates (D.) 1993.

115 Pour les systèmes administratifs de l'empire akkadien, voir en dernier Foster 1986 et 1993; Westenholz 1993; la culture et l'art akkadiens, dans le contexte d'une idéologie impériale, ont été étudiés dans Nissen 1988: 165-185; Nissen 1993; sur le "style impérial", voir Amiet 1976; Orthmann 1985; pour la statuaire, Spycket 1981: 143-183; pour la glyptique, cf. Boehmer 1965.

116 Weiss - Courty 1993: 142, et n. 37.

117 Glassner 1986 et 1994; Weiss - Courty 1993: 141-146 et 1994; pour les traditions historiques et littéraires concernant la fin de l'empire akkadien, voir aussi Liverani 1993: 56-60.

118 Edzard 1968: 128-149; Liverani 1988: 265-272.

119 Kupper 1971; Durand 1985: 150-159.

120 Durand 1977; Astour 1978: 1-9; Hallo 1978; Salvini 1982; Buccellati 1988; Muscarella 1988.

121 Weiss - Courty 1993: 148.

122 Liverani 1988: 317-324; Amiet 1995: 72-73.

123 Edzard 1968: 149-152; Garelli 1969: 105-106; Liverani 1988: 298-307.

porté à la civilisation urbaine néo-sumérienne ait été donné par une armée élamite, ce sont des tribus et des dynasties amorrites qui prennent la direction des villes-états mésopotamiennes[124]. Dès le 19e siècle, à Terqa, une dynastie amorrite occupe le trône[125], pendant que dans le nord-est, à Ekallate[126] sur le Tigre, à Ešnunna sur la Diyala[127], ou au sud, à Babylone[128], d'autres familles amorrites fondent des dynasties qui domineront pratiquement toute la Mésopotamie au Bronze Moyen.

La documentation textuelle montre qu'à la fin du IIIe millénaire, après la crise marquant la fin du Bronze Ancien, le Moyen-Euphrate et la Djéziré s'engagent en effet dans un nouveau processus d'unification culturelle, déterminé par l'intégration progressive, mais de plus en plus nette, de populations originaires des steppes syriennes dans le tissu social et dans les structures de pouvoir des centres urbains de ces régions. Après avoir acquis le contrôle de Ṣuprum et Terqa, un groupe amorrite élimine le dernier gouverneur-*šakkanakku* de Mari, fondant un royaume puissant centré sur la vallée du Moyen-Euphrate. La nouvelle dynastie s'intègre complètement dans la structure étatique et dans la tradition culturelle et religieuse de la ville de Mari, qui garde intact son prestige. Mais, dans le même temps, les nouveaux rois conservent une conscience aiguë de leurs propres origines et des relations politiques et tribales existant avec les tribus et dynasties amorrites installées dans d'autres centres urbains mésopotamiens[129]. Ce sont ces relations, et les conflits qu'elles vont générer, qui minent les fondements mêmes du pouvoir de ces royaumes du Bronze Moyen et qui vont déterminer la disparition de la civilisation de Mari au milieu du 18e siècle, face à l'expansion de la dynastie de Babylone qui cherche à unifier à nouveau la Mésopotamie.

1.2.3. Nomades et sédentaires: historique de la question

On a déjà pu se rendre compte de l'utilité et de l'efficacité des oppositions nomadisme / sédentarité, agriculture / élevage, et, par la suite, villes et zones d'agriculture sèche / villes et zones d'agriculture irriguée, ou encore zones cultivables / steppes, pour expliquer une grande quantité de phénomènes sociaux et culturels mésopotamiens et syriens depuis les phases les plus anciennes de la présence de l'homme dans ces territoires. Ces modèles sont utilisés couramment dans la recherche et la discussion scientifique des disciplines concernées, servant à formaliser et interpréter des données différentes provenant d'analyses archéologiques, biologiques, climatiques ou environnementales.

D'une façon très schématique, on pourrait dire que la théorie sur laquelle se concentre un consensus presque général considère le développement de l'élevage comme un phénomène dérivant et dépendant de la sédentarisation et du perfectionnement des techniques agricoles en zone sèche. Pour faire face à une augmentation démographique consécutive à l'amélioration des conditions de vie, la domestication et l'élevage du petit bétail correspondent à des efforts pour exploiter au maximum les ressources offertes par ce type de territoire. La pratique d'une transhumance saisonnière aurait conduit par la suite une partie de la population à développer des formes de semi-nomadisme qui, par ailleurs, au moins dans la Djéziré et le Moyen-Euphrate, impliquent de toute façon un lien constant du groupe nomadisant avec le village et le territoire d'origine.

Les archéologues et les préhistoriens sont aussi pratiquement d'accord pour affirmer que l'organisation sociale des villages dans ces régions n'aboutit pas "naturellement" à l'urbanisation, au partage et à la spécialisation du travail ni à l'élaboration de pratiques politiques et culturelles de type "étatique". Décrivant leur structure sociale comme proto-urbaine, les historiens font ressortir l'aspect tribal, clanique, familial – donc non étatique, non royal – de la gestion du pouvoir à l'intérieur de ces sociétés.

Il est aussi évident que, peut-être dans un esprit de fidélité aux traditions classiques de la révolution urbaine mésopotamienne, l'historiographie contemporaine insiste beaucoup sur le fait que, chaque fois qu'on pense assister dans la Djéziré à un "progrès" vers une urbanisation poussée, on peut relier ce processus à des contacts avec la Mésopotamie du sud, attestés par des matériaux diagnostiques (sceaux, céramique, textes). Il s'établit ainsi, pour les époques plus récentes – en particulier la période protodynastique du IIIe millénaire – une certaine équation entre deux séries distinctes de structures sociales et économiques, à lire dans le sens sud / nord, comme par exemple agriculture irriguée / élevage industriel / ville / état / royauté / etc. opposée à une autre série: agriculture sèche / semi-nomadisme / village / tribu / chefferie.

---

[124] En général, voir Edzard 1968: 153-175; Garelli 1969: 112-128; Liverani 1988: 317-330; Durand 1992; Arnaud 1993: 138-140.

[125] Durand 1985: 160-171; Margueron 1993b; Charpin 1993.

[126] Birot 1985: 221-225.

[127] Charpin 1985b et 1991.

[128] Edzard 1968: 167-207; Liverani 1988: 403-419.

[129] Durand - Charpin 1986; Durand 1992: 114-120.

Ce type de discours, et l'usage de ces paradigmes de raisonnement, changent toutefois de forme et de ton quand on s'approche des époques pour lesquelles nous disposons d'un autre type de documentation, les textes. Ces derniers livrent en même temps des renseignements directs sur la question, décrivant des situations historiques précises, et fournissent des renseignements indirects, à travers leurs caractéristiques linguistiques, stylistiques et grammaticales. Les études des rapports territoire / peuplement *versus* nomadisme / sédentarité sont alors obligées de traiter et de rendre compte aussi des données provenant des textes, qui ont déjà été interprétées à travers une approche philologique. La valeur historique attribuée aux témoignages – souvent ressentis comme directs – offerts par les textes finit souvent par occulter l'importance de résultats d'analyses d'autres matériaux archéologiques[130], ou bien, de toute façon, par influencer lourdement l'orientation même des recherches, augmentant l'importance du rôle des civilisations sédentaires urbaines qui utilisent l'écriture[131].

D'autre part, les techniques de fouille et de prospection archéologique couramment en usage en Mésopotamie ont permis de repérer, d'une façon seulement sporadique et limitée, des vestiges de la population qui a habité les steppes syriennes à l'époque historique. Cette réalité n'est pas due à une carence objective des méthodes de recherche ou des théories interprétatives, qui, au contraire, ont connu récemment un grand développement et sont régulièrement mises en pratique dans les travaux archéologiques relatifs à d'autres époques ou dans d'autres régions du Proche-Orient, comme en Iran, en Syrie méridionale, en Palestine ou en Jordanie[132]. En ce qui concerne la Djéziré, bien que quelques tentatives commencent désormais à être faites dans ce sens[133], on a l'impression que l'importance et la quantité des restes souvent monumentaux des centres urbains, ainsi que, pour les époques plus récentes, l'abondance des textes écrits, attirent systématiquement la plus grande partie de l'attention et des énergies des archéologues et des historiens, au détriment de programmes plus austères d'exploration du peuplement de la steppe[134]. L'importance du rôle des nomades ou des semi-nomades dans l'histoire de ces régions est, certes, désormais généralement admise. Mais on estime au fond que cette problématique, puisque l'archéologie ne peut pas vraiment la cerner, doit être discutée dans le cadre d'autres disciplines, comme l'anthropologie, l'ethnologie, l'ethnoarchéologie, la géographie, l'économie ou même la linguistique, l'expulsant en fait vers le domaine des sciences non historiques, ou bien la laissant aux épigraphistes, en contact direct avec les textes.

Les informations recueillies au cours de fouilles archéologiques normales sur des sites urbains de la Djéziré ne permettent généralement pas de reconstituer un cadre historique autonome propre à étudier les populations nomades[135], dont l'existence est pourtant attestée dans les textes dès la fin du IIIe millénaire. Il a donc fallu attendre l'apparition d'une documentation écrite abondante et les résultats de son interprétation pour réaliser l'importance du rôle spécifique qu'elles ont pu jouer dans la politique locale et internationale de la Syrie ancienne: la découverte des archives de Mari a rempli cette attente, et les études entreprises sur ces matériaux sont devenues presque canoniques pour toute la question du nomadisme mésopotamien. La plus grande partie de ces textes émane du milieu urbain et palatial, ou de l'entourage de la cour, qui sont les seuls capables, au Bronze Moyen, d'entretenir une classe de spécialistes détenteurs d'une technologie raffinée et coûteuse en termes d'instruction comme l'est l'écriture cunéiforme. Par conséquent, l'image des populations de la steppe développée à partir des documents d'archives, lettres, contrats, textes littéraires et religieux ou inscriptions royales de cette époque, est certainement déformée par le point de vue des informateurs, qui font partie d'un système social, mental et culturel se concevant souvent en opposition par rapport à la civilisation non urbaine de la steppe[136].

Une déformation supplémentaire de cette image est par ailleurs imputable aux observateurs modernes. Très souvent, l'interprétation des données anciennes est développée par analogie à des situations connues à travers l'étude des populations syriennes nomades et semi-nomades modernes et contemporaines. Le modèle des tribus "bédouines", créé sur la base des informations fournies par les ethnographes travaillant en Syrie dans le cours du siècle dernier[137], est fréquemment utilisé, sans trop d'hésitations ni de précautions, pour combler les trous de la documentation et avancer des théories expliquant l'évolution culturelle ou le comportement politique des populations de la steppe de l'Âge du Bronze. S'il est évident que les

---

[130] Weiss - Courty 1994.

[131] Liverani 1973, 1978.

[132] Hole 1980; Banning - Köhler-Rollefson 1992; Zarins 1992; Eldar - Nir - Nahlieli 1992.

[133] Voir, par exemple, Pfälzner1984; Akkermans 1984; Hole 1991; Bernbeck 1992.

[134] Les pratiques mêmes de la prospection archéologique, se fondant principalement sur le ramassage de tessons, finissent par privilégier les sites urbains et villageois; voir, par exemple, Geyer - Monchambert 1987; Lyonnet 1992.

[135] Voir toutefois les remarques de Hole 1991: 21, *contra* Fortin 1991a et b, et Margueron 1991.

[136] Matthews 1978: 2-3.

[137] Parmi les plus fréquemment citées on trouve les œuvres de Musil 1927 et de Charles 1936.

tribus nomades qui peuplent encore aujourd'hui la Djéziré et la Shamiyé vivent dans un cadre naturel qui est peut-être resté semblable à celui du Bronze Ancien ou Moyen, ces populations ont une histoire et une culture spécifique derrière elles et, de toute façon, elles se confrontent quotidiennement, dans leurs relations économiques et politiques, avec une société urbaine et un état sûrement différents de ceux du Moyen-Euphrate au 19e siècle av. J.-C.[138].

Les anthropologues et les ethnoarchéologues s'occupant des sociétés nomades et semi-nomades sont en général bien conscients des dimensions et des orientations chronologiques de leurs recherches, qui se développent essentiellement sur le plan de la structure et de l'étude de ses paradigmes de modification et d'adaptation[139]. Les historiens et les épigraphistes qui, ne trouvant pas dans la documentation archéologique ou textuelle les informations nécessaires, extrapolent à partir de modèles, de données ou de théories valables pour d'autres périodes et dans le cadre d'autres disciplines, tendent par contre à confondre le plan synchronique avec le diachronique, l'étude de la structure avec celle de la séquence événementielle, arrivant ainsi parfois à des résultats peu convaincants.

Les premières interprétations des relations entre steppe et vallée irriguée, entre désert et ville, et donc entre nomades et sédentaires dans le contexte du Proche-Orient ancien, ont été élaborées dès la fin du siècle dernier par les linguistes qui s'occupaient des études sémitiques, avant la découverte de textes réellement informatifs sur ce sujet. À la constatation initiale de l'unité de fond du groupe linguistique dit sémitique s'étaient opposées rapidement l'analyse et la réflexion sur les différences existant entre les diverses langues qui le composent[140]. La structure arborescente mise au point par la suite pour représenter les relations philologiques réciproques existant entre les diverses langues présupposait leur descendance d'un tronc commun, correspondant à la langue arabe qui aurait gardé la plus grande quantité de traits morphologiques communs à toutes les autres langues[141], et de laquelle se seraient détachées progressivement toutes les autres branches. Plus tôt ce détachement se serait réalisé, plus importantes auraient été les divergences dans les structures des langues entre elles et par rapport à l'ancêtre commun.

Cette structure arborescente[142] pouvait aussi être lue d'un point de vue géographique et historique: considérant le désert arabe comme l'épicentre de la vague de diffusion, les langues du groupe oriental, comprenant l'akkadien (et ses dérivés assyrien et babylonien au IIe millénaire) se seraient éloignées les premières, s'établissant vers le IIIe millénaire sur les territoires plus lointains de la Mésopotamie. Par la suite, une deuxième branche, formée par les langues aujourd'hui appelées sémitiques de l'ouest – cananéen, ougaritique, hébreu, phénicien et moabite – et sémitiques du nord – amorrite et son dérivé, l'araméen – se serait limitée à occuper au début du IIe millénaire la Palestine et la Syrie. L'invasion menée par les populations parlant la langue amorrite en direction est et sud-est aurait provoqué l'écroulement du monde néo-sumérien en Mésopotamie. La troisième vague, la plus récente, intéressant tout le Proche-Orient et l'Afrique du nord, aurait permis l'affirmation de l'arabe, qui aurait pu conserver sa morphologie ancienne grâce à son mode de vie nomade[143], et à sa proximité par rapport aux territoires d'origine.

Le modèle de l'expansion islamique du 7e siècle ap. J.-C. pouvait être utilisé pour reconstruire non seulement les modalités du changement linguistique dans le cadre de la philologie sémitique, mais aussi pour restituer les premières phases historiques des plus anciennes civilisations sémitiques, que les nouvelles découvertes archéologiques et épigraphiques commençaient à faire connaître en Europe.

Dans le cadre historique ainsi défini, et par ailleurs renforcé par les interprétations tirées des données bibliques, tous les mouvements des peuples sémitiques se laissaient analyser, d'une façon apparemment très logique, comme des migrations d'une région désertique ou très aride vers une région fertile, grâce aux fleuves, pour la Mésopotamie, ou grâce au régime des pluies, pour la Syrie occidentale et méridionale et la Palestine. L'aspect nomade des civilisations sémitiques dans cette perspective ne correspond qu'à une phase migratoire, correspondant au passage d'une zone à l'autre. Dans cet esprit, les nomades ne seraient donc que des sédentaires en déplacement, à la recherche d'un territoire et d'une occasion pour devenir ou redevenir agriculteurs, et fonder villes et états. L'histoire des patriarches bibliques, le récit des longues pérégrinations du peuple juif dans le désert après la sortie d'Égypte, tout en constituant le contexte de la révélation divine et de la création de l'alliance sacrée, ne seraient que les prolégomènes à l'occupation du pays de Canaan et à la fondation de la monarchie d'Israël. De même, l'époque glorieuse de la conquête arabe est suivie par la fondation des royaumes islamiques, dont les villes capitales deviennent des centres de civilisation et de production de richesses.

---

[138] Gilbert 1975; Berque 1959.

[139] Digard - Bromberger 1980; Audouze - Jarrige 1980; Aurenche 1984; D'Hont 1990.

[140] Brockelmann 1908; Nöldeke 1911: 617-621; Soden (von) 1960; Rabin 1963 et 1971: 1153.

[141] Moscati 1955: 28-29 et 176-177; *contra*, cf. Garbini 1979 et 1984.

[142] Driver 1932: 316; pour une version à jour, voir Zohar 1992: 166-168.

[143] Moscati 1955: 311-43; Caquot 1973: 867; Garbini 1984: 97-112; Zohar 1992: 174.

Selon cette approche, dans le monde ancien proche-oriental, la vie dans la steppe ne s'est jamais concrétisée sous la forme d'une civilisation spécifique, mais elle apparaît plutôt comme une condition temporaire, une étape obligée et obligatoire d'un voyage et d'un progrès aboutissant à la sédentarisation des populations sémitiques. Cette finalité ultime explique et justifie d'ailleurs le caractère traditionnellement belliqueux et agressif des peuples nomades[144]: vues du côté des sédentaires, ces tentatives de s'installer dans un territoire spécifique sont des invasions et des razzias. Le nomadisme, marqué par son efficacité militaire et ses capacités destructives face à la nature pacifique des sédentaires, est par conséquent considéré comme un système de vie tellement proche d'un état primitif et sauvage que la tendance à la sédentarisation, à l'occupation de régions fertiles adaptées à l'agriculture et à l'élevage, apparaît comme une sorte d'instinct naturel, très humain mais aussi très logique[145], vers la civilisation, l'abondance et la paix.

La théorie des vagues d'occupation sémitiques couvrant au moins à trois reprises le Croissant Fertile et la Mésopotamie en provenance de l'ouest ou du sud-ouest, avec tous ses corollaires, a résisté longtemps, et résiste d'ailleurs encore, comme interprétation canonique des relations entre nomades et sédentaires au Proche-Orient ancien[146]. Elle trouve un nouvel essor dans les études philologiques concernant la documentation littéraire mésopotamienne elle-même. La connaissance progressive des textes cunéiformes découverts en grande quantité au Proche-Orient depuis le début du 20e siècle donne à ce modèle une autorité et un poids scientifiques nouveaux, surtout à travers l'étude des matériaux relevant de l'histoire de la population amorrite[147]. Dès la fin du IIIe millénaire, l'histoire des Amorrites en Mésopotamie pourrait facilement être résumée par l'association de termes comme élevage, nomadisme ou invasions, aboutissant par ailleurs à l'image d'une intégration parfaitement réussie dans le contexte de la civilisation urbaine suméro-akkadienne de l'Âge du Bronze Ancien, contribuant largement à la splendeur culturelle de la période paléobabylonienne de Hammourabi de Babylone.

Cette formulation se fonde sur l'interprétation de textes d'époque et de type variés. Des textes économiques et administratifs, écrits dans les chancelleries des villes mésopotamiennes du IIIe millénaire, commencent par enregistrer la présence d'individus portant des noms "étrangers" – en l'occurrence amorrites – qui participent pourtant sans problèmes majeurs à la vie de la société urbaine, fournissant différents types de travail[148]. Les traditions littéraires contemporaines développent des mythes et des histoires dans lesquels la communauté amorrite est connotée comme "étrangère" à la vallée irriguée, originaire de la steppe et des montagnes, en somme comme barbare et potentiellement menaçante, mais au fond disposée à l'intégration[149]. Par la suite, la documentation épistolaire des archives de la ville de Mari, ainsi que quelques inscriptions royales officielles[150], montrent la phase finale de cette "infiltration" amorrite dans les structures du pouvoir local: des familles amorrites arrivent à remplacer les autorités traditionnelles et à gérer directement l'état, tandis que d'autres groupes restent dans leur condition semi-nomade, aux bords des vallées irriguées[151]. La sédentarisation et l'intégration maximale sont donc obtenues et marquées par la conquête du pouvoir: les étrangers de la steppe sont ainsi transformés en maîtres de la ville, cette dernière restant par ailleurs au centre du système de production et de contrôle politique de toute la région, plaines alluviales et plateaux semi-arides[152].

Face à cet ensemble d'idées et de connaissances autour de la formation et du développement des civilisations sémitiques, fondées, comme on l'a vu, sur des critères essentiellement linguistiques, existe

---

[144] Kupper 1957: x-xiii et 260-261; 1959; 1973: 24-28; Briant 1982: 35-39.

[145] Par exemple, Moscati 1955: 32-34. Sur la "loi du besoin" déterminant vagues d'invasion et sédentarisation successive, comme elle est expliquée dans la littérature classique d'un point de vue philosophique, voir Briant 1982: 25-30; pour les études bibliques, voir, récemment, Lemche 1993: 76-80.

[146] Par exemple, voir Bottéro - Kramer 1989: 37-38; Gottwald 1979: 435-439. Une présentation générale des différentes théories sur les origines amorrites se trouve dans Luke 1965: 1-50; rapidement résumée dans Buccellati 1990: 100-101; pour un retour à la théorie des vagues d'invasion sémitiques et amorrites, mais dans le cadre d'une nouvelle compréhension du nomadisme, voir Zohar 1992; Zarins 1989 et 1992. Le modèle d'une migration de masse, dans le cadre du problème de l'intégration des populations amorrites en Mésopotamie centrale et méridionale avait été évoqué par Liverani 1965: 122-123, et discuté à nouveau dans Liverani 1970; récemment, Weiss - Courty 1993: 143-144. Pour une évaluation de cette problématique dans la culture arabe, voir Rodinson 1979 (1991): 18-34.

[147] Voir § 1.2.2. et n. 125; Gelb 1961; Buccellati 1966; Liverani 1970; Edzard 1981.

[148] Gelb 1961: 29-30; pour une hypothèse différente, concernant l'origine "locale" des Amorrites, Buccellati 1990b et 1992.

[149] Bottéro - Kramer 1989: 430-437. Voir aussi, dans l'épopée de Gilgameš, l'épisode de la sédentarisation et de l'urbanisation d'Enkidu, Labat 1970: 158-162, et l'interprétation dans Cassin 1975.

[150] Frayne 1990: 601-649.

[151] Durand 1985a: 166-171; Charpin - Durand 1985: 293-299.

[152] Pour les théories correspondantes en milieu palestinien, élaborées surtout par W.F. Albright, de la "conquête" du pays cananéen de la part des tribus d'Israël, voir, par exemple Yadin 1979.

toutefois, dans la culture occidentale moderne, une vision alternative, apparemment plus optimiste, des qualités de la vie et de la civilisation des nomades. Développée assez tôt dans d'autres milieux scientifiques et intellectuels européens influencés par les courants littéraires et philosophiques romantiques, une image positive, quoique vague, du mode de vie "bédouin" permet de réaffirmer la valeur et l'existence même d'une culture nomade qui ne dépend pas de la civilisation sédentaire. Giacomo Leopardi peut écrire en 1863 le "Canto di un pastore errante dell'Asia", une des plus belles œuvres de la littérature italienne du 19e siècle, attribuant à un berger nomade une série de réflexions extrêmement profondes et modernes[153], dignes d'une grande civilisation, tandis qu'avant Frazer, Robertson-Smith, dans "The Religion of the Semites"[154] n'hésite pas à établir une relation directe entre la religion et les rituels bibliques, et ceux des tribus nomades arabes modernes, utilisant une logique strictement ethnographique.

Ces deux exemples ne font qu'évoquer cette autre perspective, selon laquelle l'esprit des civilisations sémitiques, en particulier arabe et hébraïque, est ressenti comme différent et alternatif à celui du monde occidental classique. Si les travaux de Renan montrent que cette différence a pu être interprétée comme la marque d'une infériorité culturelle[155], d'autres courants intellectuels ont utilisé ce concept dans la direction opposée, l'exploitant comme valeur positive face à la décadence de la société contemporaine et à la crise de certains valeurs. La civilisation sémitique a pu ainsi être présentée comme une culture forgée et marquée à ses origines par le nomadisme, qui, gardant l'homme en contact avec la nature dans les grandes étendues désertiques, dans des conditions de vie très austères, a préservé sa liberté, son honnêteté et sa force, de la corruption générée par les institutions étatiques et la civilisation urbaine[156]. Cet éloge indirect du nomadisme, en tant que situation pré-étatique ou anti-étatique, accompagné parfois par l'intérêt et l'admiration pour le monde bédouin[157], devient alors un instrument de critique contre les tendances politiques et intellectuelles de la société urbaine contemporaine[158].

Même après leur sédentarisation, les peuples sémitiques auraient gardé dans leur culture et dans les formes de société qu'ils ont créées les valeurs qui leur viennent de leurs origines nomades et tribales. Dans ce sens, la sédentarisation même n'est plus vue uniquement comme un phénomène inéluctable, comme le couronnement d'une intégration réussie, mais au contraire elle est parfois ressentie comme la fin d'un parcours, et le début d'une possible dégradation de l'originalité de leur culture[159]. Dans cette perspective, c'est l'origine "nomade" – c'est à dire le caractère marginal de la société et de la culture des civilisations sémitiques primitives, par rapport aux sociétés urbaines et aux grands empires du Proche-Orient ancien – qui détermine leur rôle dans le progrès humain, et qui constitue d'ailleurs leur grandeur: les religions monothéistes sont nées parmi les Sémites, dans la steppe et loin des villes capitales.

Il est difficile d'évaluer le poids que ces deux modèles d'interprétation des phénomènes sociaux et culturels liés au milieu naturel biblique, syrien et mésopotamien ont eu dans les disciplines et les recherches modernes. Il paraît évident qu'ils conditionnent encore le développement du débat scientifique, par l'intermédiaire d'autres modèles plus récents qui ont été générés en intégrant toutes les nouvelles informations recueillies par la recherche philologique ou ethnologique et anthropologique. Ces modèles imposent au débat scientifique contemporain des orientations qui étaient apparemment imprévisibles dans les phases initiales de leur formation, pas tellement parce qu'ils représentent deux positions idéologiques opposées, mais plutôt parce qu'ils prennent en compte des aspects différents des cultures en question.

Le premier modèle, celui de l'arbre linguistique et des vagues migratoires, niant l'existence d'une civilisation nomade spécifique dans le cadre du monde sémitique, reste encore utile aujourd'hui dans la

---

[153] Leopardi 1983: 203-213. Le poème est daté de 1829-1830.

[154] Smith 1889; Leach 1982: 78-80.

[155] Caquot 1973: 868; Lévi-Strauss 1973: 377-401.

[156] Pour le "mirage nomade", voir par exemple Moscati 1955: 36-40; dans le monde classique, Briant 1982: 30-34; dans les traditions mésopotamiennes, Briant 1982: 39-40. Sur l'opposition sauvage/civilisé, homme naturel/homme moderne dans la culture anthropologique occidentale, voir Leach 1980: 363-389.

[157] Voir, par exemple, la vie et les œuvres de T.E. Lawrence, archéologue de formation, qui fouilla sous la direction de D.H. Hogarth et de L. Woolley à Karkémish de 1911 à 1914, ainsi que sa mythologie, dans Mantran - Etiemble 1968.

[158] Briant 1982: 43-56. Ce thème est particulièrement évident dans les recherches autour des Ḫapiru. Bien que ce terme ne se réfère pas à un style de vie nomade lié à l'élevage, il connote de toute façon des éléments de la population non urbaine, habitant les steppes, et associés à des formes diverses de brigandage. Les études sur les Ḫapiru vont ainsi faire partie de la discussion autour du nomadisme amorrite et araméen, influençant partiellement son développement. Voir en dernier lieu, à ce propos, Na'aman 1986, avec bibliographie.

[159] Pour le processus de "sédentarisation" des tribus israélites nomades, et le passage à la constitution d'un état et d'une monarchie, cf. Vaux (de) 1961: 4-12; Stager 1985: 24-25. Mendenhall 1962: 76-77; 1973: 174-194, reprend des thèmes classiques de la polémique anti-monarchique et anti-étatique dans la tradition biblique prophétique. Pour la sédentarisation forcée des nomades dans le monde classique et moderne, cf. Briant 1982: 107-110.

mesure où il invite à étudier la problématique historique du semi-nomadisme et de la sédentarité dans le cadre unitaire d'un milieu naturel et social défini, celui de la Djéziré et des steppes syriennes. Le deuxième, au delà des usages sinistres qu'on a pu en faire, stimule la recherche des caractères distinctifs des cultures proche-orientales en fonction des différents types des structures politiques et économiques des sociétés prises en compte, ainsi que de leurs éventuels rapports réciproques.

1.2.4. La vallée, la ville et la steppe: symbiose et exploitation

Un tournant important dans les recherches autour de la question des rapports entre nomades et sédentaires dans le contexte proche-oriental a été marqué, comme on l'a déjà dit, par la découverte d'une grande quantité de textes dans les ruines du palais royal de Mari, datés de l'époque babylonienne ancienne, et mettant à la disposition des chercheurs des informations permettant de renouveler complètement le cadre même de cette problématique. Les premières études historiques fondées sur les textes de Mari, et en particulier, l'œuvre de J.-R. Kupper[160], ont rapidement fait ressortir l'importance du rôle des nomades dans la vie politique et économique de la Mésopotamie. Dans ces travaux, réalisés dans les années 50 et 60, si on évoque toujours la théorie des vagues migratoires amenant des populations sémitiques occidentales à occuper la Mésopotamie entière, c'est pour souligner le caractère progressif de ce mouvement, qui prend l'aspect d'une pression politique continue exercée sur les zones agricoles jouxtant la steppe. Cette infiltration, qui alterne des périodes d'hostilité ouverte à des périodes plus pacifiques, va permettre aux éléments nomades, dans les moments de crise aiguë des systèmes urbains, d'occuper des positions importantes dans l'administration de l'état, et de prendre le pouvoir. De toute façon, un des principaux mérites des recherches de Kupper a été de mettre en évidence le caractère nomade du mode de vie de ces mêmes gens, les Amorrites, caractère qui ne dépend pas d'une phase migratoire, mais plutôt d'un type d'économie et d'adaptation à un milieu naturel particulièrement dur[161].

Bien que fondées essentiellement sur la documentation provenant de Mari, qui, d'un point de vue chronologique, éclaire la situation historique du Moyen-Euphrate et de la Mésopotamie du nord seulement pour la période du Bronze Moyen jusqu'à la moitié du 18e siècle, les recherches développées dans ce cadre ont eu une importance fondamentale aussi pour la compréhension de l'histoire de ces régions aux époques suivantes, et en particulier au début de l'Âge du Fer. Kupper traite d'ailleurs d'une façon approfondie le problème de la formation de la civilisation araméenne du Ier millénaire dans le même chapitre où il étudie les populations soutéennes, qui occupent la Syrie centrale dès l'Âge du Bronze[162]. Il établit ainsi un lien évident entre l'ensemble des cultures sémitiques occidentales qui se manifestent clairement en Syrie au début du IIe millénaire et le monde paléo-araméen et araméen de l'Âge du Fer, sans insister explicitement sur l'idée d'une descendance ou d'une dérivation directe, mais en se fondant plutôt sur l'importance et la stabilité des contraintes que le contexte géographique commun impose aux structures de ces deux civilisations, à des époques diverses.

Le débat scientifique ouvert par les études mariotes constitue la base et la toile de fond théorique de toutes les recherches ultérieures concernant l'histoire du Moyen-Euphrate et de la Djéziré à l'Âge du Fer, dans la mesure où on reconnaît, suivant les données fournies par les textes assyriens, que ce sont la dialectique et les conflits liant état (assyrien) et tribus semi-nomades ou semi-sédentaires (araméennes) qui ont marqué toute cette période[163]. Et c'est toujours aux modèles anthropologiques et économiques établis pour les populations amorrites semi-nomades et sédentaires qu'on se réfère, de façon explicite ou implicite, pour expliquer les dynamiques politiques, culturelles et économiques qui ont déterminé la formation de la civilisation araméenne dans la Djéziré syrienne, palliant ainsi l'absence d'une documentation plus directe[164]. Pour ces raisons il est important de suivre de près le développement des recherches concernant le monde sémitique occidental de l'Âge du Bronze et son expression particulièrement caractéristique que constitue l'étude des tribus amorrites de Syrie du nord.

D'après les études réalisées par Kupper, la civilisation amorrite, partagée en différents grands regroupements tribaux, se présente comme une culture modelée par un type d'existence et de mode de production – élevage du petit bétail – directement lié et adapté aux exigences imposées par le milieu des steppes. Dans ce sens, cette civilisation est prise en compte en tant que culture locale des plateaux syriens de la Djéziré et de la Shamiyé, sans plus de références à un éventuel habitat "originel" dans les déserts arabes du sud ou en Syrie occidentale. Les structures sociales et les paradigmes créatifs de la civilisation

[160] Kupper 1957, 1959, 1961 et 1973; parmi les contributions les plus importantes, Luke 1965; Sasson 1966; Marzal 1969.

[161] Voir l'introduction du livre, Kupper 1957: ix-xix.

[162] Kupper 1957: 83-141; Gelb 1961: 28-29.

[163] Schwartz 1989: 283-285; Buccellati 1990a; Zadok 1991: 104-106.

[164] Mendenhall 1973: 4-5.

amorrite – observables au moins au niveau de la langue et de la religion – sont ainsi considérés comme spécifiques et déterminés par son mode de vie. On les voit comme stables et permanents, se perpétuant dans le même cadre géographique, sur plus d'un millénaire, dans la culture araméenne. L'interprétation historique générale présentée par Kupper souligne ainsi la distinction existant entre culture nomade et culture sédentaire, cette dernière finissant par être comme un développement de la civilisation akkadienne urbaine du Bronze Ancien.

La documentation de Mari, textuelle et archéologique, ainsi que toute la culture et l'histoire de la période babylonienne ancienne, montrent par ailleurs la tendance et la capacité immédiate des tribus amorrites à infiltrer le milieu urbain. Si cette assimilation aboutit rapidement, dans toute la Mésopotamie, à la formation de royaumes amorrites, les nouvelles classes dirigeantes semblent adopter dans leur ensemble la culture, la religion et les systèmes administratifs des villes qu'elles contrôlent, essayant ainsi de se présenter comme les continuateurs légitimes de la civilisation urbaine et étatique du Bronze Ancien[165]. En réalité, les nouveaux souverains amorrites de Mari apportent des modifications relativement profondes au fond suméro-akkadien de la civilisation du Bronze Ancien: une des plus remarquables, à Mari, est sans doute l'introduction, ou la réintroduction, de caractéristiques très particulières comme la référence à une idéologie spécifiquement royale pour justifier l'administration du pouvoir[166], ou l'usage du cérémonial du serment pour régler les relations politiques internes et extérieures de l'état[167]. On peut y ajouter l'adoption d'une réforme radicale du système d'écriture cunéiforme[168], qui va sans doute impliquer aussi un changement dans la composition et la formation du personnel de la cour.

La culture amorrite a donc, au Bronze Moyen, une double image. D'une part, elle est représentée par la civilisation des groupes pastoraux semi-nomades, très mobiles dans la steppe et aux franges des zones agricoles. Organisés apparemment selon un système social et politique tribal – donc primitif –, ces groupes n'ont pas laissé de traces archéologiques observables, ni de leur culture matérielle ni de leur production artistique. De l'autre, elle coïncide, au moins partiellement, avec la culture babylonienne ancienne contemporaine, développée dans le contexte des grands centres urbains mésopotamiens: il s'agit de la culture témoignée par la stèle de Hammourabi, et par le développement d'une tradition scribale très structurée et conservatrice. Les relations réciproques existant entre les deux variantes de la culture amorrite ont été étudiées par la suite – et elles le sont encore aujourd'hui – d'une façon limitée au contexte politique et sur un plan événementiel, à travers la documentation des archives de Mari. Les textes épistolaires, les échanges de correspondance politique entre le gouvernement palatial et ses émissaires résidant dans les autres centres provinciaux, ou en mission à l'extérieur, mettent souvent en scène la confrontation entre la dynastie royale amorrite de Mari et les tribus amorrites de la steppe autour du Moyen-Euphrate et de la Djéziré septentrionale, ainsi que les relations entre les différentes dynasties amorrites installées en Mésopotamie et en Syrie, à Mari, Ešnunna, Šubat-Enlil, Alep ou Babylone. À partir de ce type de documents, les rapports entre sédentaires, villages, villes, palais et semi-nomades, ne peuvent apparaître que sous l'aspect du conflit et de l'opposition politique et militaire.

J.T. Luke, qui a écrit sa thèse après la publication du livre de Kupper, se concentre au contraire sur l'étude de ces relations d'un point de vue structurel et anthropologique, corrigeant, au moins partiellement, certaines des conclusions proposées par son prédécesseur, essayant notamment de réduire le décalage et la séparation existant entre la culture nomade et la culture sédentaire[169]. Travaillant non seulement sur les textes cunéiformes, mais aussi sur une base documentaire fournie par les recherches réalisées par des anthropologues sur les populations locales modernes du Moyen-Euphrate[170], Luke affirme l'unité substantielle de ces deux secteurs de la société ancienne de Mari, qui se distinguent l'un de l'autre uniquement par rapport au type d'activité économique exercée, élevage ou agriculture. Ce partage du travail et cette diversification des ressources sont imposés par les contraintes topologiques et climatiques, et sont gérés par

---

[165] Durand 1985a: 171.

[166] Sur le passage du titre de *šakkanakku* à celui de LUGAL/*šarru*, en relation avec l'avènement de la dynastie de Yaḫdun-Lim, voir Durand 1985a: 148-150; Durand-Charpin 1985: 299-303. Sur la conception politique de la royauté à l'époque amorrite, ainsi que sur les relations politiques entre la dynastie mariote et les autres chefs tribaux, à partir essentiellement de l'inscription royale de Yaḫdun-Lim, publiée en dernier dans Frayne 1990: 604-609, voir aussi Luke 1965: 165-166; Rowton 1976c; Matthews 1978: 131-135.

[167] Voir par exemple les textes publiés dans Durand 1991, mais aussi dans Durand - Charpin 1985: 293-295; Charpin 1991; Joannès 1991. Pour les traditions politiques au Bronze Moyen et Récent, voir Zaccagnini 1990; à l'âge du Fer, Tadmor 1982a, 1982b: 455-458 et Parpola - Watanabe 1988: XIII-XXV.

[168] Durand 1985a: 160-171.

[169] Luke 1965.

[170] Cf. l'utilisation de l'ouvrage de Charles 1936, qui introduit, le terme de "peuple à double morphologie" pour les tribus semi-nomades/semi-sédentaires de la Djéziré, en s'inspirant de l'œuvre de M. Mauss sur les Esquimaux, cité dans Luke 1965: 29.

l'administration politique urbaine et palatiale, qui réunit et structure par son pouvoir toute la société locale.

Ce sont les analyses réalisées sur la documentation mariote par un historien ayant une formation non seulement de philologue, mais aussi d'anthopologue, d'ethnologue et de géographe, qui ont donné les résultats les plus importants pour la compréhension des dynamiques nomades - sédentaires dans la région du Moyen-Euphrate et de toute la Mésopotamie. Les études de M.B. Rowton, bien qu'apparues sous la forme de plusieurs articles publiés dans des revues différentes entre les années 60 et 80, montrent une grande unité méthodologique et conceptuelle. Elles sont tournées vers l'explication des phénomènes historiques et culturels observables d'une façon particulièrement claire dans la documentation des archives de Mari mais communs à tout le Proche-Orient, à travers l'usage des modèles anthropologiques de l'"*Enclosed Nomadism*"[171], le "nomadisme englobé", et de la "*Dimorphic Society*", la "société dimorphique"[172].

Rowton a mis au point ces modèles en étudiant d'une part le cadre géographique, climatologique et écologique particulier du Proche-Orient asiatique dans lequel le nomadisme ancien s'est organisé, et, de l'autre, les formes politiques que ce dernier a prises. Il a utilisé de façon massive la comparaison avec des phénomènes anthropologiques et économiques semblables documentés dans la tradition historique ou dans des recherches ethnologiques modernes. Une des premières et une des plus importantes de ses conclusions, mettant en évidence la différence de sa démarche par rapport aux travaux de Kupper et sa parenté partielle avec la démarche de Luke, concerne les relations qui lient le nomadisme mésopotamien à l'environnement agricole et aux structures urbaines: il s'agit d'un rapport nécessaire, stable et de type symbiotique, déterminé tant par les caractéristiques topologiques du territoire que par la structure économique et politique des populations qui y résident, solidaires dans une commune stratégie de survie[173].

Les caractéristiques du modèle du "nomadisme englobé", dont Rowton présente des exemples tant dans le Proche-Orient ancien que pour l'époque moderne, l'opposent directement au grand nomadisme bédouin ou au nomadisme connu dans le Sahara, les hauts plateaux d'Asie centrale ou de Chine, qui se sont organisés seulement après la domestication du chameau[174]. L'élevage de cet animal constitue, avec le commerce, l'activité primaire de nomades bédouins ou asiatiques, dont les itinéraires se développent dans des territoires désertiques et dans les steppes, à l'écart des zones agricoles et des vallées fluviales[175]. Les contacts avec les villes, de type commercial, sont ponctuels et liés aux activités de marché, n'impliquant aucune forme de relation politique ou de contrôle social. Par contre, le terme "nomadisme englobé" dénote une organisation typique des activités pastorales se déroulant dans des territoires "englobés", c'est-à-dire entourés par des zones agricoles habitées d'une façon stable par une population sédentaire[176].

La proximité et l'intensité des communications entre les deux habitats, déterminent une relation continue avec la population sédentaire qui gère les terres agricoles, et l'insertion directe des groupes d'éleveurs dans la structure économique et politique du territoire dans lequel ils travaillent. Cette relation consiste en un échange réciproque, plus ou moins équilibré, de services et de produits: la survie des deux groupes en dépend[177]. Lorsqu'aux rapports économiques symbiotiques s'ajoute, entre ces deux groupes, une stricte unité culturelle, ethnique et linguistique, on parle aussi de semi-nomadisme: il s'agit du mélange et du partage d'activités agricoles et d'élevage de petit bétail, dans le cadre d'un même groupe social ou tribal, qui sera partiellement nomade et partiellement sédentaire, ou bien nomade et sédentaire à différentes époques de l'année[178]. Cette variation dans la spécialisation du travail, liée aux contraintes imposées par les conditions du milieu naturel ou politique, et la possibilité de passage rapide d'une activité à l'autre, caractérisent tant le "nomadisme englobé" que le semi-nomadisme, en opposition avec le nomadisme de type bédouin.

---

[171] Rowton 1967a; 1973a; 1973b; 1974; 1980; 1981.

[172] Rowton 1973a: 202-204; 1976b; 1976c; 1977; 1987.

[173] Voir, en particulier, Rowton 1967a et 1976b: 17-23. Ce thème a été récemment repris par Buccellati 1990b, qui insiste sur le caractère non spécialisé de l'élevage à l'époque paléo-babylonienne, soulignant sa complémentarité avec les activités agricoles.

[174] La question de la domestication du dromadaire au Proche-Orient asiatique est discutée depuis un certain temps. Bien que ces animaux soient connus depuis l'âge du Bronze, il semble maintenant clair que leur élevage n'a été développé en Arabie qu'à partir de la fin du IIe millénaire, et que leur utilisation pour le transport des marchandises dans le cadre du commerce international à longue distance n'est devenu commun qu'à partir de la première moitié du Ier millénaire. Voir, pour le débat initial, Moscati 1955: 32; voir aussi Lambert 1960; Ripinsky 1975; Zarins 1978; Matthews 1978: 67-68, n. 7; voir Briant 1982: 128-145 pour le nomadisme et le commerce arabe à l'époque néo-assyrienne.

[175] Rowton 1973a 248-249; 1973b: 201.

[176] Rowton 1973a: 251-253; 1976b: 21-23.

[177] Rowton 1981; Matthews 1978: 83-85. Sur ce type d'échanges économiques, réglés par les structures administratives urbaines, cf. Oppenheim 1975: 65-67.

[178] Rowton 1967a; Matthews 1978: 19-20; Luke 1965: 28-29.

La distinction entre nomadisme et semi-nomadisme n'est pas importante à l'Âge du Bronze en Syrie, puisque l'élevage et l'usage des dromadaires ne se sont développés dans ces régions qu'à partir du milieu du Ier millénaire av. J.-C. Aux époques précédentes l'activité pastorale au Proche-Orient concerne uniquement le petit bétail, ovins et caprins, qui fournissent lait, viande et laine pour la survie immédiate de la tribu semi-nomade. Les surplus de cette production sont les matériaux d'échange pour obtenir, de la part des populations sédentaires qui contrôlent les zones fertiles, les produits agricoles, compléments absolument nécessaires au régime alimentaire humain, ainsi que l'eau et le pâturage pour les animaux pendant la saison sèche. Le villages ou les villes procurent sans doute aussi l'outillage en métal ou même en céramique, qui est couramment employé par les tribus semi-nomades, tant dans leurs activités domestiques et d'élevage que lors des éventuels travaux agricoles[179].

Selon la vision de Rowton, c'est la structure géographique et écologique de la Syrie du nord qui détermine la constitution de procédures de contacts et d'échanges réguliers caractérisant le "nomadisme englobé", puisque les zones d'élevage du bétail sont toutes situées à proximité des territoires agricoles, consacrés à la culture sèche ou irriguée. Les frontières entre steppes, prairies et champs sont d'ailleurs fluctuantes, au gré des indices d'humidité, de pluie, de salinisation de la terre, de la présence d'alluvions fluviales ou de la capacité d'entretenir le système des canaux.

Dans cette situation et dans le cadre du nomadisme "englobé", les relations entre population semi-nomade et population sédentaire se structurent sur deux plans différents[180]. D'une part, comme on l'a vu, on peut isoler une oscillation entre des stratégies de survie et de développement et entre les couples sédentarisme et agriculture, nomadisme et élevage, à l'intérieur d'un même groupe social et ethnique. De l'autre, à partir du moment où les activités des groupes et des tribus se sont spécialisées, créant déjà une identité spécifique, on peut envisager d'étudier les rapports entre nomades et sédentaires en tant que relations entre deux types différents de communautés.

En ce qui concerne le premier point, un des aspects les plus novateurs des recherches de Rowton a été de mettre en évidence l'extrême mobilité sociale qui caractérise le système dimorphique. La tendance à la sédentarisation, de la part des tribus semi-nomades, ou, au moins, de leurs élites, qui investissent une partie de leur richesse ou des gains obtenus comme mercenaires au service des autorités citadines dans la propriété immobilière, champs ou maisons, est équilibrée par une égale tendance à la nomadisation des éléments sédentaires, habitants de la ville ou agriculteurs, qui convertissent leur capital en bétail et deviennent des éleveurs dans les moments de crise économique ou politique[181]. Des pasteurs qui ont perdu leur bétail peuvent trouver du travail en ville ou dans les champs. Selon un processus inverse, des débiteurs insolvables, des esclaves, des criminels peuvent trouver refuge, hors de portée de la police urbaine, parmi les tribus de la steppe.

La facilité relative de ces passages d'un type de vie à l'autre, et ces transformations d'activités caractérisant la société dimorphique, ont sans doute des conséquences dans la formation des sentiments d'identité, sociale et ethnique. L'opposition état / tribu reste par ailleurs pertinente dans ce contexte, l'appartenance à une tribu – qui comprend des nomades comme des sédentaires – étant seule significative dans une société dimorphique[182], ne supposant pas de connotations ethniques ou linguistiques. Dans ces conditions, il semble par ailleurs évident que les liens généalogiques communs qui fondent idéologiquement l'unité et la cohésion de la tribu et du clan ne sont que la transcription mythologique des relations politiques et institutionnelles liant les membres d'une société à un moment précis de leur histoire[183].

---

[179] Pour la dépendance des semi-nomades par rapport à l'économie du marché urbain et au contrôle de l'état, aussi pour la production culturelle, voir maintenant Marx 1992: 257 et D'Hont 1994.

[180] Pour une critique des modèles de Rowton, considérés comme trop rigides et fondamentalement ambigus dans cette double articulation, voir Kamp - Yoffee 1980, ainsi que Marfoe 1979: 8-10.

[181] Rowton 1973a: 253-255; Rowton dépend directement des conclusions auxquelles était arrivé Barth 1961, dans son étude sur le nomadisme en Iran méridional. Voir aussi Rowton 1976a, avec référence aux phénomènes de désintégration des tribus et des villes, et à la formation de la catégorie des Ḫapiru; voir Rowton 1977, pour la déstructuration et la reconstitution de regroupements tribaux nouveaux. Cf. aussi, récemment, Marx 1992. La transformation d'éléments de la population sédentaire agricole en pasteurs semi-nomades est observable aujourd'hui dans la vallée du Moyen-Euphrate, D'Hont 1994: 214-216, et communication personnelle.

[182] Buccellati 1966: 336-339; Rowton 1973a: 256; Mendenhall 1973: 175-188; Matthews 1978: 107-114; pour l'opposition état/ville – tribu/territoire non urbain, voir aussi Gottwald 1979: 464-473.

[183] Pour une présentation de la problématique anthropologique concernant les rapports état/tribu, politique/parenté, voir Balandier (1967) 1991: 68-91; Kemp - Yoffee 1980, avec bibliographie; Marx 1992: 258-259. Pour les généalogies dans le contexte biblique, voir par exemple Ishida 1979; dans la civilisation amorrite de Mari, Charpin - Durand 1986; Durand 1992: 117-120.

En ce qui concerne le second point – les relations entre les deux groupes –, Rowton et ses successeurs analysent longuement les situations les plus fréquentes de contact entre tribus semi-nomades et populations sédentaires. Peut-être la plus importante est-elle celle qui est déterminée, sur une base annuelle et saisonnière, par la nécessité, pour les éleveurs, de trouver eau et herbages en quantité suffisante pour leur bétail pendant la saison sèche, lorsque les ressources de la steppe, où ils ont résidé pendant tout l'hiver et une partie de l'été, sont épuisées[184]. On peut encore observer aujourd'hui, par exemple dans le Moyen-Euphrate ou dans la Djéziré, les mouvements des semi-nomades qui se rapprochent, à ce moment de l'année, des vallées fluviales, pour y abreuver les bêtes, dans les canaux d'irrigation ou jusqu'au bord du cours d'eau. Les travaux agricoles dans les plaines alluviales sont généralement arrêtés pendant les mois les plus chauds de l'été, après les récoltes de la fin du printemps et avant les semailles de l'automne, et les restes des céréales et de la paille laissés dans les champs constituent un fourrage de bonne qualité. La présence et les mouvements des animaux ont par ailleurs des conséquences favorables à l'agriculture, puisqu'ils remuent la terre – contribuant à éviter la formation d'une croûte saline à la surface – et la fertilisent, augmentant sensiblement sa productivité.

Ces déplacements saisonniers des tribus semi-nomades vers des zones agricoles, sous peine de dégénérer dans des conflits graves, sont réglés sur une base institutionnelle assez solide, à travers des accords stables stipulés par des autorités et selon des principes reconnus dans les deux communautés[185]. Par ailleurs, la présence périodique de ces groupes dans la zone agricole et dans les alentours des villes fournit sans doute l'occasion d'échanges de tous types, du marché des produits agricoles et de ceux de la ville aux transactions immobilières. Elle favorise aussi les contacts culturels et religieux. Les échanges matrimoniaux ont également une grande importance pour renforcer les liens communs et garantir la solidarité et la cohésion entre ces deux composantes de la société locale[186].

Les populations semi-nomades fournissent en outre aux villes et villages agricoles une grande quantité de force de travail[187], selon des exigences ponctuelles ainsi que sur des bases plus régulières. En premier lieu, des membres de ces tribus peuvent être employés soit comme bergers spécialisés et transhumants pour l'élevage du bétail appartenant à la population paysanne ou au palais[188], soit comme travailleurs agricoles, afin de soutenir ou améliorer les rythmes de la production dans des moments critiques des cycles de la culture[189]. La documentation de Mari montre toutefois que l'activité principale à laquelle les semi-nomades se consacrent dans le cadre de leur interaction avec la ville et l'état est sans doute l'activité militaire. La bellicosité traditionnelle des populations des steppes est ainsi canalisée dans la structure militaire de l'armée et des services de police aux ordres de l'autorité palatiale centrale[190]. L'ensemble des relations économiques liant nomades et sédentaires, tribus et états dans la structure du "nomadisme englobé" est assez vaste et complexe pour définir un type d'organisation sociale et politique spécifique.

Dans cette perspective, Rowton peut définir la société nord-mésopotamienne de l'Âge du Bronze Moyen comme une "société dimorphique"[191]. Selon ce modèle, le type de vie nomade et le type de vie sédentaire ne correspondent pas seulement à deux secteurs opposés de l'économie en relation symbiotique ou conflictuelle, mais ils représentent aussi deux pôles d'un continuum culturel entre lesquels une population donnée choisit sa stratégie de survie et de développement. Cette diversification des ressources alimentaires, qui diminue les facteurs de risque, partageant l'investissement du travail entre agriculture et élevage, est indispensable dans la Djéziré septentrionale, en zone de culture sèche, qui doit donc être considérée comme le milieu naturel dans lequel a été mis en place le système social dimorphique. Dans une structure dimorphique, le pouvoir est géré par un chef tribal, établi dans une résidence officielle, un "palais", dans un centre important de la région qu'il contrôle[192]. Il exerce son autorité sur les tribus semi-nomades, sur les tribus sédentaires ainsi que sur la population urbaine et villageoise, éventuellement non tribale, d'une façon autonome par rapport aux autres chefs, mais son pouvoir est local, limité à son groupe et au territoire qu'il administre personnellement et directement.

Par contre, le Moyen-Euphrate et la vallée du bas Khabour, comme d'ailleurs le reste de la Mésopotamie centrale et méridionale, qui fondent leur économie sur une production agricole régulière

---

184 Edzard 1959; Rowton 1973a: 252-253; Matthews 1978: 50-52; Gottwald 1979: 444-448; D'Hont 1994: 81-84.

185 Matthews 1978: 135-156.

186 Luke 1965: 75-76; Matthews 1978: 24-25 et 92-93.

187 Matthews 1978: 93-101.

188 Matthews 1978: 101-103.

189 Matthews 1978: 94-95.

190 Sasson 1969; Rowton 1976; Matthews 1978: 95-101; Rowton 1981: 32-33.

191 Rowton 1973b: 202-204; 1976.

192 Rowton 1973a: 253-257; 1973b: 209-210; Oates 1968: 10-13; Matthews 1978: 132-135.

résultant de l'exploitation des eaux fluviales, sont des régions où la formation d'une société dimorphique est à considérer comme un phénomène secondaire et éminemment politique. L'existence d'une structure dimorphique dans cette région dépend de l'expansion et de l'infiltration progressive des populations semi-nomades, comme les Amorrites, dans la société urbaine et dans ses instances de pouvoir[193]. À l'époque babylonienne ancienne, quand ce processus sera complet, Mari deviendra le centre d'un des plus importants états "dimorphiques". La dynastie amorrite gère le pouvoir sur toute la population, nomade et sédentaire, ayant assumé une autorité qui n'est plus uniquement locale et d'origine tribale, mais qui est aussi fondée sur l'institution urbaine de la royauté, qui la légitime et lui donne une souveraineté qualitativement différente[194].

Au delà de l'importance des facteurs topologiques dans l'histoire de la Mésopotamie ancienne, les travaux de Rowton ont mis en lumière la nature fondamentalement et spécifiquement politique des relations liant semi-nomades et sédentaires dans la structure dimorphique de la société et de l'état. Un de ses soucis principaux et les plus constants a été de démontrer qu'il n'y a pas d'équilibre "naturel" réglant ces relations, fondé sur le respect mutuel des zones et des activités primaires d'exploitation et de production de ressources économiques, mais au contraire que cet équilibre est établi et géré dans le contexte de rapports politiques et de pouvoir[195], dans un effort continu de contrôle réciproque. La documentation de Mari, émanant d'une structure étatique et palatiale, crée l'impression que la gestion politique de cet état dimorphique est assurée uniquement par la ville et la dynastie qui la gouverne, et que, d'autre part, l'organisation sociale du monde semi-nomade dépend d'une façon directe des structures imposées par l'état[196]. À travers une série d'analyses comparatives, Rowton démontre et revendique l'existence d'une identité politique autonome pour les populations vivant dans le système du "nomadisme englobé" et dans une "société dimorphique", comme c'était le cas pour les tribus amorrites de la Djéziré septentrionale. La constitution du royaume amorrite de Mari se fonde d'ailleurs sur l'assujettissement des autorités tribales locales de cette région – également amorrites – qui se sont opposées à l'expansion de l'état dans leurs terres[197].

La reconnaissance d'une structure et d'une identité politiques spécifiques attribuables aux populations amorrites de Syrie du nord n'a pas pu être associée à une culture matérielle précise et identifiable par la recherche archéologique[198]. Toutefois, ce modèle permet de proposer un cadre historique, au moins pour l'époque babylonienne ancienne, au problème de la sédentarisation et de l'acculturation des Amorrites dans la civilisation urbaine post-akkadienne et néo-sumérienne de Mésopotamie, prenant en compte ces phénomènes en tant que stratégies particulières d'intégration et de développement d'un contrôle maximal sur tout l'état dimorphique. Dans ce sens, le point de vue de Rowton, qui insiste sur le rôle politique des regroupements tribaux et semi-nomades dans le développement de l'histoire du Proche-Orient ancien, s'oppose à une autre tendance interprétative qui est en train de prendre forme dans les années soixante. Il s'agit du modèle inspiré par les études de G.E. Mendenhall[199] sur les matériaux bibliques concernant le processus de la "conquête" et de la formation de l'état d'Israël après l'Exode, qui a été largement utilisé par son élève Luke dans ses recherches sur Mari.

Tandis que Rowton estime que la société tribale dimorphique a, en Mésopotamie, une origine distincte de la société urbaine, ainsi que des intérêts et un projet politique différents, amenant à plusieurs reprises conflits et "invasions"[200], Mendenhall et ses élèves concentrent leurs analyses sur la société sédentaire et urbaine cananéenne, vue comme l'organisation politique de base de l'Âge du Bronze[201]. La stratification fonctionnelle de ce type de société, l'exploitation économique et la pression fiscale exercée par la classe dirigeante et les instances du pouvoir sur les couches sociales inférieures provoqueraient, selon ce modèle, le "*withdrawal*", le "retrait" politique d'une partie de la population de ce contexte social, hors de la portée du contrôle fiscal, policier et militaire des états, donnant ainsi lieu à la formation d'une catégorie sociale dite *ḫapiru*[202]. Cette population, marquée profondément par son appartenance originelle à la culture

[193] Voir carte dans Rowton 1976: 31.

[194] Rowton 1973a: 201-203 et 213-215; 1976: 28; Durand 1985a: 171.

[195] Rowton 1973a; 1976b et 1981: 25-30; Matthews 1978: 22-23.

[196] Rowton 1973b: 211-215 et 1987: 377-378; Matthews 1978: 131-178.

[197] Cf. l'inscription royale de Yaḫdun-Lim, Frayne 1990: 606-607, ll. 67-98. Voir aussi Durand 1985a: 171.

[198] La diffusion de la céramique ḪaburWare dans la Djéziré septentrionale jusqu'au Zagros, incluant la vallée de la Diyala pourrait être interprétée comme un symptôme de la présence des cultures amorrites en contexte dimorphique, sans pourvoir toutefois assimiler systématiquement culture amorrite et céramique ḪaburWare. Voir Hamlin 1971 et Stein 1984.

[199] Mendenhall 1962 et 1973. Pour la critique de ces théories, voir maintenant Th.L. Thompson 1992: 47-51, et *passim*.

[200] Rowton 1976b: 24-30; 1987.

[201] Mendenhall 1962: 76-79; Gottwald 1979: 391-425; Lemche 1991: 25-62; 1993.

[202] Mendenhall 1962: 71-73; 1973: 122-141; sur le problème *ḫapiru*, voir ci-dessus note 158.

urbaine, et provenant tant des catégories d'agriculteurs sédentaires que de celle des éleveurs semi-nomades, se réorganise, selon les traditions bibliques, en fonction des besoins de la vie dans un habitat non urbain, sans doute semi-nomade, mais aussi en vue d'un "retour" vers les milieux d'origine[203]. En ce qui concerne la Palestine à la fin de l'Âge du Bronze, cette réintégration passe par un processus de type révolutionnaire[204], qui modifie profondément les structures et les valeurs de la société urbaine, se concrétisant dans la formation de la monarchie et de l'état d'Israël.

Ce modèle du "retrait", qui a été développé par Mendenhall pour rendre compte d'abord du problème des Ḫapiru dans le contexte palestinien du Bronze Récent, a fourni à Luke, qui travaillait dans les années soixante sur les matériaux épigraphiques de Mari – à vrai dire à une époque où la publication des textes importants pour étudier cette problématique était encore limitée – un schéma interprétatif général pour l'histoire de la Syrie du nord au Bronze Moyen[205]. La présence des tribus semi-nomades autour de Mari est donc présentée comme l'effet du retrait et de la sécession d'une partie de la population des zones agricoles alluviales vers les steppes environnantes, provoqués par l'impossibilité d'étendre la zone irriguée pour faire face à un accroissement démographique normal. La société urbaine continue par ailleurs à contrôler et à exploiter cette population à travers un contact direct avec les représentants des structures tribales, utilisant sa dépendance économique et politique pour se procurer la main d'œuvre nécessaire à l'économie ou à la guerre.

Les travaux plus récents de V.H. Matthews, un des élèves de Rowton, se fondant sur une documentation beaucoup plus complète et sur une élaboration théorique et méthodologique plus mûre, ont fait justice de ce type d'interprétation de l'élevage nomade à l'époque de Mari, soulignant le caractère spécialisé et autonome de cette activité et du type de vie qu'elle suppose. Toutefois, Matthews finit lui aussi par admettre que la structure politique des tribus de Syrie du nord, au moins celle qui nous est perceptible à travers les textes, peut effectivement avoir été influencée, dans ses phases de formation, par les contacts avec les sociétés urbaines environnantes et les contraintes économiques et politiques qu'elles ont imposées aux populations semi-nomades[206].

La dynamique de la pression continue exercée par les nomades sur l'habitat sédentaire, étudiée par Kupper, n'exclut pas, selon Rowton, la possibilité et la réalité d'"invasions" de peuples provenant d'une autre région, qui déterminent l'étouffement cyclique de la civilisation sédentaire[207]. Consécutive à ces invasions, l'apparition de "périodes obscures", qui ne laissent aucune documentation archéologique ou textuelle, fait partie des modèles rowtoniens, reposant sur le concept de vague migratoire et de mouvement de population, bien qu'il soit utilisé, pour les époques Âge du Bronze – Âge du Fer, sur une échelle géographique et territoriale limitée. Mendenhall refuse radicalement cette idée, niant, au moins pour les changements politiques et culturels à la fin de l'Âge du Bronze, l'importance d'un facteur "externe" à la société – comme un conflit nomades-sédentaires ou envahisseurs-indigènes – et s'oppose méthodologiquement à l'usage du concept de "période obscure"[208].

Une autre opposition entre les deux écoles peut être observée dans la conception de l'organisation semi-nomade. Pour Rowton, on l'a vu, le nomadisme est une réalité historique précise et définie, correspondant à une économie particulière et, surtout, organisée selon des structures politiques originales et adaptées. La reconnaissance de la relation symbiotique et de la dépendance mutuelle entre activités agricoles et activités pastorales dans le cadre d'une société dimorphique ne peut cacher le fait qu'en certaines occasion, le rapport entre nomades et sédentaires a été non seulement conflictuel, mais aussi qu'il a opposé des populations ethniquement et culturellement différentes, des "locaux", des indigènes contre des "étrangers" venus d'ailleurs. Le modèle créé par Mendenhall décrit par contre une situation où l'opposition entre populations nomades et populations sédentaires ne relève plus de l'interprétation de l'événement historique, ni d'ailleurs du conflit entre deux peuples ou deux cultures. L'organisation tribale de la société n'est pas en soi une preuve de son origine nomade, mais correspond à une structure politique et idéologique précise,

---

203 Pour le thème de la "conquête", Mendenhall 1962: 79-84; 1973: 215-226; Weippert 1971 et 1979; Gottwald 1979: 191-233. Pour la documentation archéologique, voir aussi Finkelstein 1988, qui essaie d'adapter le modèle "révolutionnaire" de Mendenhall et Gottwald au modèle de l'infiltration de populations nomades et semi-nomades, assimilées dans les groupes *ḫapiru*. Une critique générale de ces mêmes modèles se trouve dans Thompson 1992; pour une autre interprétation, fondée sur une analyse de facteurs démographiques, voir Sharon 1994.

204 Mendenhall 1962: 73.

205 Luke 1966; cette thèse n'a jamais été vraiment publiée, mais elle a été reproduite et a circulé librement, influençant beaucoup les recherches suivantes. Voir aussi les remarques de Rowton 1987: 374-378.

206 Matthews 1978: 131-181.

207 Rowton 1976: 24-30; 1987.

208 Mendenhall 1979: 216-219. A partir d'une vision historique totalement différente, Albright 1956 était arrivé aux mêmes conclusions.

alternative au modèle urbain[209]. Ce sont uniquement la dynamique et la dialectique des relations entre classes sociales, ou entre ville et villages, centre économique et périphérie productrice, internes à une société donnée, qui aboutissent à une restructuration de la stratification sociale et de l'économie, ainsi qu'à un certain changement des valeurs et des conceptions politiques et religieuses de la classe dirigeante[210].

G. Buccellati, qui avait déjà étudié la documentation concernant les Amorrites à la fin du Bronze Ancien[211], a récemment repris ce modèle, essayant de prouver, à travers une réflexion historique, linguistique et anthropologique approfondie, que la culture amorrite du Bronze Moyen n'est pas étrangère dans la région du Moyen-Euphrate ou même dans la Djéziré[212], provenant d'un ailleurs syrien ou des territoires situés encore plus au sud. Au contraire, cette culture se serait formée par le retrait d'une partie de la population de la vallée du Moyen-Euphrate, sortant, sous la pression démographique, des zones agricoles irriguées et s'établissant sur les plateaux environnants. Puisque les techniques hydrauliques ne permettaient pas une expansion illimitée du réseau de canaux, les habitants de la vallée installés dans la steppe, restant en contact étroit avec les villages et les villes d'origine, développent de nouvelles stratégies économiques, qui les rendent partiellement indépendants de la production agricole de la vallée. Ils apprennent à exploiter à fond les ressources en eau fournies par les sources saumâtres pour l'élevage du petit bétail sur une grande échelle, ainsi que les rares pluies hivernales pour des cultures céréalières à haut risque, mais occasionnellement abondantes.

Libérés des contraintes fiscales et militaires imposées par l'autorité et l'administration urbaines – et moins engagés dans des relations économiques symbiotiques avec les sédentaires que les nomades "englobés" du modèle rowtonien – les semi-nomades en question arrivent rapidement à s'organiser politiquement selon un schéma alternatif, et à récupérer le contrôle des villes et de la zone agricole irriguée, qui s'ajoute à une domination consolidée des steppes syriennes. Buccellati partage par ailleurs avec Rowton et Matthews l'idée que la formation d'un état souverain, ainsi que l'institutionnalisation des structures tribales et de leur relations réciproques, dépendent, en fin de comptes, des contacts directs avec les cultures urbaines akkadiennes.

Une partie importante de la théorie soutenue par Buccellati est développée à travers des analyses philologiques et linguistiques, destinées à éclaircir la position de l'amorrite par rapport aux autres langues sémitiques, et en particulier l'éblaite et l'akkadien[213]. Attestée uniquement par une onomastique transcrite dans des textes akkadiens ou sumériens, la langue amorrite était considérée comme une branche occidentale, détachée de l'arbre sémitique au Bronze Ancien, et apportée en Syrie par la vague migratoire correspondante. Bien que langue maternelle des dynasties gouvernant la Mésopotamie entière au Bronze Moyen, l'amorrite n'aurait jamais été fixé dans une tradition littéraire ou administrative écrite, qui continue, pendant toute la période babylonienne ancienne, à utiliser l'akkadien, une langue sémitique de type oriental profondément implantée dans les civilisations urbaines depuis la deuxième moitié du IIIe millénaire. Abandonnant le modèle des vagues migratoires, des linguistes et des philologues avaient déjà avancé l'hypothèse que l'amorrite était une des langues spécifiques des populations sémitiques de la Syrie du nord (sémitique du nord-ouest)[214] ainsi que de la Mésopotamie, à considérer toutefois comme bien distincte des langues sémitiques orientales, l'akkadien et, à partir du IIe millénaire, l'assyrien et le babylonien. L'amorrite pourrait être aussi l'ancêtre de l'araméen, attesté dans le même milieu syro-palestinien et mésopotamien, dès le début du Ier millénaire[215]. Buccellati propose d'aller au delà des classifications philologiques traditionnelles, qui séparent amorrite et akkadien sur une base morphologique, historique et géographique, et de considérer amorrite et akkadien comme les deux pôles d'un continuum linguistique utilisé par les habitants de la Mésopotamie du nord au Bronze Moyen[216]. Dans ce continuum, l'akkadien, le paléo-babylonien et le paléo-assyrien représenteraient les sociolectes parlés en contexte urbain et par l'aristocratie urbaine et palatiale, et utilisés par l'administration et la culture écrite, tandis que l'amorrite serait la variante parlée par les paysans et les semi-nomades, sans traditions fixées par l'écriture cunéiforme.

---

209 Mendenhall 1962: 69-76 et 1979, 174-197.

210 Mendenhall 1962: 76-84; 1979, *passim*, mais cf. 221-226.

211 Buccellati 1966.

212 Buccellati 1992; 1993. Ces recherches ont été préparées par une série d'études précédentes, liées aux activités archéologiques de l'auteur dans le site de Tell Ashara-Terqa dans la vallée du Moyen-Euphrate (Buccellati 1990a, b et c).

213 Buccellati 1992: 95-102.

214 Par exemple, cf. Gelb 1961; Rabin 1963: 104-107; sur l'amorrite comme langue de populations nomades, mais avec tendance à l'innovation et au changement linguistique, voir Garbini 1984: 121; en dernier, voir Zohar 1992: 173-174; une vision différente est exposée dans Greenfield 1991: 117-118.

215 Gelb 1961: 32-33; Liverani 1962; d'opinion contraire, Edzard 1964; Greenfield 1969.

216 Buccellati 1992: 98. Weippert 1991: 160-161 utilise l'opposition entre les langues des centres politiques et économique et celles des régions périphériques, pour distinguer le développement de l'araméen et du phénicien de l'archaïsme de l'hébreu ou du moabite.

Cette hypothèse, qui doit par ailleurs encore être vérifiée par une analyse linguistique et sociolinguistique approfondie, implique une vision globale de la langue et de la culture du Moyen-Euphrate et de la Djéziré, permettant de les prendre en compte en tant que productions et manifestations d'une même société locale, qui n'est pas seulement dimorphique, mais aussi bilingue et biculturelle. Sur un plan synchronique, toute la société locale partage en effet le même fonds culturel, la même religion, les mêmes valeurs, les même droits. Les différences linguistiques, culturelles et religieuses remarquées ou présumées dans le contexte de cette civilisation sont à lire comme les résultats d'une stratification sociale et fonctionnelle avancée et comme la conséquence d'une opposition économique et politique entre des classes différentes. Après la destruction du royaume, de la ville et de la dynastie amorrite de Mari, attaqués par les armées d'un autre souverain amorrite, l'état dimorphique se réorganise autour de la ville de Terqa et dans le cadre du royaume de Ḫana.

2- Le passage de l'Âge du Bronze Moyen à l'Âge du Bronze Récent en Syrie du nord, dans le Moyen-Euphrate et en Assyrie: événements et modèles

2.1. Le cadre politique général

2.1.1. La fin du Bronze Moyen: modèles d'interprétation

La période du Bronze Moyen est habituellement considérée dans l'historiographie moderne comme l'époque qui a vu le Proche-Orient asiatique entier – et aussi, pendant un court moment, l'Égypte – réuni dans un seul système politique global, de la Palestine à l'Élam, de l'Anatolie méridionale aux côtes du Golfe arabo-persique, par l'initiative et l'intervention d'une population spécifique, les Amorrites[1]. La construction de ce nouvel horizon politique prend les formes d'un réseau de communications, de contacts et de conflits, englobant aussi des pays non sémitiques.

Les manifestations de la culture nord-syrienne du Bronze Moyen paraissent en général marquées tant par les traditions "amorrites" et paléo-syriennes dans le développement des cultes[2], de la mythologie[3], ou de l'iconographie[4], que par la persistance et la continuité des anciennes civilisations urbaines, mésopotamienne, akkadienne et proto-syrienne, visibles surtout dans la production scribale[5]. Une composante non-sémitique, sans doute expression de la culture hourrite depuis la fin du IIIe millénaire, est attestée avec clarté non seulement dans l'onomastique, mais aussi dans les textes mythologiques et littéraires syriens occidentaux[6].

La présence de plusieurs centres de rang égal, sièges de différentes dynasties amorrites, ainsi que la structure dimorphique même d'une partie de ces sociétés et de ces états amorrites, ont sans doute empêché la formation d'une économie et d'une politique centripètes et cohérentes de type impérial. L'extension maximale de ce réseau de relations politiques et économiques, selon les informations provenant de la documentation mariote, semble indiquer que son centre – donc apparemment son point d'origine – est à rechercher dans les steppes constituant la limite septentrionale du désert arabique, au sud de l'Euphrate et du Djebel Bishri, et à l'est de la vallée du Jourdain. En dépit de tous les modèles élaborés pour expliquer la formation et la dialectique des relations nomades / sédentaires qu'on vient de passer en revue dans le chapitre précédent, le modèle le plus courant, même dans des publications très récentes, fait toujours référence à des "invasions bédouines" qui auraient diffusé dans tout le Proche-Orient la culture amorrite, comme les branches d'un palmier dont les racines lointaines seraient plantées dans le sud saoudien, mais dont le tronc se trouverait dans le pays d'Amurru, en Syrie occidentale[7]. Quelles qu'en soient les origines, les

---

[1] Edzard 1968: 167-215; Garelli 1969: 118-137; Liverani 1988: 295-446; Durand 1993: 48-49; Klengel 1992: 39-79; Amiet 1995: 75-86.

[2] Pour différents aspects de la religion amorrite à Mari, voir Edzard 1967; Limet 1976; Lambert 1985; Bordreuil 1985; pour Ébla, voir Archi 1992 et 1993b; Matthiae 1993c. En général, Xella 1985: 72-76; Charpin 1992: 8-10. Les relations de la religion de Syrie du nord avec le milieu biblique sont résumées en dernier lieu dans Lemaire 1985, avec bibliographie. Une étude de l'architecture des temples de Mari se trouve dans Margueron 1985; pour l'architecture religieuse de la période dans toute la Mésopotamie, voir Margueron 1991: 1165-1181.

[3] Sur la formation du mythe d'Adad en milieu amorrite, voir Durand 1993, qui discute aussi les relations existant entre cette tradition et le développement de la théologie concernant le dieu Marduk de Babylone. Cf. aussi Bottéro - Kramer 1989: 653-668. Pour les rapports avec les traditions d'Ešnunna, et concernant le dieu Tišpak, à la fin du Bronze Ancien et au début du Bronze Moyen, voir aussi Wiggermann 1989. La signification et le rôle politique du mythologème d'Adad dans l'idéologie royale amorrite sont présentés aussi dans Lafont 1984 et Matthiae 1993c: 170.

[4] Sur le développement de l'art paléo-syrien et son influence dans l'art syrien du Ier millénaire, voir en général Matthiae 1962, 1975, 1977: 218-236, et 1985. Pour la statuaire, à Ébla, Matthiae 1992, et Spycket 1981: 161-180. Parmi les études principales sur la glyptique syrienne du Bronze Moyen, dans ses relations avec les développements artistiques et iconographiques des époques suivantes, voir Porada 1948: 117-123 et 1957; Moortgat-Correns 1953 et 1955; Buchanan 1957a et b; Strommenger 1958; Amiet 1960, 1973: 123-136; 1982; 1985: 483-485; El-Safadi 1974 et 1975; Collon 1975; Mazzoni 1979; Kühne 1980: 63-86; Anbar 1991; Parayre 1991 et 1993. La peinture murale de Mari a été étudiée récemment dans Pierre 1984 et 1987.

[5] Matthiae 1985: 35-37; Amiet 1963; Durand 1992: 123-126; Hallo 1992: 70-80.

[6] Laroche 1957; Sasson 1974; Salvini 1977; Haas 1978; Matthiae 1993b: 168; Archi 1993b; voir aussi Speiser 1954 et Astour 1978: 1-9.

[7] Charpin 1993a: 145; Durand 1993: 46-48.

relations politiques et les conflits militaires entre les différentes dynasties d'origine amorrite installées dans toute la Syrie et la Mésopotamie à partir du 19e siècle occupent en effet la plus grande partie de l'histoire événementielle du Bronze Moyen, jusqu'à la fin de la période, dans les premières années du 16e siècle[8].

La chute de Mari, en 1761 av. J.-C., sous les coups des troupes babyloniennes de Hammourabi dans un contexte politique qui n'a pas encore été vraiment éclairci[9], représente un moment important dans l'historiographie moderne en ce qui concerne le Moyen-Euphrate, ainsi que pour toute la Syrie, bien qu'elle précède d'un siècle et demi la fin effective du Bronze Moyen. En effet, le pillage et la destruction du palais et de la ville de Zimri-Lim[10] signifient concrètement pour les historiens le tarissement de la source la plus riche en informations pour la reconstruction de la séquence événementielle de la période dans toute la Mésopotamie du nord. Bien que d'autres sites aient fourni quelques textes pour les époques postérieures à cette date, la documentation réunie dans les fouilles d'Alalaḫ[11], de Šubat-Enlil[12] ou de Terqa[13] n'est pas comparable aux archives mariotes en ce qui concerne l'abondance, la continuité et la précision des données historiques. Elle permet toutefois de comprendre que la fin de la domination de Mari en Syrie du nord ne profita pas vraiment à la dynastie de Babylone, qui continua pendant de longues années à se battre pour le contrôle de la région contre les rois d'Alep, et, par la suite, contre les Kassites[14]. Les textes provenant de Terqa montrent que le Moyen-Euphrate aussi, pourtant durement frappé, ne tarda pas à se réorganiser et à échapper à la domination babylonienne, contre laquelle les conflits resteront ouverts jusqu'à la fin de la période.

Les vicissitudes complexes de presque deux siècles de guerres pan-amorrites, organisées selon une logique militaire et politique qui leur semble spécifique – et compliquées par l'entrée en jeu d'autres forces comme l'Élam – occupent tellement l'attention des historiens qu'on a du mal à réaliser que ces événements ont eu lieu dans le cadre d'états et de sociétés qui, au moins en ce qui concerne le Moyen-Euphrate, sont pour la plupart dimorphiques. Tout au plus, de ce point de vue se limite-t-on à rappeler l'importance de l'idéal guerrier et viril dans les sociétés bédouines et leur affection naturelle pour les comportements violents – pillage et razzia – pour expliquer cette attitude psychologique, franchement agressive et belliqueuse, des monarchies amorrites. En effet, une fois tarie la source documentaire constituée par les archives de Mari, la problématique même des relations nomades / sédentaires, villages / centres urbains, agriculture / élevage, semble se dissoudre dans des conflits plus importants et disparaître complètement du débat historique du Proche-Orient ancien, au moins jusqu'à l'époque araméenne, au Ier millénaire.

Autant le modèle des relations dimorphiques avait été ressenti comme fondamental dans le contexte de la discussion sur les origines des royaumes amorrites, autant il paraît étranger à la compréhension de leur fin. Dans ce sens, le cas de Babylone, prise par les Hittites et abandonnée à la domination kassite[15], devient plus symbolique et paradigmatique de la fin du Bronze Moyen que la destruction de Mari de la part d'autres Amorrites. Pourtant, la faiblesse et l'écroulement rapide des états amorrites ont sans doute été déterminés tant par une implosion sociale et économique interne, que par les interventions armées, les invasions et l'infiltration d'autres peuples et d'autres systèmes politiques dans ces régions[16].

Le manque de textes et l'incapacité de la recherche archéologique à mettre en évidence des signes de ces dynamiques et de ces conflits sociaux plus explicites que les marques de destruction brutale de l'habitat urbain, changent complètement, à nouveau, les termes de la recherche dans ce domaine. Les historiens estiment en général que ni le thème "écologique" et topologique, ni la dynamique sociale et économique interne aux sociétés, ne peuvent plus être considérés comme des facteurs actifs dans le processus de construction des royaumes et des états du Bronze Récent[17], comme le Hatti en Anatolie, le royaume kassite en Babylonie, le royaume assyrien ou celui du Mitanni-Ḫanigalbat en Syrie du nord. Le caractère innovateur de ces régimes, par rapport aux royaumes amorrites, semble consister dans la nature non-tribale et

---

[8] Liverani 1988: 384-395; Charpin 1993a; Arnaud 1993: 140.

[9] Charpin 1993a: 148-149.

[10] Salvini 1987.

[11] Bibliographie dans Klengel 1992: 44-45.

[12] Voir Eidem 1991: 185, et ci-dessus note 217; Charpin 1987b: 136-137

[13] Voir Rouault 1984 et 1992.

[14] Landsberger 1954: 61-72; Cassin 1968: 10-12; Brinkman 1972: 274.

[15] Edzard 1968: 207-209; Liverani 1988: 419-422, 432-436 et 602-603.

[16] Liverani 1988: 408-410. Pour une nouvelle évaluation de la période, voir Gasche 1987 et Gasche - Armstrong - Cole - Gurzadyan 1998.

[17] Garelli 1969: 138-1428. Les caractéristiques géographiques du paysage anatolien ne sont pas en rapport direct avec la formation de l'état paléo-hittite, voir par exemple Liverani 1988: 436-438; l'unification des territoires hourrites est partiellement expliquée par l'introduction d'une nouvelle technologie de la guerre, le char mitannien, voir Liverani 1988: 481. Pour une dernière adaptation du modèle rowtonien, voir Buccellati 1990a: 233-235.

exclusivement politique de leur pouvoir, dont les fondements institutionnels sont étatiques, et dont l'extension territoriale est clairement limitée. Dans ces formations étatiques l'idéologie et l'organisation politique de la royauté constituent la structure unificatrice qui permet de surmonter la diversité culturelle, ethnique et linguistique des populations administrées. De la même façon, leurs cultures "nationales" respectives absorbent et assimilent matériaux, formes et contenus provenant de contextes linguistiques ou ethniques divers[18].

La diversité et la nouveauté de la structure des états et des empires qui vont se partager le contrôle du Proche-Orient au Bronze Récent, ainsi que les changements culturels qu'on constate après une phase particulièrement mal documentée au début de la période, méritent une étude particulière. La transition du Bronze Moyen au Bronze Récent a traditionnellement reçu l'appellatif d'"âge obscur"[19], qui fait sans doute référence tant à un manque objectif de documentation textuelle et archéologique qu'à une difficulté générale à interpréter les données dont on dispose.

C'est par le biais de ce concept d'âge obscur, selon le modèle traditionnel fourni par l'histoire du monde classique, qu'une vision particulière du nomadisme a été introduite dans la recherche historique sur cette période. L'élaboration d'une théorie générale des "invasions" et d'une problématique des mouvements migratoires de groupes ethniques différenciés d'un point de vue linguistique et culturel[20] a permis de proposer une explication rendant compte de la séquence événementielle "crise / âge obscur / changement" en Syrie et en Mésopotamie au milieu du IIe millénaire. Ainsi, la formation de l'état kassite en Babylonie, ou celle de l'empire hourrito-mitannien en Mésopotamie du nord ont-elles pu être associées à l'évocation d'une "descente" des peuples des montagnes orientales, du Caucase aux Zagros, vers les plaines mésopotamiennes. Tandis que leur supériorité technologique et militaire leur permettrait une installation facile dans les nouveaux territoires[21], le caractère primitif de ces populations expliquerait le silence des sources écrites, le temps pour les nouvelles élites de s'acculturer et d'apprendre à manier la haute technologie locale du système cunéiforme, adoptant dès que possible le moule des traditions mésopotamiennes classiques[22]. De la même façon, les invasions indo-européennes en Anatolie provenant, au début du IIe millénaire, de la direction opposée, l'Europe centrale, aboutiraient à la formation du royaume hittite, et, par la suite, à la constitution d'un empire[23].

Si le binôme présence de "nomades" (dans le sens migrants et/ou envahisseurs) / régression de la culture et des structures urbaines et étatiques – avec l'intermède consécutif d'un "âge obscur" – est généralement proposé comme cadre des interprétations historiques concernant le passage de l'Âge du Bronze Moyen à celui du Bronze Récent, ce modèle est toutefois utilisé d'une façon très modérée et discursive, sans aucune insistance sur les aspects nomades ou les activités pastorales ou commerciales des nouvelles populations qui remplacent les Amorrites en Mésopotamie et Syrie du nord[24]. Au contraire, dans la documentation disponible, Hourrites et Kassites semblent montrer une forte tendance à l'intégration dans les structures urbaines des états dans lesquels ils s'installent[25].

---

[18] Pour la culture hittite, qui est dans ce sens la mieux documentée, voir, en général, Liverani 1988: 441-446; ces phénomènes, signalés ouvertement par l'opposition linguistique nette entre les diverses traditions, sont particulièrement visibles dans l'organisation de la culture, la religion et le culte; voir Güterbock 1948, 1951 et 1952; Vieyra 1970: 500-524; Hoffner 1975; Laroche 1960 et 1975 a; Lebrun 1989. Sur le développement du syncrétisme, et sa signification politique, voir Laroche 1975b, 1981 et 1983; Liverani 1988: 536-540; Lebrun 1989: 30-31. Le rôle de la civilisation hourrite et de ses traditions littéraires et mythologiques dans le contexte impérial hittite a été étudié par exemple dans Güterbock 1961: 154-175; Laroche 1948; Salvini 1977; Lebrun 1978; Wilhelm 1989: 49-79. Pour l'importance de l'état du Kizzuwatna dans la réalisation d'une synthèse religieuse et rituelle louvito-hourrite qui, assumée par la cour hittite de Hattusil III, y déterminera l'affirmation des modèles hourrites, voir Haas - Wilhelm 1974; Lebrun 1979 et 1988; Salvini 1980; Liverani 1988: 495-505; Wilhelm 1989: 23-24 et 71-74

[19] Landsberger 1954: 47-61; Garelli 1969: 138-155; Liverani 449-453. cf., maintenant, Gasche - Armstrong - Cole - Gurzadyan 1998.

[20] A la théorie plus ancienne, qui identifiait les envahisseurs du 17e siècle avec des tribus indo-aryennes, a fait suite la théorie d'une invasion hourrite à la même époque, qui aurait comporté aussi quelques éléments aryens, voir Na'aman 1975: 265-266, ainsi que Speiser 1933; Gelb 1944. Pour la problématique des relations indo-aryennes et hourrites, voir Kammenhuber 1978 avec bibliographie, et 1988; pour l'invasion kassite, Landsberger 1954: 61-64, et Cassin 1968: 10-11.

[21] Voir Liverani 1988: 453-458; *contra*, Kammenhuber 1988: 41-44; sur l'usage du cheval, voir entre autres Moorey 1970.

[22] Garelli 1969: 138; une autre vue, niant l'existence d'un "âge obscur" en Syrie pour cette époque, est présentée dans Na'aman 1975.

[23] Otten 1968: 99-105; Kammenhuber 1988: 37-38; mais cf. Liverani 1988: 307-314.

[24] Rowton 1976b: 24-30 et 1987.

[25] Voir Brinkman 1972: 280; Maidman 1984; De Smet 1990; Van Lerberghe 1995.

En général toute la problématique du système dimorphique, qui pourtant semblait liée à une conformation géographique et climatique spécifique de la Djéziré, sort du champ de l'historiographie moderne de la Syro-Mésopotamie pour environ trois siècles, pour n'y être réintégrée que pour rendre compte d'un autre "âge obscur", témoin d'autres invasions et d'autres ruptures, au moment du passage vers l'Âge du Fer[26]. Ce modèle reste par ailleurs encore utile dans l'interprétation de l'histoire des populations qui occupent les montagnes et les hauts plateaux à l'est de la Mésopotamie, où les états élamites manifestent un caractère clairement dimorphique[27]. Toutefois, l'influence politique et culturelle de l'Élam, qui avait été un facteur important dans les équilibres internationaux en Syrie du nord au Bronze Moyen, s'estompe rapidement pendant le Bronze Récent, et ne rayonne plus que sur la partie orientale de la Mésopotamie.

L'époque du dimorphisme économique, social et culturel de la Djéziré et du Moyen-Euphrate semble donc bien révolue avec le Bronze Moyen, et même déjà avec la destruction de Mari. Ainsi, lorsqu'un historien a récemment commenté les résultats d'une série de prospections archéologiques réalisées dans la Djéziré, mettant en évidence une diminution de la quantité et de l'extension des centres urbains dans ces régions déjà avant la fin du Bronze Moyen[28], il n'a pas évoqué les modèles typiques du dimorphisme social, mais il a préféré utiliser la formule du "retrait"[29]. Il a ainsi suggéré que la crise économique et politique des états amorrites, provoquée par la politique belliqueuse des derniers rois de la région, avait abouti à une exploitation excessive des ressources agricoles et économiques du territoire appartenant à la ville, et avait déterminé le "retour" progressif d'une partie de la population urbaine à des formes de vie semi-nomade. Cette sécession d'une partie de la communauté de l'économie urbaine, selon un processus comparable à celui qui avait abouti à la formation des groupes *ḫapiru*, serait donc attestée en Mésopotamie du nord bien avant la crise des années 1200. En ce sens, on assisterait donc déjà au Bronze Moyen à une des premières apparitions des effets catastrophiques de l'"économie du palais", modèle qui va triompher dans la discussion autour de la fin du Bronze Récent.

Il n'en reste pas moins que, sauf si l'on imagine un processus bien improbable d'extermination, dans la Djéziré et le Moyen-Euphrate, des populations semi-nomades qui avaient jadis vécu en symbiose avec les villes et les villages amorrites du Bronze Moyen, ces dernières devaient continuer à représenter un pourcentage assez important de la démographie de ces régions, même si elles n'ont pas laissé de traces reconnaissables par les techniques archéologiques de prospection et de fouille. La diminution et la crise de l'habitat urbain, constatées dès la fin du 18e siècle, indiquent qu'il n'y a pas eu de phénomène de sédentarisation et d'urbanisation de ces populations, que les sources écrites du Bronze Récent, d'origine évidemment urbaine, présentent essentiellement comme des groupes de prédateurs contrôlant la steppe entre l'Euphrate et la Syrie occidentale. Mais il est toutefois difficile de croire que le brigandage, ou le travail comme mercenaires dans les guerres entre les états et les villes, puissent avoir seuls garanti une base économique suffisante à la survie et au développement de regroupements tribaux importants. Dans ces conditions, l'hypothèse qu'on pourrait avancer est que l'écroulement des systèmes politiques urbains n'a pas détruit en même temps la structure dimorphique de l'économie locale, qui a continué à fonctionner, reliant les semi-nomades non plus aux villes ou aux états, mais essentiellement aux villages et à la population sédentaire agricole.

L'absence d'un pouvoir local fort, établi dans une ville proche, remplacé au Bronze Récent par une domination plus lointaine, depuis la capitale d'un empire, a peut-être permis aux populations semi-nomades non seulement de continuer à vivre dans le Moyen-Euphrate et dans la Djéziré, mais aussi de développer leurs propres systèmes de rapports avec les sédentaires, et de renforcer la conscience de leur identité politique. Dans cette perspective, la formations des états araméens en Syrie à l'Âge du Fer ne serait pas la conséquence de la sédentarisation rapide de populations nomades à la recherche d'une patrie, mais plutôt l'aboutissement d'un processus déjà mis en place au passage du Bronze Moyen au Bronze Récent.

2.1.2. Bronze Moyen et Bronze Récent en Syrie du nord : rupture et continuité dans les culture locales

L'histoire des états amorrites dans leur ensemble continue à se dérouler, selon les schémas déjà évoqués, jusqu'à la fin du 17e siècle, lorsque les forces de l'état hittite naissant vont infliger un coup mortel aux derniers descendants de la dynastie de Hammourabi à l'occasion du raid du roi Mursil Ier à Babylone en 1595 av. J.-C., après avoir éliminé les villes paléo-syriennes d'Alalaḫ, Alep et Ébla[30]. En Mésopotamie nord-orientale, la fin de la domination de la dynastie amorrite d'Ekallate régnant encore à Assur est apparemment déterminée, déjà vers le début du 17e siècle, par la réorganisation de l'ancien substrat assyrien

---

26 Voir chapitre 3, et, par exemple, O'Callaghan 1948: 93; Rowton 1987; Schwartz 1989.

27 Amiet 1992b.

28 McClellan 1993.

29 Voir ci-dessus § 1.2.3. et n. 158; § 1.2.4. et n. 201.

30 Cassin 1968: 7-15; Otten 1968: 113-116; Liverani 1988: 432-436.

local[31]. La fin du Bronze Moyen est donc caractérisée par la disparition des royaumes qui avaient constitué la structure politique de référence de la civilisation paléo-syrienne amorrite. D'autre part, les débuts de l'Âge du Bronze Récent correspondent en Syrie à la formation de nouvelles entités politiques de type étatique ou impérial[32], qui, bien qu'occupant les mêmes espaces que les dynasties amorrites, ne semblent pas disposer des structures ni des méthodes spécifiques utilisées par ces dernières pour gérer les relations avec la population semi-nomade de Syrie.

Ce changement politique implique aussi un glissement général des centres du pouvoir et de l'administration. Après la conquête militaire, les villes amorrites les plus importantes de Syrie du nord ou de Mésopotamie, comme Ébla, Mari, Šubat-Enlil, Ešnunna ou même Babylone – bien que sièges non seulement de gouvernements et de palais, mais aussi de complexes cultuels, d'écoles scribales ou d'ateliers de production artisanale et artistique de grande importance – sont rapidement négligées et abandonnées par les conquérants, en faveur de nouvelles capitales et de nouveaux centres. Comme on l'a vu, des territoires très vastes, en particulier dans la Djéziré, portent les marques d'un rétrécissement de l'habitat urbain, souvent interprété comme la conséquence d'une désertification progressive, dès la fin de l'époque amorrite, bien avant la grande crise économique et agricole qui marque la fin du Bronze Récent dans toute la Syrie et la Mésopotamie[33].

La destruction des états à structure dimorphique et de leurs centres principaux semble déterminer aussi la fin du semi-nomadisme classique, qui restait profondément lié à la ville et aux villages pour toutes ses exigences matérielles et culturelles. Bien que ce processus ne soit ni évident ni naturel, l'historiographie moderne postule en général que les populations semi-nomades ont dû développer de nouvelles formes d'adaptation à la vie dans les steppes, probablement plus autonomes mais aussi moins contrôlables et plus dangereuses pour les sédentaires. Il est vrai que les anciens partages tribaux documentés dans les archives mariotes[34] cessent d'être valables, et que les nouveaux regroupements relèvent d'une onomastique différente, qui dans quelques cas va se perpétuer jusqu'à l'Âge du Fer[35]. L'appellatif "Soutéen", déjà attribué à un groupe de clans connu dans la documentation paléobabylonienne, désigne au Bronze Récent et jusqu'au milieu du Ier millénaire, la population qui occupe toute la steppe syro-palestinienne[36]. Ces nomades sont représentés dans les textes du Bronze Récent surtout comme des pillards, ou, au mieux, comme des mercenaires; mais leurs relations avec l'habitat urbain deviennent de plus en plus difficiles à voir et à comprendre, surtout dans une perspective démographique et économique.

Selon cette interprétation, le passage de l'époque du Bronze Moyen au Bronze Récent présente les caractères d'une fracture historique, marquée par la volonté politique des états nouveaux d'éliminer les structures anciennes héritées de la période amorrite, tant sur un plan international, que sur le plan local, détruisant les sociétés urbaines correspondantes. La coupure entre les deux périodes juste à ce point de la chronologie est donc justifiée: la chute de Babylone marque bien la fin de quelque chose. Toutefois, une analyse même rapide de certains éléments de la culture syrienne et nord-mésopotamienne du Bronze Récent, telle que la recherche archéologique la restitue, montre qu'en réalité elle a gardé les formes les plus marquantes de la culture paléo-syrienne et amorrite, qui vont être réorganisées selon une nouvelle formulation intellectuelle et artistique. Cette transmission s'est faite par des canaux divers, et dans un contexte ethnique, linguistique et social qui n'a pas été radicalement modifié par les phénomènes d'invasion ou de colonisation[37].

Les conditions qui ont permis la réélaboration et le transfert de la culture paléo-syrienne dans le contexte de la civilisation du Bronze Récent sont sans doute à rechercher dans la permanence et la stabilité de traditions urbaines locales, seules capables de gérer et conserver le patrimoine écrit, artistique, cultuel et technologique qui constitue et matérialise les civilisations. Les villes du Bronze Récent syrien – les anciennes, comme celles de fondation nouvelle – restent fidèles à leurs formes originelles, mais elles montrent en même temps une grande capacité d'évolution dans le nouveau contexte et la nouvelle dynamique politique et sociale. La culture hourrite a sans doute joué un important rôle de médiation dans ces transformations,

---

[31] Landsberger 1954: 31-42; Veenhof 1985: 212-214; Yamada 1994: 23-26; l'inscription de Puzur-Sin, provenant d'Assur, est publiée dans Grayson 1987: 77-78.

[32] Voir, en général, Buccellati 1967; 1990a; Na'aman 1975.

[33] Liverani 1988: 462-465; Buccellati 1990a; McClellan 1993.

[34] Kupper 1957; Talon 1985; Durand - Charpin 1986; Anbar 1985 et 1991.

[35] Zadok 1991; Brinkman 1968: 277-278, cf. n°1799.

[36] O'Callaghan 1948: 93-97; Kupper 1957: 83-143; Brinkman 1968: 285-287; Heltzer 1981; mais voir aussi Arnaud 1991: 16.

[37] O'Callaghan 1948: 64-66; Speiser 1954: 318-319. Voir aussi les considérations de Liverani 1978a: 149-150.

par son propre développement historique lié à l'expansion de l'empire hourrito-mitannien[38], mais aussi comme élément actif dans la formation de presque toutes les traditions littéraires, artistiques et idéologiques du Bronze Récent attestées non seulement dans le milieu syrien sémitique occidental, mais aussi dans le monde hittite et louvite anatolien.

On peut se faire une idée assez précise de la composition du milieu intellectuel des villes syriennes de l'Âge du Bronze Récent en parcourant les inventaires des textes cunéiformes et alphabétiques rédigés en akkadien, sumérien, hourrite, hittite et ougaritique qui forment les archives et les bibliothèques de savants et de hauts fonctionnaires d'Ougarit ou d'Émar[39]. Ces deux villes syriennes, l'une sur la côte méditerranéenne[40], l'autre sur la rive de l'Euphrate[41], présentent un niveau archéologique très important pour le Bronze Récent, qui a pu être étudié d'une façon assez complète par des fouilles, qui, tant à Ougarit qu'à Émar, sont encore en cours. Les résultats des travaux archéologiques et les études philologiques réalisées sur les grandes quantités de textes qui y ont été retrouvés, montrent la variété, la richesse et le cosmopolitisme du patrimoine culturel urbain de cette époque[42]. La nécessité de former une classe de scribes maîtrisant le cunéiforme et la langue akkadienne, qui devient progressivement la *lingua franca* des échanges diplomatiques et commerciaux dans tout le Proche-Orient et sur la côte méditerranéenne à l'époque d'El Amarna[43], est une des raisons qui ont déterminé la formation de grandes bibliothèques et scriptoria, mis en lumière à Ougarit comme à Emar. C'est là qu'est conservée la plus grande partie de la tradition scribale, littéraire, religieuse, rituelle, scientifique qui avait été élaborée par les villes mésopotamiennes paléobabyloniennes, et à laquelle s'ajoutent une production en langue hittite et hourrite ainsi que des créations locales[44].

L'extrême complexité de la formation de son univers intellectuel, la pluralité de ses sources et la tendance évidente au bilinguisme et au trilinguisme des intellectuels locaux n'ont pas amoindri les capacités créatives de la société locale, et ne lui ont pas fait perdre son identité[45]. Les cultures urbaines du Bronze Récent sont capables de créer des textes et un art originaux, marqués par leur propre empreinte locale et répondant à des besoins spécifiques. La réutilisation de formes et matériaux plus anciens, canoniques, et d'origine diverse, est subordonnée à une volonté créative et expressive précise.

Les exemples qu'on pourrait citer sont nombreux, tant dans la tradition écrite que dans la documentation archéologique et artistique. Le cycle mythologique de Ba'al, le dieu de l'Orage d'Ougarit[46], est sans doute une des productions les plus importantes et complètes des cercles intellectuels et religieux de la ville. Dans ses deux sections principales, exposant respectivement la lutte du dieu contre Yam, la mer, et contre Môt, la mort, il est clair que le texte se fonde sur une ancienne tradition proto-syrienne et amorrite[47], mais

---

[38] Sur l'école scribale hourrite de Waššukkanni, voir Landsberger 1954: 58, et n. 58; O'Callaghan 1948: 52 et 70-74. Pour la fonction médiatrice de la glyptique mitannienne entre les traditions iconographiques paléo-babyloniennes du Bronze Moyen et celles, kassites et médio-assyriennes, du Bronze Récent, ainsi que de l'âge du Fer, voir l'étude de Porada 1947, en particulier 123-125, et Porada 1948.

[39] Courtois 1979; Van Soldt 1986; Arnaud 1980a et b.

[40] Une bibliographie générale concernant les sources documentaires d'Ougarit se trouve dans Klengel 1992: 100-103. Pour l'histoire, voir Drower 1975; Yon 1992. Pour un résumé récent des fouilles effectuées à Ougarit, ainsi que de l'histoire et de l'architecture de la ville, voir Yon 1990 et 1993. La glyptique de cette période est étudiée dans Amiet 1992a.

[41] Pour une liste récente des publications des textes d'Émar, voir Klengel 1992: 103-104 et, en général, Van der Toorn 1994: 39-41, n°4. Voir en particulier Arnaud 1975; 1980; 1984; 1987; 1991; Margueron 1980, pour les fouilles sur le site d'Émar du Bronze Récent, avec bibliographie. Récemment, voir aussi Margueron 1993c. Pour une présentation générale des sceaux d'Émar, voir Beyer 1980.

[42] Laroche 1980; Beyer 1980; Liverani 1985; Arnaud 1993.

[43] O'Callaghan 1948: 82-88; Liverani 1988: 561-573; sur l'influence de la culture syrienne en Anatolie, voir Hoffner 1992, mais aussi Beckman 1983.

[44] Arnaud 1980b et 1987; Laroche 1988; Lebrun 1988; Arnaud 1991: 9-10; Fleming 1992; Hallo 1992b: 80-88.

[45] Gervitz 1973; Wansborough 1986.

[46] Voir Caquot - Sznycer - Herdner 1974: 101-351; pour un résumé récent, voir Bordreuil 1993b.

[47] Bordreuil - Pardee 1993; Durand 1993. Un dieu Adda toutefois est déjà attesté dans la documentation proto-syrienne présargonique d'Ébla (Archi 1992: 6), et cf. Pettinato 1980. Voir aussi, maintenant, Fronzaroli 1997, pour la tradition éblaïte présargonique relative au combat du dieu de l'Orage contre le Serpent. La structure même du mythe de Ba'al et la possibilité d'identifier au moins un des adversaires divins du dieu avec un serpent ou un dragon, en référence tant à la Mer qu'à la Montagne mythologiques, indiquent aussi un contact avec les traditions suméro-akkadiennes et paléo-babyloniennes, attestées dans les cycles du dieu Ninurta (*Lugal.e*, voir Bottéro - Kramer 1989: 340-368, et *An.gim*, Bottéro - Kramer 1989: 378-385). La discussion sur les relations des mythes du Ba'al d'Ougarit avec le poème de la Création babylonien est ouverte, et la bibliographie très vaste; voir par exemple Jacobsen 1968; Petersen - Woodward 1977; Margalit 1981, ou Smith 1987. Une théomachie contre un serpent, créature de la Mer, est déjà attestée en Mésopotamie à Ešnunna, dans un mythe qui a sûrement été composé à la fin du IIIe millénaire, (Wiggermann 1989): le dieu poliade Tišpak capture le Labbu, serpent-dragon créé par la Mer, qui, après la victoire de Babylone sur Ešnunna, deviendra la monture du dieu Marduk.

qu'il a aussi une parenté avec les histoires concernant Teššub, le dieu de l'Orage hourrite, et développées en milieu anatolien, hourrite et hittite[48]. Selon certaines interprétations, l'ancien fonds mythologique de la lutte d'un jeune dieu de l'Orage contre un adversaire monstrueux et puissant est réadapté à Ougarit pour décrire et représenter rituellement le cycle saisonnier atmosphérique et agricole local[49]. Les relations entre d'une part la théologie et le culte de Ba'al et d'autre part l'idéologie royale, sont établies depuis la période paléo-syrienne[50] et constituent la base principale pour étudier les développements parallèles de cette association dans les traditions bibliques[51]. À partir de la statuaire éblaïte paléo-syrienne[52], on peut aussi observer une remarquable continuité dans la tradition iconographique syrienne et ougaritique, et en particulier celle qui concerne le dieu de l'Orage, tant dans les reliefs des stèles en pierre que dans la glyptique[53].

Parmi d'autres aspects caractéristiques de la culture et de la religion du Bronze Récent manifestant la permanence d'une certaine mentalité et la diffusion de certaines valeurs, la présence et l'usage rituel des stèles et bétyles à Émar[54], attestés également à Ougarit[55], renvoient directement à une série de traditions proto- et paléo-syriennes présentes dans toute la Syrie-Palestine, la Mésopotamie du nord et l'Anatolie, ainsi qu'en Égypte[56]. Les textes rituels et la documentation écrite dans son ensemble ne permettent pas de spécifier la fonction de ces monuments dans l'organisation religieuse ou dans le système de communication sociale des communautés urbaines de l'époque[57]. Bétyles, stèles, *maṣṣēbōt* se retrouvent tant dans les rituels funéraires que dans le contexte des cultes dans les temples, ou même isolés dans l'urbanisme des villes, sinon à l'extérieur. Différents auteurs ont déjà mis en relief, et de différents points de vue, l'importance des cultes des ancêtres[58], en particulier des membres de la famille royale[59], qui traversent toute la civilisation syrienne du Bronze Ancien jusqu'au Fer.

Mesurer le poids de la culture hourrite dans le processus créatif de la civilisation syrienne du Bronze Récent est encore un travail pratiquement impossible, étant donné l'avancement limité des recherches archéologiques dans ce secteur, et l'ampleur du débat – souvent fondé sur des critères peu scientifiques – qui a entouré l'étude historique de ses manifestations artistiques[60]. La destruction des principaux centres mitanniens – ou, plus fréquemment, leur réutilisation massive de la part des forces hittites ou assyriennes victorieuses qui vont systématiquement réoccuper les mêmes positions stratégiques et commerciales que leurs anciens ennemis[61] – ainsi que la difficulté à identifier les caractères principaux et les variations

---

48 Caquot 1969: 71; Greenstein 1982: 206; Bonnet 1987: 109-112. Güterbock 1948 mettait en évidence les relations existant entre le mythe de Kumarbi, roi des dieux détrôné par Teššub, et la Théogonie d'Hésiode. Le mythe de Ullikummi, qui constitue la partie la plus longue du cycle de Kumarbi relative à la geste de Teššub, a été édité dans Güterbock 1951 et 1952. Depuis les travaux de Speiser 1942 et 1954, le premier récit de l'histoire de Kumarbi est considéré comme une création hourrite directement inspirée par les traditions mésopotamiennes attestées dans l'*Enuma Eliš*, le poème babylonien de la création (cf. Bottéro - Kramer 1989: 602-679), mais la récente révision de la date de composition du texte indiquerait plutôt une influence dans le sens inverse, ou bien une source commune nouvelle; cf. Komoroczy 1973: 31. Le récit de la lutte de Teššub et Ullikummi a manifestement été conçu dans un paysage méditerranéen, sans doute le même que celui du cycle de Ba'al d'Ougarit, mais il présente aussi des contacts avec des mythes typiquement anatoliens, comme celui d'Illuyanka (Vieyra 1970: 526-529, MacQueen 1980, et cf. les remarques de Durand 1993: 56), ou du monstre Ḫedammu (Siegelova 1971: 35-85). Voir, en général, Hoffner 1975 et 1992: 99; Wilhelm 1989: 49-52 et 58-61. Pour une interprétation globale récente du cycle de Teššub, voir Houwink ten Cate 1992.

49 Caquot 1969: 67-70; Smith 1987: 314-316 avec bibliographie; Yon 1989; Bordreuil 1991 et 1993: 184-185.

50 Matthiae 1993b: 170 souligne la possible influence égyptienne sur l'image de Adda; pour les liens entre la théologie et la mythologie d'Addu d'Alep et le pouvoir royal des Amorrites à Mari, voir Durand 1993: 52-55. Pour les relations entre Ba'al et le roi à Ougarit, voir Yon 1985.

51 Voir, à ce propos, Day 1985; Smith 1986, et les remarques de Bordreuil et Pardee 1993: 69.

52 Matthiae 1967, 1992, 1993a.

53 Voir Collon 1972; Yon 1991; Vanel 1965: 69-110; Amiet 1982 et 1992a.

54 Arnaud 1980: 253-254 et 1987: 10; Fleming 1992. Le caractère particulièrement composite de la religion et des cultes émariotes a été mis en évidence dans Arnaud 1987: 13-17; Laroche 1988; Lebrun 1988.

55 Yon 1991.

56 Graesser 1972; Saporetti 1974; Vorys Canby 1976; Durand 1993: 49; Darga 1969, Lebrun 1983a: 161 et 1983b: 139.

57 Lipinski 1973; Durand 1985; Dietrich - Loretz - Mayer 1989.

58 Lipinski 1973; Healey 1977: 47-48; Van der Toorn 1993 et 1994. Pour la Mésopotamie en général, voir Bayliss 1973; Tsukimoto 1980 et 1985; Dietrich - Loretz 1980; Skaist 1980; Cassin 1982; Silvestri 1982.

59 Matthiae 1979; Xella 1981; Lebrun 1983b: 146-148; Birot 1980; Hawkins 1980; Bordreuil - Pardee 1982; Niehr 1994.

60 Parayre 1977; Moortgat 1944b; Landsberger 1948: 86-98; Bittel 1950; voir aussi O'Callaghan 1948: 70-74.

61 Voir, par exemple dans la Djéziré, l'histoire de l'occupation du site de Tell Sabi Abyad, dans Akkermans 1990a et 1993; de Tell Cheikh Hamed/Dûr-katlimmu, dans Kühne 1990b.

diachroniques de son art et de sa culture matérielle, empêchent encore aujourd'hui la reconstruction d'une image, même sommaire, de la culture hourrite. On ne peut que se servir du témoignage des vestiges laissés dans des centres provinciaux et périphériques de l'empire mitannien, comme à Nuzi ou à Alalaḫ – en particulier, de la glyptique – ou des fonds textuels en hourrite présents dans les bibliothèques ou dans les archives syriennes, hittites ou mésopotamiennes. Mais il est évident que, dans ces conditions, il est très difficile d'évaluer avec équilibre les caractères originaux de la civilisation hourrite, qui paraît condamnée à être connue seulement à travers l'empreinte laissée dans les cultures avec lesquelles elle est entrée en contact, ou qu'elle a elle-même contribué à mettre en contact[62].

Les réticences manifestées par les philologues qui hésitent à reconnaître l'originalité de la culture hourrito-mitannienne et préfèrent souligner sa dépendance profonde vis-à-vis des modèles et des textes de la tradition mésopotamienne[63], ont apparemment été surmontées plus facilement par les archéologues, et surtout par les spécialistes de la glyptique[64]. Sans les limitations imposées sur l'ensemble de la documentation par les critères linguistiques, les historiens de l'art ont pu montrer l'importance, l'originalité et l'ampleur de la production iconographique hourrito-mitannienne, qui correspond en effet à la plus grande partie de la production artistique de Mésopotamie du nord et de Syrie au Bronze Récent, englobant et assimilant les anciennes traditions locales paléo-syriennes, mésopotamiennes et anatoliennes[65]. Il semble en particulier que le développement de la tradition iconographique dans la glyptique et la sculpture médio-assyriennes dépende directement de modèles hourrito-mitanniens, avec lesquels elle entretient des relations complexes[66]. Cette nouvelle culture est destinée à avoir un rôle important dans la formation des critères intellectuels et artistiques de l'art syrien de l'Âge du Fer. Sa diffusion, surtout à travers les caractères acquis en contexte louvite dans les régions anatoliennes plus occidentales, pourrait avoir aussi facilité les contacts ultérieurs, en pleine époque néo-assyrienne, entre l'Assyrie et les centres syro-hittites et araméens de Syrie du nord[67].

En général, on peut conclure que la fin des états amorrites en Syrie et en Mésopotamie, et la formation de nouvelles organisations étatiques et impériales – qui remplacent les institutions anciennes tout en en causant l'écroulement – n'impliquent pas la destruction et l'élimination de la culture, du mode de vie et de la sensibilité religieuse et artistique qui avaient caractérisé la civilisation urbaine du Bronze Moyen[68]. La continuité et la transmission de formes, de valeurs, et de contenus anciens, ancrés dans le fonds mésopotamien et paléo-syrien mais encore ressentis comme fondamentaux pour la formation de l'identité de la nouvelle civilisation urbaine du Bronze Récent, sont garanties par les mêmes structures politiques, religieuses et scolaires des villes syriennes, héritées des époques précédentes, dans le contexte d'une culture sémitique occidentale. Mais c'est maintenant la médiation hourrite qui réorganise, renouvelle et unifie la production artistique et culturelle de cette période, selon l'idéologie et les programmes politiques des empires mitannien et hittite, remplaçant dans ce rôle la culture akkadienne qui avait prédominé dans la Syrie du Bronze Moyen.

Dans cette nouvelle situation politique et économique, l'extension des échanges commerciaux vers l'Égée, ainsi que la pression exercée par la présence égyptienne en Palestine et en Syrie méridionale sont autant d'occasions de contacts culturels et artistiques, qui influencent aussi le développement de la civilisation urbaine syrienne du Bronze Récent. L'attitude tolérante des nouveaux empires, avec leur politique fédérative, permet l'établissement d'une situation culturelle d'un type nouveau, où plusieurs langues et cultures entrent en contact et se développent parallèlement, gardant leurs caractères originaux. Si la distribution statistique des textes permet d'identifier certaines régions sur des bases linguistiques précises, le manque évident de cohérence de ce partage par rapport à celui qu'on pourrait établir à partir de la diffusion d'autres types de matériaux archéologiques – comme, par exemple, la céramique ou les sceaux – montre que le principe de l'opposition ethnique n'est pas utile pour comprendre la formation et la

[62] Speiser 1954; Astour 1978: 14-17, avec bibliographie. Pour le cas du cycle des mythes relatifs à la lutte du dieu hourrite de l'Orage Teššub contre son père Kumarbi, cf. ci-dessus note 262, et en particulier Komoroczy 1973; voir aussi Salvini 1977 et 1980; Laroche 1948. Pour l'utilisation de la religion et du panthéon hourrites dans l'unification culturelle et politique de l'empire hittite, voir Laroche 1975 et 1976; Kammenhuber 1976.

[63] Speiser 1933 et 1954: 313-314; Laroche 1976; Wilhelm 1989: 57-58 et 77-79.

[64] Porada 1947 et 1979; Stein 1988 et 1989; Matthews 1990: 2-9.

[65] Frankfort 1970: 248-277; Mellink 1975; Moortgat 1969: 105-112; Stein 1994. Pour la glyptique, voir les remarques de Matthews 1990: 8-9, et ci-dessous note 283.

[66] Moortgat 1942 et 1944a; Beran 1957; Moortgat-Correns 1964.

[67] Landsberger 1948: 18-37; voir aussi Lebrun 1979 et 1987. Pour un résumé du débat sur les problèmes de définition de l'art de Syrie du nord à l'âge du Fer, voir Genge 1979: 1-17.

[68] Matthews 1990: 1-2.

composition de la civilisation syrienne du Bronze Récent[69]. L'unité des cultures et des sociétés locales est fondée plutôt sur un principe politique et étatique organisant tant les relations internes d'une même unité territoriale, ville ou état, que les relations externes, avec le pouvoir impérial et les pays voisins.

La documentation archéologique et textuelle reflète les caractéristiques du système économique de production et de distribution, qui structure et fait fonctionner les sociétés du Bronze Récent, concentré sur le développement de la ville et de son palais, et ne nous renseigne en rien sur les conditions de la vie dans les steppes syriennes, ni sur cette partie du pays où travaille une population paysanne dépendant pourtant partiellement de l'administration citadine. L'image qu'on peut se faire des territoires situés à l'extérieur de la zone de contrôle direct de l'état dépend directement de l'idéologie politique urbaine, et elle ne peut être utilisée qu'avec beaucoup de précautions. Les rares opérations de recherche archéologique et de prospection réalisées dans les steppes de la Mésopotamie du nord et de la Djéziré semblent en général confirmer cette impression de continuité de la culture matérielle entre Bronze Moyen et Bronze Récent, qu'il faut interpréter dans le contexte d'une crise générale grave de l'habitat urbain, et du déclin démographique, qui se manifestent à partir du 17e siècle.

2.1.3. Bronze Moyen et Bronze Récent dans le Moyen-Euphrate: le cas du royaume de Ḫana

L'opposition entre rupture et continuité pour caractériser les aspects les plus importants de l'histoire de la Syrie du nord à l'époque de la transition entre Bronze Moyen et Bronze Récent n'est plus vraiment utile pour rendre compte de la situation du Moyen-Euphrate et bas Khabour à la même époque. Pourtant, l'histoire de la région autour de Mari après sa destruction pouvait être, encore récemment, considérée comme exemplaire du destin qui attendait au Bronze Récent la plus grande partie des états et des villes amorrites vivant selon des régimes dimorphiques.

La destruction de la ville de Mari a été ressentie comme une catastrophe grave non seulement par les mariotes, mais aussi par l'historiographie moderne. Impressionnés par l'importance des archives et des vestiges archéologiques que Mari nous a obligeamment légués, endeuillés par la perte soudaine d'une si grande civilisation, les historiens ont systématiquement décrit la situation de la vallée de l'Euphrate après cette date fatidique dans les termes d'une dégradation progressive mais totale de la civilisation urbaine, qui ne retrouvera jamais plus dans cette région un niveau semblable à celui qu'elle avait atteint sous la dynastie amorrite des Lim. De là à en déduire le déclin du système d'irrigation, qui ne pouvait plus être entretenu correctement, l'apparition d'une crise de la production agricole et la "nomadisation" des habitants de la vallée, il n'y avait qu'un pas, et il a été fait sans trop d'hésitations dans la plupart des manuels d'histoire, même récents[70].

Grâce à la découverte et au déchiffrement de tablettes provenant du tell d'Ashara, situé sur la rive droite de l'Euphrate à environ 60 km en amont de Mari, ce site avait pu être identifié, dès la fin du siècle dernier, avec la ville ancienne de Terqa[71], capitale du royaume de Ḫana. Bien qu'étant une des premières réalités politiques de la Syrie ancienne à avoir été identifiée par les historiens occidentaux, Terqa a perdu beaucoup de son intérêt, pour les historiens, après la mise au jour des vestiges bien plus impressionnants de sa grande voisine Mari. L'histoire de Terqa et du royaume de Ḫana, qui documente la période suivant la disparition de Mari, est souvent présentée, pour cette époque, comme le "chant du cygne" de sa puissante voisine, dernier et pâle reflet de sa grandeur et dont l'existence sera sans conséquences importantes dans le développement historique ultérieur de la région. Au manque objectif, pour cette époque, de textes cunéiformes – qui restent pour les historiens le meilleur indicateur de la présence d'une vraie civilisation urbaine, même si les archéologues pourraient ne pas être totalement d'accord avec ce point de vue – se sont ajoutés les résultats de diverses prospections archéologiques effectuées dans le Moyen-Euphrate pour confirmer apparemment cet état des choses[72], soulignant le caractère secondaire et éphémère de la formation du royaume de Ḫana.

A partir de 1975, la reprise des fouilles archéologiques sur le tell d'Ashara par une équipe de l'Université de Los Angeles sous la direction de G. et M. Buccellati a fourni les premiers éléments pour reconsidérer sous une nouvelle lumière l'histoire de la vallée du Moyen-Euphrate dans la période suivant la chute de Mari. La fouille américaine a découvert des vestiges datables du Bronze Ancien et Moyen, confirmant l'importance du site pour ces périodes anciennes et surtout pendant la phase du développement

---

[69] Liverani 1969: 6-11; Kamp - Yoffee 1980.

[70] Liverani 1988: 379 et 408-409; voir aussi Buccellati 1990a.

[71] Buccellati 1988: 42-46; Rouault 1995a.

[72] Pour la Syrie du nord et la Djéziré, voir Mallowan 1936 et 1937; Matthers 1978; Akkermans 1984; Monchambert 1984; Pfälzner 1984; Meijer 1978 et 1986; pour le Moyen-Euphrate, Geyer - Monchambert 1987; le bas Khabour, Kühne 1977 et 1979.

du pouvoir amorrite à Mari, déjà bien connue grâce à la documentation des archives de la capitale[73]. Mais un des résultats les plus importants des travaux de la mission américaine a été la mise au jour de couches et de structures archéologiques remontant à la deuxième moitié du 18e siècle, correspondant donc à l'époque postérieure à la chute de Mari et aux débuts du royaume de Ḫana[74]. La découverte d'un ensemble de textes, comprenant une archive privée, a apporté une série d'informations inédites sur cette période considérée comme "obscure", non seulement dans le Moyen-Euphrate, mais aussi dans tout le Proche-Orient asiatique, permettant d'identifier plusieurs souverains et augmentant sensiblement nos connaissances sur le début de cette période[75]. La civilisation de Ḫana, à cette époque, apparaît marquée, comme il était logique de s'y attendre, par une continuité fondamentale avec la culture matérielle et intellectuelle de l'époque de Mari, mais avec des caractéristiques nouvelles et différentes de la tradition mariote, apparaissant clairement à l'étude des textes administratifs et surtout juridiques publiés par O. Rouault, épigraphiste de la mission.

Ce sont de plus récentes découvertes, faites sur le même site par une mission archéologique française, dirigée par O. Rouault, qui a pris en 1987 la succession de l'équipe américaine, et en particulier la trouvaille d'une importante archive de type notarial, qui ont déterminé un changement réel dans l'interprétation du rôle, de la durée temporelle, des caractères essentiels de la royauté et de la civilisation ḫanéennes, dont nous savons maintenant que l'existence s'est prolongée jusqu'à l'époque du Bronze Récent[76]. L'analyse des textes trouvés pendant la saison de fouille 1989, pour la plupart encore inédits, prouve en effet, grâce aux données livrées par le système de datation des contrats, que la royauté ḫanéenne était représentée encore à la fin du 15e siècle, et que ses souverains ont régné dans le cadre d'un système d'association ou de fédération avec les souverains mitanniens Barattarna et Saustatar[77].

L'importance de Terqa était déjà documentée à l'époque des archives de Mari, en tant que centre religieux et résidence principale du dieu Dagan[78], dont le culte remonte en Syrie au Bronze Ancien, mais aussi comme siège administratif et militaire situé dans une position favorable – juste en aval de l'embouchure du Khabour – pour contrôler les communications avec la Djéziré et les déplacements des populations semi-nomades. Sa position et son prestige ont sûrement constitué des facteurs déterminants pour choisir d'y recentrer l'organisation administrative et politique de la région après 1761. Terqa a sans doute été la capitale de ce royaume, qui s'identifie comme suite historique de l'état mariote, et qui était gouverné par une dynastie locale. Les rois ḫanéens ont toutefois systématiquement évité d'utiliser dans leur titulature officielle le titre de "roi de Terqa", qui devait être réservé à Dagan même ou à une autre divinité poliade[79], assumant plutôt celui de "roi du pays de Ḫana", qui avait appartenu aux rois amorrites de Mari[80]. Il est difficile de dire si ce terme avait encore la signification ethnique ancienne, "roi des Ḫanéens", qui faisait référence à une grande confédération de tribus semi-nomades de Syrie du nord, ou bien si, à cette époque, il dénotait plutôt une extension territoriale précise. Le royaume de Ḫana semble comprendre la vallée du Moyen-Euphrate au moins à partir, au sud, de l'alvéole de Mari jusqu'à la vallée du bas Khabour, incluant sans doute aussi les hauts plateaux environnants[81].

---

[73] Voir, en général, Buccellati 1979.

[74] Buccellati 1983: 13-19; Buccellati 1984.

[75] Rouault 1984; Buccellati 1988.

[76] Rouault 1991, 1993c, 1994. 1997; 1998b; Masetti-Rouault 1997a.

[77] Rouault 1992; Wilhelm 1989: 25-29; Liverani 1988: 481-488.

[78] Voir Dossin 1948; Durand 1993: 53. 1995: 146-152. Pour le dieu Dagan en général, dans la tradition mésopotamienne, voir Dhorme 1949: 165-167 et 173; dans le Moyen-Euphrate, cf. Kupper 1947 et 1957: 69-71. Le caractère complexe de la personnalité divine de Dagan est éclairé essentiellement par les développements qu'elle connaîtra au Bronze Récent, dans les traditions syriennes occidentales, surtout à Ougarit et à Émar, et dans l'identification avec différentes divinités mésopotamiennes ou hourrites. Pour sa relation avec Adad/Ba'al partageant la même nature de divinité des phénomènes atmosphériques, voir en dernier lieu Wyatt 1980 et Singer 1992: 436-438; à Émar, Fleming 1993 et 1994. Pour son aspect chtonien, lié aux cultes funéraires, cf. Healey 1977 et Wyatt 1980. En rapport avec un temple de Terqa, cf. Grayson 1987: 59-60; Tsukimoto 1985: 70-76. L'identification avec une divinité du grain, végétale et agricole est certaine au premier millénaire et dans les traditions classiques, cf. Singer 1992: 433-437 aussi sur une base étymologique. Pour le deuxième millénaire, voir à Émar un "Dagan seigneur des semences", Arnaud 1986: 421, l. 50', et considérations de Beyer 1990: 128-129; voir aussi Van der Toorn 1993: 384-385, citant l'identification, dans les listes ougaritiques, de Dagan et Kumarbi - ayant tous les deux un temple à Tuttul sur l'Euphrate. Kumarbi à son tour est une divinité des céréales, cf. Laroche 1948: 117. Un texte de Ḫana (cf. Thureau-Dangin - Dhorme 1924: 271, ll. 9-10) porte la mention d'un *ᵈda-gan ša ḫur-ri*, qui est peut-être un "Dagan hourrite". Pour l'équivalence Dagan/Enlil/Kumarbi, voir Lambert 1978: 132. Pour la déesse Šalaš, parèdre d'Adad, Enlil et Dagan, cf. Haas 1978: 62-63.

[79] Edzard 1967: 54-67; Lambert 1985: 531-534; Rouault 1992: 255-256. Voir aussi Kupper 1967, pour une étude de la royauté des divinités poliades en Mésopotamie du nord.

[80] Charpin - Durand 1985: 328-329.

[81] Buccellati 1988: 46-49; Podany 1993: 60-61.

L'utilisation dans les contrats de Terqa de la technique babylonienne classique de datation qui consiste à identifier chaque année par un événement important de l'année précédente – victoire militaire, construction de palais, de canaux ou gestes particuliers de dévotion aux divinités – permet de reconstruire, avec une certaine précaution, quelques éléments de l'histoire de la société ḫanéenne même en l'absence d'une documentation historiographique plus explicite. Selon leurs "noms d'années" les rois de Terqa, comme tous les souverains mésopotamiens, ont réalisé des grands travaux publics: restauration de murailles et de portes de la ville, fondation de nouveaux centres, entretien et élargissement du système de canaux. Ils se vantent aussi d'opérations militaires victorieuses[82] ainsi que d'actions ayant une importante connotation sociale ou cultuelle. Plusieurs proclamations d'"édits de justice" destinés à remédier au déséquilibre croissant de la société[83], consécutif à l'endettement excessif d'une partie de la population, rappellent le rôle religieux et politique des rois dans la société locale, dont ils doivent garantir le bien-être et l'équilibre.

En général, l'ensemble de la documentation archéologique datable de l'époque de Ḫana permet de reconstruire un cadre des conditions de la vie urbaine qui ne montre pas ces marques de décadence et de dégradation que l'ancienne vision historique prévoyait pour cette période[84]. Les fouilles ont mis en lumière des vestiges architecturaux qui, tout en étant de facture simple et de dimensions modestes – si on les compare aux grands bâtiments de Mari – montrent par ailleurs un développement urbain organisé par une logique précise et dans le cadre d'une tradition locale[85]. Le caractère non-monumental des structures fouillées jusqu'à maintenant ne doit pas être interprété de façon négative: la qualité des objets et du mobilier qui ont été retrouvés dans les restes de ces bâtiments (céramique, textes, sceaux, figurines, bijoux ou armes en métal[86]) prouve au delà de tout doute le haut niveau de civilisation, de richesse matérielle et intellectuelle, qui a marqué la vie de Terqa à la fin du Bronze Moyen et au début du Bronze Récent.

Dans la mesure de nos connaissances actuelles, qui, de toute façon, vont rester limitées par les conditions mêmes du tell d'Ashara – coupé à diverses reprises depuis l'antiquité par des changements de cours de l'Euphrate et en grande partie couvert par les constructions de la bourgade moderne empêchant l'élargissement de la fouille[87] – la culture de l'époque de Ḫana (18ᵉ-15ᵉ siècle) peut en effet être considérée dans la perspective d'une continuité avec la civilisation de Mari, tant dans ses caractères paléo-syriens que dans sa dépendance des modèles mésopotamiens. Toutefois la production de Terqa manifeste clairement les signes d'une originalité profonde, liée à une tradition locale, dont la ville est consciente et qu'elle gardera tout au long de son histoire. Les signes de cette originalité et de cette autonomie culturelle par rapport à son ancêtre direct sont visibles et analysables objectivement dans plusieurs aspects de sa culture matérielle, comme dans l'iconographie et la technique de création des sceaux[88], dans la production de figurines en terre cuite – comme par exemple les femmes-centaures[89] – mais aussi, dans la culture écrite, dans les formules juridiques des contrats, dans des listes des divinités, dans la graphie de certains signes cunéiformes. Cette cohérence créative, accompagnée de fidélité à une tradition, peut s'expliquer uniquement à partir d'une conscience claire que la communauté a de sa propre identité politique et culturelle, et, concrètement, de l'existence d'une "école" locale qui se charge de la transmission et de la surveillance des formes et des contenus considérés comme significatifs.

La culture ḫanéenne nous apparaît comme une culture éminemment urbaine, et les institutions de la ville de Terqa sont sûrement des institutions étatiques traditionnelles. L'aspect dimorphique de cette société – s'il y en avait un – est complètement caché par la typologie même de la documentation, qui témoigne uniquement d'activités et de fonctions typiques de l'organisation urbaine (sceaux, contrats). L'impression qu'à cette époque la distinction semi-nomade / sédentaire, steppe / vallée, tribu / état n'est plus vraiment significative, ne repose peut-être que sur le hasard des trouvailles archéologiques. Si une différentiation et une stratification sociales peuvent être démontrées à cette époque dans le royaume de Ḫana, elles concernent plutôt l'organisation économique et la distribution des propriétés immobilières: maisons et terrains à bâtir en ville, et terrains agricoles dans la plaine alluviale. Les premiers résultats des analyses des textes juridiques indiquent que le patrimoine immobilier et agricole de Terqa est partagé entre le palais royal, un petit nombre de familles résidant dans la ville, ainsi que par des temples. Le roi, qui est le garant du système économique et social, a l'autorité de confirmer, concéder ou interdire l'accès à la propriété privée, à

---

82 Buccellati 1988: 52.

83 Liverani 1988: 413-415; Kraus 1958; Charpin 1987a; sur les interventions royales dans l'économie locale, voir aussi Rouault 1992: 254-255.

84 Voir, par exemple, Buccellati 1990a.

85 Rouault 1994 et 1995a; Masetti-Rouault 1995.

86 Voir Kelly-Buccellati 1984; Masetti-Rouault 1993, et cf. Rouault - Masetti-Rouault 1993: 333-340.

87 Voir plan, ill. 4.

88 Collon 1987b; Matthews 1990: 45-46; Gualandi 1997.

89 Pic 1997a et b, et cf., ci-dessous, ill. 8.

travers un système de donations et de révocations de donations des terres, qui sont par ailleurs négociables librement entre les particuliers[90].

L'existence de cette bourgeoisie urbaine, dont les dieux aussi font juridiquement partie[91], entourant le roi dans le contexte de la ville, pourrait faire ranger le cas de Terqa parmi les exemples – il en serait un des plus anciens – d'organisations politiques fondées sur la célèbre "économie du palais", qui va devenir le modèle le plus commun dans le monde syrien occidental du Bronze Récent et dont les effets ont été invoqués pour expliquer son écroulement rapide[92]. En ce qui concerne Terqa, et sans compter que nous ne savons rien de ses relations avec les semi-nomades, il faut bien remarquer que cette "économie du palais", exploitant d'une façon immodérée les ressources humaines et agricoles de son territoire, ne semble pas avoir provoqué une crise rapide de l'état, les dynasties ḫanéennes ayant duré plus de trois cent ans, sous le signe d'une certaine continuité culturelle.

C'est d'ailleurs la découverte de la durée relativement longue du royaume de Ḫana qui a le plus surpris les historiens modernes, qui ne lui donnaient pas en général plus d'un siècle à un siècle et demi de vie. Une durée semblable ne peut pas être le fruit du hasard. Elle doit sans doute être expliquée comme le résultat d'une intelligente politique spécifique élaborée par les rois de Terqa, qui, sauf exceptions[93], n'ont jamais hésité à faire allégeance avec les forces politiques plus puissantes du moment dans la région, survivant et laissant survivre leur ville grâce à un "bon usage de la trahison" de leur propre autonomie urbaine. Ce n'est pas non plus par hasard si un des premiers rois de Ḫana, contemporains de l'époque de la destruction de Mari par les Babyloniens, a pris, sans doute au moment de son intronisation, un nom contenant une référence directe à l'ancêtre fondateur de la dynastie de Hammourabi de Babylone[94]. Il s'agit d'une période où l'influence babylonienne est très forte à Terqa dans les productions des scribes et des artistes, qui sont par ailleurs prêts à revenir à leur style et à leur savoir faire dès que c'est politiquement possible[95]. La culture ḫanéenne est par ailleurs capable d'assimiler les formes qu'elle reçoit de l'extérieur, comme par exemple les modèles iconographiques babyloniens et kassites, en particulier dans la glyptique, en les intégrant et les reformulant dans leur propre style local[96].

L'analyse des noms des rois révèle encore la présence d'autres composantes linguistiques, peut-être ethniques, dans le contexte de la société ḫanéenne. Un roi de Terqa porte ainsi un bon nom hourrite, Kuwari, par ailleurs connu dans l'onomastique de l'époque de Mari[97]. La présence dans cette liste d'un roi appelé Kaštiliašu, nom typiquement kassite, attesté au début du 17e siècle, a laissé penser que Terqa et le Moyen-Euphrate ont pu représenter une étape préliminaire de l'émigration des tribus kassites, originaires des montagnes iraniennes nord-orientales, sur leur chemin vers la Mésopotamie du sud[98]. À partir de la présence de ce nom dans les contrats de Terqa, on a initialement déduit un engagement direct de Ḫana "kassite" dans l'organisation de la campagne militaire hittite contre Babylone. En échange de la possibilité de circuler librement dans le Moyen-Euphrate, Mursil Ier aurait permis à une dynastie kassite de s'installer à Babylone[99]. Bien que la position chronologique de Kaštiliašu de Ḫana – encore sujette à discussion – apparaisse maintenant trop éloignée de la chute de Babylone pour soutenir l'hypothèse d'une alliance objective entre le Hatti et le Ḫana "kassite", l'idée a plu et se maintient encore dans le débat historique, étayée sur d'autres arguments[100]: Terqa aurait demandé l'aide hittite pour se libérer du contrôle babylonien. Toutefois, dans la période précédant justement la chute de Babylone, et en particulier sous le dernier

---

90 Rouault 1992: 255.

91 Un type semblable d'organisation des temples dans le cadre l'économie urbaine est peut-être attesté, plus tard, à Émar, cf. Arnaud 1980: 253-255.

92 Voir Heltzer 1969; Liverani 1969, 1975, 1986.

93 Voir, par exemple, la politique de Yadiḫ-abu contre la Babylonie de Samsuditana; voir Rouault 1984: 4; 1992: 252.

94 Il s'agit de Iṣi-Sumu-abu. Le nom de Yapaḫ-Sumu-[x], qui a régné à la même époque, pourrait peut-être se compléter de la même façon, en Yapaḫ-Sumu-[abu]. Cf. Rouault 1992: 250.

95 Pour le règne de Zimri-Lim de Terqa et de son successeur Kasap-ili, voir Rouault 1992: 251-252.

96 Podany - Beckman - Colbow 1993: 40-45.

97 Rouault 1992: 252; un nom d'année de ce roi atteste un conflit avec des troupes hittites, une des plus anciennes attestation d'hostilités entre pays dans la zone d'influence hourrito-mitannienne et hittite.

98 Landsberger 1954: 61-64; Cassin 1968: 10-11; Brinkman 1972 : 274; Rouault 1984: 4-5; Liverani 1988: 602-603.

99 Landsberger 1954: 64.

100 Garelli 1969: 307; Liverani 1988: 422. En réalité, il n'y a aucun indice archéologique ou textuel solide, dans l'état actuel des recherches, d'une présence "kassite" dans la région de Ḫana à cette époque. Il est probable que le règne de Kuwari, qui lutte contre des Hittites, peut-être dans le contexte des guerres hittito-hourrito-mitanniennes en Syrie du nord, doive être situé à cette époque (O. Rouault, communication personnelle). Le seul témoignage de ces éventuels contacts avec les Hittites serait un sceau-cachet typique, inédit, trouvé par les fouilleurs américains, mais qui aurait pu arriver à Terqa par les voies habituelles du commerce, de la même façon que d'autres cachets égypto-palestiniens, dans le contexte de la reprise des mouvements commerciaux dans tout le Proche-Orient à cette époque.

souverain, Samsuditana, ce dernier contrôlait la région de Terqa, comme les dates de quelques contrats inédits le montrent[101]. Dans ce cas, il faudrait imaginer que l'intervention hittite est le fruit de l'activité clandestine de la classe dirigeante ḫanéenne, qui se bat pour récupérer son indépendance et rétablir une royauté locale.

Cette alliance objective des intérêts ḫanéens, kassites et hittites pour détruire Babylone ne semble pas avoir une réalité historique précise. Mais si on accepte cette hypothèse, il faut alors reconnaître la vitalité extrême de la royauté ḫanéenne, et son enracinement profond dans la société et l'économie locales. Cette société – ou au moins le milieu urbain des propriétaires terriens – est en effet capable de s'organiser et de réorganiser un système monarchique fidèle au modèle ancien, et ceci dans des conditions difficiles, après un interrègne babylonien ayant duré presque un demi siècle et après le passage de l'expédition hittite.

Après la chute de Babylone, le Moyen-Euphrate est désormais une région de frontière entre la Mésopotamie du nord hourrite et hittite et la Babylonie kassite, qui considère le pays de Suḫu comme sa province la plus septentrionale[102], et Ḫana déjà comme un pays étranger. Dans un texte, qui nous est parvenu dans une version tardive, et qui contient le récit d'une entreprise réalisée par le roi kassite Agum II (Agum-kakrime), Ḫana est connotée comme un pays ennemi[103], qui toutefois accepte la requête présentée par les messagers du roi kassite. Il s'agit du rapatriement à Babylone des statues divines de Marduk et sa parèdre Ṣarpanitum, que les troupes hittites avaient prises comme butin et avaient sans doute laissées en dépôt ou abandonnées à Terqa, sur la voie du retour en Anatolie. À la fin du 16e siècle le royaume de Ḫana appartient directement à la sphère d'influence hourrite, le roi Qiš-Addu étant un vassal de la fédération mitannienne sous Barattarna, et exerçant la royauté à Terqa conjointement avec son suzerain, comme l'indiquent les formules et les dates des contrats[104].

A la fin du 15e siècle un roi kassite essaie encore d'occuper et coloniser la région orientale de Ḫana, le piémont du Djebel Bishri, pour contenir la pression nomade soutéenne et ouvrir une voie commerciale vers l'occident et l'Égypte évitant la vallée de l'Euphrate, contrôlée par l'empire mitannien, et, plus tard, par les Assyriens[105]. Il est intéressant de noter qu'un texte littéraire babylonien fait encore référence à cette célèbre excursion de Marduk vers le nord, au pays de Hatti – probable allusion au pillage des statues divines de Babylone – comme à un voyage d'affaires, pour ouvrir une série de routes commerciales et d'échanges entre la Babylonie et la Syrie hittite[106].

Les textes les plus récents retrouvés à Terqa et datables avec certitude, qui aident ainsi à situer dans la chronologie les premières couches archéologiques anciennes avant les restes d'une occupation du début de l'époque islamique[107], sont ceux qui remontent à la fin du 15e siècle, l'époque de l'expansion maximale de l'empire mitannien, dont Ḫana constitue la partie la plus méridionale. La présence et l'influence hourrito-mitannienne n'est pas encore claire dans la documentation archéologique ramassée dans les couches correspondant à cette période, mais il est possible que nos connaissances encore imparfaites des caractéristiques de la culture matérielle et de l'art de cette époque, de leurs variations diachroniques et locales, nous

---

101 Rouault 1992: 253-254.

102 Suḫu est certainement sous le contrôle babylonien à l'époque d'Ammisaduqa; voir Garelli 1969: 139. Au 8e siècle, un souverain local, qui contrôle un petit état situé sur l'Euphrate, en aval de l'alvéole de Mari, affirme encore compter parmi ses ancêtres non seulement Hammourabi de Babylone, mais aussi Tunamissaḫ, chef d'un clan kassite; voir Cavigneaux - Khalil-Ismaïl 1991: 326-329.

103 Landsberger 1954: 65; Brinkman 1972: 274; Liverani 1974 et 1975; Podany 1993: 58, n. 46.

104 Rouault 1992: 254.

105 Grayson 1975: 171-172; Tadmor 1979: 8; Zadok 1991: 108-109.

106 Güterbock 1934: 79-84, texte de type *narû*, publié aussi par Borger 1971. Voir Podany 1993: 58 pour un résumé du débat concernant l'identification du pays où Marduk et Ṣarpanitum auraient été déportés au temps de la chute de Babylone. Le texte-*narû* parait confirmer l'opinion, déjà exprimée par Albright (Landsberger 1954: 65, et Liverani 1988: 408-410) que le pays de *Ḫani*, où les statues se trouvent selon le texte d'Agum II, ne peut pas être Ḫana, mais qu'il doit s'agir d'une faute scribale pour Hatti; voir Kühne (C.) 1982: 208-209. Podany accepte l'hypothèse de Landsberger, qui pense effectivement à Ḫana, mais il reste à expliquer pourquoi le texte du pseudo-*narû* parle plutôt de Hatti, se référant manifestement au même épisode. Il est peut-être possible d'envisager l'idée qu'à un certain moment, juste après l'expédition de Mursil Ier, Ḫana ait pu être considérée comme faisant déjà partie du pays de Hatti, entendant par ce terme général la Syrie du nord. Toutefois rien dans les documents de Ḫana datables de cette période ne laisse voir une dépendance politique de la royauté locale par rapport au roi hittite, comme ce sera plus tard le cas avec la double royauté de Qiš-Addu et de Barattarna, quand Ḫana devient une province de l'empire mitannien (Rouault 1992: 254). C'est seulement après le milieu du 14e siècle qu'une ville nommée Terqa est citée dans le traité entre Šuppiluliuma et Šattiwaza comme frontière méridionale du territoire touché par l'avancée de Piyaššili, (O'Callaghan 1948: 90 et Harrak 1987: 45), mais il est possible que dans ce contexte il s'agisse d'une autre Terqa, située plus au Nord.

107 Rouault 1995b.

empêchent d'évaluer avec exactitude la signification et la position chronologique des matériaux découverts. La présence des restes d'un atelier pour la fabrication du verre dans un contexte architectural sans doute palatial peut être déjà considérée comme un indice de la participation de l'économie de Ḫana et de Terqa aux nouveaux circuits commerciaux, et de l'adéquation du goût local aux tendances et aux techniques typiques du Bronze récent syrien et mitannien. L'importance et la qualité artistique des objets trouvés dans ces couches semblent confirmer l'hypothèse que Terqa est restée la capitale et le principal centre du royaume pendant toute la période de Ḫana[108].

L'empire médio-assyrien va remplacer partout dans la Djéziré la domination mitannienne, et il est possible qu'il soit entré en contact assez tôt, dès le 14e siècle, avec Terqa et le royaume de Ḫana. Le Moyen-Euphrate représente pour les Assyriens une double frontière, séparant les territoires sous leur contrôle direct tant du royaume kassite de Babylone que des extensions méridionales de l'empire mitannien et plus tard hittite, attesté en aval de Karkémish jusqu'à Émar. Tout en revendiquant le contrôle total de la Djéziré septentrionale, les inscriptions royales médio-assyriennes font seulement allusion au Moyen-Euphrate comme une région théoriquement soumise au contrôle assyrien à partir du règne de Adad-nirâri Ier (1305-1274)[109]. Par contre, elles citent explicitement, parmi les territoires conquis, la région de Ḫana – mais jamais plus Terqa – dans les textes de Tukulti-Ninurta Ier (1243-1207)[110], à la suite de la victoire de ce roi sur Kaštiliaš IV, le roi kassite de Babylone. On n'a trouvé aucune trace archéologique précise à Terqa, ni dans le territoire immédiatement environnant, assez ancienne pour être interprétée comme la preuve de l'installation à cette époque d'une colonie assyrienne. Tell Hariri, le site de Mari, qui avait été déserté après une brève occupation au début de l'époque de Ḫana, a par contre conservé les vestiges d'un habitat modeste, identifié comme assyrien, et documenté surtout par des tombes[111]. La présence d'une garnison assyrienne est attestée également sur le site de Ḫaradum, au sud de l'alvéole de Mari, déjà en territoire irakien[112], mais à une époque légèrement plus récente. La vallée du bas Khabour est par contre investie lourdement par l'occupation assyrienne[113], et fut donc soustraite au contrôle ḫanéen, au moins jusqu'à la crise qui frappa l'Assyrie à la fin du IIe millénaire.

Dans ces conditions, admettant l'absence de traces archéologiques claires de la fin du Bronze Récent sur le tell d'Ashara, on peut se demander si Terqa est effectivement restée le centre politique de l'état et de la région de Ḫana, et si c'est bien à cette région qu'on se réfère lorsqu'on parle du "pays de Ḫana" dans les textes d'époque médio-assyrienne. En effet, dans la documentation contenue dans les archives assyriennes contemporaines trouvées dans les fouilles de Dûr-katlimmu, sur le site de Tell Cheikh Hamed dans le bas Khabour, Terqa est citée à plusieurs reprises mais il pourrait s'agir d'un autre centre, situé plus au Nord[114]. Par contre, à la société et à un état du Moyen-Euphrate fait référence une lettre trouvée à Ougarit, datée du 13e siècle, et par laquelle un fonctionnaire d'un roi non identifié – mais qui invoque au début de sa requête, dans les salutations, une série de dieux bien connus dans le Moyen-Euphrate, Adad, Dagan et Itur-Mer, définis comme "les grands dieux du pays de Mari" – réclame de l'aide pour le règlement d'une affaire urgente concernant des chevaux payés mais non envoyés[115], destinés au char royal.

La dédicace d'un objet votif trouvé à Sippar dans le temple de Šamaš, porte le nom du donateur, Tukulti-Mer, qui est roi de Ḫana et fils d'un autre roi de Ḫana, Ili-iqiša[116]. Ce même roi est cité dans les inscriptions de Assur-bêl-kala, datées du 11e siècle, dans le contexte narratif, fragmentaire, d'une campagne militaire assyrienne dans la région de Mari, suivie par la déportation d'une partie de ses habitants[117]. Cette attestation, bien que tardive, est importante, parce qu'elle montre que Ḫana, et sans doute aussi Terqa, ont continué à vivre jusqu'au début de l'Âge du Fer, selon une organisation politique autonome de type urbain, étatique et royal. C'est ainsi en tout cas que l'on peut expliquer la présence, dans la région et à cette

108 *Contra* Podany 1993: 61.

109 Grayson 1987: 131, ll. 6b-8a, "(Adad-nirâri, roi) qui piétine leur pays depuis Lubdu et Rapiqu jusqu'à Eluḫat", regardant la vallée de l'Euphrate de l'est vers l'ouest, et puis du sud vers le nord.

110 Grayson 1987: 273, ll. 68b-70a, "je me suis rendu maître du pays de Mari, de Ḫana, de Rapiqu, des montagnes des Aḫlamû ..., et ils m'apportent régulièrement le tribut de leur pays et la production de leurs montagnes".

111 Parrot 1974: 145-152; Mallet 1975; Margueron 1993c; Jean-Marie 1999: 95-96.

112 Kepinski-Lecomte 1992: 9.

113 Kühne 1990a; 1995; 2000; Röllig 1978.

114 Röllig 1984; Cancik-Kirschbaum 1996a: 103; Luciani 1999. D'autre part, la présence de céramique dite d'époque "cassite" tardive tant à Mari que dans les couches postérieures à l'abandon de l'acropole de Terqa, cf. Pons - Gasche 1996, ainsi que dans un site de rive gauche, dans les environs de Terqa, à Tell Mashtale, cf. Rouault 1998a, montre qu'à la fin du deuxième millénaire cette partie du Moyen-Euphrate connaissait une nouvelle phase d'occupation sédentaire, en relation constante avec la culture mésopotamienne du Sud. Voir Masetti-Rouault 1999.

115 Lackenbacher 1991: 101, ll. 2b-4a. La découverte de textes assyriens à Tell Bderi, dans la vallée du moyen Khabour, a permis d'identifier ce site comme Dur-Aššur-ketti-lešer, centre d'un "pays de Mari", qui est manifestement différent de la Mari du Bronze Moyen (Maul 1992: 47-54). La région à laquelle on fait par contre référence dans la lettre d'Ougarit est sûrement Mari sur l'Euphrate, comme le prouve la liste des dieux.

116 Grayson 1991: 111.

117 Grayson 1991: 89, ll. 14'-16'.

époque, d'un texte juridique, un contrat[118] de provenance exacte incertaine mais sûrement trouvé près de l'embouchure du Khabour, non loin de Deir-ez-Zor. Ce texte, qui conserve aussi les traces d'une impression de sceau, présente une typologie complexe. Écrit dans la version médio-assyrienne des signes cunéiformes, et tout en étant daté avec le système de datation assyrien classique, avec l'indication du *limmu*, le nom du fonctionnaire éponyme, ce contrat est en réalité rédigé selon un schéma, une terminologie et un lexique proches de ceux des textes produits par les notaires de Terqa depuis le 18e siècle.

Afin que le mélange des cultures et des traditions qui caractérise ce contrat soit possible, il ne suffit pas de penser aux relations théoriques qui lient la civilisation ḫanéenne et la civilisation médio-assyrienne, ou à leurs éventuelles composantes communes, dues aux contacts anciens entre le monde paléo-syrien, mésopotamien, hourrite ou mitannien. Il est évident que la composition d'un texte semblable ne peut s'expliquer que dans le contexte d'échanges directs et continus entre deux écoles scribales, deux conceptions juridiques et administratives qui ont fusionné tout en gardant les caractères les plus significatifs et les plus utiles des deux traditions originales. Ce contrat assyro-ḫanéen, produit d'une institution étatique et urbaine, semble indiquer encore une fois, au seuil de l'Âge du Fer, la grande vivacité et la créativité de la société de Ḫana. Sa culture maîtrise un paradigme original, le même depuis presque un demi millénaire, lui permettant d'intégrer et d'assimiler dans sa production des influences diverses, des formes nouvelles de pouvoir, dans des situations politiques et économiques changeantes, s'adaptant à une réalité complexe sans renoncer à sa propre identité. L'usage du système de datation assyrien prouve par ailleurs que la région est entrée dans la zone d'influence de l'empire médio-assyrien. En ce sens, ce contrat, daté du *limmu* de Liburzanin-Aššur sous le règne de Salmanazar Ier ou Tukulti-Ninurta Ier [119], est le vrai ancêtre de la stèle du 9e siècle trouvée en 1948 sur le tell d'Ashara[120].

2.2. La formation de l'empire médio-assyrien

2.2.1. L'Assyrie et la domination mitannienne

La période pendant laquelle ont été jetées les fondations de ce qui sera au 14e et au 13e siècle l'empire médio-assyrien est située dans son ensemble dans l'"Âge obscur", uniquement éclairé par quelques informations contenues dans les listes royales assyriennes[121], par de rares fragments d'inscriptions trouvés à Assur[122], et, enfin, par des allusions à la situation de la Mésopotamie nord-orientale présentes dans des documents émanant de milieux étrangers, comme des lettres ou des traités[123].

Les listes royales, tout en admettant l'existence de phases de troubles et de désordre dans la gestion du pouvoir en Assyrie, tendent à créer une image cohérente de la royauté assyrienne, qui serait substantiellement la même depuis le IIIe millénaire[124]. Si on suit le point de vue des listes, on peut se rendre compte que l'histoire de l'Assyrie, après la période de la domination amorrite et avant la période explicitement impériale de l'état médio-assyrien, présente un certain parallélisme avec l'histoire du royaume de Ḫana. Il est toutefois impossible, dans l'état actuel de la documentation, d'établir une confrontation historique directe entre Ḫana et Assyrie: tandis que les sources textuelles de Terqa se réduisent de façon drastique à partir de la fin du 15e siècle, époque de l'effondrement du Mitanni, ce n'est qu'à partir du siècle suivant, en pleine période impériale, que la production scribale assyrienne devient assez abondante pour nous permettre de reconstruire les passages les plus marquants de l'histoire de cette période[125].

Il est possible que cette situation ne soit pas seulement le fruit du hasard des recherches archéologiques. En effet, il semble évident que le développement impérial de l'état assyrien en direction de l'occident, dans le bassin du Khabour, documenté par des fouilles récentes, a pu marquer la fin, ou de toute façon une nette limitation du contrôle ḫanéen dans la région du Moyen-Euphrate, en particulier dans la partie de la vallée proche de la confluence. Par ailleurs, les études assyriologiques avaient reconnu depuis longtemps une

---

118 Kümmel 1989; Podany 1993: 54.

119 Saporetti 1979: 105-106.

120 Tournay - Saouaf 1952.

121 Grayson 1980: 108-109 et 118; Yamada 1994: 23-32.

122 Borger 1964: 20-25; Grayson 1972: 34-41; 1987: 79-108.

123 Voir, en général, Kühne (C.) 1982.

124 Grayson 1980: 101-102; Yamada 1994: 13-15.

125 Pour une liste des principaux textes économiques, provenant d'Assyrie comme des centres provinciaux, voir Saporetti 1970: II 261-357; bibliographie générale dans Saporetti 1970: II, 358-375 et Machinist 1982: 12-13, à laquelle il faut ajouter au moins Aynard - Durand 1980, Röllig 1984, Postgate 1988, Jas 1990 et Cancik-Kirschbaum 1996a. Harrak 1987 reprend l'analyse de tous les documents utiles à la reconstruction des relations entre Assyrie et Ḫanigalbat dans la Djéziré. Des textes d'époque médio-assyrienne ont été trouvés à Tell Fray, sur l'Euphrate (Matthiae 1980: 39), et, récemment, aussi à Tell Khuera; voir Kühne (C.) 1995.

vague similarité entre les traditions scribales assyriennes et celles de Ḫana[126], imputées sans doute à des contacts anciens établis pendant la période de la domination amorrite "assyrienne" à Mari, sous le règne de Samsi-Addu[127]. La conviction que la culture de Terqa allait disparaître rapidement après la chute de Mari, bien avant la formation de l'empire d'Assur-uballit Ier à la fin du 14e siècle, rendait inutiles ces observations, qui n'ont pas été à l'origine de recherches dans cette direction.

Pourtant, il y a bien d'autres points de contacts entre les deux villes et les deux cultures: toutes deux sont de fondation très ancienne, influencées par les modèles mésopotamiens et sumériens; elles sont le siège d'un important culte local, celui de la divinité poliade qui est en même temps roi de la ville, sans toutefois disposer d'une mythologie propre[128] (comme d'ailleurs c'est le cas d'Ešnunna, qui se situe dans la géographie amorrite entre Assur et Terqa)[129]. Toutes les deux, ou même toutes les trois, ont été intégrées dans l'empire d'Akkad, et, par la suite, ont été occupées par des dynasties amorrites, connaissant même, pour une brève période, l'unification politique sous le règne de Samsi-Addu. Assur et Terqa ont survécu à la catastrophe économique et politique qui a déterminé l'effondrement progressif de la domination amorrite en Mésopotamie du nord, donnant naissance à des dynasties locales qui semblent avoir des sentiments mitigés par rapport à leurs prédécesseurs[130].

Toutefois, on peut aussi noter d'importantes différences dans le développement historique de ces deux centres. Bien que jouissant de la même position géographique, situées sur la rive droite de deux grands fleuves mésopotamiens, pratiquement à la même latitude, Terqa et Assur ont en réalité fondé leurs systèmes économiques et politiques respectifs sur des bases opposées. Comme on a l'a vu, Terqa est située dans la plaine alluviale de l'Euphrate, et gère une économie fondamentalement agricole, liée à l'irrigation, entretenant une relation symbiotique avec les éleveurs semi-nomades qui occupent la steppe. L'organisation économique et sociale dimorphique lui permet de produire assez pour garantir la survie et le développement des populations du Moyen-Euphrate, tandis qu'Assur, située dans un territoire et dans un paysage de collines rocailleuses, beaucoup moins fertile et plus difficile à irriguer, est obligée, dès les débuts de son histoire urbaine, de chercher d'autres ressources pour assurer son existence et son expansion dans l'espace et le temps[131]. Le commerce et des activités artisanales et industrielles, liées à la métallurgie et au tissage, formeront la structure économique principale de la société paléo-assyrienne, au même titre que l'agriculture et l'élevage[132].

Exploitant la position géographique de la ville, à la croisée de différents itinéraires commerciaux reliant, depuis le Néolithique, l'Anatolie et la Syrie avec les hauts plateaux iraniens et le sud mésopotamien[133], des entrepreneurs d'Assur mettent au point, dès le début du Bronze Moyen, un réseau commercial d'une complexité extrême, reliant l'Anatolie centrale et la région de Kaneš, où les Assyriens établissent une colonie, à l'Iran et à la Mésopotamie, échangeant minéraux (or, argent, cuivre, étain) et tissus. Le commerce paléo-assyrien a fait l'objet de nombreuses études[134] qui ont essayé d'expliquer quel était le vrai rôle économique de ces activités commerciales dans l'équilibre politique de la ville-état du Bronze Moyen. Il semble maintenant clair que la formation de ce réseau d'échanges n'était pas le fruit d'une opération ou d'une entreprise étatique, qui aurait eu comme but la recherche de matières premières destinées à satisfaire les exigences alimentaires de base de la population urbaine: en effet, le système ne comporte pas l'importation de céréales ni d'autres produits comestibles[135]. La production agricole nécessaire est obtenue à travers l'exploitation des territoires environnant la ville, tandis que le commerce extérieur crée des profits uniquement pour la classe des marchands et entrepreneurs, qui les réinvestissent continuellement dans le

---

[126] Podany 1993: 57, et ci-dessus note 58. Cf. aussi, mais à l'époque néo-assyrienne, l'existence dans le palais royal d'Assur d'une chapelle, probablement destinée au culte funéraire des rois, appelée "Bît-Dagan", sans doute en référence au temple bâti à Terqa par Samsi-Addu (cf. ci-dessus note 78), Menzel 1981, I: 51-52.

[127] Garelli 1969: 122-125; voir maintenant Birot 1985.

[128] Garelli 1962: 200-203.

[129] Charpin 1985: 61-62. Sur le culte du dieu Assur dans la ville d'Assur, voir Lambert 1983; Oates 1968: 28-29; Menzel 1981: I 37-43; en général, Van Driel 1969. Pour Tišpak à Ešnunna, voir Wiggermann 1989; pour Dagan à Terqa, cf. ci-dessus note 294.

[130] Oates 1968: 21-31.

[131] Pour cette présentation, devenue classique, de la géographie du noyau du "pays d'Assur", voir Oates 1968: 19-21 et 31-33, et surtout 53-58; aussi Larsen 1976: 27.

[132] Oates 1968: 31-35.

[133] Oates 1968: 35-37, et ci-dessus note 217; cf., par exemple, les itinéraires dans la Djéziré au Bronze Ancien dans Lebeau 1990.

[134] Voir, par exemple, parmi les plus importantes d'un point de vue historique général, Garelli 1963; Larsen 1967 et 1976; Veenhof 1972.

[135] C'était l'opinion exprimée dans Larsen 1976: 85, mais cf. Pecírková 1982: 202-203; Veenhof 1977: 115-116.

même type d'entreprises, ainsi que dans l'achat des droits d'exploitation privée d'une partie de la zone agricole[136].

La propriété de la terre était probablement, à l'origine, l'apanage exclusif de l'état et de la communauté entière, représentés par la divinité poliade, le dieu Assur. Le "roi" local, qui porte le titre très explicite de "vicaire du dieu Assur", *išši'akku*,[137] en était l'administrateur et le seul responsable, participant aussi, mais d'une façon limitée, au commerce international. Il fait partie, avec un rôle important mais sans pouvoirs absolus, de l'assemblée (*puḫru*) formée par les membres des grandes familles, et qui constitue le gouvernement de la ville et de l'état d'Assur, gérant aussi les relations officielles de la métropole avec les colonies en Mésopotamie du nord et en Anatolie[138]. L'autorité et la légitimité royales semblent fondées sur une idéologie religieuse spécifique, le "roi" étant d'une part le lieutenant de la divinité poliade et le responsable des activités cultuelles de son temple et, de l'autre, le descendant d'une lignée noble[139]. La délégation de l'autorité du dieu à son représentant confère aux pouvoirs du souverain paléo-assyrien une portée théoriquement infinie, dans la mesure où il opère pour l'avantage et le bien-être d'Assur – le dieu, son temple et sa ville – comme le montrent les inscriptions célébrant les programmes royaux de constructions dans l'architecture urbaine, ainsi que l'élargissement des circuits commerciaux[140]. Dans la pratique, l'autorité du "roi" est limitée par les pouvoirs de l'assemblée et des représentants des entreprises industrielles et commerciales de la ville. L'importance des commerces, qui provoquent progressivement l'accumulation de richesses et de terres dans les mains d'un groupe restreint de familles, paraît avoir un poids déterminant dans le développement de la structure politique d'Assur[141].

L'équilibre politique et économique de l'état paléo-assyrien est perturbé par l'intervention des dynasties amorrites au moment de leur expansion en Mésopotamie du nord. Leur conception politique différente de la monarchie, l'imposition d'une nouvelle idéologie et d'une stratégie économique nouvelles, qui ne partagent plus les intérêts des familles d'entrepreneurs d'Assur, provoque le déclin et la fin du système commercial paléo-assyrien[142]. La présence amorrite à Assur, qui a duré environ un siècle, constitue un passage important dans l'histoire du développement des conceptions politiques et impériales de l'Assyrie. Grâce aux rois de la dynastie de Samsi-Addu, la ville entre en contact, à cette époque, avec la civilisation babylonienne et ešnunnéenne, accédant à une vision politique plus large de la royauté, de sa position et de son rôle dans le contexte international de la Mésopotamie du nord, au delà d'une conception uniquement commerciale. Le souvenir de la grandeur amorrite marque profondément l'idéologie royale et politique assyrienne postérieure, jusqu'à provoquer la consécration de la dynastie de Samsi-Addu, dans les listes royales, comme l'ancêtre de toute la séquence des souverains légitimes qui ont occupé le trône d'Assur[143].

Toutefois, l'inscription de Puzur-Sin, un souverain d'Assur qui n'est pas cité dans les listes royales canoniques, montre que la fin de la domination amorrite à Assur a été considérée comme l'expulsion d'une présence et d'une domination "étrangères" par un représentant de la souche locale[144]. Le caractère archaïsant du texte dans sa forme et sa graphie, qui se réfèrent explicitement aux modèles paléo-assyriens, montre la volonté de reconstituer l'ordre traditionnel du système politique urbain. Ce projet a sans doute été élaboré dans le milieu des grandes familles des entrepreneurs d'Assur, les plus lésés par la domination amorrite, mais sa réalisation ne se concrétisera pas dans la restauration du réseau commercial qui avait fourni à cette catégorie sociale la possibilité de prospérer et de s'enrichir. Les conditions politiques internationales se sont profondément modifiées en Anatolie comme en Mésopotamie, ne laissant plus aucun espace pour l'établissement d'un circuit d'échanges et de commerce à longue distance.

A partir de la maigre documentation qui nous est parvenue pour couvrir les presque quatre siècles séparant la fin de la dynastie amorrite des débuts de l'empire, on a l'impression que le développement de la société assyrienne s'est fait sous le signe d'une certaine continuité, comme le prouvent les listes royales et les fragments d'inscriptions de quelques souverains. Après la cassure constituée par la fin de la dynastie de Samsi-Addu, la royauté locale semble en effet se maintenir avec une succession assez régulière de souverains, contemporains des rois kassites de Babylone et des rois mitanniens en Mésopotamie du nord[145]. Dans l'onomastique royale officielle, les noms de Samsi-Addu et de son fils Išme-Dagan sont à nouveau utilisés

---

[136] Diakonoff 1968: 209-210 et 219-221, en comparaison avec l'époque médio-assyrienne; Liverani 1988: 363.

[137] Borger 1964: 3-4; Seux 1967: 110-115 et 1981: 141-142. En général, cf. Labat 1936.

[138] Larsen 1976: 160-223; Pecírková 1982: 203-204; Liverani 1988: 355-358.

[139] Grayson 1971; Larsen 1974 et 1976: 109-159; Garelli 1979; Pecírková 1988: 243-246.

[140] Grayson 1972: 8-18; 1987: 12-44. Cf. Larsen 1976: 146-158.

[141] Liverani 1988: 357-358.

[142] Pecírková 1982: 204 et 1988: 245-246; Larsen 1976: 34-43; Kupper 1985.

[143] Grayson 1980: 192. Voir, en dernier lieu, Yamada 1994.

[144] Grayson 1972: 29-30; 1987: 77-78; Veenhof 1985: 212-214; Yamada 1994: 22-27.

[145] Yamada 1994: 24-29.

quelque temps après Puzur-Sin, indiquant sans doute une certaine évolution des conceptions politiques de la ville et le retour vers les valeurs d'une idéologie royale de type amorrite.

Les sources ne nous permettent pas de définir, même de façon minimale, la structure de la société assyrienne à l'époque de la transition du Bronze Moyen au Bronze Récent. On peut seulement supposer un certain redéploiement des activités et des richesses de la bourgeoisie urbaine d'Assur et de la royauté dans la production agricole. Dans ces conditions, Assur aurait pu dégager le surplus nécessaire à la poursuite des programmes royaux de construction monumentale dans la ville et dans les temples, constamment attestés dans les inscriptions postérieures, ainsi qu'à la reprise de relations politiques et d'activités commerciales vers l'Égypte et Babylone[146].

Les conditions et les modalités selon lesquelles l'Assyrie, qui est territorialement limitée à cette époque à la région environnant la ville d'Assur, a perdu son indépendance politique et est entrée dans le giron de l'empire mitannien, restent encore inconnues dans l'état actuel de la documentation. Cette intégration apparaît, de toute façon, comme un phénomène inévitable dans le contexte de l'élargissement général du contrôle des rois mitanniens aux régions entourant l'Assyrie, déjà fortement marquées par la présence hourrite[147]. La liste royale assyrienne ne montre pas pour cette période de rupture dans la continuité dynastique, tout en faisant état d'une situation troublée. Toutefois la confrontation assyro-mitannienne a certainement comporté une phase militaire, qui s'est terminée par un raid sur la ville d'Assur: le butin pris dans le temple d'Assur – ses portes en or et en argent – est transporté à Waššukkanni, la capitale de l'empire, peut-être pendant le règne de Saustatar, et l'état assyrien est obligé de payer un tribut régulier[148].

S'il est possible d'établir un parallèle entre la domination mitannienne à Terqa et à Assur, alors les textes trouvés à Ashara en 1989, parmi lesquels se trouvent des tablettes de type notarial de la même époque, peuvent peut-être fournir quelques éléments pour comprendre le système de gouvernement mitannien au niveau local. En effet, comme une analyse préliminaire le montre, ces textes enregistrent officiellement une série de donations de terre, ou de confirmations de donations plus anciennes, faites à des particuliers par l'autorité conjointe du souverain mitannien et du roi local[149]. Cette réorganisation des propriétés de la communauté locale pourrait avoir comme but de fournir au roi une nouvelle base sociale dans la ville et dans la région. La classe de propriétaires qui se forme dans ce processus de redistribution a tout intérêt à soutenir la politique d'alliance et de soumission du roi de Terqa, leur bienfaiteur, au souverain mitannien, qui reçoit par l'intermédiaire de la cour locale les tributs, les taxes et les corvées qui lui sont dus.

L'existence d'un système semblable de contrôle économique et politique de la société à Assur, pendant la période où la ville faisait partie de la fédération mitannienne, a été déjà supposée par un historien, C. Saporetti, dans le cadre d'une recherche visant à expliquer les mécanismes de formation et de fondation de l'état assyrien à l'époque d'Assur-uballit Ier (1363-1328), dans la perspective de la libération nationale de la domination mitannienne[150]. Le programme politique de ce roi est couronné de succès. Arrêtant de verser le tribut au Mitanni sans provoquer de réaction militaire punitive, Assur-uballit Ier rompt les liens du vassalité et transforme la ville-état d'Assur en un état territorial[151]. Tandis que, dans ses inscriptions royales, il garde la titulature des rois d'Assyrie, sous sa forme traditionnelle depuis l'époque paléo-assyrienne et amorrite, dans la correspondance diplomatique il peut alors se présenter comme l'égal du Pharaon ou du Grand Roi hittite, et utiliser, pour la première fois dans l'histoire assyrienne, le titre de "*LUGAL* (*šarru*)", "roi", roi d'Assyrie, et roi de la totalité (des pays)[152].

Partant de l'analyse d'une série de documents juridiques[153], à travers lesquels Assur-uballit Ier dénonce et révoque des donations faites à des particuliers par ses prédécesseurs, attribuant les terres en question à un groupe de nouveaux propriétaires, Saporetti reconnaît dans cette procédure une stratégie politique précise. Elle vise à éloigner et à ruiner une catégorie de personnes et de fonctionnaires qui avaient reçu des biens de la part des rois précédents, soupçonnés probablement de connivence avec l'occupant mitannien. D'autre part, cette stratégie permet aussi de construire autour du souverain une organisation sociale nouvelle, formée d'hommes et de familles soumis d'autant plus à son autorité qu'ils en dépendent pour

---

146 Liverani 1988: 577; Yamada 1994: 28-29.

147 Kühne (C.) 1982; Liverani 1988: 488; Wilhelm 1989: 24-29.

148 Wilhelm 1987: 27; Harrak 1987: 42-43.

149 Rouault 1992: 254; Rouault - Masetti-Rouault 1993: 338 et 460, n°301.

150 Saporetti 1979b.

151 Harrak 1987: 42-43.

152 Brinkman 1970: 304; Harrak 1987: 9-10 et 39-40; Postgate 1992: 247. Cf. aussi la légende du sceau royal d'Assur-uballit Ier, Grayson 1987: 114-115.

153 Il s'agit de textes concernant "la partie appartenant au Palais", *zitti ekalli*, cf. Saporetti 1979b: 153 et 159-168. Voir aussi Garelli 1967: 9-14; Diakonoff 1969: 207-217; Postgate 1971: 508-517 et 1982: 311; Pecírková 1978.

conserver les donations reçues. Ce sont ces propriétaires qui vont composer la classe sociale qui soutiendra l'initiative du roi et sa démarche générale de libération du contrôle mitannien, comprenant les avantages économiques et politiques qu'ils peuvent attendre du renforcement du pouvoir royal local.

Saporetti fait aussi une remarque importante en ce qui concerne le moment et les conditions historiques dans lesquels cette procédure est attestée de la façon la plus fréquente. Il s'agit bien du début du règne d'Assur-uballit Ier: par la suite, ce type de documents devient plus rare[154]. À ce moment précis, la redistribution des terres et des propriétés immobilières réalisée par Assur-uballit Ier apparaît en effet comme une sorte de nouvelle fondation de l'état, marquant une coupure définitive – soulignée aussi par le changement du système de mesures de capacité – entre l'ancien régime et le nouveau[155]. Un fois que la nouvelle structure est en place, le roi semble par la suite s'abstenir volontairement de remettre en discussion tous les titres de propriété et éviter d'utiliser systématiquement son droit de récupération des donations attribuées, sans doute parce que, à la longue, ce principe juridique remettrait en question la stabilité du système. À partir du moment où la donation royale est prononcée, la terre entre dans le patrimoine des particuliers et des familles, et elle peut être vendue ou achetée dans des transactions normales du marché[156]. Par ailleurs, les obligations que l'accès initial à la propriété comporte – travail, service militaire et taxes à fournir à l'état en échange de la terre – restent à la charge du premier bénéficiaire de l'opération, mais elles pourront être matériellement exécutées par des remplaçants, rendant ainsi le propriétaire libre de se dédier à des activités plus importantes et rémunératrices[157].

Selon Saporetti, la procédure de redistribution des terres de la part du roi – à partir de l'annulation des donations précédentes – avant d'être une technique administrative ou fiscale, est une opération politique. Il s'agit d'un processus qu'on pourrait, au fond, définir comme révolutionnaire, parce qu'il détermine la création et l'installation au pouvoir d'une nouvelle classe sociale qui, en association avec le roi, modifie profondément la structure et la définition politique et géographique de l'état médio-assyrien. Hérité directement en Assyrie de la précédente administration hourrito-mitannienne[158], ce système a des précédents historiques célèbres dans les pratiques et les institutions mésopotamiennes classiques[159]. Il trouve aussi des parallèles dans celles, contemporaines, des palais de l'Âge du Bronze Récent dans tout le Proche-Orient[160].

C'est dans cette double perspective, d'une part de la récupération de l'héritage mitannien, de l'autre de la distribution des terres à la classe dirigeante, qu'il est peut-être possible de comprendre les grandes lignes de développement de l'empire médio-assyrien. Après le règne d'Assur-uballit Ier, ses successeurs immédiats Enlil-nirâri (1327-1316), Arik-den-ili (1317-1306), mais surtout Adad-nirâri Ier (1305-1274), Salmanazar Ier (1273-1244) et Tukulti-Ninurta Ier (1234-1207) occupent et intègrent non seulement les pays qui entourent de plus près la ville d'Assur, comme la riche région hourrite de Ninive, comprise entre le Zab supérieur et le Tigre, mais se lancent aussi à la conquête de tout le territoire qui correspond en fait à l'empire mitannien, dans les limites imposées par la pression hittite à l'ouest et kassite au sud[161]. La réalisation militaire de la politique assyrienne de conquête et d'occupation, se concentrant essentiellement en direction occidentale et nord-occidentale, est devenue possible au moment de la grave crise interne générée au Mitanni par les conflits avec les Hittites, qui se transforment en guerres civiles. Ce contexte politique donne l'occasion aux rois d'Assyrie de commencer à intervenir militairement en Mésopotamie du nord, où ils vont construire leur empire, contrôlant et colonisant ces régions jusqu'au 12e siècle.

---

[154] Saporetti 1979b: 155.

[155] Saporetti 1979b: 151-152; *contra*, Postgate 1982: 311.

[156] Saporetti 1979b: 156.

[157] Pour la problématique historique liée à l'interprétation du système de l'*ilku*, voir Diakonoff 1969: 220-234; Garelli 1967: 14; Postgate 1971: 496-502 et 1982; Aynard - Durand 1980: 8-14; Pecírková 1982: 207-208.

[158] Postgate 1982: 312; Saporetti 1979b: 154-155.

[159] Sur la pratique des rois amorrites du Bronze Moyen de distribuer des terres aux tribus semi-nomades, afin d'obtenir leur appui et leur participation aux campagnes militaires, voir Matthews 1987: 64-65. Pour l'intervention royale dans la gestion de l'économie du pays, du type *andurarû*, rémission des dettes, à l'époque babylonienne ancienne, voir par exemple Liverani 1988: 413-415; Kraus 1958; Charpin 1987a; Rouault 1992: 254-255. Dans la tradition sumérienne, voir, par exemple, Liverani 1988: 197-200; pour la tradition relative aux "réformes" d'Urukagina, cf. Hruška 1974.

[160] Liverani 1974 et 1975.

[161] Cassin 1968: 21-38; Garelli 1969: 202-209; Munn-Rankin 1975; Liverani 1988: 577-588. Voir aussi Brinkman 1970; Harrak 1987; Postgate 1992.

2.2.2. L'empire médio-assyrien: idéologie, économie et culture

La formation de l'empire médio-assyrien, son affirmation et son expansion rapides – ainsi que, d'ailleurs, son déclin aussi rapide – ont attiré l'attention sinon l'admiration, de différentes écoles d'historiens et d'archéologues, qui ont ouvert un débat, encore en cours, sur la recherche des causes et des raisons de la grandeur assyrienne[162]. Dans le cas spécifique de cette époque, la relative abondance des données archéologiques et textuelles, le témoignage direct d'une historiographie raffinée[163] – comprenant inscriptions, listes royales[164] et listes des fonctionnaires éponymes[165] – accompagnée par une production littéraire de haut niveau[166], ne permettent plus d'évoquer la pauvreté de la documentation pour expliquer l'absence d'un modèle historique satisfaisant pour rendre compte des caractères principaux de la culture et de la société médio-assyriennes. Les opinions et les jugements présentés par les historiens dans cette discussion divergent largement, et on a l'impression qu'une même masse documentaire peut donner naissance aux interprétations les plus contradictoires, selon la perspective idéologique de départ du chercheur luimême.

Cet état des choses est partiellement reproché aux Assyriens eux-mêmes, qui ont utilisé dans leurs documents juridiques un langage qui, tout en étant très technique, est pour nous ambigu ou trop allusif[167]. De la même façon, la référence continuelle à la sphère de l'idéologie religieuse pour définir les différents aspects de la royauté, de l'économie, de la politique de l'état, est parfois ressentie par les historiens comme un facteur de confusion, nous empêchant de reconnaître dans le développement du discours des inscriptions royales ou d'autres textes officiels les données historiques "vraies", nécessaires à la reconstitution de la séquence des événements de la période[168]. La culture assyrienne, ainsi que la structure de la société qui lui correspond, et qui, justement en raison de leur caractère "impérial", semblent au fond si compréhensibles dans notre mentalité, montrent à travers une analyse approfondie une composition très complexe, où s'articulent conceptions, usages, traditions, techniques et idéologies d'origine et d'ancienneté diverses, réunis dans une mentalité par ailleurs cohérente et logique.

Le cas des études concernant le système assyrien de distribution de terres, qui repose sur la conception même de la propriété privée et des institutions qui la garantissent, est dans ce sens exemplaire. Les modèles qui ont été élaborés pour définir les procédures et les conditions amenant à l'accès ou à la perte de la propriété, ainsi que les obligations qu'elle comporte, ont une valeur qui va au delà de la simple histoire de l'économie. Comme nous l'avons déjà remarqué, ils entrent directement dans la problématique politique de la formation de l'empire, dans la mesure où ces modèles interprètent aussi les liens existant entre le roi et la classe dirigeante. L'hypothèse même, émise par Saporetti[169], est fondée sur une interprétation historique reliant chronologiquement et logiquement, et par un lien de causalité, deux aspects bien connus de l'économie médio-assyrienne, la distribution des terres de la part du roi et la formation d'une classe de propriétaires, qui fournit les cadres dirigeants de l'empire.

Les historiens sont pratiquement d'accord pour affirmer que le "miracle" économique et militaire réalisé par la société assyrienne dans la deuxième moitié du Bronze Récent est le fruit d'une collaboration stricte entre le royauté et la cour, constituée de cette noblesse de fonction qui encadre toutes les activités de production et de service de l'état[170]. Toutefois, la question des relations entre royauté et aristocratie, du rôle du roi et de la nature de l'autorité lui permettant d'arbitrer le processus de distribution des terres, tant dans le contexte de la société de la métropole que, par la suite, dans les nouveaux territoires acquis par la conquête militaire, est bien loin d'être résolue. Il s'agit pourtant d'une question primordiale: puisque la production agricole constitue la base économique la plus importante de la société assyrienne, dont dépend directement son niveau de vie, la compréhension du rôle du roi dans les transformations et la transmission des propriétés terriennes est fondamentale pour l'interprétation de la dynamique historique de l'empire. En outre, si l'expansion territoriale est liée à un projet d'élargissement de la zone agricole assyrienne – et pas seulement à un engagement religieux et moral du roi comme l'affirme la propagande officielle – l'occupation assyrienne de la Mésopotamie du nord devient aussi l'enjeu et le résultat des rapports de forces établis entre le roi et les entrepreneurs qui forment sa cour.

---

162 Pecírková 1982: 205-207.

163 Tadmor 1958, 1977 et 1981: 13-20; Grayson 1980b: 151-159; 1981: 35-38.

164 Borger 1964: 26-134; Grayson 1972: 37-153; 1987: 109-327.

165 Saporetti 1979a; Freydank - Saporetti 1979.

166 Voir par exemple, Weidner 1953; Munn-Rankin 1975: 295-298; Liverani 1988: 588-596.

167 Pecírková 1978: 187.

168 Voir, en général, les remarques de Liverani 1973 et 1979 sur les problèmes d'interprétation de l'idéologie politique assyrienne manifestée dans les textes des inscriptions royales.

169 Saporetti 1979b.

170 En dernier, voir Liverani 1988: 597.

En général, on peut dire qu'il y a actuellement, dans le champ assyriologique, deux discours principaux qui expliquent la structure politique et économique de l'empire médio-assyrien. La création du premier modèle, qui est aujourd'hui généralement considéré comme daté et plutôt obsolète, remonte à la publication en 1949 d'un article de I.M. Diakonoff analysant la législation et les contrats d'époque médio-assyrienne[171]. Une deuxième tendance peut être observée surtout dans les études réalisées par P. Garelli et N. Postgate, mais aussi dans les travaux de M.T. Larsen sur les matériaux paléo-assyriens, et dans les réflexions de C. Saporetti, auxquelles on a déjà fait référence, ainsi que de P. Machinist[172]. Il n'est pas question ici de mesurer la valeur historique absolue de ces modèles, en les comparant à la réalité de la documentation écrite; on les discutera uniquement dans la mesure où ils peuvent fournir des explications quant à la tendance impérialiste de l'état assyrien à cette époque, et nous aider à comprendre les raisons de l'attitude de la culture et de l'idéologie officielle assyriennes dans le processus d'occupation et d'exploitation des territoires de la Djéziré et du Moyen-Euphrate.

Diakonoff, dans ses recherches sur les conditions agraires en Assyrie, arrive à la conclusion que la propriété privée n'y a jamais existé: les terres appartiennent de droit à la ville et au dieu d'Assur, et sont partagées et exploitées par diverses "familles" réunies en communautés locales. Dans cette société, le pouvoir de la royauté est extrêmement limité, la communauté locale couvrant en réalité tout l'espace politique. L'autorité du roi dépend uniquement de sa fonction religieuse en tant que représentant officiel de la divinité poliade et de la société qui s'identifie avec elle. Dans cette perspective, son intervention dans la redistribution des terres et dans l'attribution de la propriété est un phénomène secondaire, correspondant plus à une nécessité juridique qu'à une réalité politique: le dieu – et la communauté qu'il représente – est encore considéré comme le seul maître légitime du pays[173]. Pour cette raison les particuliers et les familles qui possèdent les terres en réalité ne disposent que du droit permanent et exclusif de les exploiter par leur travail et leurs capitaux. En échange, ils versent au roi et à la communauté une contribution en termes de services, en particulier de service militaire; une partie des terres est donnée par le roi à ses fonctionnaires en payement pour leur travail.

La formation d'une stratification sociale à l'intérieur de la ville-état et la concentration de grandes zones agricoles sous le contrôle d'un petit groupe d'entrepreneurs-banquiers, qui investissent leurs capitaux dans l'agriculture, provoquent la désagrégation progressive du système des communautés agricoles. Diakonoff ne discute pas l'aspect impérial de l'état médio-assyrien, se limitant à remarquer que le but principal des campagnes des rois d'Assyrie était l'ouverture d'un réseau de commerces internationaux et l'importation d'esclaves, qui marquent la transformation et la fin de la société communale. Toutefois, on peut sans doute conclure que le passage à la phase impériale de l'état est déterminé par un changement de rôle du roi: il n'est plus le représentant de la communauté et du dieu, mais il agit en fonction des intérêts des groupes d'investisseurs, qui souhaitent revenir aux activités commerciales de l'époque paléo-assyrienne, élargir et mieux exploiter le potentiel agricole.

Les recherches plus récentes réalisées par P. Garelli et N. Postgate, auxquelles ont beaucoup contribué les résultats obtenus par les analyses faites par M.T. Larsen sur les matériaux paléo-assyriens, ont conduit à l'élaboration d'un modèle général différent de la structure sociale et économique de l'empire médio-assyrien, qui, tout en acceptant certains aspects de la théorie de Diakonoff, souligne en particulier le rôle fondamental tenu par le roi et par la conception de l'état dans le développement historique de cette société. Depuis le Bronze Moyen, la royauté assyrienne, seule source de pouvoir politique en tant que matérialisation du dieu poliade, représente et concentre symboliquement toute la société et la communauté locale[174]. Ses intérêts ne se confondent pas et ne sont pas fonction de ceux de l'oligarchie familiale et tribale, et on peut supposer que cet aspect a été renforcé en Assyrie par les contacts avec les monarchies amorrites. Le pouvoir du roi assyrien est donc un pouvoir réel, celui, légitime et institutionnel, de l'état, fondé sur le principe d'une propriété théorique des terres, toujours liée à l'idée de la maîtrise originelle du pays par le dieu Assur. Au moment de la conquête de la Mésopotamie du nord, la propriété divine et royale du sol devient une réalité internationale et universelle, sans que cette évolution ne nécessite une révision de l'idéologie originelle.

Les analyses réalisées sur des textes économiques et juridiques s'accordent à reconnaître le rôle fondamental de l'état, à travers la fonction royale, dans la distribution des terres[175]. L'état reste en effet le seul vrai propriétaire de la terre, et ce qui est donné, attribué, vendu aux particuliers est uniquement un droit à

---

[171] Diakonoff 1969; voir Pecírková: 1978, mais aussi la réévaluation dans Postgate 1982.

[172] Garelli 1967; Postgate 1971, 1982 et 1984; Larsen 1976; Saporetti 1979b; Machinist 1982.

[173] Diakonoff 1975: 128-139.

[174] Cf. ci-dessus, notes 353-355.

[175] Garelli 1967: 9-13; Postgate 1971: 508-512 et 1982: 304-307; cf. Pecírková 1978: 190-193.

l'exploitation. En échange, l'état n'obtient pas des capitaux qui seraient à réinvestir, mais plutôt des services: il s'agit essentiellement du service militaire dans les expéditions royales, mais aussi des corvées à l'occasion des activités royales de construction, ou même de l'encadrement des activités relevant de l'administration de l'état et du commandement militaire[176].

Si, à l'origine, il y avait un rapport immédiat et direct entre accès à la propriété et service à rendre à l'état, par la suite les deux réalités se séparent, la terre étant librement achetée ou vendue, le service restant lié au bénéficiaire de la donation royale initiale[177]. Ainsi d'une part va se former une catégorie sociale composée par des personnes qui n'ont plus de terre, vendue ou perdue en remboursement d'une dette, mais qui ont encore à remplir les obligations envers l'état qui étaient liées à ces propriétés. De l'autre, c'est désormais un groupe de familles qui contrôlera des zones agricoles quelquefois très étendues, et qui possèdera assez de capitaux pour les exploiter et aussi agir en banquier. Utilisant des remplaçants qui exécutent leur quota de corvées, les membres de ces familles se rendent disponibles pour le service de l'état au plus haut niveau, constituant la cour et l'administration royales. L'inaliénabilité théorique du service à rendre à l'état en échange des grandes donations de terres initialement reçues, et l'accumulation des fonctions importantes et décisives dans la direction de l'état, accaparées par un groupe restreint, provoquent la transformation de cette catégorie sociale en aristocratie: les charges administratives importantes et de prestige ont tendance à passer de père en fils, ou de toute façon à rester en famille, comme le montrent les recherches prosopographiques[178].

L'interprétation historique moderne est partagée quant à la signification politique à donner à ces phénomènes, qui présentent une certaine ressemblance avec ceux qui, dans l'Europe du Moyen Âge, ont donné naissance au système féodal[179]. Les caractères spécifiques de cette catégorie sociale deviennent plus clairs et visibles au moment de l'expansion territoriale de l'empire: la documentation montre les hauts fonctionnaires issus des grandes familles d'Assur se lançant dans l'administration des nouvelles provinces d'une façon qui peut sembler relativement autonome par rapport à l'état, en y investissant leur propres capitaux, mais tout en y réalisant le projet politique dicté par la volonté royale[180]. Le fait que, dans quelques cas, des ministres assyriens aient pu assumer officiellement une titulature royale en référence à leur charge dans une province de l'empire[181] a pu laisser penser – et pas seulement aux historiens modernes[182] – que la monarchie médio-assyrienne de la fin du 13e siècle devait avoir été bien affaiblie par la pression politique et les activités économiques parallèles de la cour. C'est la dérive de ce système qui aurait provoqué à la longue l'éclatement de l'empire et de l'état assyrien. Toutefois, les derniers développements du débat entourant ces modèles tendent à minimiser les éventuels aspects subversifs du travail de cette catégorie de hauts fonctionnaires-entrepreneurs dans le cadre des provinces de l'empire. Tout en admettant que les modalités de l'administration assyrienne des provinces conquises permettent et même favorisent une certaine confusion et une identification entre les intérêts de l'état et ceux des ces grands entrepreneurs[183], on préfère souligner le rôle évident de contrôle qu'avait le roi sur tout le système, et son pouvoir effectif dans l'administration tant des provinces que de la métropole[184].

Cette ambiguïté dans les relations entre le roi et sa cour, pourtant claires d'un point de vue institutionnel et idéologique, apparaît aussi dans les rapports entre le roi et les temples, en particulier le temple d'Assur. Cet aspect de la question a été en général beaucoup moins analysé, parce que la documentation, pour l'époque médio-assyrienne, relative à l'économie des institutions religieuses assyriennes est au fond très limitée, si on exclut les informations contenues dans les inscriptions royales. Pourtant le thème des relations entre le roi et le temple est central dans l'idéologie de l'empire, parce qu'il fournit l'explication de l'activité militaire du roi et des programmes de conquête dans les pays qui entourent l'Assyrie.

Le discours qui est développé par la chancellerie de la cour médio-assyrienne à travers les textes historiographiques pour définir les relations entre le roi et le temple – c'est à dire la maison du dieu, l'habitation de la statue du culte et du personnel destiné à son service – est apparemment simple, et cohérent avec une tradition locale qui date du Bronze Ancien. Il se fonde sur le principe exprimé par le titre officiel du roi à l'intérieur de son pays: il est l'*iššiʾakku* d'Assur, le vicaire du dieu, qui, lui, reste le seul vrai roi du

---

176 Postgate 1971: 496-502.

177 Postgate 1983: 305.

178 Saporetti 1974; 1979a: 21-25; Postgate 1988: vii-xiii.

179 Garelli 1967; pour une comparaison avec l'histoire de l'état hittite, cf. Archi 1977; Zaccagnini 1990.

180 Machinist 1982: 27-29; Pecírková 1982: 207; voir aussi Röllig 1984: 193.

181 Borger 1964: 21 et 99; Saporetti 1974: 2-3; Machinist 1982: 16-18; Caucik-Kirschbaum 1996a: 9-45.

182 Pour une lettre injurieuse du roi babylonien Adad-šum-uṣur aux deux "rois d'Assyrie" Assur-nerari (III) et Ili-ḫadda/ipadda, cf. Grayson 1972: 137-138.

183 Postgate 1986: 26-28.

184 Garelli 1967: 19-21; Freydank 1976; Postgate 1984.

pays[185]. On a déjà vu l'application de ce principe dans la structure économique de la société assyrienne, où il détermine en même temps le droit exclusif de l'état à la propriété de la terre, et le droit du roi à la distribuer. Sur un plan religieux, il dénote les fonctions du roi dans l'administration des biens de la communauté, dont la finalité est de procurer au dieu et à son temple tout ce qui est nécessaire à leur entretien et à leur prestige[186]: les inscriptions royales exaltent ainsi les activités du roi en tant que bâtisseur de temples[187], ou donateur d'objets précieux et d'offrandes aux dieux.

C'est d'ailleurs cette fonction de la royauté assyrienne qui permet d'utiliser la métaphore du sacrifice pour donner un fondement théologique au système de perception des impôts de la part de l'état: tout le pays d'Assur, chaque province à son tour, doit fournir au temple sa contribution en céréales et en bétail, sous le contrôle et la direction du roi[188]. Ainsi la citoyenneté assyrienne est-elle marquée par cet aspect de participation au culte et à l'entretien de la divinité poliade. La politique d'expansion de l'état et d'occupation d'autres pays, gérée avec énergie par le roi aux ordres directs de son dieu – connotée dans la titulature royale par la qualité de *šarru*, "roi"[189] – correspond à l'idée d'augmenter les contributions, organisant le monde selon un système centripète qui fait affluer à Assur tout ce qui il y a de bon dans un pays.

A ce schéma idéologique global, en soi complet et plutôt logique, s'ajoute dans les inscriptions royales, en pleine époque impériale, une nouvelle articulation qui dérive d'une interprétation différente du terme *iššiʾakku* et de la qualité de la représentation du dieu que le roi s'attribue. Le roi est défini aussi comme prêtre *šangû* d'Assur, et la royauté comme une fonction explicitement sacerdotale et rituelle à l'intérieur de la structure du temple et en relation personnelle avec les dieux[190]. Son rôle ne se limite plus à procurer les victimes du sacrifice, mais il devient aussi le sacrificateur. En réalité, ce nouveau discours sur la royauté ne se développe vraiment ni dans les inscriptions royales, ni dans l'iconographie officielle, au delà de l'affirmation simple du principe. Certes, le roi est souvent représenté en train de prier ses dieux[191], mais ceci ne fait pas vraiment de lui un technicien de la communication avec le divin. Si les textes des rituels montrent qu'il conserve un rôle important dans le culte[192], ils indiquent aussi qu'il est constamment accompagné et assisté dans les cérémonies par de "vrais" prêtres, des spécialistes du divin qui appartiennent au personnel du temple.

Il est probable que cette innovation dans l'idéologie royale officielle ait été apportée par la chancellerie du roi pour répondre à une nécessité politique précise dans le but de renforcer l'autonomie de la royauté dans le contexte de la société assyrienne en général et de la cour en particulier. Puisque le pouvoir royal dépend directement de l'investiture divine et seulement en second lieu de sa descendance d'une dynastie légitime[193], il était primordial pour le roi de garder un contrôle direct sur les spécialistes des contacts avec les divinités à travers le culte ou par les différentes techniques divinatoires. Seule à disposer de la culture théologique et scientifique, véhiculée par une tradition cunéiforme extrêmement vaste, nécessaire pour interpréter les signes et les messages divins, cette classe de technocrates se trouvait potentiellement en mesure de mettre en discussion le rôle du roi et ses choix politiques qui dépendent de sa communication directe, personnelle et sans médiation avec Assur[194]. La solidarité et la fidélité de ces intellectuels – qui constituent aussi le personnel des chancelleries royales chargées de rédiger la correspondance diplomatique, les traités, les édits, mais aussi toute la production historiographique commémorative – était essentielle et nécessaire à la survie de la monarchie et du roi. Le roi médio-assyrien devient ainsi le chef de la hiérarchie religieuse à l'intérieur du temple, comme il en est déjà l'administrateur et le responsable général.

Bien que l'importance du rôle des prêtres dans la vie politique assyrienne soit évidente dans la documentation textuelle surtout à l'époque néo-assyrienne, on peut déduire, à partir des principes mêmes de l'idéologie royale, qu'une situation semblable existait déjà au Bronze Récent. Ainsi, le transfert de la

---

[185] Cf. ci dessus note 137; voir aussi le rituel médio-assyrien du couronnement, Müller 1937.

[186] Labat 1936: 131-141 et 178-218; Seux 1967: 21; Garelli 1975.

[187] Lackenbacher 1982: 64-73.

[188] Postgate 1992. Cette idéologie du tribut a pour fondement la doctrine mésopotamienne traditionnelle qui explique la création de l'homme de par les dieux afin qu'il les remplace dans leur travail, et les entretienne grâce aux offrandes alimentaires et aux sacrifices; cf. le poème du "Supersage" Atraḫasis, Bottéro - Kramer 1989: 526-544.

[189] À partir d'Assur-uballit Ier, cf. Seux 1967: 308-309; 1980: 142-143; Brinkman 1970: 304-305.

[190] Seux 1965 et 1967: 110 et 287-288; 1981: 169-170; Van Driel 1969: 170-179.

[191] Pour des "prières" littéraires attribuées aux rois médio-assyriens, voir Seux 1976: 493-501; pour l'iconographie, voir Parrot 1961: 5, ill. 8.

[192] Van Driel 1969: 170-174; Menzel 1981: I 39-43 et 157-159; Menzel 1981: II 1-6.

[193] Garelli 1973; Lambert 1974b; Seux 1980: 143-147.

[194] Seux 1981: 155, et voir aussi, en général, sur le problème des relations entre royauté et intellectuels au premier millénaire, Tadmor 1982a et c, et 1986.

capitale de l'empire de la ville d'Assur au centre nouvellement fondé de Kâr-Tukulti-Ninurta aurait-il pu être décidé par le roi justement dans le cadre d'un conflit avec le clergé d'Assur qui aboutit en fin de compte à l'assassinat de Tukulti-Ninurta Ier à la suite d'un complot et à la crise générale de l'empire médio-assyrien[195].

Toute la politique royale, sur le plan des relations intérieures, apparaît ainsi déterminée par l'impérieuse obligation de garder la maîtrise directe des structures sociales de l'état, de la cour, de l'administration et des temples[196]. Le contrôle royal sur les activités et les créations intellectuelles et artistiques de la période médio-assyrienne a comme conséquence le développement d'une cohérence stylistique et conceptuelle particulière dans la production de cette époque, profondément marquée, dans ses formes comme dans ses contenus, par l'idéologie de la royauté. Une grande partie de la production littéraire et iconographique de l'époque médio-assyrienne est en effet caractérisée par une finalité commune, celle d'exprimer, illustrer, divulguer et célébrer l'image du roi, dans ses rapports privilégiés avec les dieux et dans ses aspects héroïques de combattant sans pareil, toujours victorieux dans la mesure où il manifeste sur terre la primauté de la justice divine sur la perfidie humaine. Au delà de la composition des premières éditions des annales[197] qui recueillent par ordre chronologique les récits des campagnes militaires des souverains dans le monde entier, d'autres textes épiques et littéraires se chargent de développer les thèmes principaux du discours politique de la royauté, concernant tant les activités militaires de conquête des pays environnants que ses relations avec les dieux[198].

Les limitations imposées dès le départ à leur travail créatif en fonction de critères discriminatoires mais unificateurs imposés par le commanditaire principal – la transmission d'un message idéologique précis, une finalité de propagande évidente avec obligation de résultat – permettent au fond aux intellectuels et aux artistes médio-assyriens une certaine liberté de choix dans leurs moyens expressifs ainsi que dans leurs sources d'inspiration. Pour construire une culture nationale, ils utilisent librement matériaux, formes et contenus qui proviennent de la civilisation de tout le Proche-Orient, en particulier des régions qui sont ou vont être objet de la conquête royale[199]. Ainsi l'iconographie typique de la glyptique mitannienne, comme elle s'était manifestée en Mésopotamie du nord, fournit une série de modèles clairement reconnaissables dans la tradition assyrienne, qui les réélabore pour les adapter à son goût et à ses nécessités expressives[200].

L'influence de la culture babylonienne, réorganisée et développée sous le règne kassite, devient, tout au moins dans la dernière partie de l'époque impériale, une composante fondamentale de la mentalité et de la sensibilité de la société assyrienne, qui ressent profondément sa dépendance[201]. L'importation en Assyrie du culte et de la théologie de Marduk, qui remonte sans doute à cette époque, conséquence directe de la victoire de Tukulti-Ninurta Ier sur le roi kassite Kaštiliaš IV, va créer une nouvelle fracture idéologique et politique dans le monde assyrien, ouvrant un conflit tant interne et national qu'international entre l'Assyrie et la Babylonie, aboutissant, en fin de compte, à la destruction de ces civilisations[202]. La théologie de Marduk, en train d'être reformulée dans les cercles intellectuels babyloniens, et bientôt fixée dans la composition du "Poème de la Création"[203], s'oppose directement à la théologie d'Assur, surtout sur le point crucial de la relation entre le dieu et le roi. Si Marduk est la divinité poliade de Babylone et le chef de tout le panthéon mésopotamien traditionnel, le roi de Babylone est, lui aussi, roi de la ville à part entière. Son autorité ne lui vient pas du fait d'être le représentant du dieu, mais de sa fonction dans l'état et de son rang social, que Marduk approuve et bénit.

Si Marduk, sa ville et son roi ont été battus par l'armée assyrienne dirigée par Tukulti-Ninurta Ier et par le dieu Assur, la fondation de Kâr-Tukulti-Ninurta correspond sans doute à une tentative du souverain assyrien pour renforcer ce nouvel esprit en s'éloignant des strictes et vénérables traditions cultuelles et politiques de la ville et du temple d'Assur, où le souverain assyrien est encore seulement un "vicaire". Le geste

---

195 Grayson 1971: 318; Liverani 1988: 587-588; Harrak 1987: 262-264.

196 Grayson 1971: 318, sur l'apparition à l'époque d'Assur-uballit Ier d'une stricte étiquette de cour réglant les contacts entre le roi et son entourage.

197 Tadmor 1977 et 1981.

198 Grayson 1971: 319. Voir, par exemple, l'"Épopée de Tukulti-Ninurta Ier" (Ebeling 1938, Lambert 1958, Machinist 1976 et 1978; Foster 1995: 178-196); pour les hymnes attribués à des rois, voir Seux 1976: 30-31; pour la "prière de Tukulti-Ninurta Ier", Seux 1976: 493-497.

199 Moortgat 1969: 105-120; Frankfort 1970: 131-142.

200 Moortgat 1942 et 1944; Porada 1947: 123-125; 1948: 67-70; 1979; Beran 1957; Moortgat-Correns 1964; Amiet 1973: 143-167; Venit 1986; Matthews 1990: 89-118.

201 Grayson 1971: 318-319; Brinkman 1972: 275-276.

202 Brinkman 1970: 308-309; Machinist 1985.

203 Bottéro - Kramer 1989: 602-679.

de Tukulti-Ninurta Ier, l'édification d'une capitale qui porte son nom, le "Quai de Tukulti-Ninurta", réalise ainsi son programme général de célébration de la royauté[204], afin de renouveler et d'élargir sa base théologique et institutionnelle dans une situation où deviennent sans doute plus visibles le poids et la menace que le renforcement du pouvoir des grandes familles assyriennes représentent pour l'état et pour le roi.

2.2.3. Les relations avec la Syrie du nord et le Moyen-Euphrate

Selon la documentation textuelle dont on dispose pour cette époque, la construction de l'empire médio-assyrien a débuté par l'initiative du roi Assur-uballit Ier qui lance sa politique de libération nationale en attaquant directement les pays qui avaient tenu la ville-état d'Assur sous leur contrôle et leur juridiction dans la période précédente, le Mitanni et Babylone. Comme on a l'a vu, ce programme d'élargissement de la sphère du pouvoir assyrien sur le plan international est fondé sur un accord politique préalable établi par la royauté avec une partie de la société locale, qui s'associe à la politique du roi en échange de la concession de terres agricoles. Tandis que les problèmes de relation avec Babylone sont momentanément réglés par un mariage interdynastique[205], l'affranchissement de la domination mitannienne est marquée par une série de campagnes militaires au cœur de la Syrie du nord, jusqu'à la vallée du haut Khabour[206]. Une nouvelle ville assyrienne se développe sur la rive du ouadi Tharthar, à l'extérieur du pays assyrien, première et plus ancienne base pour l'occupation de la Mésopotamie du nord[207]. À partir de ce moment, la Djéziré – que les Assyriens appellent Ḫanigalbat et qui correspond aux territoires qui avaient fait partie de l'empire mitannien – devient théoriquement partie intégrante du grand "pays d'Assur".

Les fondements idéologiques et institutionnels à partir desquelles les Assyriens revendiquent la possession de la Syrie du nord jusqu'à l'Euphrate ne sont pas explicitement identifiés dans le discours officiel des inscriptions royales de cette période, au delà de la référence à l'héroïsme guerrier des rois ou au commandement divin, fréquente dans les textes rituels[208]. Il s'agit sans doute de recueillir l'héritage politique de l'empire mitannien, soumis et vaincu, dont l'Assyrie estime être le vrai successeur, mais il est aussi possible qu'un facteur culturel et ethnique, toujours nié et exclu dans les récits officiels des inscriptions, ait eu beaucoup d'importance dans la réussite de l'expansion. En réalité, le pays d'Assur partage avec toute la Djéziré une même culture régionale, profondément hourritisée, et avait déjà fait partie, dans une position subalterne, du système politique qu'il s'apprête maintenant lui-même à diriger. La réaction nationaliste, organisée par Assur-uballit et dirigée contre le Mitanni, provoque l'élimination générale, dans la production littéraire et historiographique, de tous ces éléments qui pourraient laisser établir une unité de fond, préalable entre le pouvoir assyrien et les régimes qui vont être absorbés.

Pendant toute la deuxième moitié du 14e et les débuts du 13e siècles, la domination assyrienne sur ces régions reste plus une pétition de principe qu'une réalité politique ou géographique[209]. Tandis que les territoires autour de la ville d'Assur – et en particulier le "triangle" compris entre le Tigre et le Zab supérieur, une riche zone agricole à population largement hourrite et centrée sur Ninive – sont rapidement annexés par la métropole et intégrés dans le système administratif de l'état, la présence assyrienne en Mésopotamie du nord se limite à l'établissement d'un réseau d'influence politique qui devait au fond ressembler d'assez près à l'ancien système mitannien.

La structure de la domination assyrienne pendant cette phase était fondée simplement sur la soumission des chefs des communautés et des états locaux, qui s'engageaient à payer un tribut[210], et entretenue par une série de raids et de campagnes militaires, afin de réprimer les révoltes éventuelles des régimes vassaux. Les fouilles archéologiques confirment en général le cadre de la situation établi à partir des inscriptions royales ou de la distribution des textes économiques et administratifs assyriens: la Djéziré ne présente pas de traces d'occupation ni de colonisation assyriennes avant les débuts du 13e siècle, à l'exception de Tell Rimah, sur le Tharthar. Les cultures locales de Syrie du nord continuent leur développement, documenté dans les couches archéologiques définies comme "mitanniennes" dans les différents sites de la région[211], bien que dans une situation économique générale déjà marquée par la crise, sans doute déterminée par les effets des conflits hittito-mitanniens et par la guerre civile[212].

[204] Cassin 1968: 80-82.

[205] Brinkman 1970: 307-309 et 1972: 275-276.

[206] Harrak 1987: 15-58.

[207] Une bibliographie sur les fouilles et les textes de Tell Rimah se trouve dans Brinkman 1970: 301-302.

[208] Harrak 1987: 56; Garelli 1975: 117.

[209] Machinist 1982: 13-14; Harrak 1987: 59-60.

[210] Pour la forme, la fonction, les conceptions religieuses et idéologiques des traités et des serments en Assyrie et en Mésopotamie du nord, voir Tadmor 1982 a et c, et 1990; Liverani 1990; Brinkman 1990; Zaccagnini 1990.

[211] Voir, par exemple, pour Tell Barri, Pecorella 1990: 261-263; Tell Sabi Abyad, Akkermans 1994b; Tell Cheikh Hamed, Kühne 1990a: 157; et 2000; Tell Fray, Matthiae 1980: 39-42. Voir aussi des observations importantes sur les relations entre cultures matérielles locales et culture assyrienne dans Akkermans - Limpens - Spoor 1993: 25-27.

[212] Akkermans - Rossmeisl 1990: 31-37.

Le règne d'Assur-uballit voit la montée de l'Assyrie au rang de grande puissance, où l'ont installée les initiatives politiques, militaires et diplomatiques de ce roi. L'équilibre trouvé à la fin du 14e siècle n'était pas solide et ses successeurs immédiats doivent se battre pour garder la position internationale déjà établie. Puisque toute extension territoriale est interdite en direction du sud par la pression de la Babylonie kassite, les énergies de l'empire se concentrent sur la conquête des régions à l'ouest et au nord-ouest de l'Assyrie, à commencer par la Djéziré. Les conflits internes qui minent la structure des états hourrites en Mésopotamie du nord, déjà affaiblis par l'intervention hittite, permettent à la monarchie assyrienne d'imposer son protectorat sur le Ḫanigalbat qui perd ainsi son autonomie politique.

Après la victoire militaire d'Adad-nirâri Ier sur Šattuara Ier, ce dernier était resté lié à la royauté assyrienne par une relation de vassalité, qui, tout en lui laissant une certaine autonomie dans la gestion des affaires nationales, l'obligeait à un versement de tribut régulier à Assur[213]. Selon les inscriptions royales, c'est le déclenchement d'une révolte anti-assyrienne de la part du successeur de Šattuara Ier qui a obligé Adad-nirâri Ier à éliminer la dynastie hourrite et à dévaster les villes de la région[214]. Après avoir fait construire un palais dans la capitale Ta'idu, il confiera au fonctionnaire du rang le plus élevé de sa cour, le *sukkallu rabû*, la royauté sur ce pays, qui restera par ailleurs soumis à ses obligations de vassal[215]. Désormais, toute la Mésopotamie du nord jusqu'à l'Euphrate face à Karkémish appartient effectivement à l'Assyrie[216], et Adad-nirâri peut porter dans ses inscriptions le titre de "roi de la totalité", allusion à la domination sur toute la Djéziré, du Tigre à l'Euphrate[217].

La conquête réelle de la Djéziré, c'est-à-dire l'organisation d'une vraie structure administrative capable de contrôler la situation politique locale et d'en exploiter à fond les ressources, est réalisée seulement par son successeur Salmanazar Ier. Après une dernière révolte, Salmanazar élimine dans son ensemble toute l'ancienne structure de l'état hourrite, fonctions et cadres, qui sont remplacés par des fonctionnaires de la cour d'Assur, gouvernant sous l'autorité et le contrôle direct du roi[218]. La vénérable royauté mitannienne est juridiquement conservée de la même façon que pendant l'époque d'Adad-nirâri I[219], mais désormais il n'y a plus aucun espace politique où l'état hourrite pourrait se reconnaître et se reconstituer.

A partir de la seconde moitié du 13e siècle, la Djéziré est ainsi partagée en une série de provinces administratives. Entourée par une couronne de centres mineurs, dont certains sont fortifiés, la capitale provinciale est la résidence du gouverneur qui organise la perception des impôts, la réquisition des matériaux et des éventuelles matières premières dues à l'Assyrie, l'encadrement du recrutement militaire et l'accomplissement du travail de corvée de la part de la population locale. Il assume aussi le service d'ordre et la répression des révoltes[220]. À l'utilisation privilégiée d'un personnel administratif et militaire originaire d'Assyrie dans les cadres supérieurs de ce système, largement attestée par l'analyse de l'onomastique dans les textes à partir du 13e siècle, correspond dans toute la Djéziré l'implantation d'une série de centres urbains et palatiaux, caractérisés par une architecture et une culture matérielle dont les modèles sont directement importés de la métropole[221].

La finalité évidente de tout programme de conquête territoriale, comme il est annoncé dans la propagande royale, consiste évidemment dans l'"élargissement" de l'Assyrie et dans l'exploitation du pays conquis. Si en général la politique assyrienne dans la Djéziré semble bien suivre cette voie, l'analyse des textes économiques et des restes archéologiques qui correspondent à la phase d'occupation d'époque médio-assyrienne dans différents sites de la Djéziré, en particulier de ceux implantés dans le bas Khabour, offre une vue plus complexe et articulée du système de domination assyrien dans cette région.

Les fouilles réalisées dans les derniers vingt ans par une mission allemande de l'Université de Berlin ont permis de réaliser la portée démesurée de l'investissement en forces et en capitaux que l'occupation assyrienne a été amenée à susciter dans une région qu'on n'hésiterait pas à définir comme en récession avant l'arrivée des envahisseurs. En effet, les prospections révèlent une crise grave de l'urbanisation, en

---

213 Grayson 1987: 136, ll. 4-14; Harrak 1987: 129-130.

214 Grayson 1987: 136-137, ll. 15-51.

215 Harrak 1987: 131; Machinist 1982: 14; Cancik-Kirschbaum 1996a: 25-29.

216 Matthiae 1980; Akkermans 1994b.

217 Grayson 1987: 136, l. 1.

218 Grayson 1987: 183-184, ll. 56-87; Harrak 1987: 190-205; Machinist 1982: 14-15.

219 Machinist 1982: 16-18.

220 Machinist 1982: 18-26; Postgate 1984 et 1992.

221 Pour Tell Hamidiye/ Ta'idu(?), voir Wäfler 1993b; Tell Barri/Kaḫat, Pecorella 1990; Tell Amuda, Faivre 1992; Tell Fékhériyé, McEwan 1958; Tell Sabi Abyad, Akkermans - Limpens - Spoor 1993; Akkermans 1994; Khirbet-esh-Shenef, Bartl 1990; Tell Fray, Matthiae 1980. Dans le bas Khabour, pour Tell Cheikh Hamed/Dûr-katlimmu, voir Kühne 1990a, 1990b, 1994, 2000; aussi Pfälzner 1984, et Bernbeck 1993. Dans le Moyen-Euphrate, pour Tell Hariri/Mari, voir Margueron 1993c. Une présentation générale et à jour de la situation de la Djéziré au Bronze Récent se trouve dans Pfälzner 1996.

chute libre depuis pratiquement la moitié du Bronze Moyen[222], et les attestations dans la documentation de Terqa d'activités des rois de Ḫana dans cette région, comme la construction de canaux ou l'édification de quelque nouveau centre[223], ne semblent pour le moment pas susceptibles de modifier cette impression. L'implantation d'un centre provincial médio-assyrien sur l'emplacement qui avait été celui d'un village d'époque mitannienne et d'une ville amorrite transforme radicalement le paysage et le destin de la région. Le nom assyrien de cette capitale provinciale, Dûr-katlimmu, reprend en le modifiant ce qui devait être le nom de l'ancienne ville du Bronze Moyen, Dûr-Yaggid-Lim[224].

Les Assyriens ne se limitent pas à exploiter les ressources (modestes) de la région et éventuellement à y développer quelques activités commerciales. Ils lancent un programme de proportions assez gigantesques, nécessitant un investissement tout à fait remarquable en capitaux et en travail, et supposant la maîtrise de techniques hydrologiques raffinées, pour construire ou améliorer un canal d'irrigation et de navigation reliant la rive gauche du Khabour à la rive gauche de l'Euphrate, au niveau de la région de Terqa et de Mari. Ce canal va rendre disponible pour la culture agricole une zone très vaste, dont la production alimente tant la grande colonie assyrienne que les dépôts de la capitale[225]. La ville nouvelle elle-même, qui comporte un palais pour le gouverneur, est de dimensions assez imposantes et accueille une population nombreuse. Une grande piste caravanière, une route directe qui coupe en deux la Djéziré d'ouest en est, relie directement Dûr-katlimmu au ouadi Tharthar et, au delà, à Assur, permettant d'exploiter les sources de la steppe. Cette route garantit des communications rapides et régulières, favorisant le transport de la production agricole et du bétail vers la capitale ainsi que, dans l'autre sens, l'envoi facile d'un éventuel appui militaire[226].

Les textes des archives médio-assyriennes trouvées au cours de la fouille, dont une partie a été récemment publiée[227], sont des documents administratifs, des lettres, des contrats, des récapitulatifs d'emprunts de céréales ou de listes de personnel, et appartiennent clairement à la typologie classique de cette époque[228]. S'il est évident qu'archives et constructions doivent être considérées dans leur ensemble comme l'œuvre et la propriété de l'état assyrien, l'ambiguïté de certaines formules laisse planer le doute quant au rôle tenu dans ce système par les capitaux et l'initiative privés, sans permettre toutefois de mettre en doute le fait que ces (éventuels) capitaux privés appartenaient aux fonctionnaires en poste à Dûr-katlimmu et travaillant pour le roi.

Le problème de la construction de Dûr-katlimmu sur le Khabour, avec son système hautement développé de canaux et de communications routières, et la question de l'origine et de l'usage des capitaux qui sont à la base de la fondation de cette colonie, doivent être posés dans le contexte du débat général autour de la structure économique et politique de l'empire médio-assyrien. L'interprétation historique que les archéologues qui fouillent la région fournissent pour le moment est très influencée par des considérations d'ordre économique et écologique[229]. Partant d'une prise en compte de la situation géographique du pays d'Assur à ses origines, avec des possibilités d'exploitation agricole très limitées, l'hypothèse que l'expansion militaire assyrienne a été dictée par un impératif économique, la recherche d'un espace vital, prend une certaine consistance. Elle semble par ailleurs confirmée par les vastes programmes d'exploitation agricole mis en œuvre à Dûr-katlimmu, où la fondation d'une colonie – qui soulage peut-être la pression démographique dans la métropole – a sûrement demandé un fort investissement initial en force de travail et en capitaux.

Etant donné l'importance de cette colonisation, on ne peut qu'être très étonné que les inscriptions royales de Salmanazar Ier et de Tukulti-Ninurta Ier, sous les règnes desquels Dûr-katlimmu s'est développée, n'enregistrent d'aucune façon cette entreprise monumentale de l'état et du roi. En général, ils ne mentionnent explicitement ni la partie méridionale de la Djéziré ni le Moyen-Euphrate comme régions appartenant à leur empire. En réalité, nous n'avons aucune idée de la façon dont les Assyriens se sont rendus maîtres de cette région, et tout se passe comme si, au fond, elle était déserte. Ces souverains semblent intéressés uniquement à nous décrire dans leurs inscriptions royales leurs combats en Mésopotamie du nord, dans les états et les villes mitanniens et hourrites, ou bien dans les montagnes situées autour des sources du Tigre, un pays également fortement hourritisé[230], dans lequel se formera, au 8e siècle, le royaume

[222] Kühne 1977 et 1979; en général, McClellan 1992 et 1993.
[223] Podany 1993: 60-61.
[224] Röllig 1978.
[225] Kühne 1990a, 1993, 1994, 1995; Ergenzinger - Kühne 1991.
[226] Bernbeck 1993; Kühne 1995.
[227] Pour l'archive des lettres officielles, voir maintenant Cancik-Kirschbaum 1996a.
[228] Röllig 1984.
[229] Ergenzinger - Kühne 1991.
[230] Wilhelm 1980: 38-41.

d'Urartu. Ces pays sont cités par leurs toponymes, avec une certaine précision, même si l'identification en reste parfois difficile[231], tandis que tout le territoire de la Djéziré qui se trouve au sud de l'isohyète des 250 mm de pluie par an, et qui était caractérisé par une économie dimorphique, ne reçoit aucune attention dans la littérature officielle et commémorative de la royauté. Seules quelques allusions géographiques générales, résumant l'extension des conquêtes des rois, prouvent leur participation à l'empire médio-assyrien.

On ne peut pas imputer cette situation à l'état de la documentation historiographique, puisque, au moins dans le cas de Tukulti-Ninurta Ier, nous possédons les versions finales de son inscription qui n'auraient pas dû manquer de citer le Moyen-Euphrate si la région avait été un centre d'intérêt immédiat pour le roi. Les raisons sont sans doute à chercher ailleurs. D'une part, il semble évident que l'idéologie royale sépare précisément, à cette époque, ce qui relève de la conquête d'un territoire et ce qui relève de son exploitation. Seule la première phase est de la compétence du roi. La finalité de l'activité militaire du roi est la concentration de la production de base d'un pays sous forme de tribut, opération qui, en soi, ne demande aucune forme d'investissement, mis à part la guerre. Sur un plan strictement idéologique, il n'y a donc pas de différence réelle entre un état vassal et un pays réduit en province de l'empire: ce qui compte est le tribut versé, qui arrive en Assyrie.

A l'époque de la formation de la structure impériale, la relation entre le roi et le pays occupé se modifie et se complique: le pays ennemi est transformé en province. Le versement du tribut va se faire par la médiation de l'administration assyrienne, arrivant en Assyrie comme contribution interne: mais ceci ne signifie pas que le pays en question soit devenu, culturellement ou politiquement, un pays "assyrien"[232]. Toutefois, exactement comme en Assyrie, l'exploitation des territoires conquis, devenus maintenant assyriens, ne concerne pas la royauté, qui, bien que possédant nominalement la totalité des terres du pays d'Assur, les a distribuées à des entrepreneurs chargés d'organiser la production agricole. Comme en Assyrie, l'exploitation des terres des provinces va être confiée à des tierces personnes et dépendre de la cour et des fonctionnaires de l'état qui disposent en même temps des capitaux nécessaires pour y développer des projets économiques à longue échéance, ainsi que de la pratique financière des investissements. Ces entrepreneurs ne sont pas intéressés uniquement à l'exploitation totale, jusqu'à l'épuisement et à la destruction, de la source même de la production. Au contraire, ils sont disposés à faire des investissements pour augmenter les rendements et les faire durer dans le temps, appuyés par l'état et son pouvoir militaire et civil dans le pays soumis. En échange, ils vont verser à l'état une partie de leurs profits, sous forme de tributs locaux dont ils sont responsables.

L'inscription d'Adad-nirâri Ier précise que la transformation du Ḫanigalbat en province n'a pas été voulue par le roi, mais rendue nécessaire par la "révolte" du vassal. Dans ces conditions, on peut se demander si cette transformation n'a pas été imposée par les fonctionnaires mêmes qui allaient s'occuper de la nouvelle province. Ce système de collaboration entre la monarchie et la classe dirigeante assyrienne marchait bien essentiellement dans la dynamique de l'expansion territoriale, dans la mesure où il y avait toujours de nouvelles terres à distribuer pour les investissements, permettant ainsi une augmentation continuelle des bénéfices. Son fonctionnement dans une situation politique bloquée met en évidence les conflits entre les intérêts de l'état ou de la couronne et ceux des fonctionnaires qui doivent réaliser leurs bénéfices sur une quantité déterminée de la production qu'il est très difficile d'augmenter techniquement, une fois atteintes les limites de la technologie de l'époque. Si cette concurrence s'installe, un des premiers effets sera la séparation des deux instances de pouvoir: c'est de cette façon qu'on peut expliquer la fondation des petits états "para-assyriens" sur le Khabour entre 11e et 9e siècles, à Tabete[233] et à Guzana[234]. Peut-être la fondation de la colonie de Dûr-katlimmu a-t-elle représenté une tentative pour éviter ce genre de problèmes. Poussant à fond les possibilités économiques d'une région, pour la première fois on a mis en œuvre – comme les fouilles et les prospections l'ont bien montré – des techniques et des moyens très importants afin de subvenir en même temps aux exigences de prélèvement de l'état et à celles de la cour, dans une période où la situation internationale ne permettait plus d'envisager une expansion semblable à celle du siècle précédent.

Il est évident que la création de Dûr-katlimmu ne relève pas uniquement d'entreprises et de capitaux privés. L'état et la monarchie, comme dans tout programme de colonisation, ont gardé des intérêts très précis dans cette politique, qu'ils poursuivent avec le moins de dépenses possible. Sa position, le système routier et l'accès au transport fluvial ont dû faire de cette ville une pièce maîtresse dans la construction et le contrôle de l'empire en Mésopotamie du nord. Traversant la steppe par la route qui aboutit à Dûr-katlimmu, et remontant par la suite le Khabour, le roi et l'armée assyrienne avaient la possibilité de pénétrer

---

231 Pour une étude historique et géographique de ces régions, voir Salvini 1967.

232 Postgate 1985 et 1992: 251-252.

233 Maul 1992.

234 Abou-Assaf - Bordreuil - Millard 1982.

rapidement dans la Djéziré, même si l'itinéraire traditionnel, qui suit le piémont du Taurus, venait à être coupé par des révoltes hourrites; toutes les provinces établies dans la région des sources du Khabour étaient à sa portée directe[235]. La proximité de la vallée de l'Euphrate ouvrait les portes de l'Anatolie et de la Syrie occidentale, ainsi que, vers le sud, celles de la Babylonie. D'autre part, comme dans toutes les situations coloniales, il est évident que le poids du coût du travail gigantesque qui a été nécessaire pour construire le réseau de canaux, et, par la suite, pour assurer l'exploitation agricole des zones irriguées, a du être supporté par l'état qui a sans doute utilisé les populations locales aidées, probablement, par des déportés[236].

La question de la population locale avant, pendant et après la période médio-assyrienne, reste également ouverte. Dans l'optique de l'idéologie royale assyrienne, en général, le monde situé au delà des limites de l'Assyrie n'est pas considéré comme vide, mais comme peuplé d'ennemis[237], que le roi va anéantir ou bien réduire à l'état de vassaux, rapportant leur tribut à Assur. Comme on l'a vu, la transformation des pays "autres" en provinces n'est pas une nécessité idéologique, mais un changement dû à des impératifs politiques et économiques, partiellement dictés par des raisons internes à l'état assyrien lui-même. On pourrait estimer que le silence des inscriptions royales à propos des populations du Moyen-Euphrate et de la Djéziré méridionale est lié à une perspective colonialiste qui décrit le pays qu'on veut s'approprier comme vide ou habité par des sauvages qui ne savent pas quoi faire des ressources du territoire. Toutefois, si dans les inscriptions royales d'époque médio-assyrienne jusqu'à Tukulti-Ninurta Ier [238], on ne trouve pas de récits explicites de la conquête de cette région présentée dans les termes de conflits avec des villes ou des états locaux, les textes par ailleurs véhiculent un certain discours concernant les habitants de la Djéziré et leur organisation politique, les connotant d'une façon telle qu'ils passent pratiquement inaperçus, comme des mercenaires nomades, sans patrie et sans personnalité politique. Dans ces conditions, aucune relation officielle de l'état assyrien – traités, vassalité, serments – n'est possible avec eux.

En effet, dès l'époque d'Assur-uballit Ier et pendant le règne de ses successeurs immédiats, Eriba-Adad et Arik-den-ili, la documentation écrite assyrienne et babylonienne permet de retrouver les traces de la présence de populations semi-nomades dans toute la Syrie, tant dans la Djéziré, en Mésopotamie du nord jusqu'aux sources du Tigre, que dans le Moyen-Euphrate et la Shamiyé. Dans une lettre trouvée dans les archives de Tell el-Amarna, Assur-uballit explique au Pharaon égyptien que ce sont bien les Soutéens qui ont bloqué ses messagers sur leur chemin du retour vers l'Égypte[239]; une chronique babylonienne tardive confirme la présence de cette population dans la région du Djebel Bishri où le roi Kadašman-Ḫarbe Ier, petit-fils d'Assur-uballit, essaie de limiter leur domination en y fondant une colonie babylonienne[240]. Dans l'ensemble, les Soutéens semblent s'opposer à l'établissement des trafics commerciaux et diplomatiques entre l'Égypte, la Syrie occidentale et la Mésopotamie. Au siècle suivant, dans un message envoyé au roi de Babylone Kadašman-Enlil II, le roi Hattusil III invoque encore la menace représentée par les Aḫlamû pour justifier l'interruption de relations diplomatiques régulières entre Hatti et Babylone, mais il fait aussi relever, d'une façon ironique, le caractère de "topos littéraire" de ce type d'excuse[241].

La tradition postérieure assimile les conquêtes d'Assur-uballit en Mésopotamie du nord à des conflits avec des regroupements armés d'un type particulier. Dans une inscription d'Adad-nirâri Ier, l'ancêtre Assur-uballit est défini *mu-se-pi-iḫ el-la-at KUR šu-ba-re-e ra-pal-ti*[242], "celui qui a dispersé les hordes du vaste pays de Šubaru". Le terme *e/illatu*, qui en paléo-assyrien dénotait la caravane d'ânes transportant les marchandises, peut avoir, dans les contextes médio-assyriens, tant une valeur "clan, regroupement familial et tribal", que "armée, troupe"[243]. Ce terme se retrouve aussi dans la titulature d'un roi postérieur, Assur-rêš-iši (1133-1116), en référence aux Aḫlamû[244]. Dans la même inscription d'Adad-nirâri Ier, son père, le roi Arik-den-ili est dit avoir conquis le pays de Katmuḫi et tous ses alliés, *gu-un-nu aḫ-la-mì-i su-ti-i iu-ú-ri ù KUR.KUR-šu-nu*[245], "les clans / les bandes armées des Aḫlamû, des Soutéens et des Ya'uru, ainsi que leurs pays". Il est intéressant de noter que le *gu-un-nu* en question est sans doute à mettre en relation avec le terme amorrite *gayyûm*, fréquemment attesté dans les archives de Mari où il dénote les unités de base de

---

[235] Kühne 1995.

[236] Machinist 1982: 18-19; voir aussi Freydank 1980.

[237] Liverani 1979: 309-314; Fales 1982; Zaccagnini 1982.

[238] Grayson 1987: 273, ll. 69-71a et 83-85a.

[239] Harrak 1987: 9-10 (el-Amarna n°16); voir aussi les remarques de Artzi 1991.

[240] Grayson 1975: 178; Zadok 1991: 108. Cf. aussi Kupper 1957: 103; Brinkman 1970: 308.

[241] Harrak 1987: 83-84; pour le contexte historique, Brinkman 1970: 310.

[242] Grayson 1987: 132, ll. 31b-32a.

[243] CAD, vol. 7, pp. 82-85.

[244] Grayson 1987: 310, l. 6b.

[245] Grayson 1987: 132, ll. 22b-24a.

l'organisation tribale des populations semi-nomades ainsi que les délégations militaires correspondantes[246].

Il est clair que l'usage de ces termes spécifiques *illatu* et *gunnu* dans un contexte semblable a pour but de souligner le caractère tribal et semi-nomade des groupes qui se battent en Mésopotamie du nord contre l'Assyrie, en association avec les villes et les états de la région. Le fait que le texte spécifie qu'Arik-den-ili s'était approprié aussi leurs "pays" montre qu'il y a bien une distinction entre le *gunnu* – ainsi que, sans doute, le *illatu* – et la réalité politique et géographique à laquelle il appartient. À la suite de la victoire obtenue sur cette coalition, dans un affrontement militaire qui a apparemment eu lieu à Katmuḫi même, le texte attribue à Arik-den-ili aussi le contrôle du pays d'origine des troupes "semi-nomades": comme le prouvent les autres types de textes, il est bien probable que l'on fasse ici référence à la Djéziré, à la vallée du Khabour, au Moyen-Euphrate et à la région du Djebel Bishri, où ces populations sont fréquemment attestées aussi dans la documentation plus récente[247].

L'association politique entre des états situés en Mésopotamie du nord et les "tribus" semi-nomades, en particulier les Aḫlamû, qui occupent les zones les plus méridionales de la Djéziré, est présentée dans les inscriptions royales assyriennes de l'époque de l'expansion impériale comme une donnée constante, attestée dès les campagnes d'Assur-uballit jusqu'au récit de la guerre de Salmanazar Ier contre Šattuara II au Ḫanigalbat. Le texte de Salmanazar Ier présente cette alliance comme un fait politique, la présence de troupes des Aḫlamû étant assimilée à celle de l'armée hittite[248], mais il est vrai que les Assyriens interprètent toujours dans un sens péjoratif ce genre de coalition entre ennemis, comme un regroupement de mercenaires poussés par des raisons bassement financières[249].

L'image générale des semi-nomades syriens qui émerge dans la documentation écrite depuis le Bronze Moyen semble bien s'accorder à cette interprétation, tenant compte aussi de leur spécialisation dans l'art de la guerre dès l'époque amorrite. La mobilité de ces populations, leur connaissance profonde du territoire[250], et leur culture "barbare", encore sauvage, en font un personnel militaire de choix qu'il ne serait pas étonnant de voir pris systématiquement à leur solde par les états de Syrie du nord et d'Anatolie orientale et méridionale qui essaient de s'opposer à l'avancée assyrienne. La présence des populations soutéennes en Syrie et en Palestine depuis le début du Bronze Récent suppose un processus du même genre: ils participent, en tant que mercenaires, aux conflits politiques qui opposent les monarchies locales, mais aussi aux guerres hittites contre la Mésopotamie du nord[251].

Toutefois, une activité économique si spécialisée – la guerre – ne peut pas garantir la survie d'une population entière, mais seulement celle de quelques groupes, et sur des périodes limitées, même si on y ajoute les revenus des raids et des enlèvements pour lesquels les Soutéens sont également célèbres[252]. Il est évident que la continuité de la présence et le développement démographique des populations syriennes, Aḫlamû, Soutéens ou Ya'uru, dans la Djéziré et dans les steppes au sud de l'Euphrate, doivent être expliqués sur une autre base bien que toute la documentation textuelle produite dans différents contextes, assyrien, hittite, syrien ou babylonien, s'accorde pour les enfermer dans le rôle, subalterne et ambigu, de militaires sans liens avec un pays ou de bandits du désert.

S'il est vrai que ces populations ne constituent pas des entités politiques spécifiques sur le même modèle que les états syriens et mésopotamiens du Bronze Récent, cela ne signifie pas qu'elles ne disposaient pas d'une organisation interne capable d'élaborer un programme commun d'action diplomatique et susceptible d'en endosser la responsabilité[253]. Ainsi leur participation à la guerre de résistance des états de Mésopotamie du nord contre l'avancée assyrienne pourrait être autre chose qu'un rôle secondaire, mais représenter la prise de position claire d'une population qui a peut-être compris la finalité réelle de la politique d'Assur et se prépare à se défendre. Arik-den-ili semble d'ailleurs voir les choses de cette façon lorsqu'ayant détruit la coalition sur le haut Tigre, il peut se permettre d'affirmer qu'il contrôle – probablement en réalité d'une façon théorique – leur pays d'origine.

---

246 Matthews 1978: 63-65 et 107-110; voir aussi Malamat 1967 et Rowton 1977.

247 Kupper 1957: 83-145; Brinkman 1968: 277-281.

248 Grayson 1987: 184, ll. 60b-63.

249 Voir par exemple Grayson 1987: 136, ll. 15-20 (inscription d'Adad-nirari Ier, alliance Mitanni-Hatti); voir aussi Liverani 1990: 130-131.

250 Grayson 1987: 184, ll. 60b-63. Avec l'aide des Aḫlamû, le roi Šattuara occupe les points d'eau de la région et les cols de la région, empêchant l'avancée assyrienne.

251 Kupper 1957: 96-102; Harrak 1987: 169-170.

252 Matthews 1978: 104-107.

253 Rowton 1973, 1976, 1981 et 1987.

Les inscriptions d'Adad-nirâri Ier, après avoir cité le résumé des conquêtes dans la Djéziré des prédécesseurs du roi, font seulement une allusion indirecte au Moyen-Euphrate, donnant les limites géographiques et géométriques – donc théoriques – de l'extension de l'empire de ce roi: une ligne qui va du nord-est, de la ville de Lubdu, frontière traditionnelle avec la Babylonie, au sud-ouest jusqu'à l'Euphrate, à la hauteur de Rapiqu; de là, en amont du fleuve, jusqu'à Eluḫat, qui constitue la limite nord; d'Eluḫat, suivant une ligne allant vers l'est, et passant par les villes hourrito-mitanniennes du haut Khabour[254]. Entre la vallée de la Diyala et les villes du Ḫanigalbat, le pays d'Assur ferme le cercle. Le Moyen-Euphrate, qui occupe la partie centrale de cet "empire", est un noyau vide: il n'est identifié par aucun centre urbain, ville ou forteresse, contrairement à ce qui se passe au nord. En général, cette situation a été interprétée comme le résultat de la dégradation totale de l'urbanisme dans la région: si les Assyriens ne citent pas de villes c'est parce qu'en effet il n'y en avait pas[255].

Si les textes économiques, contrats et lettres montrent clairement que la Djéziré et le bas Khabour sont déjà encadrés par une administration assyrienne depuis le règne de Salmanazar I[er256], ses inscriptions ne citent que sa victoire sur les Aḫlamû alliés de Šattuara en Mésopotamie du nord. Toutefois, le roi manifeste un intérêt certain pour le bassin du haut Khabour s'engageant officiellement dans un programme de reconstruction de la ville mitannienne de Kaḫat et continuant l'œuvre paternelle à Ta'idu[257].

Ce n'est qu'à l'époque de Tukulti-Ninurta I que les inscriptions royales utilisent des toponymes pour dénoter la région du Moyen-Euphrate et du Khabour, déclarant explicitement en même temps que ces "pays" appartiennent au système impérial assyrien, puisqu'ils lui versent un tribut régulier[258]. Dans l'inscription commémorant la fondation de Kâr-Tukulti-Ninurta et après une section qui rappelle la conquête de Babylone, le texte présente, au début d'une liste de noms géographiques des territoires plus orientaux ou nord-orientaux, la séquence "Mari, Ḫana, Rapiqu, les montagnes des Ahlamû". La série est à lire, en gros, du nord vers le sud, de l'amont du moyen Khabour, où se trouve sans doute la région de Mari, qui n'est pas la ville amorrite[259], à l'aval de l'Euphrate, passant par Ḫana, jusqu'à Rapiqu, qui se trouve à la frontière même entre la zone dimorphique et les plaines irriguées de Babylonie.

Les toponymes dénotent des régions, et non pas des villes, mais le rapport sous-entendu avec l'Assyrie n'est pas uniquement géographique: ces "pays" versent un tribut directement au roi en Assyrie. Les "montagnes" des Aḫlamû, référence probable au massif du Djebel Bishri, semblent indiquer dans ce contexte la Shamiyé en général, la région des hauts plateaux et des montagnes de la rive droite de l'Euphrate, où les Babyloniens avaient déjà essayé de créer des stations de poste pour alimenter la circulation des biens vers l'occident égyptien et palestinien[260].

Si la mention de Rapiqu dans cette séquence peut être expliquée comme un rappel des limites géographiques de la zone d'influence directe de Babylone, dont Tukulti-Ninurta I, "roi de Sumer et Akkad, roi de Babylone et de Sippar"[261] a hérité après sa victoire sur Kaštiliaš IV, l'ensemble formé par les pays de Mari et de Ḫana correspond bien, quant à lui, à l'extension maximale de la région administrée par le palais de Dûr-katlimmu, où est implanté son plan de développement hydrologique et agricole[262]. L'inclusion des noms des deux régions dans cette liste, dans une dynamique narrative de conquête, pourrait alors marquer une phase précise de l'occupation assyrienne, comportant par exemple l'élimination des éventuels pouvoirs locaux comme dernier effet de la victoire sur Babylone. Toutefois, considérant que le Khabour était sous le contrôle direct de l'Assyrie depuis au moins le règne de Salmanazar Ier, et qu'il y aura encore, au siècle suivant, une royauté locale sur le trône de Ḫana[263], cette hypothèse ne semble pas valable: Tukulti-Ninurta Ier s'est battu surtout en Mésopotamie du nord et en Babylonie, et dans la reconstruction de l'histoire de son règne il n'y a pas de traces ni de place pour des campagnes dans le Moyen-Euphrate[264].

---

254 Grayson 1987: 131, ll. 1-14.

255 Voir, par exemple, Liverani 1988: 379 et 602-603.

256 Machinist 1982: 14-15; Harrak 1987: 155-189. Les textes les plus anciens trouvés à Tell Cheikh Hamed/Dûr-katlimmu, seul site médio-assyrien de la région, sont datés par des éponymes des règnes de Salmanazar Ier et Tukulti-Ninurta Ier, cf. Röllig 1984; Kühne 1990a: 153-154, Cancik-Kirschbaum 1996a. Une description du niveau archéologique du site daté de cette époque se trouve dans Kühne 1984: 165-167.

257 Pour Kaḫat, voir Grayson 1987: 204, l. 15'; Donbaz - Frame 1983; Salvini 1982: 22-23 et 1984: 134. Pour Ta'idu, voir Grayson 1987: 137, ll. 37-41, et cf. Borger 1964: 40; Machinist 1982: 15.

258 Grayson 1987: 273, ll. 69-70a et 83-85a.

259 Maul 1992: 53-54.

260 Voir notes 240-241.

261 Grayson 1987: 275, ll. 13-14 (inscription de Kâr-Tukulti-Ninurta).

262 Ergenzinger - Kühne 1991.

263 Grayson 1991: 111 et 89 l. 14'-16'.

264 Harrak 1987: 230-266.

Alternativement, on pourrait considérer comme significatif le fait que soit délibérément évitée la mention, dans la liste de l'inscription de Kâr-Tukulti-Ninurta, des villes du Moyen-Euphrate et du Khabour, qui pourtant existaient et que la chancellerie assyrienne connaissait[265], comme le montre la documentation, au moins pour Terqa et Dûr-katlimmu. On y trouve, à la place, des toponymes indiquant des territoires. Ce choix des rédacteurs du texte pourrait être interprété comme un effort pour transcrire, en termes acceptables dans le lexique de l'idéologie et des institutions assyriennes officielles, la relation de domination établie dans le Moyen-Euphrate entre la monarchie assyrienne et les sociétés locales.

La tradition historiographique précédente, illustrée par le texte d'Adad-nirâri Ier, s'était efforcée de connoter le caractère particulier de l'organisation politique de cette région, soulignant les aspects "mobiles", semi-nomades et tribaux des populations locales. À l'époque de Tukulti-Ninurta Ier, les changements stylistiques dans la structure et la composition des inscriptions ne permettent plus l'usage emphatique de certains termes archaïsants et les textes signalent autrement le même type de réalité. Ainsi l'absence de noms de villes dans le texte ne doit pas être interprétée comme la preuve qu'il n'y avait pas de centres urbains dans la région mais plutôt comme l'enregistrement du fait – sans doute insolite du point de vue assyrien – que les villes n'étaient pas le siège d'une organisation politique locale, soumise ou assimilée à l'administration assyrienne.

La structure dimorphique, qui avait caractérisé la société du Moyen-Euphrate au Bronze Moyen, prévoit ce cas de figure: les villes peuvent exister, continuant à garder leurs traditions et à en développer de nouvelles, même dans un contexte politique où les autorités et les instances du pouvoir résident ailleurs, à la campagne ou dans la steppe[266]. Le texte de Tukulti-Ninurta Ier témoigne d'un effort de traduction de cette réalité complexe, citant pour le Moyen-Euphrate et le bas Khabour le nom d'un état reconnaissable par son public, celui du royaume de Ḫana.

Dans ce sens, le nom de Ḫana, comme à l'époque amorrite, dénoterait à nouveau, après un hiatus dans la documentation, une réalité sociale et culturelle dimorphique, où semi-nomadisme et traditions urbaines se côtoient dans un type de symbiose ayant déjà fait ses preuves. Cette réalité correspond donc aussi, au moins partiellement, à celle du "pays des Aḫlamû, des Soutéens, des Ya'uru", qui se sont battus en Mésopotamie du nord contre Arik-den-ili et dont la défaite a ouvert à l'Assyrie la voie vers l'occupation coloniale de la région. La réapparition du royaume de Ḫana, avec sa tradition vieille de presque un millénaire, ancrée dans l'histoire de la ville de Terqa, montre que les habitants du Moyen-Euphrate à la fin du Bronze Récent ne sont pas tous des brigands de grand chemin[267].

La définition des relations de pouvoir que le roi assyrien impose aux sociétés dimorphiques de la Djéziré méridionale est la seule finalité du texte de l'inscription de Tukulti-Ninurta I qui ne fait aucune allusion au gigantesque programme d'exploitation de la région organisé par le centre provincial et colonial de Dûr-katlimmu. Ce projet ne concerne manifestement pas la royauté, qui pourtant est en train d'en développer un tout à fait semblable, à côté de la ville d'Assur, sur l'autre rive du Tigre. En lisant les lignes de l'inscription de Tukulti-Ninurta Ier qui commémorent la construction de sa nouvelle capitale, décrivant les travaux de construction des canaux en les creusant dans la roche, afin d'amener l'eau nécessaire à l'agriculture[268], on ne peut pas s'empêcher de penser à l'analyse que les archéologues modernes ont faite du système d'irrigation centré sur Dûr-katlimmu[269].

---

[265] Röllig 1984.

[266] Rowton 1973a et b et 1976a, 1981; Oates 1968: 8-15.

[267] Pour un exemple des réalisations de cette culture, voir la "harpé", trouvée à Terqa, Rouault - Masetti-Rouault 1993: 340, n°302 et Masetti-Rouault - Rouault 1996. On peut la comparer avec celle d'Adad-nirari Ier, publiée dans Porada - Hallo 1994: 265.

[268] Grayson 1987: 273-274, ll. 88-108.

[269] Ergenzinger - Kühne 1991: 169-173.

3- L'Âge du Fer en Syrie du nord et dans le Moyen-Euphrate: crise et restructuration

3.1. Le passage de l'Âge du Bronze à l'Âge du Fer: les modèles historiographiques

La période historique qui a vu le passage de l'Âge du Bronze à l'Âge du Fer (12e et 11e s. av. J.-C.) est certainement une des époques les plus intéressantes et les plus productives pour l'histoire des systèmes politiques, sociaux et économiques, ainsi que de la culture et de la religion du monde ancien préclassique, non seulement pour toutes les régions de la Méditerranée orientale, mais aussi pour la Mésopotamie. La compréhension des événements historiques et des conditions de transformation ou de création de la culture de cette époque est une des conditions préalables à toute recherche concernant les développements des sociétés proche-orientales et méditerranéennes au Ier millénaire.

Cette époque précise, qui semble se caractériser par l'apparition de phénomènes communs à la Syrie, à la Palestine, à l'Égypte, ainsi qu'à l'Anatolie et à la Grèce, a été récemment au centre de la discussion et de la recherche archéologique, épigraphique, historique et linguistique, stimulée en partie par la découverte d'une documentation nouvelle, en partie par la reprise, sur des bases plus méthodologiques et théoriques, du débat concernant l'interprétation des données déjà connues[1]. Les résultats obtenus ont été importants, amenant des changements profonds dans la vision courante des civilisations de l'Âge du Fer, qui se forment et s'organisent à cette époque. On s'est en particulier rendu compte qu'en ce qui concerne plus spécialement l'histoire syrienne et mésopotamienne, la question de la formation des états syro-hittites et araméens, de leur culture et de leur civilisation aux débuts de l'Âge du Fer, doit être étudiée et discutée dans ce contexte historique général, et pas uniquement, comme on l'a souvent fait, par rapport à la politique expansionniste néo-assyrienne[2].

L'image couramment admise de la relative stabilité économique et sociale, et de la richesse de la production matérielle, artistique et culturelle, acquises par les sociétés urbaines de la Méditerranéenne orientale et de Syrie occidentale pendant le 13e siècle, en partie grâce aux équilibres garantis par quelques grandes puissances – Assyrie, Hatti, Égypte – ne fait que rendre plus dramatique la présentation des phénomènes qui marquent ces mêmes sociétés au 12e siècle, déterminant leur déclin ou même leur écroulement. La constatation de la diffusion générale des symptômes d'une crise et, par la suite, de ses effets désastreux, dans les sociétés méditerranéennes et orientales, a déterminé l'élaboration du concept de "catastrophe"[3] – naturelle et écologique[4], ethnique et sociale, économique et politique[5] selon les différentes écoles – qui, autour des années 1200, mettrait un terme au pouvoir et au développement des "empires" de l'Âge du Bronze au Proche-Orient et de la civilisation mycénienne dans la Méditerranée orientale. Ce thème est devenu presque classique pour évoquer et expliquer la série de transformations profondes et de modifications radicales qu'on constate dans la culture, la religion, l'idéologie et l'organisation politique de ces mêmes sociétés à l'Âge du Fer.

Le Moyen-Euphrate, la Syrie du nord et la Mésopotamie en général occupent dans ce débat une place particulière. Dans la mesure où l'origine de la crise a été recherchée dans des phénomènes naturels, politiques ou économiques développés en Méditerranée orientale et aboutissant au débarquement des "Peuples de la Mer" sur les côtes syriennes et cananéennes, la Mésopotamie semble devoir rester exclue de ce cadre historique. Toutefois, la constatation, à la même époque qu'en Occident, de processus très semblables de déstructuration dans les états mésopotamiens, ainsi que la ressemblance frappante des conséquences de cette crise dans tout le Proche-Orient – et principalement l'avènement d'états "nationaux" à l'Âge du Fer[6] – sont autant de convergences qui ont imposé une lecture globale de cette période de transition à l'aube d'un nouvel ordre international.

---

[1] Hallo 1992; Muhly 1992.

[2] Sader 1992; McClellan 1992 et 1993.

[3] Drews 1993: 3-30.

[4] Théories principales résumées dans Drews 1993: 33-47 et 77-90; pour la Mésopotamie, voir aussi Brinkman 1984b; Neumann - Parpola 1987; Zettler 1992.

[5] Liverani 1986; Tadmor 1979.

[6] Liverani 1988: 654-660.

Le concept le plus généralement associé à celui de "crise", dans le débat concernant cette époque, est celui d'"invasion"[7]. Selon cette interprétation, l'écroulement de la civilisation ancienne et le remplacement de ses structures par de nouveaux systèmes s'expliquent par l'apparition d'une ou plusieurs populations "étrangères" dans une région donnée, attestée par les caractéristiques linguistiques nouvelles de certains noms propres cités dans les textes, par la présence d'une typologie particulière de céramique et, surtout, par des traces de destruction violente dans les couches archéologiques contemporaines. Le contexte de la "crise des 1200" représente en effet une des périodes dans lesquelles l'importance de l'élément ethnique et de ses variations dans la dynamique des transformations politiques et culturelle semble la plus claire et la plus indiscutable: les incursions et l'invasion des "Peuples de la Mer" sur les côtes méditerranéennes, des Achéens, des Gasga et des Phrygiens en Anatolie, des Araméens en Syrie et en Mésopotamie[8] sont considérées comme autant de facteurs de première importance dans le développement de l'histoire de la période, comme l'affirment d'ailleurs explicitement les sources documentaires égyptiennes, assyriennes et babyloniennes contemporaines.

Même après l'intégration, dans l'historiographie moderne, des critiques radicales émises, pour le Proche-Orient, à propos des modèles des "vagues d'invasion" d'époque akkadienne et amorrite[9], l'idée que des mouvements d'immigration de masse caractérisent cette époque tant en Anatolie qu'en Syrie, en Palestine et en Mésopotamie du nord, reste fréquemment utilisée dans les recherches historiques et archéologiques, non sans soulever de violentes polémiques. Ces mouvements de populations sont tour à tour présentés comme les causes ou la conséquence des phénomènes d'affaiblissement et de crise des empires du Bronze Récent[10]; mais de toute façon on admet sans hésitation qu'il faut les considérer comme un facteur décisif de changement et d'innovation dans la culture, la mentalité, et dans la structure même de la société. Si la présence d'une population d'origine non locale est prouvée dans le cadre syrien occidental, palestinien et égyptien[11], c'est surtout en extrapolant à partir de cette situation – et en considérant les conflits entre les états assyrien et babylonien d'une part et les Araméens de l'autre, comme des réactions à un mouvement d'invasion de masse d'une population nomade à la recherche d'un territoire pour se sédentariser[12]– que l'on a pu appliquer le même raisonnement à la Mésopotamie orientale.

Ce processus général de transformation de la société, de la langue, de l'écriture et des techniques se concrétisera et se manifestera, dans la première partie de l'Âge du Fer, à travers la formation de nouvelles entités politiques autonomes et la création de nouvelles structures d'administration du pouvoir, les monarchies "nationales", fondées sur des bases régionales. C'est l'époque où l'on assiste à la fondation des états et des royaumes araméens[13], syro-hittites[14], phéniciens[15] et d'Israël[16]. Il n'y a pas un vrai consensus parmi les historiens sur l'apport effectif de ces nouvelles populations à la formation de la culture locale des états syro-palestiniens de l'Âge du Fer, sauf celui, par ailleurs très important, d'avoir mis fin, par la force, aux anciens systèmes politiques. En effet, en analysant la civilisation syrienne et mésopotamienne du Ier millénaire, la critique historique semble avoir toujours préféré souligner les aspects de continuité et de développement par rapport aux traditions des empires du Bronze Récent, surtout dans les régions où l'avancée des envahisseurs n'avait pas provoqué la destruction des centres urbains principaux. La culture de la constellation des états créés en Mésopotamie du nord a en effet pu être décrite, de façon cohérente, comme "néo-hittite"[17], bien que l'empire hittite ait disparu depuis presque deux siècles. De la même façon, l'influence exercée par le modèle assyrien sur l'art et la littérature araméenne du Ier millénaire a été considérée comme tellement forte qu'elle a déterminé la suppression du concept même d'"art araméen", qui n'est vu que comme une variante secondaire et provinciale de la production assyrienne classique[18].

La situation semble différente quand on considère la structure politique de ces états. La renonciation à une expansion territoriale large, ainsi que le caractère "tribal" de leur organisation sociale, correspondant, au moins en ce qui concerne les Araméens, à leurs origines semi-nomades, sont en général des facteurs

---

7 Drews 1993: 48-72.

8 Garelli - Nikiprowetzky 1974: 47-52; Dever 1992.

9 Voir ci-dessus, § 1.2.3.; en général, Kupper 1957.

10 Sader 1992.

11 Dothan 1992; Dever 1992; Drews 1993: 53-72.

12 Dupont-Sommer 1949: 15-32; Malamat 1973; Rowton 1987.

13 Sader 1987.

14 Hawkins 1982.

15 Liverani 1988: 693-697.

16 Yadin 1979; Weippert 1979; voir aussi Finkelstein 1988, et critiques dans Thompson 1992.

17 Voir discussion dans Hawkins 1974; pour l'interprétation historique et artistique, Orthmann 1971.

18 O'Callaghan 1948: 111-118; Frankfort 1970; Mallowan 1972.

considérés comme de vraies innovations qui distinguent ces royaumes des empires de l'époque précédente. Toutefois, ce genre d'analyse, dans la perspective d'une étude de la continuité, est sérieusement limité par le manque d'une documentation directe, textuelle, matérielle, artistique correspondant à la période de la formation de ces états. La "crise des 1200" constitue le début d'un "âge obscur" qui va durer au moins jusqu'au 9e siècle, quand les nouveaux états syriens commenceront à produire textes, art et architecture illustrant le niveau auquel leur civilisation est parvenue, après plus d'un siècle de silence.

L'évocation d'un "Âge obscur", qui fait suite à une période de guerre et d'invasions, constitue le troisième volet du discours historique courant à propos du passage de l'Âge du Bronze à l'Âge du Fer. W.F. Albright[19], qui, l'empruntant à l'histoire du monde égéen contemporain, a été le premier à appliquer ces termes aux débuts de l'Âge du Fer, s'était efforcé, dans le même article, de montrer que le parallélisme n'était en réalité pas valable, la documentation archéologique proche-orientale étant à son avis abondante pour la période, une fois éclaircis les problèmes de datation. Malgré cela, le thème de l'"Âge obscur" continuera à être associé à cette époque d'une façon récurrente dans l'histoire de la Mésopotamie orientale et on continuera à admettre que la raréfaction de la documentation écrite constitue un obstacle apparemment insurmontable dans la reconstitution et la compréhension des événements politiques à la fin du IIe millénaire.

Cet "Âge obscur" des débuts de l'Âge du Fer – le deuxième en Mésopotamie, après celui qui a suivi la chute de Babylone[20] – s'insère très logiquement dans la série, après "invasion" et "crise", parce qu'il paraît correspondre au temps nécessaire à des populations étrangères, dont certaines d'origine semi-nomade, pour s'intégrer dans le tissu de la civilisation urbaine des villes qu'ils viennent d'investir, apprenant et s'appropriant des techniques et des formes nécessaires à la création et à la communication intellectuelle et artistique[21]. Dans ce processus, Mésopotamie et Syrie orientale se détachent sensiblement de la Syrie nord-occidentale et méridionale, la ligne de partage se situant le long du Khabour. Si toute la culture urbaine du Proche-Orient à l'Âge du Fer reprend à son compte l'ensemble des traditions classiques mésopotamiennes et syriennes, conservées dans les écoles scribales et dans les ateliers des palais de l'époque d'El Amarna, seules par contre les sociétés de Mésopotamie orientale vont conserver le cunéiforme comme moyen de communication privilégié. Lorsque des sources écrites datables réapparaissent en Syrie occidentale, le cunéiforme n'y est plus le système d'écriture standard. Il a été abandonné en faveur d'autres écritures, connues depuis le Bronze Récent, mais dont l'usage était resté limité à des régions et à des contextes spécifiques. Les caractères hiéroglyphiques louvites deviennent ainsi l'instrument de communication officiel des royautés en Syrie du nord[22], tandis que l'alphabet syrien s'impose désormais dans tous les états araméens pour transcrire des textes rédigés dans les différents dialectes sémitiques locaux[23]. Une exception remarquable est constituée par les vallées du Moyen-Euphrate et du Khabour, où, encore au 9e siècle, est attestée une production scribale en akkadien et en cunéiforme, associée par la suite à des textes araméens[24].

L'importance chronologique attribuée à cette phase de gestation de la culture orientale du Ier millénaire, qui aurait duré plus d'un siècle – un siècle de silence et de vide documentaire – a eu dans l'historiographie moderne un double effet. D'une part, elle a permis de souligner les aspects nouveaux de la civilisation syrienne du Ier millénaire, surtout dans l'idéologie religieuse et dans la réflexion morale, et les effets de rupture par rapport aux traditions anciennes du Bronze Récent. De l'autre, elle a confirmé et mieux fait ressortir le caractère barbare des populations responsables des invasions et de la crise des civilisations du Bronze Récent. En ce qui concerne les Araméens, l'application de ce modèle d'interprétation à la documentation textuelle les concernant a provoqué le renforcement et la banalisation de leur image, comme elle est présentée par les inscriptions royales assyriennes. Dans ce contexte, ils apparaissent en effet comme des populations nomades occupant les hauts plateaux syriens, sans relations avec la culture et les centres urbains de la région, qui d'ailleurs n'ont plus aucune importance politique ni économique[25].

À la fin de l'"Âge obscur", le Proche-Orient ancien apparaît comme organisé selon un partage régional nouveau marqué par la sortie définitive de la scène historique de l'empire hittite et, en général, de l'Anatolie centrale, qui ne pourra plus interférer de façon directe dans l'histoire mésopotamienne et syrienne. Ce partage semble déterminé, au moins partiellement, par l'impact des invasions barbares sur les

---

[19] Albright 1956.

[20] Garelli 1969: 138-155.

[21] Rowton 1976: 24-29, et 1987. Sur le processus contraire d'"aramaïsation" de l'Assyrie et de la Babylonie au Ier millénaire, voir Tadmor 1982 et Garelli 1982.

[22] Hawkins - Morpurgo-Davies 1973, 1976; Mora 1998 et 1999.

[23] Liverani 1988: 648.

[24] Tournay - Saouaf 1952; Sader 1987: 11-14; Abou-Assaf - Bordreuil - Millard 1982.

[25] Postgate 1981; Malbran-Labat 1981; voir aussi McClellan 1992.

différents territoires et surtout par l'origine de ces envahisseurs[26]. La Syrie du nord jusqu'au niveau d'Alep, le piémont du Taurus et la vallée du haut Euphrate sont maintenant occupés par une série d'états définis comme "néo-hittites", dont les rois portent des noms anatoliens et louvites, et s'expriment à travers des textes hiéroglyphiques louvites[27]. Les destructions apportées par les invasions des "Peuples de la Mer", qui ont fait disparaître Ougarit et Émar[28] de l'horizon politique de l'époque, ne semblent pas avoir touché directement cette partie de la Syrie, bien que les sources égyptiennes affirment que Karkémish aussi a été victime de l'invasion[29]. De toute façon, la civilisation qui s'y développe semble dériver directement de celle de l'empire hittite, sans garder trace d'une présence étrangère durable.

La côte méditerranéenne présente une situation relativement ambiguë: à l'exception d'Ougarit et de sa région, elle ne semble avoir subi aucune agression étrangère, et, au contraire, les villes qui formeront au Ier millénaire la Phénicie semblent s'y développer même pendant cette période de crise. La culture phénicienne reste d'ailleurs le contexte qui révèle le mieux la continuité entre les traditions cananéennes de l'Âge du Bronze et celles de l'Âge du Fer. La Palestine est sans doute la région qui a été la plus marquée par les invasions des Peuples de la Mer et qui a gardé les traces les plus profondes de l'impact culturel des nouveaux peuples: repoussés par l'Égypte, après avoir détruit les royaumes cananéens, les Philistins constituent une confédération de villes-états contre lesquelles les tribus israélites dans le récit biblique vont se battre au moment de leur entrée en Canaan[30]. La formation des royaumes araméens, édomite, moabite et israélite est un des phénomènes les plus importants et les plus significatifs de toute l'époque. Sans avoir des précédents historiques précis, ces états représentent la réalisation politique la plus nouvelle de l'Âge du Fer et leur développement peut être étudié non seulement à travers l'analyse des récits bibliques, mais surtout grâce à des données archéologiques et, à partir du milieu du 9e siècle, grâce à la production locale d'inscriptions royales.

Au début du Ier millénaire, quand la documentation fournie par les inscriptions royales assyriennes reprend, Mésopotamie et Syrie continentale – Djéziré et Shamiyé – montrent une situation complexe que le manque des données directes ne fait que rendre plus obscure encore. Selon la reconstitution historique traditionnelle, l'Assyrie et la Babylonie ont traversé les phases d'invasion, crise et âge obscur parallèlement à la Syrie occidentale pendant les 12e et 11e siècles, qui ont vu la crise et l'écroulement de l'empire médio-assyrien et de l'état babylonien gouverné par la seconde dynastie d'Isin[31]. L'infiltration progressive et l'agression de populations araméennes nomades, fréquemment évoquées dans les textes, sont considérées comme ayant joué un rôle très important dans ces événements. Tandis qu'en Babylonie l'état survit dans une situation précaire au moins jusqu'au début du 9e siècle, déjà pendant les 10e et 9e siècles l'Assyrie montre les signes d'une certaine réorganisation, marquée par la reprise d'activités militaires en Mésopotamie du nord et dans le Moyen-Euphrate. Ces campagnes sont destinées à récupérer le contrôle des territoires qui avaient déjà fait partie de l'empire médio-assyrien ou du royaume de Tiglat-Phalazar Ier, mais qui avaient été occupés ensuite par des tribus araméennes[32].

La vague d'invasion araméenne qui, selon la théorie traditionnelle, aurait recouvert à la fin de l'Âge du Bronze toute cette région, a abouti à des résultats localement différents: là où il y avait un certain vide politique, comme en Syrie méridionale, la sédentarisation rapide de ces populations a abouti à la création d'états araméens, comme celui d'Aram-Zobah[33], dès le 11e siècle, ou encore du Bît-Adini[34], du Bît-Agusi[35] ou du Bît-Baḫiani[36] dans la Djéziré à l'ouest du Khabour. Par contre, dans le Moyen-Euphrate et la Djéziré orientale, relativement proches du cœur du pays assyrien, et où l'emprise de la colonisation médio-assyrienne avait été particulièrement forte, le processus de sédentarisation des tribus nomades semble avoir été contrarié par une réelle résistance de l'armée assyrienne pendant tout le 11e siècle[37]. Par conséquent, les tribus araméennes se sont établies dans ces régions d'une façon apparemment moins organisée et structurée par rapport à l'unité acquise par les autres clans en Syrie occidentale et méridionale. Elles pourront

[26] Drews 1993: 10-17.
[27] Hawkins 1982, 1993 et 2000.
[28] Yon 1992; Arnaud 1975.
[29] Hawkins 1980a.
[30] Dever 1992; Finkelstein 1988.
[31] Liverani 1988: 751-773; Brinkman 1968 et 1984a; Zettler 1992; Porada 1992.
[32] Grayson 1976.
[33] Pitard 1987: 81-97; Bordreuil 1993c: 256. Dion 1997: 172-177.
[34] Sader 1987: 47-98; Bordreuil 1993c: 252. Dion 1997: 86-98.
[35] Sader 1987: 99-152; Bordreuil 1993c: 253. Dion 1997: 113-136.
[36] Sader 1987: 5-46; Bordreuil 1993c: 252. Dion 1997: 38-48.
[37] Voir les récits des luttes anti-araméennes dans les inscriptions de Assur-bel-kala; cf. Grayson 1991: 99-105.

ainsi être réabsorbées sans trop de difficulté par la structure administrative assyrienne sous les règnes d'Adad-nirâri II et de Tukulti-Ninurta II[38].

Le modèle déterminé par la séquence invasion / crise / âge obscur, organisant toute la reconstruction historique de la période du passage du Bronze Récent à l'Âge du Fer tant en Syrie qu'en Mésopotamie, a été systématiquement remis en cause, dans les derniers vingt ans, par l'élaboration d'études approfondies fondées sur de nouvelles analyses de la documentation archéologique et textuelle, ainsi que sur l'interprétation générale de l'histoire des sociétés formées à cette époque. En raison de son caractère éminemment théorique, ce débat n'a pas encore trouvé une issue définitive et il reste ouvert, constamment alimenté par de nouvelles découvertes et de nouvelles démarches méthodologiques. La formation de différentes "écoles" d'interprétation des mêmes phénomènes historiques est à l'origine d'une situation où des théories diverses, parfois en évidente contradiction les unes par rapport aux autres, peuvent continuer à circuler en même temps et à se reproduire sans pour autant arriver à s'imposer ou à s'éliminer automatiquement. L'impossibilité de dominer l'ensemble des données, l'extension internationale même des phénomènes observés et le partage de la documentation entre les champs de disciplines diverses favorisent un usage relativement libre et assez variable des différents modèles; usage qui semble dépendre non seulement de l'interprétation spécifique des matériaux analysés, mais aussi des positions idéologiques préalables du chercheur.

Ainsi les critiques portées a cette séquence invasion / crise / âge obscur des 1200, dans plusieurs travaux scientifiques récents, n'ont pas déterminé la construction d'un modèle alternatif qui soit applicable, en tant que tel, à toute l'histoire de cette période dans tout le Proche-Orient. Tout en développant des thèmes de recherche spécifiques, dans des contextes régionaux et à l'intérieur de traditions littéraires et artistiques définies, ou en faisant référence à une documentation archéologique précise, ces travaux ont toutefois fait remarquablement progresser la réflexion historique générale. Modifiant dans un secteur particulier le cadre historique général, ils remettent en discussion concepts et définitions utilisés automatiquement selon le principe même du modèle et créent l'espace pour des recherches nouvelles. Dans le cadre de la présentation de la situation historique et politique de la Syrie du nord et du Moyen-Euphrate au début de l'Âge du Fer, on proposera ici l'analyse de quelques aspects seulement de cette problématique et de ses développements actuels, surtout dans la mesure où ils rentrent en ligne de compte dans la compréhension de la formation des états araméens de Syrie et de leur culture.

3.2. La situation historique en Palestine et en Syrie

C'est autour de la relation entre la crise des empires et des états en Mésopotamie, Syrie et Palestine et les "invasions" par des populations d'origine étrangère, qu'a été articulé un des modèle les plus étudiés et les plus discutés concernant cette période. Une des critiques principales, celle qui a eu les conséquences les plus notables sur le plan scientifique, a été développée dans le contexte des recherches bibliques, dans le cadre de l'interprétation du processus qui a amené les tribus israélites à s'installer en Palestine et à fonder l'état et la monarchie d'Israël[39]. Comme nous l'avons déjà vu dans notre discussion du modèle des relations entre nomades et sédentaires, une partie très importante de la critique du concept crise-invasion a été développée par G.E. Mendenhall[40] qui a essayé de montrer que la problématique de la confrontation ethnique n'avait rien à voir avec le processus du changement culturel et social lié à la fondation de l'état israélite au début de l'Âge du Fer.

Au départ de sa démarche, il propose la critique de deux autres modèles qui utilisent tant les données bibliques que les résultats des fouilles en cours en Palestine: l'un, sans doute celui qui est le plus contesté, est dit "de la conquête israélite", élaboré par W.F. Albright[41], qui accepte comme historique le récit biblique du processus d'invasion de la Palestine par la confédération des tribus israélites, ayant provoqué la destruction des centres cananéens. Albright considère que les données archéologiques en apportent la confirmation.

Selon l'autre, proposé par A. Alt et développé récemment par M. Weippert[42], la formation de l'état serait le résultat final d'un mouvement pacifique et progressif de sédentarisation de tribus semi-nomades, déjà liées aux populations locales dans une relation "dimorphique", et qui vont occuper des territoires marginaux par rapport aux zones agricoles contrôlées par les villes. Si, au moment de l'installation en

---

[38] Voir le chapitre suivant, Annexe 1, et Grayson 1991: 147-155 (Adad-nirâri II) et 170-179 (Tukulti-Ninurta II).

[39] Voir en général Lemaire 1982; Finkelstein 1988; Lemche 1988; Thompson 1992.

[40] Mendenhall 1962 et 1973.

[41] Albright 1956; cf. aussi Yadin 1979 et Dever 1992.

[42] Weippert 1971 et 1979.

Palestine, ces clans semi-nomades n'ont aucune forme d'organisation politique et religieuse qui les distingue de la population locale, cette situation change lorsque les tribus vont élargir leur zone d'exploitation agricole aux dépens des villes cananéennes, entrant ainsi en contact direct et parfois en conflit avec elles. Le processus de la conquête est ainsi vu comme l'infiltration relativement pacifique des tribus semi-nomades dans le tissu social et politique urbain, qui va déterminer la création de la société israélite de l'époque de la monarchie de Saül et de David[43].

Devant le caractère irréconciliable de ces deux interprétations historiques d'une même série des données, Mendenhall élabore un nouveau modèle, qui devrait transcender les oppositions établies par les autres. Dans un article resté célèbre, il présente en 1962 sa théorie: la société urbaine et palatiale de Canaan du Bronze Récent exploite excessivement – peut-être poussée par les exigences fiscales des Egyptiens, seigneurs de la région – la population rurale dépendant de la ville, déterminant son "retrait", son éloignement, idéologique mais aussi réel, des centres urbains et sa transformation en groupes semi-nomades, impliquant un refus des relations politiques et économiques imposées par l'état et cherchant par contre des nouvelles solidarités dans l'organisation tribale. Allant occuper d'abord de nouveaux territoires, cette population reste en contact avec les villes anciennes, dont elle était originaire, puis elle en reprend possession, selon un processus révolutionnaire qui aboutira à la fondation de l'état israélite.

Le discours développé par Mendenhall et, après lui, par N.K. Gottwald[44] – par ailleurs critiqué à plusieurs reprises – est très intéressant et très important dans la discussion sur la formation de la société et des états araméens. D'abord parce qu'il élimine complètement la notion de population "étrangère", tant comme vagues d'occupants belliqueux (cf. Albright) que comme culture différente (nomades *vs.* sédentaires, cf. Alt), en tant que cause de la crise des institutions palatiales du Bronze Récent. Ensuite parce qu'il met en évidence le fait qu'une différence qui est initialement économique (exploiteurs *vs.* exploités, palais *vs.* village) et, par la suite, politique et religieuse (cananéens *vs.* "yahwistes") est susceptible d'être interprétée dans les traditions littéraires et historiques postérieures comme une différence ethnique et donc culturelle[45].

L'organisation de cette catégorie sociale de gens qui se "retirent" du contexte politique urbain au début de l'Âge du Fer coïncide en général avec le phénomène de formation des groupes de *Ḫapiru*[46], qui est d'abord attestée en Syrie du nord, dans le contexte des sociétés dimorphiques dès le Bronze Moyen. Le modèle de Mendenhall, réunissant au fond des phénomènes et des mécanismes de comportement politique présents tant dans la société cananéenne que dans le milieu amorrite, est intéressant aussi pour la recherche sur le contexte historique du Moyen-Euphrate parce qu'il montre une situation dans laquelle la population d'un territoire spécifique peut se diviser et se séparer pour des raisons économiques et politiques, élaborant des comportements et des programmes politiques différents, tout en continuant à partager une même culture, matérielle et intellectuelle. Dans cette perspective, Mendenhall considère que le partage entre nomade et sédentaire à l'intérieur d'une même société n'est pas utilisable en soi pour expliquer les dynamiques politiques internes ou externes par rapport à d'autres pouvoirs.

C'est manifestement selon le même modèle que sont organisées les recherches développées par M. Liverani et d'autres sur l'organisation politique et sociale du monde syrien du Bronze Récent. Montrant de quelle façon l'organisation du palais et le fonctionnement de la royauté syrienne arrivent à détruire leur base sociale et à perdre leur pouvoir au profit d'une classe d'aristocrates-fonctionnaires, Liverani peut expliquer la catastrophe qui emporte les palais cananéens et ougaritique sous l'attaque des Peuples de la Mer comme l'effet final d'une crise, dans le cadre d'un système social spécifique[47]. La formation d'une classe sociale de déshérités qui ne partagent plus aucune valeur ni aucun intérêt économique avec l'organisation urbaine étatique, les *Ḫapiru*, est ainsi déterminée directement par le palais. Sortant du contrôle politique de l'état, et, par la suite, avec l'écroulement des institutions liées au pouvoir du palais royal, s'agrégeant aux tribus semi-nomades d'éleveurs dans les steppes syriennes[48], les *Ḫapiru* vont constituer une partie de la base sociale sur laquelle se fondent les états syriens du Ier millénaire et en particulier les états araméens.

---

43 Lemche 1991 et 1993.

44 Gottwald 1979.

45 Pour le même type de phénomène, concernant les *Ḫapiru*, cf. Na'aman 1986; concernant les paysans amorrites du Moyen-Euphrate, voir Buccellati 1992 et 1993.

46 Voir encore Na'aman 1986, avec vaste bibliographie.

47 Liverani 1974, 1975, 1986; 1988: 629-642.

48 Sader 1992.

La question des relations historiques et culturelles entre états araméens et autres états "nationaux" fondés sur une base ethnique ou tribale qui se déclare différente, comme Israël, Moab, Édom, a été relativement peu étudiée, au delà des problèmes idéologiques posés par les généalogies contenues dans la tradition biblique[49]. Pourtant, elle peut se révéler centrale pour permettre de comparer la formation des états araméens pour laquelle il n'y a pratiquement pas de documentation directe, avec la formation des états palestiniens et israélites, pour lesquels tant les textes bibliques que la recherche archéologique peuvent fournir des données importantes. La tradition biblique montre uniquement qu'en Israël a perduré longtemps la perception d'une certaine solidarité – exprimée par exemple au moyen des listes généalogiques – avec les autres populations installées dans les régions environnantes, s'opposant à la perception totalement négative qu'on avait des relations avec les villes cananéennes ou philistines. M. Weippert a souligné que ce lien remontait peut-être à une époque où toute la population de la Transjordanie, comprenant les clans qui plus tard vont constituer la fédération israélite, partageait un type de vie semi-nomade[50]. Ce lien est coupé et censuré dans la tradition postérieure, après la sédentarisation, quand les conflits d'intérêts sur la propriété de la terre auront prévalu sur les plus anciennes conceptions politiques. Dans l'hypothèse avancée par Mendenhall, l'exclusion ethnique et tribale manifestée dans les récits bibliques n'est que le reflet d'une exclusion politique, due au refus, de la part des autres populations, d'accepter d'entrer dans l'alliance avec Yahvé[51].

Les résultats de recherches archéologiques récentes en Jordanie et en Transjordanie, comparées aux données extraites de la documentation égyptienne ainsi que des textes bibliques, semblent prouver que toutes les sociétés semi-nomades installées dans cette région dès le début du second millénaire sont organisées selon un système tribal dimorphique, liant villes, villages et campements dans un ensemble unique, pratiquant en même temps l'élevage et l'agriculture sèche. Le partage d'une même structure dimorphique permet d'établir un rapport direct et même un contact culturel entre les populations amorrites de la Djéziré et les tribus en Palestine et en Jordanie[52]. Dans cette perspective, l'histoire de la sédentarisation et de la formation des états en Palestine au moment du passage du Bronze Récent au Fer, comme transformation d'un système dimorphique dans ce contexte historique précis, semble pouvoir fournir un modèle pour comprendre la formation des états araméens dans le Moyen-Euphrate. En outre, des tribus araméennes, si elles faisaient déjà partie de la population semi-nomade de la région, auraient pu prendre part directement au processus de sédentarisation et de fondation de l'état.

Une analyse récente des conditions historiques et sociales aboutissant à la fondation de l'état moabite à l'Âge du Fer semble prouver que ce processus a eu un développement commun à celui qui a déterminé la naissance d'Israël, selon le modèle élaboré par Alt et Weippert. La formation de l'état moabite paraît largement contemporaine de la sédentarisation de la population semi-nomade de la région, sans que les raisons de ce mouvement puissent être vraiment éclaircies[53]. Weippert, à propos de l'occupation de la Palestine de la part des tribus israélites, avait déjà exprimé l'opinion qu'un accroissement démographique important et rapide, sans doute lié à l'arrivée dans la région d'autres populations semi-nomades (les Araméens?) peut avoir poussé la population à se spécialiser dans la production de nourriture par le travail agricole[54]. L'acquisition récente de nouvelles techniques pour conserver l'eau dans les citernes, pour augmenter la surface des champs sur le flanc des collines grâce à la construction de terrasses retenues par des murs en pierre sèche, ainsi que l'usage d'un nouvel outillage en fer, auraient rendu ce changement possible et rentable[55]. La sédentarisation et la construction de l'état, à Moab comme en Israël, semblent comporter la transformation des liens originellement non politiques – réunissant les membres d'un clan ou d'une tribu sous l'autorité du chef tribal dont la légitimité du pouvoir vient de cette même structure tribale et se justifie par des intérêts communs – en rapports politiques nouveaux, révélés par l'apparition de la royauté, à l'intérieur de la structure étatique qui caractérise le milieu urbain. Cette transformation ne se réalise pas d'une façon spontanée. En général, elle est le résultat de contacts prolongés avec une autre structure étatique forte et développée, ou bien elle se réalise à l'occasion d'une pression politique et militaire déterminée[56].

---

[49] Voir, par exemple, Ishida 1979 et Lemaire 1988; les relations entre les tribus israélites et les Araméens ont été étudiées dans Mazar 1962. En général, pour l'histoire de la Transjordanie à cette époque, voir maintenant Bienkowski 1993.

[50] Weippert 1979 et Finkelstein 1988.

[51] Mendenhall 1973, *passim*.

[52] Worschech 1992; Ottosson 1993; voir aussi Weippert 1970; en général, sur ce type de modèle Marfoe 1979.

[53] Worschech 1992; voir aussi Knauf 1992; Maxwell Miller 1992.

[54] Weippert 1979.

[55] Dever 1992; mais cf., *contra*, Finkelstein 1988.

[56] Worschech 1992; cf. Matthews 1978.

En ce qui concerne la Syrie méridionale, où des états araméens se sont plus anciennement manifestés comme entités politiques autonomes, le passage du Bronze Récent à l'Âge du Fer est effectivement un âge obscur, sans documentation. L'existence d'un royaume local à Damas, sous contrôle égyptien, est évident dans la documentation d'El Amarna; mais à partir de 1200, avec l'invasion des Peuples de la Mer, l'Égypte n'est plus présente politiquement dans la région. Un petit état cananéen local, situé dans la Beqa'a, conservant sans doute les traditions politiques du Bronze Récent, sera par la suite intégré dans le royaume d'Aram-Zobah. Attesté dans les récits bibliques, cet état araméen occupe la région qui va de Hamat, à la frontière avec les territoires contrôlés par les royaumes syro-hittites, au moins jusqu'à la Beqa'a, au Liban; Damas n'est pas la capitale, mais seulement un royaume vassal, situé toutefois dans une position clé sur les routes commerciales reliant la Syrie et la Mésopotamie à l'Égypte et aux côtes d'Arabie[57].

L'explosion d'un conflit, au 10e siècle, entre le roi d'Aram-Zobah, Hadad-ezer Ier, et le roi David, dont le récit se trouve dans le livre des Chroniques, a permis la transmission de quelques détails sur la structure de cet état araméen, dont le contrôle à cette époque arrive jusqu'à l'Euphrate. En effet, pendant la guerre menée par David contre les Ammonites, vassaux d'Aram-Zobah, une armée vient de la Djéziré pour soutenir l'intervention d'Aram-Zobah en faveur de ses alliés. Par la suite cette "province" de la Djéziré se révolte et Hadad-ezer Ier est attaqué par surprise par David pendant qu'il essaie de reprendre le contrôle de la situation[58]. Pendant le règne de Salomon, plusieurs états araméens entrent dans la mouvance de l'état d'Israël, comme vassaux ou comme provinces administrées par des gouverneurs. Si Salomon affirme avoir occupé Tadmor-Palmyre, au centre du territoire considéré comme araméen par excellence, et avoir ainsi contrôlé les routes commerciales du désert, un prince édomite-araméen appelé Hadad peut, avec l'aide de l'Égypte, rétablir l'indépendance politique d'Édom[59]. Rezon, un officier d'Aram-Zobah, s'affranchissant de l'autorité de son roi, occupe Damas qui va devenir un des centres les plus importants du monde araméen au 8e siècle[60].

3.3. Les centres syro-hittites et paléo-araméens en Syrie du nord et en Anatolie méridionale

Bien que J.D. Hawkins, commençant sa contribution magistrale concernant l'histoire des états néo-hittites, dans un volume récent de la Cambridge Ancient History, évoque encore le modèle invasion / crise / âge obscur pour résumer l'état de la situation au début de l'Âge du Fer en Syrie et Anatolie[61], ce sont en réalité les derniers développements de la recherche archéologique, historique et en histoire de l'art, dans le domaine syro-hittite, qui ont permis d'apporter une nouvelle série de critiques à la vision traditionnelle de la "crise des 1200" au Proche-Orient.

Des découvertes archéologiques et épigraphiques récentes[62], ainsi que l'établissement d'une chronologie pour les règnes d'une série de dynastes syro-hittites[63], ont montré qu'en ce qui concerne ces régions, le passage à l'Âge du Fer n'a comporté aucune fracture fondamentale dans le développement de la civilisation, qu'il n'y a pas eu d'invasions étrangères et surtout qu'il n'y a pas d'"âge obscur" séparant l'époque de la fin de l'empire hittite de celle de la formation des états actifs pendant le Ier millénaire. La continuité de la domination de la dynastie impériale hittite en Anatolie méridionale, à travers les successeurs légitimes des rois de Hattuša, a déjà été prouvée par les études concernant la famille royale de Karkémish qui descend directement de Šuppiluliuma Ier à travers la nomination de son fils Šarri-kušuḫ comme roi de la ville sur l'Euphrate, jusqu'à Talmi-Teššub. Son fils et successeur Kuzi-Teššub portera aussi, avec le titre de roi de Karkémish, le titre de "Grand Roi" hittite après la chute de la capitale et la disparition de la branche principale de la dynastie. Par la suite, deux de ses descendants occupent aussi le trône de Malatya[64]. Les relations entre la dynastie hittite de Hattuša et celle de la ville de Tarḫuntašša, une capitale fondée par Muwatalli II sur le Halys, illustrées par la découverte récente d'une série de textes et de sceaux royaux, pourraient se structurer de la même façon, d'un point de vue institutionnel, bien que de façon plus conflictuelle et avec des conséquences plus graves pour l'histoire de la dynastie[65]. La dépendance historique de leurs états vis-à-vis de l'empire anatolien du Bronze Récent, reconnue officiellement par les rois

[57] Pitard 1987: 87-90. Pour l'importance du commerce international comme facteur économique dans les sociétés araméennes, voir Liverani 1986; Schwartz 1989.

[58] Pitard 1987: 91-95.

[59] Lemaire 1988.

[60] Sader 1987: 231-270; Bordreuil 1993c: 256-257.

[61] Hawkins 1982.

[62] Güterbock 1992; Hoffner 1992; voir maintenant Hawkins 2000.

[63] Hawkins 1972, 1972b, 1982; Mazzoni 1977, 1981, 1982. Voir aussi Genge 1979.

[64] Güterbock 1992; Liverani 1988: 736-750.

[65] Hoffner 1992.

syro-hittites, explique et justifie l'habitude assyrienne de se référer à ces régions par le terme de "grand pays de Hatti"[66].

À la continuité dynastique et idéologique illustrée par la titulature royale des souverains de Karkémish et de Malatya, correspond aussi la continuité historique, culturelle et artistique qui ressort de l'analyse des matériaux archéologiques, reliefs, inscriptions, architecture, provenant des principaux sites de Syrie du nord et d'Anatolie sud-orientale[67]. Les difficultés dans l'exploitation de toutes ces données, pourtant disponibles pour la recherche souvent depuis longtemps, provenaient essentiellement de l'impossibilité de dater avec une précision suffisante la documentation existante et en particulier les grandes séries de reliefs sur orthostates qui décoraient les façades et les murs des principales structures architecturales des villes. Leur caractère monumental et leur qualité artistique et iconographique, surtout en ce qui concerne la production de Karkémish, ont laissé supposer leur dépendance directe de l'art néo-assyrien, considéré comme seul capable, au Ier millénaire, de développer et réaliser un programme architectural et décoratif de cette envergure et de ces dimensions[68]. Pour cette raison, toute l'histoire des villes syro-hittites a longtemps été située dans la chronologie à des époques assez basses et reléguée – contre l'évidence même des développements et des différences stylistiques internes à la documentation – à une période postérieure à l'expansion de l'empire néo-assyrien vers l'ouest à partir d'Assurnasirpal II, au milieu du 9e siècle[69]. Le hiatus chronologique avec la période hittite impériale devenait ainsi considérable, confirmant l'impression d'un âge obscur particulièrement long et le caractère secondaire, sans autonomie conceptuelle ni créativité artistique, de la production iconographique et architecturale locale.

L'invitation à reconsidérer la chronologie attribuée à la civilisation syro-hittite et paléo-araméenne, déjà lancée par Albright, a été accueillie favorablement surtout par J.D. Hawkins et W. Orthmann[70] qui, à travers une analyse détaillée de la documentation textuelle et de l'iconographie, développée essentiellement selon des critères et des intérêts historiques, ont pu rétablir une chronologie précise pour la plus grande partie de ces œuvres, démontrant que la période de la plus grande activité artistique de ces centres, et en particulier de Karkémish, devait être datée du 10e siècle. Puisqu'il est évident que le développement manifesté dans l'art du 10e siècle est enraciné dans les expériences faites durant une période précédente, pendant le 11e siècle, attestées d'ailleurs par une série d'œuvres retrouvées dans des sites différents, la période correspondant à la phase de formation de cette civilisation coïncide aussi avec celle de la fin de l'époque impériale hittite. Les recherches épigraphiques et historiques réalisées par Hawkins qui en a comparé les résultats avec toutes les informations disponibles provenant du reste de la documentation textuelle de cette époque – en particulier avec les données provenant des inscriptions royales assyriennes[71] – ont permis d'ancrer d'une façon solide la nouvelle chronologie à des points fixes de l'histoire du Proche-Orient. Par conséquent, les matériaux appartenant à la plupart des centres syro-hittites sont désormais disponibles pour des recherches plus ponctuelles, bien que subsistent encore des doutes quant à la position chronologique précise de la production artistique de quelques centres, comme, par exemple, Tell Halaf-Guzana ou Karatepe.

La continuité manifestée dans le développement de la culture locale ainsi que dans la structure politique des royaumes peut être considérée comme une preuve que cette région n'avait pas subi d'invasions de populations étrangères susceptibles de modifier profondément sa composition ethnique. La recherche moderne a établi que plusieurs centres urbains importants, bien développés économiquement, et sûrement politiquement indépendants, existaient en Syrie du nord dès le 10e siècle: outre Karkémiš, il faut sans doute citer dans cette série Ain Dara, Zincirli-Sam'al, Yesemek, Tell Ahmar-Til Barsip[72]. Déjà les reliefs les plus anciens provenant de ces sites, datés de la fin du 11e siècle, s'ils montrent une certaine volonté de conservation de la tradition iconographique impériale hittite – liée sans doute à une nécessité politique ou idéologique qui va de toute façon s'effacer et disparaître dans la production artistique du 10e siècle[73] – présentent en réalité une image de la culture locale qui ne peut pas être identifiée automatiquement à celle de la civilisation hittite impériale. Elle semble montrer plutôt des éléments qui avaient constitué, au Bronze Récent, la culture du Kizzuwatna, synthèse de la civilisation hourrite nord-mésopotamienne et de celle de

---

[66] Hawkins 1974.

[67] Hawkins 1982; 2000; voir surtout, Mazzoni 1981 et 1982, avec une importante bibliographie.

[68] Mallowan 1972.

[69] Ce sont surtout les positions d'Akurgal, qui tient à rapprocher l'art et la culture syro-hittite de la mouvance de la civilisation de la Grèce classique; voir Akurgal 1949, 1966 et 1981.

[70] Orthmann 1971; voir aussi Genge 1979.

[71] Hawkins 1972; 2000.

[72] Mazzoni 1981.

[73] Mazzoni 1982.

l'Anatolie louvite[74]. Le choix des caractères hiéroglyphiques louvites, qui transcrivent des textes rédigés dans un dialecte louvite, correspond à cette identification du milieu social de base de la population. Par ailleurs, une autre composante de la culture locale des villes syro-hittites mise en évidence par la critique artistique, et constituée essentiellement par les apports de l'art syrien du Bronze Récent, peut être interprétée comme un témoignage de la continuité de la tradition iconographique mitannienne[75].

La culture créole du Kizzuwatna, hourrito-louvite, semble ainsi fournir les moyens de communication, les formes et les contenus principaux sur lesquels se fonde la production artistique et textuelle des villes syro-hittites, établissant en même temps des liens spécifiques avec les traditions du Bronze Récent, de Syrie occidentale et de Mésopotamie du nord à travers la composante hourrite et avec l'Anatolie et le pays hittite à travers la composante louvite ou déjà kizzuwatnienne. Dans le Proche-Orient contemporain des débuts de l'Âge du Fer, la présence de cette composante hourrite dans la culture syro-hittite lui permet, sans doute, d'entrer en communication rapide avec la civilisation établie dans toute la Djéziré, qui constitue sa limite méridionale, avec le sud syrien et palestinien, ainsi que, plus à l'Est, avec les populations du bassin du haut Tigre, avec le monde ourartéen et caucasien, et enfin avec l'Assyrie. La diffusion du culte, de l'iconographie, de l'idéologie concernant le dieu de l'Orage, qu'il soit appelé Teššub, Tarḫunt, Taru, Adad, Ba'al, Hadad ou Addu, montre l'ampleur d'une isoglosse culturelle qui réunit peuples, états et civilisations différents qui restent par ailleurs bien distincts dans d'autres manifestations de leurs caractères intellectuels, linguistiques et politiques spécifiques.

L'analyse de la documentation textuelle – qui est limitée à la production monumentale sur pierre, le reste des textes étant sans doute écrit sur des supports périssables, définitivement perdus pour nous sauf quelques exceptions rarissimes – ainsi que la critique interne de la production iconographique des différents sites ont mis en évidence qu'une partie de la population des états syro-hittites était constituée par des Araméens[76]. En effet, le développement de l'art d'une ville comme Zincirli, dès le 10ᵉ siècle, semble montrer une variation locale qui a été attribuée à la présence d'une forte composante araméenne dans la population. À cette réalité ethnique et sociale devrait correspondre aussi, d'ailleurs, l'autorité d'une dynastie locale formée par des rois portant surtout – mais pas exclusivement – des noms propres bien sémitiques et araméens[77]. La même situation semble se présenter, en sens inverse, au Bît-Adini, un état apparemment "araméen", comme son nom l'indique, fondé depuis la fin du 11ᵉ siècle sur l'Euphrate. Dans la ville de Til Barsip, juste en aval de Karkémish, qui devait constituer un de ses centres urbains les plus importants, sinon sa capitale, ont été retrouvées deux stèles colossales en pierre, représentant le dieu de l'Orage[78]: les inscriptions royales en hiéroglyphes louvites, gravées sur la surface, mentionnent les noms de deux rois locaux qui ne sont pas araméens mais tout à fait anatoliens[79].

Hawkins, dans sa présentation générale de l'histoire de la région, n'hésite pas à présenter cette situation comme le résultat d'"invasions" araméennes en Anatolie méridionale dès le 11ᵉ siècle qui auraient submergé la population syro-hittite, se référant aux mêmes phénomènes contre lesquels Tiglat-Phalazar Iᵉʳ avait organisé ses campagnes militaires dans la Djéziré[80]. Pourtant, aucun site syro-hittite de cette époque, comme on l'a vu, ne montre de traces d'attaques ou de destructions et la situation économique ne semble pas non plus présenter d'indices révélateurs d'une crise sociale ou d'un état de guerre civile. Les conflits connus sont ceux générés, deux siècles plus tard, par l'avancée de l'empire néo-assyrien, tandis que les relations syro-hittite-araméennes semblent avoir toujours bénéficié d'une grande stabilité et d'une réelle cohérence politique, comme au temps où des Aḫlamû se battaient à côté des Hittites dans la Djéziré pour repousser l'armée de l'empire médio-assyrien. D'autre part, l'unité culturelle et politique des villes syro-hittites de cette époque est clairement attestée par toutes les analyses de documents qu'on a pu faire jusqu'à maintenant, l'interprétation "ethnique" des variations locales dans le style ou dans la qualité de l'exécution des œuvres résultant souvent d'une lecture impressionniste de certains détails. La présentation de l'art araméen comme un art encore "sauvage", naïf, qui imite la tradition syro-hittite, en la réinterprétant selon ses valeurs, se fonde uniquement sur une approche non critique pour définir l'origine même de la société araméenne, du modèle de la sédentarisation rapide d'une population semi-nomade, qui, ignorante de la civilisation urbaine, serait prête à l'assumer et à se l'approprier pour combler un vide dans sa propre culture[81].

---

[74] Landsberger 1948; Lebrun 1979, 1987 et 1988.

[75] Mazzoni 1982; voir aussi Mellink 1975.

[76] Landsberger 1948; Hawkins 1982.

[77] Dion 1974, 1978.

[78] Pritchard 1969: 179, n°531-532.

[79] Hawkins 1980; 2000: 224-248.

[80] Grayson 1991: 23, ll. 44-63.

[81] Toutefois, voir Genge 1979: 20-39.

La contradiction inhérente à ce modèle, pourtant couramment utilisé dans la discussion concernant les phénomènes sociaux ayant déterminé la formation des états araméens, apparaît clairement par le simple fait qu'il est impossible de démontrer une distribution ou un partage de la culture matérielle et intellectuelle d'un site de cette époque entre un niveau araméen et un niveau syro-hittite – ou bien même entre un niveau araméen et un niveau assyrien – et de séparer concrètement les œuvres syro-hittites (hourrito-louvites) de la production araméenne sans se fonder sur des informations provenant des textes. Il n'est pas non plus possible en effet d'isoler des composantes araméennes autonomes, identifiables immédiatement sur un plan ethnique et culturel, dans les manifestations artistiques de l'époque jusqu'au moment où l'apparition de textes en langue araméenne, ou dans l'un de ses dialectes, va caractériser sur un autre plan la production syrienne locale dès le milieu du 9e siècle. Le fait que certains centres urbains montrent un développement spécifique dans leur style – gardant dans le temps un paradigme créatif reconnaissable, comme à Zincirli, ou, d'une façon encore différente, comme à Tell Halaf – devrait être considéré non pas comme la marque d'un retard culturel, manifestant les vains efforts d'une population pour essayer de rejoindre le niveau de perfection de ses modèles, mais sans doute plutôt comme un des effets de l'acquisition, de la part de la société locale, de la conscience de sa propre identité culturelle et politique.

Il est difficile d'expliquer quel sens il faut donner à la présence araméenne massive dans le contexte historique, politique, culturel et religieux des états syro-araméens. Les inscriptions royales et l'iconographie monumentale sont de nature officielle et commémorative. Quant aux témoignages de la culture matérielle, en raison des méthodes de travail courantes à l'époque où la majorité de ces sites ont été fouillés, ils ne permettent pas non plus de pousser l'analyse vers des matériaux moins susceptibles d'être idéologiquement manipulés et mis en forme dans le cadre d'interprétations préconçues, tant de la part de ceux qui les ont produits, que des chercheurs qui les interprètent. Il est particulièrement important de noter que c'est la première fois, dans ce contexte – après l'époque de la société dimorphique de Mari, pendant le Bronze Moyen – que la vie commune entre une culture urbaine traditionnelle, organisée selon une structure étatique en place déjà depuis le Bronze Récent, et une population "araméenne" – c'est-à-dire semi-nomade au moins à ses origines – ne génère pas de conflits ethniques et politiques irréductibles. Elle semble au contraire produire la richesse, la prospérité, la paix, l'autonomie politique ainsi qu'une grande créativité artistique et intellectuelle, sans doute fruit d'une intégration sociale réussie.

Il serait difficile d'imaginer que, dans ce contexte géographique et économique, les Araméens établis en Syrie du nord et en Anatolie méridionale aient uniquement gardé leurs anciennes occupations typiques, liées à l'élevage du petit bétail ou au service militaire. Si l'on peut accepter comme plausible l'hypothèse selon laquelle la formation des états syro-hittites correspondrait à l'établissement d'un réseau commercial fondé sur l'extraction du minerai du fer dans les mines de l'Anatolie orientale et sur la production et la distribution d'objets et d'outils en fer, on peut aussi aller plus loin en supposant que les Araméens avaient participé à ces activités industrielles et économiques dès leur débuts, renforçant leur position et accumulant une certaine richesse dans le contexte d'une civilisation urbaine syro-hittite qui est aussi la leur.[82] L'état du Bît-Adini qui, de par sa position sur l'Euphrate, constitue une région centrale à partir de laquelle irradient toutes les routes commerciales, vers la Syrie occidentale et méridionale et vers la Palestine, ainsi que vers l'Orient et le long du fleuve, en direction de la Djéziré, de l'Assyrie et de la Babylonie, pourrait avoir capitalisé assez de pouvoir et de richesses pour envisager aussi l'expansion de ses relations politiques dans le Moyen-Euphrate et le Khabour dès le 9e siècle.

Puisqu'aucune preuve réelle d'invasion ni d'émigration d'Araméens en Syrie nord-occidentale ou en Anatolie méridionale – au moins depuis le Bronze Récent – ne peut être avancée, la coexistence d'une population syro-anatolienne avec une population parlant une langue sémitique différente du dialecte louvite – mais qui pourrait aussi être bilingue – a dû s'articuler selon les règles d'un système relativement stable, à l'intérieur de la structure même des états. Dans la mesure où elles font dériver leurs formes et leurs institutions des modèles impériaux hittites, les villes-états syro-anatoliennes peuvent en effet constituer un milieu capable d'accepter et de gérer ce genre de situations.

L'apparition des textes en araméen à la fin du 9e siècle, dans ce même contexte culturel, plutôt que de représenter l'aboutissement d'un lent parcours pédagogique de civilisation et d'acquisition d'une conscience nationale, suggère que de nouveaux facteurs sont intervenus pour modifier l'équilibre construit par la société syro-hittite dès le début de l'Âge du Fer. Que ces facteurs doivent être compris, comme on le dit souvent, dans le cadre d'un processus d'acquisition d'une conscience "nationale" et d'affirmation de valeurs tribales anti-étatiques et anti-urbaines, par la population araméenne, semble assez peu probable dans le contexte qu'on vient d'évoquer. Par contre, l'affirmation claire du programme impérialiste néo-assyrien, dès le début du 9e siècle[83], et de ses projets concernant la Syrie du nord, dans le contexte général

[82] Mazzoni 1981; voir aussi Maxwell-Hyslop 1974.
[83] Lambert 1974; Grayson 1976; Tadmor 1977.

d'une situation politique et économique internationale en train de se déstructurer, doit avoir incité chaque communauté locale à déterminer ses positions et ses rapports vis-à-vis des autres états araméens de Syrie et de Palestine.

3.4. Le Moyen-Euphrate: nomades et sédentaires dans le contexte historique

Le passage de l'Âge du Bronze Récent à l'Âge du Fer dans le Moyen-Euphrate et dans la vallée du Khabour est apparemment marqué, autour des années 1200, par les mêmes phénomènes que ceux qui ont été observés en Syrie occidentale. L'absence, pratiquement complète, de documentation textuelle et archéologique datant de cette période, ainsi que les résultats des prospections réalisées dans ces territoires, ont incité les historiens à conclure que la crise économique, politique et démographique des centres urbains, en fait déjà installée localement depuis la fin du Bronze Moyen[84], touchait maintenant à son paroxysme, et que, concrètement, il n'y avait plus de vraies villes ni d'états capables d'assurer quelque forme de continuité avec la culture de la période précédente.

A cette constatation s'ajoute évidemment le témoignage apporté par les inscriptions royales assyriennes dès le milieu du 12e siècle, qui documentent la fréquence des conflits opposant l'armée d'Assur à des populations appelées araméennes, dispersées sur un territoire extrêmement vaste, qui, à l'époque d'Assur-bêl-kala (1073-1056), couvre toute la Mésopotamie du nord, l'Anatolie orientale et le bassin du haut Tigre jusqu'au lac de Van. Après avoir causé la crise du système politique de la Djéziré, première étape d'une progression qui est manifestement interprétée comme allant des steppes syriennes de la Shamiyé vers le nord-est, jusqu'au delà de l'Euphrate et du Khabour, la vague migratoire des Aḫlamû-Araméens investit directement l'Assyrie dès la fin du règne de Tiglat-Phalazar Ier. L'Assyrie se replie alors sur des positions strictement défensives pour sauvegarder le noyau dur de ses territoires dans sa région centrale tandis que les Araméens occupent désormais la totalité des pays, Babylonie comprise, qui avaient jadis constitué l'empire médio-assyrien à l'époque de Tukulti-Ninurta Ier.

Pendant un siècle environ, la raréfaction des sources officielles assyriennes atteste l'aggravation de la crise locale. Lorsque, sous le règne d'Assur-dan (934-912), et, surtout, d'Adad-nirâri II (911-891), la documentation devient plus abondante, les inscriptions de ces rois continuent à présenter des récits de guerres contre des populations de Mésopotamie du nord, parmi lesquelles les Araméens sont souvent mentionnés. Tenant compte du modèle d'interprétation générale de cette période, on ne peut que conclure que les populations locales rencontrées par les rois assyriens dans leur marche de reconnaissance et de conquête en Syrie du nord au 9e siècle sont les descendants des tribus nomades aḫlamû-araméennes qui avaient envahi le pays dès le 12e siècle et avaient provoqué l'écroulement de la civilisation urbaine précédente[85].

D'autre part, les affrontements entre Assyriens et Araméens, qui se prolongent ainsi indéfiniment dans le temps et se déroulent sur un territoire extrêmement étendu, sont décrits en détail dans le contexte de l'historiographie royale assyrienne selon des modalités assez cohérentes et spécifiques qui finissent par mettre en évidence le caractère structurel et idéologique de leur opposition. Les formes narratives, le lexique, l'usage de l'onomastique employés dans ces contextes déterminent la construction d'une image précise de ces populations, filtrée par l'idéologie et les nécessités politiques de l'empire néo-assyrien naissant.

C'est sans doute principalement de cette image que dérive le modèle historique contemporain, utilisé pour interpréter les événements et la civilisation de la Syrie et du Moyen-Euphrate à l'Âge du Fer. Il peut être utile d'analyser les phases de formation du modèle à travers lequel les sociétés locales sont présentées dans le contexte des inscriptions royales qui couvrent la première partie de l'Âge du Fer, afin de déterminer dans quelle mesure ce modèle a aussi influencé l'interprétation historique moderne.

La présence de l'administration coloniale assyrienne d'époque médio-assyrienne dans le Moyen-Euphrate et dans le Khabour se termine, d'une façon assez rapide, avec la fin du règne de Tukulti-Ninurta Ier, comme l'attestent les documents datés retrouvés à Dûr-katlimmu[86]. On a déjà eu l'occasion de montrer que la crise évidente du système politique médio-assyrien semble beaucoup plus liée aux problèmes et aux conflits de pouvoir internes à la cour assyrienne qu'aux débuts d'un mouvement migratoire de populations semi-nomades dans la Djéziré. On ne peut pas exclure l'hypothèse qu'une réaction de la population locale ait pu jouer un rôle dans l'arrêt de l'occupation assyrienne de la région; la découverte d'un contrat rédigé selon le formulaire de type ḫanéen mais daté selon le système assyrien laisse toutefois penser qu'à cette époque la société urbaine et palatiale locale s'était déjà adaptée à la domination étrangère et en avait assimilé certaines caractéristiques.

---

[84] McClellan 1993.

[85] Kupper 1957; Gelb 1961; Brinkman 1968, *passim*; cf. Bordreuil 1993c: 250.

[86] Röllig 1984; Kühne 1990b.

Assur-rêš-iši Ier (1133-1116) reprend dans sa titulature les termes qui avaient déjà été utilisés par Adad-nirâri Ier pour définir ses activités militaires contre les armées aḫlamû, sans par ailleurs donner de détails quant au milieu géographique où ses combats auraient eu lieu[87]. La vallée de l'Euphrate – mais bien plus en aval – est le théâtre d'un affrontement avec les troupes babyloniennes de Nabuchadnezzar Ier qui veut récupérer le contrôle de la forteresse de Ḫît[88]. Les Assyriens conservent le site mais ceci ne signifie pas qu'ils maîtrisent toute la vallée de l'Euphrate: Ḫît, située sur la frontière théorique entre le Sud babylonien et la Djéziré, peut être atteinte plus facilement en descendant le long du Tigre ou du ouadi Tharthar.

Le programme politique et militaire réalisé par Tiglat-Phalazar Ier (1114-1076) pendant son long règne semble correspondre à la dernière tentative de l'empire médio-assyrien pour rétablir ses positions et son pouvoir, en intervenant dans la nouvelle situation politique des régions situées au nord, dans le bassin du haut Tigre et à l'ouest, dans la vallée du Moyen-Euphrate. Par ailleurs, à cet effort, en soi défensif, se superpose un nouveau projet d'expansion territoriale qui amène le roi sur les rives du lac de Van et sur celles de la Méditerranée. Plus tard, il descend en Babylonie, comme l'avait fait Tukulti-Ninurta Ier [89]. Les inscriptions de Tiglat-Phalazar Ier sont organisées selon un schéma nouveau qui va devenir classique dans toute la production historiographique officielle ultérieure: les récits des campagnes royales sont exposés selon un principe chronologique, année après année, permettant de suivre avec précision la séquence des événements[90].

La partie la plus importante des activités militaires de ce roi a concerné la reconquête des régions hourrites situées au nord ou au nord-ouest de l'Assyrie. La domination assyrienne y avait pris fin au moment de l'avancée vers le sud des populations phrygiennes, appelées Mušku[91] par les Assyriens. Les textes illustrent avec force détails les campagnes accomplies par le roi, année après année, dans tout l'arc des montagnes qui s'étend du lac de Van jusqu'aux côtes méditerranéennes, en passant par le pays hittite et la haute vallée de l'Euphrate. Les récits ne se limitent pas à décrire le paysage des pays traversés, fournissant une toponymie complète et précise, mais ils identifient les populations qui les habitent ainsi que leurs rois dont les noms sont souvent cités. Ces récits donnent aussi parfois des renseignements de type historique à propos des vicissitudes qui ont conduit ces pouvoirs locaux à la confrontation avec la royauté assyrienne.

Un traitement différent est par contre réservé aux récits dédiés aux campagnes royales dans le Moyen-Euphrate[92], qui se présentent sous la forme d'un résumé assez synthétique, sans détails narratifs spécifiques: les commentaires les plus importants concernent les activités "sportives" du roi qui va au combat "vers le désert" sur son char et qui traverse l'Euphrate sur un *qeleq*. Dans la première édition connue des annales de ce roi, le texte rapporte assez brièvement une expédition royale "vers le désert" contre les Aḫlamû-Araméens. Il n'y a aucune explication quant à la raison politique de cette manœuvre mais les Araméens en question sont connotés comme "ennemis du dieu Assur" et la campagne est décrite comme un raid destructif le long de l'Euphrate, du sud vers le nord, de Suḫu à Karkémish. Dans ce contexte, il est clair que les deux villes ne sont pas considérées comme appartenant aux Araméens, mais qu'elles servent uniquement de points de référence géographique. Des villes araméennes selon la formule utilisée dans ce texte, se trouvent par contre dans le Djebel Bishri: le roi va conquérir, détruire et piller six d'entre elles après avoir lui-même traversé le fleuve à la poursuite des fuyards.

Exécutée très rapidement, "en un seul jour", sous le signe d'une grande mobilité, cette campagne ne comporte pas de batailles: les troupes araméennes évitent le combat, et, se trouvant manifestement sur la rive gauche, où le roi est déjà en train de se livrer au pillage, elles traversent ensuite le fleuve cherchant refuge dans la Shamiyé. Dans une édition ultérieure des annales, qui résume les autres récits, le roi affirme avoir accompli vingt-huit fois la même opération, consistant à traverser l'Euphrate à la poursuite des Aḫlamû-Araméens jusqu'au cœur du désert, dans la ville de Tadmor, l'oasis de Palmyre, qui fait partie du pays d'Amurru[93].

Dans l'ensemble, les informations que les inscriptions de Tiglat-Phalazar Ier véhiculent, concernant les Araméens et leur rôle dans le Moyen-Euphrate, montrent que cette population occupe toute la vallée, rive gauche et rive droite, avec une extension vers l'ouest, du Djebel Bishri jusqu'à Suḫu et à la frontière avec Babylone. La présence araméenne dans la vallée ne sous-entend pas le contrôle politique de ses villes: les

87 Grayson 1987: 310, l. 6a; cf. Grayson 1987: 132, ll. 22b-24 et 31b-32a.
88 Garelli - Nikiprowetzky 1974: 52; Liverani 1988: 757.
89 Garelli - Nikiprowetzky 1974: 54-56; Liverani 1988: 759-765.
90 Tadmor 1977; Grayson 1981; 1987: 5-8.
91 Grayson 1991: 12-23.
92 Grayson 1991: 23, ll. 44-63.
93 Grayson 1991: 43, ll. 34-36.

rapports que Tiglat-Phalazar établit avec elles, en particulier Karkémish et Suḫu, sont d'un ordre différent, puisque le roi les soumet au cours d'autres campagnes spécifiquement dirigées contre elles[94], les transformant en vassaux réguliers. Ainsi les inscriptions proclament que le contrôle assyrien sur le Moyen-Euphrate est total, ouvrant la voie aux commerces vers la Syrie, l'Anatolie et la Méditerranée: seul le caractère répétitif de ces campagnes laisse supposer la précarité de la situation. La connotation que les textes assignent déjà aux Araméens – celle d'être des lâches prêts à s'enfuir devant l'expédition royale – pourrait avoir été introduite dans le récit afin d'expliquer l'échec du roi à mettre un terme définitif au problème en écrasant leur armée une fois pour toutes. Dans ces conditions, la description même du comportement militaire héroïque du roi en est affectée: ce dernier ne peut en effet être représenté qu'en train de détruire et de mettre à sac les "villes" araméennes, sans vrais combats. Il est aussi possible que les commentaires du texte à propos de la "vitesse" de l'opération militaire et de son caractère sportif aient été ajoutés pour donner un peu plus de relief à l'action du personnage royal.

Tous ces éléments montrent que les données concernant les Araméens présentées dans les inscriptions de ce roi sont organisées en fonction d'un projet politique et idéologique précis, orienté par la nécessité de développer une image particulière de la royauté et de ses succès dans la réorganisation économique et commerciale de l'empire, sans relations directes avec une réalité historique précise. S'il est possible qu'au moins une partie des informations corresponde à une situation effective – les scribes assyriens n'inventent rien –, c'est l'économie générale du récit qui est soumise aux exigences de communication de l'idéologie royale, dans un contexte politique spécifique. Dans la mesure où les textes de Tiglat-Phalazar Ier doivent démontrer que l'empire est non seulement rétabli mais qu'il va désormais se structurer comme une gigantesque entreprise de développement et de protection des commerces internationaux, les récits concernant les Araméens sur l'Euphrate ou dans la Shamiyé servent seulement à montrer que le roi contrôle effectivement ce front, désormais ouvert à la circulation commerciale. La vraie problématique des relations politiques et militaires entre Assyriens et Araméens n'est en rien présente dans ces textes, même si elle a pu influencer la formulation narrative effective des récits. Ainsi, il n'est pas étonnant que, si les inscriptions royales médio-assyriennes avaient montré que les Aḫlamû occupaient déjà la Djéziré au Bronze Récent, par contre, les textes de Tiglat-Phalazar Ier les montrent uniquement dans le Moyen-Euphrate, beaucoup plus au sud-ouest. À l'image ancienne d'un peuple de guerriers redoutables, fondée sur une réputation gagnée depuis un millénaire par les semi-nomades syriens, se substitue ici celle d'Araméens fuyants, incapables de combattre ni même de se défendre.

Bien que minimisée ou niée dans les textes officiels, l'importance du facteur araméen dans le fonctionnement et le développement de la société assyrienne dès l'époque de Tiglat-Phalazar Ier apparaît plus clairement dans le reste de la documentation textuelle contemporaine. Par exemple, selon l'interprétation donnée à une chronique assyrienne, une famine aurait provoqué, dès la fin du règne de Tiglat-Phalazar Ier, un mouvement de populations important, poussant des Assyriens à quitter certaines zones agricoles, peut-être il est vrai marginales. Leur remplacement immédiat par des clans araméens semble constituer un phénomène assez nouveau et important pour que les scribes assyriens l'aient noté comme un fait significatif[95]. Dans une situation politique modifiée, où il n'est plus question de restructuration de l'empire, les inscriptions royales d'Assur-bêl-kala (1073-1056) se concentrent sur les récits concernant la lutte du roi contre des populations araméennes qui semblent à nouveau installées dans la Djéziré, principalement dans le Moyen-Euphrate et la région du Khabour.

Les inscriptions d'Assur-bêl-kala[96] reprennent de façon très limitée le modèle littéraire mis au point dans les annales de Tiglat-Phalazar Ier pour décrire les relations avec les Araméens: par exemple, le thème de la traversée de l'Euphrate sur des radeaux ou celui de la fréquence des attaques du roi contre les Araméens dérivent manifestement des textes de son prédécesseur[97]. Mais le contexte a changé de façon radicale. La confrontation entre Assyriens et Araméens n'est plus rythmée par la séquence attaque / fuite / poursuite / destruction et mise à sac, mais devient désormais une vraie guerre, dont les résultats effectifs ne sont d'ailleurs pas mentionnés par le texte. La répétition obsessionnelle de l'activité royale contre les Araméens, sans que d'ailleurs le texte indique les raisons ultimes du conflit, montre que la défense des intérêts assyriens contre l'ingérence araméenne est devenue la fonction politique principale du roi.

La formulation narrative choisie dans les inscriptions de ce roi, en particulier celle portée par le "Broken Obelisk"[98] permettent de décrire la geste royale sans définir d'aucune façon son ennemi. Identifié

94 Grayson 1991: 42, ll. 28b-30; 43, ll. 41-43.

95 Grayson 1976: 44-45; voir aussi Walker 1982.

96 Grayson 1991: 86-112.

97 Voir par exemple, Grayson 1991: 107, ll. 3'-10'.

98 Grayson 1991: 99-105.

par le terme général et constant d'"Araméens", sans préciser aucune forme d'organisation militaire ou d'autorité politique qui pourrait jouer le rôle d'interlocuteur du roi, l'ennemi araméen – qui semble donc être un seul et même adversaire – se bat avec le roi dans des endroits précis, indiqués par le toponyme d'une ville ou d'une région connue. Le texte ne spécifie pas s'il s'agit des "Araméens" installés dans cette localité, liés à elle par quelque type de relation particulière, ou bien s'il s'agit, au contraire, d'une association secondaire ou même fortuite. Les Araméens sont manifestement partout, surtout dans le bassin septentrional du Khabour et sur son cours inférieur. Dûr-katlimmu est le théâtre d'un combat et il y en aura un autre juste à l'embouchure de l'Euphrate. Un texte montre toutefois que, dans cette région, il n'y a pas uniquement des Araméens: dans un contexte très fragmentaire, on cite des "rois de la ville de Qatnu"[99] et leurs clans ou familles, probablement déportés par le roi. Ce passage nous incite encore un fois à réfléchir sur la portée du terme "Araméens" dans le texte du "Broken Obelisk": il est possible que son utilisation dans ces récits ne corresponde qu'à une connotation particulière qu'on plaque sur les populations locales de la région, qui ne sont pas particulièrement araméennes dans le sens où, vivant dans des villes ou des villages, elles ne sont pas seulement semi-nomades et où il ne s'agit pas non plus d'envahisseurs arrivés récemment dans la région.

La complexité de la composition de la société et de la culture de la Djéziré au début du 10e siècle, ignorée totalement dans les textes assyriens, apparaît clairement dans le texte d'une inscription presque royale, écrite par un dynaste de la ville de Šadikanni, située dans la vallée du moyen Khabour. Utilisant dans sa titulature les mêmes termes définissant les rapports entre le roi assyrien et le dieu Assur, et datant son œuvre en connexion avec la succession des rois d'Assyrie, ce chef local, très au courant des traditions et usages assyriens, se proclame par ailleurs "vicaire" (*iššiʾakku*) de Samanuḫa, le dieu de l'Orage de la ville de Samanu dont la parèdre n'est pas Šauška, mais la déesse Kubaba, originaire de Karkémish[100].

Le Moyen-Euphrate n'est pas cité dans la liste des endroits où Assur-bêl-kala se bat explicitement avec les "Araméens", sans être pour autant épargné par les activités militaires assyriennes. Le roi réalise en effet une campagne militaire contre un roi local, un certain Tukulti-Mer, qui, dans les textes assyriens, porte le titre de "roi de Mari"[101], mais qui, dans sa propre inscription, est appelé "roi de Ḫana"[102]. On a déjà évoqué l'histoire de ce royaume dont un des rois, peut-être le dernier, est éliminé par le souverain assyrien. Le titre de "roi de Mari" sera conservé et porté plus tard, au 8e siècle, par les "gouverneurs" indépendants du pays de Suḫu[103].

La vision de la royauté assyrienne, présentée comme une machine continuellement en marche pour repousser l'ennemi privilégié des Assyriens, avait le double avantage d'une part d'illustrer son utilité et sa fonction dans le contexte d'une société assyrienne en crise et dans un état de profonde décadence économique, d'autre part de mettre en évidence le caractère éminemment politique, et au fond cohérent, du projet destiné à animer et à coordonner les relations entre l'Assyrie et les communautés locales du Moyen-Euphrate et de la Djéziré. Le régime assyrien de son côté, à cette époque, semble préférer censurer la mention, au moins dans ses textes les plus officiels, de l'existence d'interlocuteurs politiques locaux qui sont tous globalement recouverts par le terme d'"Araméens". Il n'est évidemment pas possible d'exclure que l'inscription du "Broken Obelisk" fasse effectivement référence à une tribu nomade ou à plusieurs tribus circulant dans la Djéziré. Dans ce cas, on aurait du mal à expliquer pourquoi ces Araméens se battraient seulement contre le roi assyrien et jamais avec la population locale qui aurait pourtant dû se sentir plus directement menacée. On pourrait aussi se demander quel aurait pu être l'intérêt, pour les Assyriens, d'assurer la défense de ces villes qui apparemment ne leur étaient pas directement soumises.

Il est clair que les Araméens sont le prototype, dans l'idéologie royale de la fin du 11e siècle, de l'ennemi qui menace la structure politique et économique assyrienne. C'est justement à une "avancée" ultérieure des ennemis araméens qu'on attribue couramment la phase de déclin et de repli politique qui caractérise l'histoire assyrienne pendant tout le siècle suivant. Si l'on fait ainsi habituellement référence à un renforcement d'une vague migratoire, on peut maintenant aussi penser que la crise assyrienne dépend d'une dégradation de ses relations avec la société ou les sociétés locales de la Djéziré. Et d'ailleurs, d'après les résultats des prospections archéologiques, la Djéziré et le Moyen-Euphrate semblent beaucoup moins affectés par la crise que l'Assyrie et la Mésopotamie. Contrairement à ce que l'on pourrait attendre si la présence des Araméens devait correspondre à un renforcement des activités semi-nomades ou même à un mouvement d'invasion, la quantité des sites à structure urbaine ou villageoise reste en fait stable ou même en légère augmentation depuis la fin du Bronze Récent, laissant supposer un phénomène de sédentarisation des populations précédemment semi-nomades.

---

[99] Grayson 1991: 92, ll. 5'-10'.

[100] Grayson 1991: 127.

[101] Grayson 1991: 89, ll. 14'-16'.

[102] Grayson 1991: 111.

[103] Cavigneaux - Khalil-Ismaïl 1991.

Ce n'est qu'à partir du règne d'Assur-dan II (934-912) que quelques fragments d'inscriptions[104] montrent les signes d'une renaissance de la société assyrienne qui se manifeste immédiatement par la programmation d'activités militaires dirigées contre tous les "ennemis" qui ont attaqué l'Assyrie en profitant de sa faiblesse. Les Araméens figurent à nouveau très fréquemment dans cette liste mais pas de façon exclusive: ils sont distincts des ennemis qui occupent les régions au nord et au nord-ouest de l'Assyrie qui, eux, comme déjà à l'époque de Tiglat-Phalazar Ier, sont identifiés par une toponymie et une onomastique beaucoup plus précises. Ces conflits représentent, dans l'idéologie royale assyrienne du début du 9e siècle, les efforts conscients et héroïques des rois pour rétablir la domination assyrienne dans les territoires perdus pendant "l'Âge obscur" de l'Assyrie.

Dans les inscriptions royales d'Adad-nirâri II (911-891), les "Araméens" ont pratiquement disparu, sauf dans sa titulature qui garde une forme archaïsante et dans une référence à une réalité linguistique qui oppose les formes "assyrienne" et "araméenne" d'un toponyme[105]. La distribution et la présentation des activités royales contre tous ses ennemis va suivre dorénavant le même schéma, indiquant avec précision la toponymie des régions traversées par les campagnes royales ainsi que l'onomastique, l'origine géographique et les caractères les plus importants de la personnalité des ennemis. Dans l'inscription d'Adad-nirâri II, tandis que le Ḫanigalbat – la Djéziré septentrionale – oppose résistance et doit être soumis par des batailles et des sièges[106], au début du 9e siècle le Moyen-Euphrate, qui est maintenant appelé "pays de Laqê", et la vallée du bas Khabour, semblent s'être intégrés d'une façon beaucoup plus pacifique dans le nouvel ordre assyrien[107]. Si ce n'est pas le souvenir, déjà ancien, de l'époque de la domination coloniale médio-assyrienne, c'est peut-être la mémoire historique des victoires remportées par Assur-bêl-kala sur les "Araméens" dans cette région, seulement un siècle auparavant, qui incite les communautés locales à faire preuve d'une certaine diplomatie dans leurs réactions face à ce retour parmi elles du pouvoir assyrien.

Les réactions locales à l'affirmation de la présence assyrienne dans la région se manifestent plus tard, sous le règne d'Assurnasirpal II (883-859)[108] qui gouverne la région par l'intermédiaire des autorités locales. Tandis que la vallée du moyen Khabour est contrôlée d'une façon assez ferme dès le milieu du 9e siècle, la région de l'embouchure du Khabour, le Moyen-Euphrate et le pays de Suḫu, en aval, sont le théâtre de nombreuses révoltes anti-assyriennes. Les rébellions locales, qui prennent parfois l'aspect de conflits civils destinés à chasser le représentant du pouvoir assyrien, sont manifestement organisées par une direction politique commune unissant toute la région. Elles sont par ailleurs soutenues par l'appui militaire et politique tant de Babylone que du Bît-Adini, qui espèrent ainsi limiter l'avancée d'Assurnasirpal II vers le sud comme vers l'ouest. Une série de campagnes militaires punitives confirme la domination assyrienne sur toute la vallée de l'Euphrate qui semble se maintenir désormais jusqu'à la fin de l'empire néo-assyrien.

À la différence du pays de Suḫu qui récupère et garde son autonomie politique et culturelle, il semble, dans l'état actuel de la documentation, que, dès le début du 8e siècle, le Moyen-Euphrate ne dispose plus d'aucune forme d'organisation sociale et politique locale. La région fait partie de la province gouvernée par Nergal-ereš[109], qui, reprenant en effet à son compte l'ancien projet colonial médio-assyrien, va y lancer un plan de développement agricole de grande envergure, fondé sur la restructuration du système d'irrigation et la réorganisation de l'habitat rural. À Dûr-katlimmu, une nouvelle colonie assyrienne est au centre de ces activités qu'elle contrôle et dirige[110]. À partir de ce moment, comme cela avait déjà été le cas à l'époque médio-assyrienne, le pays de Laqê disparaît de la documentation textuelle assyrienne et, après le règne de Sargon II (721-705), il n'est plus mentionné ni dans les inscriptions royales, ni dans les textes économiques ou juridiques.

À la lecture des textes historiographiques officiels produits par la royauté néo-assyrienne, on a l'impression qu'à partir de cette époque l'ancien état ḫanéen, le pays de Laqê, a été éliminé de la carte géographique et de la mémoire historique pour être remplacé par la colonie assyrienne. Et pourtant, les inscriptions des "gouverneurs de Suḫu et Mari", qui contrôlent la région en aval, attestent une réalité différente[111]. Dans un de ces textes, une inscription de Ninurta-kudurri-uṣur, datée du milieu du 8e siècle,

---

[104] Grayson 1991: 132-136.

[105] Grayson 1991: 149: 33a et 150, l. 52.

[106] Grayson 1991:149-153, *passim*.

[107] Grayson 1991: 153-154, ll. 105-119.

[108] Lambert 1974; Grayson 1976; voir aussi Liverani 1992b.

[109] Page 1968; Grayson 1993.

[110] Röllig 1978; Kühne 1990b et 1991; Ergenzinger - Kühne 1991, 1991 Y; Morandi Bonacossi 1996a et 1996b. La région de Laqê est citée dans des lettres appartenant à l'archive impériale de Sargon II, par exemple, comme un pays de production fruitière et arboricole, cf. Parpola 1987: 160, n.204, ll.15-16; 176-177, n.226, ll.6-9; 201, n.261, l.6.

[111] Cavigneaux - Khalil-Ismaïl 1991.

Laqê est à nouveau présenté comme une communauté et un territoire soumis à la menace des gens de la steppe[112]. Le récit montre un groupe composite de guerriers semi-nomades de moralité douteuse, provenant de toute la Syrie araméenne, et qui va attaquer la communauté de Laqê dans le seul but de lui soutirer un butin intéressant, défiant ouvertement toutes les autorités légitimes du pays. Le chef laqéen local, Adad-dayyanu n'arrive pas à obtenir aide et protection de la part du gouverneur assyrien de la province qui réside à Raṣappa et décide de ne pas intervenir "par peur", selon le texte, de l'armée de ces brigands. Le pays laqéen et ses cent villages sont réduits à "un tell de ruines". Ce sera alors le "gouverneur" de Mari et de Suḫu qui écoutera la requête que lui présente Adad-dayyanu et se chargera, en un comportement tout à fait royal, de repousser l'ennemi et de rétablir la justice grâce à l'aide de ses dieux, Šamaš, Marduk, Adad et Apladad!

[112] Cavigneaux - Khalil-Ismaïl 1991: 343-347. Pour la découverte récente d'un site de l'Âge du Fer II-III dans la région de Terqa-Sirqu, peut-être une résidence officielle d'époque néo-assyrienne, voir Rouault 1998a; Masetti-Rouault 1999.

4- La stèle d'Ashara-Sirqu: vers une nouvelle interprétation

4.0. Introduction

Il est intéressant de remarquer que la publication en 1952 dans les Annales Archéologiques Arabes Syriennes par R.-J. Tournay et S. Saouaf d'une stèle avec inscription en caractères cunéiformes, trouvée dans des circonstances fortuites dans les environs immédiats du village d'Ashara[1], n'a pas été à l'origine de la série d'articles et de commentaires historiques et archéologiques qui suivent habituellement la découverte d'un monument d'une telle importance. Cette situation est encore plus étrange quand on pense à la pénurie de documents datables des débuts du Ier millénaire avant J.-C. provenant de cette région du Moyen-Euphrate syrien: bien qu'elle ait été, comme on l'a vu, le siège de centres de très grande importance aux IIIe et IIe millénaires, comme Mari, Terqa ou Ṣuprum, cette partie de la vallée est très pauvre en restes de sites de l'Âge du Fer et semblait l'être encore plus dans les années cinquante, avant que des programmes de fouille et de prospection de grande envergure ne développent nos connaissances de l'histoire des rives fertiles du fleuve et de son principal affluent, le Khabour[2].

En effet, mise à part la courte mais importante intervention de H.G. Güterbock qui, corrigeant la lecture du nom du premier personnage cité dans le texte, en proposait une nouvelle interprétation[3], très peu d'études épigraphiques et philologiques ont repris l'examen de cette inscription. Au fond, son intérêt historiographique peut sembler mineur: la stèle d'Ashara paraît juste confirmer une information déjà contenue dans les inscriptions des rois d'Assyrie Adad-nirâri II (911-891)[4] et Tukulti-Ninurta II (890-884)[5], son fils et successeur, qui affirment avoir traversé la région du Moyen-Euphrate et y avoir reçu, en tant que souverains, le tribut des populations locales. Assurnasirpal II, leur descendant direct (883-859), accomplira le même parcours en 882 et encore en 878, bien que dans une situation politique différente[6].

De son côté, l'iconographie du monument a connu meilleure fortune et a été étudiée à plusieurs reprises dans des contextes divers[7]. Bien qu'avec quelques hésitations, la nature fondamentalement non-assyrienne de l'inspiration et de la composition de la stèle a ainsi pu être mise en évidence par divers historiens de l'art[8], puisque non seulement le style iconographique mais aussi des détails dans l'exécution de l'œuvre permettent de la rapprocher de modèles communs dans l'art syro-hittite, ou néo-hittite qui caractérisent la production de la Syrie du nord et de la haute vallée de l'Euphrate à partir de la fin du IIe millénaire. D'autres auteurs ont par contre reconnu dans ce monument une œuvre assyrienne, de type "provincial", fortement influencée par l'art araméen, dont la culture de l'empire néo-assyrien se débarrassera seulement sous le règne d'Assurnasirpal II et de son successeur Salmanazar III[9].

Les interprétations proposées pour les reliefs de la stèle ont pour la plupart prudemment évité toutefois de prendre en examen la relation existant entre l'iconographie et le contenu de l'inscription cunéiforme, l'analyse du monument étant développée comme s'il n'y avait pas de texte: tout au plus s'y est-on référé pour identifier la divinité représentée sur la face principale ou pour donner une date, grâce aux noms des souverains assyriens qui y sont cités. Une des raisons de cette attitude réside sans doute dans le caractère obscur du texte lui-même qui pose une grande quantité de problèmes d'ordre paléographique, philologique, grammatical, ainsi qu'au niveau de sa signification et de sa fonction. Les assyriologues ont vite aperçu les aspects irréguliers et dérangeants de cette inscription qui ne se laisse comparer aisément à aucun autre exemple connu de texte historiographique assyrien et ne semble pas pouvoir être attribué à la même tradition scribale, contemporaine ou plus ancienne. Les spécialistes de cette typologie textuelle ont jugé les

---

[1] Tournay - Saouaf 1952. La stèle est actuellement exposée au Musée National d'Alep, avec le numéro d'inventaire 3165; un moulage se trouve au Musée National de Deir-ez-Zor.

[2] Kühne 1977, 1979, 1980b; Cuyler Young 1983; Geyer - Monchambert 1987; Rouault 1998a; Masetti-Rouault 1999.

[3] Güterbock 1957.

[4] Grayson 1976: 90-92; 1991: 146 et 153-154; Schramm 1973: 3-5.

[5] Grayson 1976: 101-104; 1991: 169-170; 173-178; Schramm 1973: 8-10.

[6] Grayson 1976: 123-125; 137-140.

[7] Schmöckel 1955, pl. 83; 1957: 250, n. 3; Albright 1956; Barnett 1964: 82, pl. 6a; Vanel 1965: 144-145; Moortgat 1969: 125-126, pl. 254-255; Klengel 1967, pl. 35; Orthmann 1971:130, pl. 5a; Genge 1979: 43-50, pl. 2 et 16.; Mazzoni 1981; Buccellati 1983: 21-22; Rouault - Masetti-Rouault 1993: 339, pl. 303 et 460, n°303.

[8] Barnett 1964: 82; Orthmann 1971: 130; Börker-Klähn 1982: 81; pour une claire description de la place de la stèle dans le contexte de l'art paléo-araméen, voir Genge 1979: 48-50.

[9] Vanel 1965: 145; Moortgat 1969: 129.

anomalies présentées par ce texte assez importantes pour l'exclure, pour le moment, de la publication du corpus des inscriptions royales assyriennes, sans pour autant en nier l'existence ni l'authenticité[10].

Un article de R.-J. Tournay[11], qui améliore les premières transcription et traduction de ce texte, propose à nouveau la stèle d'Ashara à l'attention des historiens. Si certaines des difficultés semblent résolues par les nouvelles lectures, des passages restent encore fermés à une compréhension réelle, au moins du point de vue de leurs relations avec le lexique, de leur structure littéraire, de leur signification idéologique par rapport aux autres documents du même type, produits pendant plus d'un demi-millénaire par la chancellerie politique des rois d'Assyrie. Cette contribution sera centrée sur la problématique spécifique des relations entre le texte, l'image et leur support, et des conditions de lecture et de compréhension du monument, dans le cadre plus général d'une étude sur les rapports entre culture assyrienne et cultures locales dans la vallée du moyen Euphrate à l'âge du Fer[12].

4.1. Intertextualité de la stèle

4.1.1. L'iconographie

La stèle d'Ashara, dans son état actuel, est haute d'environ 90 cm; il s'agit d'un bloc de basalte grisâtre, de qualité assez grossière, présentant au niveau de sa base une section en forme de trapèze irrégulier, avec deux côtés adjacents de la même dimension – environ 35 cm – et formant un angle aigu, et deux côtés de dimensions inférieures, l'un de 16 cm et l'autre de 28 cm environ. Les deux faces équivalentes ont leur côté commun coupé dans la partie supérieure, s'arrondissant ainsi sur le sommet du monument, tandis que les autres angles conservent l'ampleur qu'ils avaient à la base. Même si la plupart des chercheurs qui se sont occupés de ce monument l'ont identifié sans problèmes comme une stèle, rapprochant dans un cas sa forme globale à celle d'un *kudurru* babylonien[13], on ne peut pas ignorer le fait que son aspect général, sa section, les proportions de ses côtés par rapport à la face principale, le pan coupé et inscrit, le coin chanfreiné sur le sommet, et d'autres détails encore ne le rendent pas complètement assimilable à la série traditionnelle d'œuvres néo-hittites, araméennes ou assyriennes qu'on regroupe dans cette catégorie.[14] Il s'agit sans doute d'un monument qu'il faut lire depuis différents points de vue, en circulant autour de lui, mais dont l'unité des représentations reste à démontrer.

Les trois côtés les plus larges contiennent chacun un personnage isolé, tandis que, sur la surface la plus petite, est représenté un serpent dont la tête dépasse le coin et fait intrusion dans le plan occupé par celui qui semble être le personnage principal de la stèle: il s'agit vraisemblablement d'un dieu et plus précisément d'un dieu de l'Orage, appartenant sans doute à la tradition iconographique de la Syrie du nord entre la fin du IIe millénaire et les débuts du Ier [15]. D'ailleurs, le bras droit du dieu aussi est partiellement sculpté à la limite même de la face, entrant dans le cadre visuel de la représentation du monstre: il apparaît donc évident que les deux figures ont été conçues comme participant à une même scène, et, bien que placées sur deux côtés adjacents de la stèle, elles font partie d'une même représentation, marquant ainsi, peut-être, la partie de la stèle qui doit être considérée comme principale et d'où la lecture doit commencer.

Cette distribution des éléments iconographiques sur deux surfaces non continues est déjà, en soi, anormale. La tradition mésopotamienne et syrienne des reliefs sur stèles isole les personnages dans un cadre défini, qui correspond à l'unité du bloc dans lequel ils sont sculptés, les entourant parfois d'un bord en pierre ou d'une frise. Même quand la séquence narrative du relief se poursuit sur plusieurs blocs différents, comme, par exemple, à Karkémish, le développement de la scène est toujours gardé sur une surface unique, plate et sans angles. Sur les *kudurru*, si la forme de la pierre est systématiquement exploitée dans la composition de l'iconographie, le principe de la frontalité est respecté, dans la mesure où il n'y a pas de coins. Sur la stèle d'Ashara, l'ensemble des personnages se suivent comme s'ils étaient développés sur un cylindre, mais les angles du bloc de pierre sont gardés ou très légèrement arrondis. Avec l'exception de la scène de l'affrontement dieu-serpent, chaque surface garde son autonomie.

---

[10] Grayson 1976: 112, n°12; 1991: 188, n°1004; Schramm 1973: 11.

[11] Tournay 1997.

[12] Pour une évaluation générale des contacts politiques et culturels entre Araméens ou Hittites et Assyriens, vus toutefois souvent du point de vue assyrien, cf. Tadmor 1975, 1982; Kaufmann 1974: 5-8 et 15-27; Garelli 1982; Winter 1982; Hawkins 1982: 376-387; Millard 1983; Greenfield - Shaffer 1983; Durand - Lemaire 1984; Zadok 1984 et 1991; Sader 1987; Liverani 1988: 714-735; Ponchia 1991: 101-112.

[13] Orthmann 1971: 130; Seidl 1968: 67-68.

[14] Börker-Klähn 1982: 54-60; Morandi 1988; Yon 1991.

[15] Akurgal 1949: 101-104; Vanel 1965; Orthmann 1971: 233-252; Genge 1979: 51-55; Collon 1981: 84; pour la représentation du dieu dans la glyptique syrienne du deuxième millénaire, voir Teissier 1984: 79-80.

4.1.1.1. Le dieu de l'Orage

Le dieu est représenté sous son profil droit mais le buste est vu de face, selon les conventions stylistiques de l'époque[16]. Il brandit de sa main droite une des armes qui lui sont traditionnellement attribuées dans le répertoire syro-hittite, la hache[17], qu'il soulève apparemment derrière sa tête, pendant qu'avec la main gauche il empoigne le serpent par la gorge, le gardant à hauteur de son visage.

Il porte une tiare conique[18], décorée à la base, de façon inhabituelle, d'une série de cercles formant une sorte de chaîne; deux cornes – signes non équivoques de la nature divine de la représentation[19] – semblent provenir directement du front ou du haut du nez du personnage, au lieu d'être plus normalement accrochées à la tiare, comme dans la tradition néo-hittite. Cet élément semble lier la représentation du dieu directement aux modèles syriens du Bronze Récent, comme ils sont attestés à Ougarit: l'origine égyptienne du motif ne fait pas de doute.

Du sommet de la tiare, s'échappe une double ligne ondulée arrivant jusqu'à la base actuelle du monument, ornement typiquement royal certes[20], mais qui pourrait aussi représenter, selon sa forme, le flux des eaux célestes, la pluie ou même les eaux souterraines qui forment les sources[21].

Le dieu porte une courte barbe carrée[22], marquée par des lignes parallèles, jointe aux cheveux couverts par la tiare; séparée de la barbe par une grande oreille, une tresse caractéristique, de style syro-hittite[23], s'allonge sur la nuque, formant au niveau des épaules une boucle concentrique.

La robe de ce personnage, à manches courtes, serrée à la taille par une haute ceinture bordée de quatre bourrelets en relief, est représentée de façon très détaillée, comme si elle était couverte d'écailles ou constituée de plaques carrées sur le buste, tissées en forme de losanges plus bas. Ce vêtement s'ouvre sur le devant, laissant voir la jambe droite, légèrement pliée sans que la musculature soit mise en relief et partiellement couverte par une tunique ou un pagne très court. On peut noter l'absence de bordures à franges ou de châles qui marquent la façon assyrienne de s'habiller à cette époque[24]; toutefois, cette courte tunique est bordée d'un bourrelet rappelant la forme de ceux de la ceinture[25].

Si la coupe du vêtement du dieu de la stèle d'Ashara est celle, traditionnelle, des habits des rois et des dieux mésopotamiens des IIe et Ier millénaires[26], en particulier dans le répertoire de la glyptique, elle rappelle aussi le vêtement de deux des statues cariatides du palais de Kapara à Tell Halaf-Guzana[27], ainsi que celui d'un personnage d'un relief contemporain[28], provenant du même site, et que l'on peut situer entre le 10e et le 9e siècle. Il s'agit, à Tell Halaf, d'une époque précédant de toute façon le moment où la culture "paléo-araméenne" locale sera touchée par l'avancée de l'influence assyrienne[29]. Les détails incisés reproduisant la texture de l'étoffe en carrés et losanges sont apparemment sans parallèles dans les reliefs

---

16 Pour l'origine hittite de cette convention, cf. Bittel 1976: 145-146.

17 Bordreuil - Pardee 1993; Yon 1991.

18 Akurgal 1949: 1-10; Barnett 1964: 68-69; Boehmer 1975: 432.

19 Boehmer 1975. En ce qui concerne la position des cornes sur le front du dieu, cf. Yon 1991: 286, 290, et surtout 297.

20 Boehmer 1981: 208-209; Reade 1972: 92-93; en milieu hittite, cf. Bittel 1976: pl. 267 (divinité); néo-hittite, Bittel 1976: pl. 276 (roi et divinités).

21 Pour des représentations comparables d'eaux jaillissant d'un personnage divin ou de sa coiffe, à Halaf, cf. Van Buren 1933: pl. 80-83; à Malatya, Bittel 1976: pl. 278 (déesse). Voir aussi Archi 1993: 203. Le thème du dieu de l'Orage dispensateur aussi des eaux de sources, qui garantissent la fertilité des terres, est présent dans la théologie du dieu Adad de Guzana (Abou-Assaf - Bordreuil - Millard 1982), mais il caractérise aussi le dieu de l'Orage anatolien, par exemple à Nerik (MacQueen 1980). Voir aussi Masetti-Rouault 1997b. Ce même détail se trouve dans la stèle, que l'on peut dater d'une époque postérieure, du dieu de l'Orage de Qadbun, récemment découverte et aujourd'hui exposée au public dans le Musée de Tartous (Bounni 1992), mais cf. aussi, peut-être, le motif de la tresse dans la stèle de Rujm-al 'Abd, le "Guerrier de Shihan" (Moab, voir par exemple, Mattingly 1992: 60-61).

22 Pour la stylisation non-assyrienne de la barbe voir Orthmann 1971: 151-152. Voir aussi Genge 1979: vol. II, 142, n. 201.

23 Orthmann 1971: 152. Pour des exemples assyriens, voir Börker-Klähn 1972: 10-12.

24 A partir de l'époque médio-assyrienne, voir Madhloom 1970: 66.

25 Mazzoni 1979.

26 Madhloom 1970: 66-68.

27 Parrot 1961: 87, pl. 96.

28 Parrot 1961: 88, pl. 97c.

29 Orthmann 1971: 122-123 et 127-129; Tadmor 1975: 39, n. 27 et Albright 1956: 84. Les relations entre l'art et la culture néo-hittite de Tell Halaf et les traditions hourrites ont été analysées surtout dans Moortgat 1932 et Mellink 1975: 515-519. Pour une datation plus tardive des monuments de Tell Halaf, au 8e siècle, voir Sader 87: 40-41.

contemporains, mais on peut en trouver des exemples dans la production artistique et artisanale postérieure, comme par exemple dans la glyptique syrienne du 7e siècle, en particulier dans un sceau provenant de Tell Cheikh Hamed - Dûr-katlimmu[30]. Une caractérisation semblable se retrouvera aussi par la suite sur plusieurs reliefs néo-assyriens, par exemple sur le vêtement de Bêl-Ḫarran-bêl-uṣur, haut fonctionnaire assyrien et éponyme pour les années 741 et 727, comme il est représenté dans sa stèle de fondation provenant de Tell Abta[31], dans la vallée du ouadi Tharthar. Si ce monument peut encore être rangé parmi les œuvres "provinciales", en opposition avec l'art de la cour, le même type de dessin du vêtement est utilisé, dans un relief de Nimrud de l'époque de Tiglat-Phalazar III pour représenter les statues de dieux (parmi lesquelles une statue d'un "dieu de l'Orage") prises comme butin de guerre par l'expédition militaire assyrienne[32].

Bien qu'ils soient tous chronologiquement postérieurs, on peut aussi rappeler les détails des habits des dignitaires représentés sur certains ivoires de Ziwiyé[33], ou de ceux de diverses divinités et génies dans les ivoires trouvés à Kalaḫ[34], dont M.E.L. Mallowan avait déjà remarqué l'inspiration et l'exécution de caractère occidental et syro-hittite. Un exemple ultérieur est fourni par le style de l'habillement d'un guerrier, peut-être un dieu, dans un relief provenant de Sakgeçözï, dans la région de Zincirli, daté généralement du 8e siècle[35]. La comparaison avec les autres scènes et contextes dans lesquels ces détails du vêtement apparaissent laisse à penser qu'il ne s'agit pas de la reproduction de la cuirasse d'un guerrier[36], mais plutôt d'un type particulier d'étoffe[37]. Bien qu'attestés dans des reliefs ou des objets provenant en grande majorité de villes et palais assyriens de la métropole, les exemples examinés montrent des relations avec des pays "étrangers", périphériques, et en particulier avec l'ouest.

En ce qui concerne la ceinture qui ferme à la taille le vêtement du dieu, elle est caractérisée par un contour délimité par quatre bourrelets – à moins qu'il ne s'agisse de deux fois un double bourrelet – et non pas par deux bourrelets simples, comme c'est la norme pour la plupart des sculptures et reliefs néo-hittites[37]. Une ceinture plus complexe, avec plusieurs bourrelets superposés, se retrouve dans les reliefs plus anciens de Ain Dara[39]. Elle apparaît aussi comme pièce d'habillement réservée aux femmes dans les reliefs de Karkémish[40]. Par ailleurs, aucun type d'arme, et, en particulier, aucune épée n'est accrochée à cette ceinture, comme on s'y attendrait d'après la comparaison avec d'autres représentations classiques ou contemporaines du dieu de l'orage[41].

Dans son ensemble, cette image peut être en grande partie identifiée comme celle d'un "dieu de l'orage", appartenant à la tradition artistique, religieuse et idéologique qui, depuis le Bronze Récent et pendant toute l'Âge du Fer, a produit en Syrie et en Palestine une iconographie abondante, d'ailleurs souvent liée à la célébration de la royauté. Bien que s'inspirant explicitement des modèles égyptiens, les stèles d'Ougarit représentant le "Ba'al au foudre" manifestent déjà des caractères propres à la culture syrienne occidentale classique, attribuant à la divinité un aspect guerrier, en action contre les forces de la nature et du Chaos, afin de provoquer la fertilité de la végétation et l'abondance pour la société humaine. Cet aspect est mis en relief dans les différentes représentations du dieu de l'orage par l'élément vertical qui, tenu par le dieu, de sa main tendue vers l'extérieur, accentue la verticalité et la stabilité de l'ensemble de l'image, s'opposant au mouvement en arrière de l'autre bras. Cet élément peut être représenté de plusieurs façons: il prend souvent la forme d'une lance dont la pointe peut être tournée vers le haut comme vers la terre, selon les époques, mais il apparaît aussi comme un foudre, arme divine associée à l'apparition de la pluie.

---

30 Kühne - Röllig 1993: 376; voir aussi Parrot 1961: 158 pl. 194; 159 pl. 198. Voir aussi Oppenheim 1949; Vorys Canby 1971; Barrelet 1977.

31 Unger 1917: 13-15; cf. pl. I.

32 Pritchard 1969: 181, pl. 538 et 315, n°538. Voir aussi Pritchard 1969: 128, pl. 368; 293, n°368; 57, pl. 185et 270, n°185.

33 Parrot 1961: 145, pl. 177.

34 Parrot 1961: 258, pl. 330; Pritchard 1969: 346, pl. 796 et 375, n°796.

35 Bittel 1976: 286-287, pl. 306; Orthmann 1971: 79-82.

36 Madhloom 1970: 68-69. Les restes d'une armure en écailles de bronze sont publiés dans Pritchard 1969: 345, pl. 789; 375, n°789; 49, pl. 161 et 268, n°161. Pour un exemple de reproduction dans un relief, voir Pritchard 1969: 127, pl. 365 et 293, n°365.

37 Oppenheim 1949; Vorys Canby 1971; Barrelet 1977.

38 Orthmann 1971: 156; dans l'art assyrien, voir Hrouda 1965: 47-48; Calmeyer 1971: 690-691.

39 Bittel 1976: 279, pl. 318

40 Bittel 1976: 253, pl. 287 (Karkémish); 264, pl. 299 (Zincirli). Pour un rapport éventuel avec des types plus anciens de ceintures, attestés dans l'art anatolien et hittite, voir Bittel 1976: 147 pl. 148; hourrite, Bittel 1976: 63 pl. 174 (Nuzi); dans les reliefs des *kudurru* babyloniens contemporains, cf., par exemple, King 1912: pl. 72 (règne de Nabû-mukin-apli, 979-944).

41 Dhorme 1949: 99-100; Orthmann 1971: 233-244.

L'arme est souvent présente dans l'iconographie comme simple attribut du dieu, sans que l'antagoniste éventuel soit explicitement montré ou indiqué. Dans de rares cas, et surtout dans la glyptique, le dieu est représenté en action, et sa victime est alors identifiée comme un serpent. Si dans des œuvres plus égyptisantes l'élément vertical peut être réalisé comme un sceptre ou un bâton recourbé, avec une signification symbolique spécifique, c'est encore en relation avec les pouvoirs fécondants du foudre et de la pluie qu'il est représenté aussi comme un végétal, rameau de palmier ou encore branche fleurie. L'exemple de "dieu combattant" fourni par la stèle de Terqa témoigne sans doute de son appartenance à cette tradition, mais il en présente en même temps une variation importante: l'axe vertical opposé au dieu n'est représenté ni comme l'instrument de la lutte divine, ni comme le symbole de son épilogue heureux, c'est à dire la régénération saisonnière de la végétation. Il est remplacé par l'image d'un serpent entourant de ses spires l'axe virtuel même, le couvrant et le faisant disparaître. Comme dans le récit biblique, bien postérieur, de l'histoire de Moïse devant le Pharaon, les bâtons se transforment en serpents, et les serpents en bâtons. Cette innovation, chargée de signification, étant sans doute destinée à attirer l'attention de l'observateur.

4.1.1.2. Le serpent

En opposition à la texture de l'habit du dieu, les écailles du serpent de la stèle d'Ashara sont caractérisées par un dessin plutôt rond, se transformant, de façon réaliste, en cercles superposés au niveau du cou du monstre[42]. De sa tête sortent deux cornes[43] et la gueule, bien que fermée, laisse sortir la langue qui pend vers le bas, comme si l'animal n'avait déjà plus une attitude agressive. Maintenu à la verticale par l'étreinte du dieu, le corps de l'animal forme deux spires, dont seulement la première est complètement visible; si la deuxième respectait le même mouvement, alors il faut imaginer que la queue continuait plus bas, jusqu'à la base de la stèle. En effet, cette double image du dieu et du serpent affrontés apparaît coupée: la jambe du dieu est visible seulement jusqu'au genou et le serpent a perdu une portion, peut-être peu importante, de ses spires. Sur le plus petit côté de la stèle, en haut de la tête de l'animal et au niveau de la tiare du dieu, se trouve une inscription de huit lignes, en caractères cunéiformes archaïsants, qui se poursuit apparemment sur la face diamétralement opposée, avec trois lignes gravées sur la robe du personnage[44].

Comme on l'a vu, la représentation d'un dieu ou d'un héros en lutte contre un serpent est rare, sinon inconnue, dans le monde mésopotamien et assyrien[45], puisque dans la tradition littéraire, mythologique et iconographique qui s'y est développée pendant plusieurs millénaires, les reptiles ont joui en général d'une réputation relativement bonne. Tout en n'ayant que très rarement assumé, à l'époque historique, une personnalité précise, les serpents ont été associés, dans leurs formes naturelles ou dans leurs images dérivées, à différentes divinités, leur servant de symbole ou de monture[46]. Leurs images réutilisent, les mettant en évidence, une partie des forces naturelles et des pouvoirs dont leurs maîtres sont responsables, assumant ainsi souvent une valeur et une fonction prophylactique et apotropaïque[47].

---

[42] Dans les *kudurru* babyloniens, où les reptiles sont fréquemment attestés, les écailles du serpent sont représentées surtout par des formes géométriques rhomboïdales, voir par exemple King 1912: pl. 4, 43, 64 et 66.

[43] Le serpent, même comme symbole d'une divinité, n'est pas habituellement représenté (pour les *kudurru*, voir Seidl 1968: 154-165) avec des cornes, qui sont par contre réservées aux images du serpent/dragon *mušḫuššu*, Seidl 1968: 187-193. Dans le contexte de la stèle d'Ashara, il est possible que la présence des cornes souligne la nature divine du monstre, étant une référence mythologique précise. Tournay 1997 pense à une reproduction réaliste du céraste; voir Landsberger 1934: 51.

[44] Pour une position peut-être comparable du texte sur la surface du monument, voir Thompson 1921: pl. A.17, petite stèle de Karkémish avec inscription en hiéroglyphiques sur la gauche du dieu, sous son bras levé, avec suite sur le verso.

[45] Orthmann 1971: 437-438; toutefois, le thème iconographique plus proche - la confrontation entre un dieu et un serpent/dragon - parfois caractérisé comme une hydre, est constamment attesté dans la glyptique, depuis l'époque protodynastique (Frankfort 1939: 71-72; voir par exemple pl. 21b, d, i), et connaît un vrai développement dans la période de l'empire d'Akkad (voir Frankfort 1939: pl. 23j; Moortgat 1940: pl. 25, n°178). Pour le contenu de la représentation dans la tradition éblaïte présargonique, voir Fronzaroli 1997. Il est présent aussi dans la tradition de la glyptique paléo-assyrienne (Moortgat 1940: pl. 61, n°516) et syrienne-amorrite du IIe millénaire (Moortgat 1940: pl. 64, n°538; Porada 1948: pl. 146, n°964e). Pour la période néo-assyrienne voir Porada 1948: 82-83, pl. 101, n°688e; Teissier 1984: 155-157, n°173 et 175-177; à Tell Halaf-Guzana, voir Hrouda 1965: 30, et pl. 23, n°10; pl. 25, n°25-27.

[46] En général, voir Black - Green 1992: 166-168; Wiggermann 1994: 166-169. Dans la glyptique de la période akkadienne, voir Boehmer 1965: n° 565-572. Sur le vase de Gudea, voir Parrot 1961: 236, pl. 289; aussi 237, pl. 290. Comme symboles dans les *kudurru*, voir Seidl 1968: 34-35 (Sataran); 74 (serpent=Sataran/Siru, serpent/dragon=Marduk et Nabû). Dans la glyptique d'époque néo-assyrienne (900-700), pour un dragon comme monture d'un dieu (de l'Orage?), voir Teissier 1984: 166-167, n°222; 168-169, n°224; Moortgat 1940: pl. 80, n°680-681.

[47] Rittig 1977: 114 et 122-123. Pour l'utilisation de l'image du serpent dans l'iconographie attestée dans la céramique ou sur différents outils rituels pendant le IIe millénaire av. J.-C., voir Ayoub 1982: 24-29.

Depuis les périodes les plus anciennes, et très clairement à partir de l'époque d'Ur III, un serpent-dragon est attesté dans le panthéon mésopotamien en association avec Ninazu et, à Lagaš, avec son fils Ningizzida. Il s'agit d'un dieu-serpent, lui-même divinité chthonienne certes, mais également lié à la sphère de la maladie et de la guérison, et qui par la suite se caractérisera aussi comme dieu guerrier, suivant le modèle de la personnalité de Ninurta[48]. Divinité poliade d'Ešnunna, dans une région en contact avec la culture élamite, Ninazu semble être remplacé dans ce rôle par Tišpak au moment de l'expansion de la domination de l'empire d'Akkad dans la région[49]. Par la suite, un "Serpent-Furieux" *mušḫuššû* deviendra officiellement le symbole de Marduk (ainsi que de son fils Nabû) à partir du milieu du IIe millénaire et probablement même plus tôt, après la conquête de la Mésopotamie du nord et d'Ešnunna par Hammourabi de Babylonie: Marduk, dieu principal du panthéon amorrite de Babylone, aurait alors détourné pour son usage personnel, avec les autres attributs de Tišpak, les services du monstre, considéré comme déjà asservi à son maître précédent. L'*Enuma eliš*, le poème babylonien de la création, composé vers la fin du IIe millénaire afin de célébrer l'apothéose de Marduk, tiendra compte de cette évolution, présentant le serpent-dragon *mušḫuššu* comme un des monstres générés par Tiamat, la Mer, antagoniste principal de Marduk, enfin capturé et enchaîné avec ses semblables à la porte de l'Apsû[50].

Mise à part donc la parenthèse akkadienne à Ešnunna et les faibles résonances de ce récit dans les textes mythologiques postérieurs[51], le rôle du serpent dans la tradition mésopotamienne reste globalement positif, comme symbole de fertilité, de protection et de soutien, en tant que siège et monture de divinités majeures. Cette caractérisation et cette association trouvent un parallèle évident dans les traditions plus orientales et surtout dans la tradition élamite, illustrée par la riche iconographie, distribuée sur une longue période chronologique, du "dieu aux serpents et aux eaux jaillissantes", et qui a été interprétée, à l'époque médio-élamite, comme représentant d'Inšušinak ou, peut-être, du dieu dynastique d'Anšan, Napiriša[52].

Le traitement de l'image et du symbole du serpent est manifestement différent dans la tradition syrienne occidentale présargonique. Les textes des archives d'Ebla, en particulier des recueils de conjurations, ont révélé l'importance et la vitalité d'un mythe qui met en scène la lutte de Hadda, dieu de l'Orage et seigneur du sanctuaire d'Alep, contre un serpent. Ce monstre à sept têtes, une forme d'hydre, est mis à mort par les

---

[48] Van Dijk 1968; Wiggermann 1989: 122; 1994: 147-159.

[49] Van Dijk 1968; Wiggermann 1989: 120-124.

[50] Wiggermann 1992: 155 et 163-164. Toutefois, le mythe du combat entre Marduk et la Mer, se caractérisant comme une cosmogonie, n'est en général pas considéré structurellement comme équivalent, en milieu mésopotamien, des luttes du dieu de l'Orage contre un autre grand adversaire représentant des aspects géographiques du territoire, la Mer (Addu et Yam, en milieu amorrite et ougaritique) ou la Montagne (Teššub et les créatures de Kumarbi), voir Jacobsen 1968: 107. Ce même thème structure par contre les épopées plus anciennes du dieu guerrier Ninurta contre la Montagne et ses dérivés (voir Wiggermann 1989: 122; 1992: 159-163; pour les textes des mythes *Angim, Lugal.e, Anzû*, voir Bottéro - Kramer 1989: 338-418). Une édition récente de l'*Enuma eliš* se trouve dans Bottéro - Kramer 1989: 603-679; voir 610, ll. 133-143; 634, ll. 73-76.

[51] Wiggermann 1989. Le souvenir d'un passé lointain, quand un serpent et un dieu s'affrontaient directement, a été conservé dans la littérature babylonienne classique, dans un autre texte - de la fin de l'époque néo-assyrienne mais aussi connu par des fragments plus anciens - du mythe de Labbu, un dragon géant: voir Bottéro - Kramer 1989: 464-469. Ce texte faisait partie de la "bibliothèque" de Tiglat-Phalasar Ier; voir Weidner 1953: 207, n.11, et voir aussi n. 12, mythe du *Lugal.e*. Dans ce récit, le protagoniste divin, vraisemblablement Tišpak, est chargé par l'assemblée des dieux de tuer un monstre dévoreur de tout être vivant en échange, en cas de victoire, de la souveraineté. Tišpak attaque le serpent gigantesque, conçu par la Mer, progéniture du Fleuve, mais aussi dessiné dans le ciel par Enlil comme une constellation, la constellation de l'Hydre. Un sceau, d'époque akkadienne, illustré par une scène de combat entre un dieu et un dragon à sept têtes, pourrait également se rattacher à ce mythe; voir Pritchard 1969: 221, n°691 et 332, n°691; voir aussi 218, n°671 et 329, n°671. Suivant une stratégie conseillée par un autre dieu (peut-être Éa), Tišpak se bat contre le serpent avec les mêmes armes que celles qu'avait utilisées Ninurta contre Asakku, ou, plus tard, Marduk contre Tiamat, déchaînant contre lui l'Orage et la Tempête, ainsi que les pouvoirs de son sceau. Il lui inflige alors une grande défaite, le laissant saigner pendant mille jours. Toute la tablette est sérieusement endommagée – différents passage et la fin du texte manquent – mais la structure du mythe apparaît assez clairement: il s'agirait de la transposition, sur le plan religieux, d'un effort pour légitimer l'occupation d'Ešnunna de la part des Akkadiens, présentée ici comme l'installation d'un nouvel ordre après la destruction de l'ancien système de pouvoir. Tišpak, après avoir vaincu son ennemi, symbole de Ninazu, va donc le domestiquer et sans doute le prendre à son service, avant d'être à son tour remplacé par Marduk. Le mythe de Labbu est clairement construit selon la même structure attestée dans la tradition éblaite présargonique concernant la lutte du dieu Hadda contre le Serpent, cf. ci-dessous note 53. De la même façon, quand, sous le règne de Sennacherib, Babylone sera dévastée par l'armée assyrienne, le dieu Assur ira occuper la place, dans le mythe et dans le rituel, qui était celle de Marduk, s'appropriant aussi de cette façon le symbole du serpent; voir Wiggermann 1994: 169.

[52] De Miroschedji 1981; Trokay 1991. Voir, en général, pour l'iconographie élamite du serpent à différentes époques, Amiet 1966: 341 et voir aussi 37, n°9; 39, n°11; 48, n°20; 54, n°24; 76, n°36; 173, n°124; 224-225, n°165; 310-311, n°233 A-B; 316, n°236 A-B; 320, n°239 A-B; 321, n°240; 359, n°266; 374-377, n°282-285; 378-379, n°286 A-B-C; 381-387, n°289-295.

armes typiques du dieu, la grêle et sa lance. Le conflit du dieu contre le serpent fait l'objet de plusieurs représentations figurées dans la glyptique d'époque akkadienne et c'est sans doute une forme évoluée de ce même mythe qui apparaît dans les textes et les rituels de Mari de la période amorrite. La présence dans cette ville d'une tradition mythologique centrée sur la lutte victorieuse d'Adad d'Alep contre la Mer, à laquelle se rattachent ouvertement, comme on l'a vu, les cycles narratifs de la lutte de Ba'al contre Yam et Mot connus par les textes d'Ougarit, ainsi que celui du combat entre le dieu de l'Orage et le monstre Illuyanka dans la tradition anatolienne[53], pourrait laisser penser que le *topos* littéraire et iconographique de l'affrontement d'Adad et du serpent a existé et a survécu dans le Moyen-Euphrate et, en particulier à Terqa[54], jusqu'au début du Ier millénaire, indépendamment des influences qui auraient pu s'y diffuser à partir de la Syrie occidentale ou depuis la Mésopotamie du nord pendant le Bronze Récent. En effet, bien que matériellement, au moins pour le moment, aucun dragon ou serpent ne semble être cité dans les textes mariotes relatifs à ce mythologème – dont la circulation et l'usage étaient probablement limités au champ du discours idéologique de la royauté amorrite –; les développements ultérieurs à Ougarit ou dans le monde hittite montrent que l'image du serpent de mer pouvait sans doute être implicite et intégrée dans la structure du récit dès ses premières attestations[55]. En ce qui concerne directement la ville de Terqa-Sirqu, la documentation archéologique et épigraphique provenant des fouilles n'a pas non plus fourni d'indices permettant de prouver la continuité d'une telle tradition au cours du IIe millénaire, jusqu'à la création de la stèle de Tukulti-Ninurta II.

Déjà largement présents, comme on l'a vu, dans l'art officiel élamite de la deuxième moitié du IIe millénaire et dans la glyptique kassite contemporaine[56], le serpent et le serpent-dragon comme symboles divins connaîtront un grand succès, illustré tout particulièrement dans les *kudurru* babyloniens jusqu'à une époque très récente. En tant que représentant des puissances chthoniennes et de la fertilité de la terre, le serpent peut en effet garantir une bonne circulation des forces entre le monde des dieux et celui des hommes; mais, vivant dans l'eau comme sur la terre, changeant de peau à chaque printemps[57], il se situe aussi dans une région intermédiaire entre les deux sphères de l'idéologie religieuse mésopotamienne qui lui reconnaît une certaine dose d'ambiguïté. Au fond, c'est le serpent qui enlèvera à Gilgameš la plante de l'Immortalité[58]. Les ennemis traditionnels de l'empire akkadien, les barbares par excellence, les Gutéens, seront également définis comme des "serpents de la steppe" dans les textes littéraires de l'époque d'Ur III, sans oublier, dans un milieu encore sémitique, son rôle dans l'histoire beaucoup plus tardive d'Adam et Ève dans le jardin d'Eden[59]. Pouvoirs de vie, donc, à travers la fertilité, les connaissances rituelles, magiques et médicales attribuées aux dieux, ses maîtres, et à sa capacité de renaître chaque année, mais pouvoirs de mort aussi, liés à sa nature chthonienne, son venin, sa perfidie et son agressivité, sa voracité par rapport à l'homme.

Naturellement, si on estime que toute représentation mésopotamienne du "monstre", dont la structure chaotique s'oppose à l'équilibre et à la perfection des dieux, relève du modèle et de l'aspect du serpent-dragon, il est certain que presque tous les mythes cosmogoniques contiennent des exemples de sa lutte contre un dieu. Mais rien ne permet de soutenir une association cohérente et stable entre le concept du "monstre" en tant que chaos primordial et le serpent-dragon, qu'au contraire les mythes se soucient de refuser, soulignant à l'occasion le fait que le serpent n'est qu'une des créatures du "monstre" (par exemple, de la Mer), et non pas son homologue[60]. D'autre part, en ce qui concerne l'iconographie, les relations qu'on arrive à établir entre l'image du serpent et celle du dragon – en tant que bête composite, formée à partir de la représentation même du serpent, à laquelle s'ajoutent des traits du lion ou d'un autre animal puissant et agressif – semblent bien fondées[61]. L'exemple déjà cité du serpent de Ninazu qui, transformé dans le mythe en dragon vaincu par Tišpak et gardé comme monture et symbole de Marduk dans l'iconographie plus

---

53 Durand 1993: 43-45 et 50-57; pour l'attestation de ce mythe en milieu hourrite, voir ci-dessous. Voir, chap. 2, notes 47 et 48. En particulier, cf. Fronzaroli 1997; Durand 1993: 43-45. Pour la documentation iconographique, cf. ci-dessus, note 45; en ce qui concerne l'attestation de ce mythe en milieu hourrite, voir note 65.

54 Durand 1993: 53. le texte A.1858 (ARMT XXVI/3) rapporte en effet un arrêt où même un dépôt temporaire des "armes d'Addu" d'Alep dans le temple de Dagan de Terqa sur leur parcours vers Mari, où elles seront sans doute utilisées dans un rituel royal.

55 Williams Forte 1983.

56 Cf. ci-dessus note 646; pour les conditions historiques des relations entre l'Élam et la Babylonie kassite dans sa période finale, voir Brinkman 1968: 78-82.

57 Speiser 1969: 96, ll. 288-289; Bordreuil 1983, 1984.

58 Speiser 1969: 72-99, et cf. 96, ll. 263-290. Sur les relations mythologiques et les implications astronomiques entre le serpent/Hydre et une autre plante, la "plante à enfanter" du mythe d'Étana, voir Sauren 1974: 462-464; aussi Klimova 1973. Pour la tradition littéraire, Michalowski 1989: 44, ll.145-146; 83-84, n.143. 145-146.

59 Gn.3, 1-15; pour son ambivalence, voir Num. 21, 4-9.

60 Voir, en général, Day 1985.

61 Wiggermann 1992: 166-169.

récente, peut en être considéré comme un exemple probant[62]. Les traditions mésopotamiennes classiques préfèrent manifestement le serpent-dragon sous sa forme apprivoisée et domestique. De ce fait, il reste évident que l'image mythologique du serpent-dragon en lutte ouverte contre un dieu est rarement employée dans les textes littéraires ou dans l'iconographie mésopotamienne du IIe millénaire, bien qu'elle n'y soit pas inconnue.

Il semble alors possible que la scène de combat de la stèle d'Ashara trouve ses origines dans d'autres horizons culturels, vers la moitié du IIe millénaire: plusieurs auteurs ont en effet pu la reconnaître dans certains sceaux de Nuzi, créations originaires du milieu hourrite[63]. D'autre part, un serpent entre dans la composition d'un sceau royal mitannien, celui de Saustatar (fin du 16e siècle)[64]. La localisation, en Mésopotamie du nord et dans le contexte culturel hourrito-mitannien, de ces sceaux portant des traces de l'association iconographique, et sans doute aussi mythologique, du serpent-dragon et d'un dieu guerrier, pourrait expliquer les développements et les transferts de ce thème qu'on peut constater par la suite dans d'autres directions, vers le monde indo-européen d'Anatolie et vers la Méditerranée[65]. On pourrait même aussi supposer que c'est à partir de ces influences que l'image négative du serpent, animal vénimeux symbole du mal et de la mort, s'est réintroduite et renforcée par la suite en Mésopotamie[66].

Le contexte de la bataille entre un dragon et un dieu – un dieu de l'Orage – est en effet un des noyaux autour desquels a été développé, en milieu anatolien, le mythe du monstre Illuyanka, dans ses différentes versions[67]. Que l'apparence traditionnelle d'Illuyanka ait pu s'approcher de celle d'un serpent paraît être prouvé, non seulement par des détails du récit mythologique, mais aussi par un relief provenant de Malatya, qu'on peut sans doute dater du 10e siècle[68]. On y voit une représentation du combat entre le dieu de l'Orage, suivi par une autre divinité, et un serpent cornu s'enroulant dans ses spires, mourant sous les coups d'une pluie magique et de la lance du dieu. Bien que son état actuel de conservation ne permette pas d'en distinguer tous les détails, ce relief a été considéré comme une illustration tardive du mythe[69].

Du point de vue de la thématique de l'iconographie des deux faces principales de la stèle d'Ashara, ainsi que de la chronologie, le relief de Malatya est, pour le moment, le seul exemple de parallèle qu'on puisse avancer[70]. Tout en admettant que les différences restent importantes, tant dans la structure que dans l'exécution de la composition (et probablement aussi dans sa signification), l'image du serpent enroulé dans ses spires revient dans les deux cas sans avoir, au fond, de vrais antécédents dans les arts figuratifs de l'époque, au moins dans une scène d'affrontement.

Etrangère à la culture mésopotamienne classique, l'idée d'un conflit permanent entre le dieu de l'Orage et le serpent ou entre les hommes et le serpent, et la conception même du serpent comme ennemi potentiel

---

[62] Wiggermann 1989: 120-122.

[63] Porada 1979: 2-15; cf. Porada 1945: 63-64, n°738, avec représentation d'un "dieu de l'Orage" opposé à un serpent qui se tient droit. Pour les contacts hourrites/kassites, voir aussi Maidman 1984: 15-21; Stein 1989: 87-88.

[64] Parrot 1961: 335, n°416; voir aussi Pritchard 1969: 223, n°705 et 334, n°705.

[65] Cf., chap. 2, note 48; Laroche 1948: 113-133; Salvini 1977; Wilhelm 1989: 49-63. Cf. la scène de lutte entre un dieu de l'Orage et un dieu-montagne à trois têtes de serpent sur la "coupe de Hasanlu" (12e-10e siècles), Vanel 1965: 133-135, qui pourrait être une illustration du mythe hourrite d'Ullikummi, le monstre généré par le dieu Kumarbi, alors chef du panthéon, et une montagne. Ullikummi, qui dans la version écrite du mythe n'est pas représenté comme un serpent, mais comme une colonne (toutefois, cf. l'élément iconographique vertical, comme un serpent qui se lève pour agresser!) sera élevé avec la complicité du dieu de la mer afin de détruire le dieu de l'Orage qui menace son autorité. Pour le mythe de Kumarbi et celui de Ullikummi, voir Goetze 1969: 120-125. Cf. Güterbock 1948 et Hoffner 1975. Cf, également, l'histoire de la lutte entre le dieu de l'Orage et le serpent/dragon Ḫedammu, créé par le dieu Kumarbi et la fille du dieu de la Mer, afin de détruire l'humanité (Siegelovà 1971).

[66] Mais la mauvaise réputation des reptiles n'était plus à faire: cf., par exemple, les présages néfastes liés à la manifestation d'un serpent; voir Whiting 1984: 206-209; Labat 1965:124-126, n°58, et cf. CAD, vol. 16, pp. 148-150, s.v. ṣȋeru B.

[67] Güterbock 1957: 64; Hoffner 1975: 137-138. La structure du récit de l'affrontement entre le dieu de l'Orage et ce dragon/serpent est sans doute comparable, au moins dans ses articulations principales, aux histoire des monstres Ullikummi et Ḫedammu; voir ci-dessus note 65. On remarquera la stabilité des rôles tenus dans ces trois mythes par Ištar et par Éa, qui soutiennent la lutte du dieu de l'Orage selon leurs différentes spécialisations. Voir, en général Houwink ten Cate 1992.

[68] Bittel: 247, pl. 279; voir aussi Akurgal 1966: 97, pl. 60.

[69] Pritchard 1968: 218, n°670 et 329, n°670; Lebrun 1981: 101-102, n. 36.

[70] Malgré Orthmann 1971: 438.

et réel, sont bien enracinées non seulement dans la culture hourrite de Mésopotamie du nord[71], attestée dans la tradition littéraire et scribale hittite, mais aussi et surtout, comme on l'a vu, dans les civilisations de Syrie occidentale. La tradition éblaïte, les textes mythologiques d'Ougarit[72] et les conjurations contre les morsures de serpent témoignent de sa diffusion générale du Bronze Ancien au Bronze Récent[73]. Par la suite, le serpent entre également dans les représentations mésopotamiennes classiques des démons sur les plaques apotropaïques des *Lamaštu*, datées pour la plupart du Ier millénaire, mais avec des exemples plus anciens, d'époque kassite ou médio-babylonienne[74]. Dans ce contexte qui inclut d'ailleurs souvent aussi la représentation d'un génie-*apkallu*, le serpent est montré pris dans chaque patte du monstre. D'autre part, le sexe du démon Pazuzu, dont le corps constitue parfois le cadre même de la plaquette apotropaïque de Lamaštu, est un serpent, comme le montre entre autres l'exemplaire provenant de Tell Cheikh Hamed[75]. L'image du serpent se dressant pour attaquer un dieu ou un héros est par la suite présente dans la glyptique néo-assyrienne tardive, en particulier dans des exemples provenant de milieux fortement aramaïsés[76].

4.1.1.3. *Le génie apkallu*

Sur la troisième face de la stèle d'Ashara, après le serpent et tourné vers la scène du combat, se trouve un personnage qui semble humain, puisqu'il n'est pas caractérisé comme divin par des cornes ou par d'autres symboles explicites. Sa silhouette est entière – on peut voir ses pieds nus – mais de dimensions manifestement plus réduites que les autres. Sa tête et son dos sont recouverts par une cape imitant la forme et l'aspect d'un poisson. Il y a là sans doute la représentation d'un *apkallu*[77]: souvent interprété comme image d'un prêtre exorciste, il s'agit en réalité d'un exemplaire d'une typologie précise de génies, créatures avec un statut intermédiaire entre l'humain et le divin. Comme le montre sans doute la caractérisation en poisson de son habit[78], ce personnage est lié, dans la mythologie mésopotamienne à partir de l'époque babylonienne ancienne, à l'entourage d'Éa, le dieu des eaux souterraines de l'Apsû, mais aussi seigneur de l'intelligence et du savoir-faire. Ce génie est bien connu dans la tradition mésopotamienne érudite sous différents aspects et sa fonction de protection de l'homme et du roi s'affirme en particulier dans les incantations contre les démons responsables de maladies et de malheurs divers[79], et à travers l'utilisation de son

---

[71] Wilhelm 1989: 61 insiste sur l'origine hourrite des mythes comportant le récit de la lutte entre Kumarbi, qui s'était installé au pouvoir en chassant Anu, et le dieu de l'Orage, jeune représentant des droits des dieux-ancêtres. Dans la tradition hourrite plus ancienne, Teššub se bat avec des monstres générés par Kumarbi et des aspects de la montagne, tandis que tous les éléments "marins" de ces histoires ou les thèmes sacrificiels présents dans les versions hittites seraient des ajustements liés au développement des mythes dans les régions occidentales et côtières ou bien sous influence mésopotamienne.

[72] La relation Ba'al-Addu/Môt et les dragons acolytes (Caquot - Sznycer - Herdner 1974: 239-240, ll. 1-3, mythe de Ba'al et la Mort, serpents enfants de la déesse de la mer tués par Ba'al; 167-168, ll. 35-39, mythe de Ba'al et Anat: liste des dragons vaincus par la déesse 'Anat pour Ba'al) pourrait reproduire l'opposition structurelle Teššub/Kumarbi= monstres. Pour une attestation de ce thème dans la glyptique, voir Porada 1948: n°967. Une étude récente (Fenton 1996) propose d'interpréter systématiquement la ligne ondulée qui est représentée, sur les stèles d'Ougarit, sous les pieds du dieu Addu, comme un symbole ophidien et non aquatique.

[73] Xella 1981: 224-250; voir aussi Lipinski 1974 et Pardee 1978. Pour les rapports avec la mythologie indo-européenne, voir Xella 1972 et Pardee 1979. Des rituels hourrites contre les morsures des serpents sont connus depuis l'époque paléobabylonienne; voir Edzard - Kammenhuber 1975: 515.

[74] Farber 1983: 439-446. Pour l'identification de l'iconographie de ce démon avec les rituels contre Lamaštu attestés depuis la période babylonienne ancienne, voir Thureau-Dangin 1921. Cf. aussi, pour l'iconographie, Pritchard 1969: 215, pl. 657-658 et 680; 328: n°657, 658 et 670; Braun-Holzinger 1984: 80-83.

[75] Braun-Holzinger 1984: 74-79; Green 1985: 75; voir aussi Pritchard 1969: 215, pl. 659; 328: n°659; 359: pl. 857 et 381: n°857.

[76] Eisen 1940: pl. 15, n°158-159.

[77] Wiggermann 1992: 187, n°16, cf. 188, n°16; Green 1983: 87-96, et pl. Xb-d. Pour une comparaison avec un relief assyrien de la première moitié du 9e siècle, voir Green 1983: pl. Xa (=BM 124573). Cf. aussi, en général, Reiner 1961: 4-11; Foster 1974; Bottéro - Kramer 1989: 198-202; Parpola 1993: XVII-XIX.

[78] Wiggermann 1992: 76-77; voir aussi 56-57. L'*apkallu* couvert de cette sorte de masque de poisson, et représenté normalement sans ailes, partage le mélange d'une image humaine et celle d'un poisson avec une autre créature de l'entourage du dieu Éa, le *kulullû* (Wiggermann 1992: 182-183; Green 1983: 93, n. 54, et pl. 15b), qui a l'aspect d'un homme-poisson, en forme de centaure, souvent associé, en particulier dans la glyptique depuis l'époque babylonienne ancienne (Seidl 1968: 178-181) au *suḫurmaššu*, être composite poisson/chèvre (Wiggermann 1992: 184-185; Green 1983: pl. 15a; 1986: 25-30, et pl. V-X). Pour la relation constante entre ces êtres composites et le domaine du dieu Éa, les eaux et le savoir rituel et technologique, voir Foster 1974: 344-354. Bien qu'*apkallu* et *kulullû* soient deux génies clairement distincts dans les textes rituels, ils ont par ailleurs connu un développement parallèle dans la tradition scribale et iconographique mésopotamienne, à partir de l'époque médio-babylonienne: cf., pour un sceau néo-assyrien, Green 1986: pl. Xa (=BM 134770). A Tell Halaf/Guzana plusieurs reliefs sur basalte présentent ce genre de créatures mixtes: en particulier, pour un *kulullû*, voir Genge 1979: vol. 2, pl. 95, daté de la première moitié du 9e siècle (cf. Genge 1979: 125-131).

[79] Voir, avec bibliographie, Wiggermann 1992: 1-39 et 41-58.

image, dans les rituels, sous la forme de figurines en argile, ainsi que, dans l'architecture publique, dans des reliefs ou des fresques murales. En effet, ces activités essentiellement prophylactiques des différents types d'*apkallu* expliquent la fréquence des attestations de ce motif sur les grands bas-reliefs qui ornaient les palais royaux et les temples assyriens, à côté des portes ou en association avec les représentations du roi ou de l'"arbre sacré"[80] dès le règne d'Assurnasirpal II. Dans la glyptique néo-assyrienne, le thème est également bien développé, rendant encore plus claire la relation existant entre l'image royale et l'*apkallu*-poisson[81] d'une part, et de l'autre son association avec les symboles de l'eau[82]. L'élément aquatique, marqué par la double ligne ondulée s'échappant de la tiare du dieu, pourrait en effet être considéré comme faisant aussi partie de l'iconographie de la stèle d'Ashara.

D'autre part, la compétence globale de l'*apkallu*-poisson en tant qu'exorciste efficace contre tout type de maladie et de mal affligeant l'humanité est affichée aussi dans les plaques apotropaïques de Lamaštu et Pazuzu, en bronze ou en argile, où il intervient dans des rituels mettant en scène l'expulsion des démons de l'entourage du patient ainsi que dans d'autres objets rituels[83]. Ce rôle et cette fonction dans la mentalité religieuse assyrienne sont surtout évidents dans les rituels qui comportent la préparation de figurines en argile ayant l'aspect d'un homme couvert de la peau d'un poisson et qui ont été retrouvées dans divers dépôts de fondation de bâtiments[84], sans doute utilisées dans des cultes destinés à la protection de la maison et de ses habitants.

Bien que des représentations de l'*apkallu*-poisson soient déjà attestées dans la glyptique de l'époque médio-babylonienne et kassite[85], l'image et les fonctions de ce génie deviennent explicites et fréquentes dans la production artistique et artisanale ainsi que dans les textes rituels et religieux assyriens seulement à partir du deuxième quart du Ier millénaire. La tradition contemporaine babylonienne semble par ailleurs ignorer ce type d'usage rituel sauf dans des cas précis d'importation directe[86]. Les datations attribuées à ces documents sont souvent assez vagues, les situant en général dans la première moitié du Ier millénaire, la plus grande partie étant en effet d'époque sargonide[87] ou postérieures. Les premiers exemples connus de ce type de figurines, par ailleurs non publiées, devraient toutefois remonter à l'extrême fin du IIe millénaire, sous le règne de Šamši-Adad IV (1053-1050) mais, du point de vue de notre documentation, ils resteront isolés jusqu'à environ deux siècles plus tard. Dans ce cas on aurait, sur la stèle d'Ashara, une des premières et des plus anciennes représentations monumentales datables de l'*apkallu* en relief.

Etant donné la rareté de ces attestations anciennes et le caractère secret ou au moins confidentiel à cette époque d'un savoir rituel destiné sans doute aux initiés, son insertion dans l'iconographie de la stèle paraît être un indice de l'assistance effective d'un savant assyrien auprès de l'artiste-artisan araméen qui a réalisé le relief. Alternativement, il faudrait admettre – ce qui semble plus probable – la possibilité que, dans la ville "araméenne" de Sirqu au début du 9e siècle, la tradition iconographique attestée dans la glyptique kassite était encore vivante et productive.

Ce personnage sculpté sur le troisième côté de ce monument, en raison des développements postérieurs de son image, a semblé représenter presque symboliquement la culture et la religion assyriennes dans cette région périphérique de l'empire. En effet, il constitue, dans ce relief, le seul élément à propos duquel tous les spécialistes sont d'accord: c'est sa présence même qui, comme une signature, confirme l'idée que la stèle dans son ensemble est une œuvre assyrienne, commanditée et exécutée sur ordre royal.

Comme on a pu le voir, et sans prendre encore en compte l'inscription, en réalité peu d'éléments dans les techniques de réalisation ou dans la composition iconographique de la stèle laissent jusqu'à présent transparaître de façon explicite l'empreinte de l'hégémonie culturelle assyrienne. Au contraire, la plupart des données examinées semblent plutôt indiquer l'origine septentrionale, syro-hittite ou hourrite, de son inspiration. Si c'est l'intervention de l'*apkallu* dans la scène, combinée avec la présence d'une inscription "royale" qui devrait enlever tout doute quant au contexte assyrien de ce document, l'ancienneté même de son image, sa dépendance des sources mésopotamiennes littéraires et religieuses, montrent au contraire la

[80] Kolbe 1981: 18-21; Wiggermann 1992: 97-98; Parpola 1993: XIX-XXIV; XXI, pl. 3; Green 1986, pl. Xa. En général, pour une liste des attestations de l'*apkallu* dans l'art officiel de la période néo-assyrienne, voir Green 1983: 90, n. 22; Madhloom 1970: 99 ss. Pour l'association génie/arbre dans la glyptique néo-assyrienne, voir par exemple Moortgat 1940: pl. 72, n°606-607; pl. 88, n°749-750; Porada 1948: pl. 115, n°770-773.

[81] Frankfort 1939: pl. XXXIII j; Porada 1948: pl. XX, n°581; pl. XX, n°773; Parpola 1993: XXIV, pl. 6.

[82] Kolbe 1981: 20, et n. 10; sur un bassin rituel de l'époque de Sennacherib, voir Parrot 1961, 74-75, pl. 82-83.

[83] Pritchard 1969: 216, pl. 665et 329, n° 665. Voir aussi Braun-Holzinger 1984: 83-85.

[84] Rittig 1977: 80-93, en particulier p.88 (stèle d'Ashara); Kolbe 1981: 23-26; Wiggermann 1992: 99-101.

[85] Porada 1948: n°581, mB; Kawami 1972: 146, n°25.

[86] Rittig 1977: 83, n°8, 3, 22-35 et 87-88.

[87] Rittig 1977: 86-87.

complexité de la situation culturelle du milieu qui a produit cette œuvre. De toute façon, la thèse de la commande et du contrôle assyriens sur la production de la stèle ne résoud pas tous les problèmes qu'elle pose.

En premier lieu, la représentation de ce personnage, on l'a vu, se distingue des autres images gravées sur la stèle: tout d'abord, elle est apparemment la seule à être complète, avec des dimensions beaucoup plus réduites, et elle n'occupe pas la totalité de la surface disponible, se limitant à la partie médiane et inférieure. Le sommet de la face apparaît donc libre, comme préparé, peut-être, pour recevoir une partie de l'inscription gravée sur le côté précédent. Toutefois, bien que la hauteur de l'espace laissé disponible corresponde exactement à celle du texte gravé en haut du serpent, on ne trouve ici aucune trace de signes cunéiformes, ni de lignes de séparation; on a l'impression que le graveur a renoncé à son projet initial, et qu'il est passé directement à l'écriture de la "quatrième" surface de la stèle, c'est-à-dire, de la première surface immédiatement disponible à sa gauche.

Au delà du problème des proportions[88], on a aussi l'impression que la qualité de l'exécution de cette partie de la stèle est différente, moins précise que celle du reste du monument: le relief sur la pierre est moins soigné et les détails – par exemple ceux du visage – sont particulièrement confus ou illisibles. Contrairement à la tradition assyrienne, l'habillement du génie sous la houppelande est calqué, de façon évidente, sur celle du dieu; mais la copie n'est pas fidèle, manquant de cohérence dans la reproduction du buste et la longueur de la tunique qui couvre la jambe, là où la robe s'ouvre. La coupe de cet habit se distingue toutefois de celle du vêtement du dieu, puisqu'ici on ne voit pas une robe unie, mais une sorte de manteau[89] superposé sur le devant et fixé par la ceinture.

Le génie ne tient pas dans ses mains les outils rituels pour asperger d'eau pure l'"arbre sacré"[90] ou pour recueillir l'eau sortant du disque ailé[91], comme il le fera plus tard dans les reliefs des palais néo-assyriens et dans les scènes gravées sur des sceaux. Il tient en fait deux baguettes ou bâtons, de formes différentes et d'identification incertaine. Il pourrait s'agir, pour l'objet tenu dans la main gauche, d'une plante ou d'une partie de plante, fleur ou branche, peut-être donc du *libbi gišimmari*, un bourgeon de palmier[92]; en ce qui concerne le bâton tenu dans la main droite, il pourrait s'agir d'une branche de laurier, *e'ru*[93], selon les comparaisons qu'on peut établir avec les textes rituels et les figurines.

Le profil extérieur de la houppelande s'éloigne par ailleurs du modèle assyrien des figurines plus anciennes, puisqu'il essaie d'imiter de près le dos d'un poisson, marquant ce qui semble être les nageoires dorsales, tandis que la division du museau par rapport au reste du corps est moins soulignée. Dans les versions postérieures, ce profil est une ligne droite, mais la tête du poisson est mieux mise en évidence, avec les lèvres de la bête traitées comme sommet du masque du génie. À partir de cette image, il est difficile de décider quel a été l'exemple que l'auteur de la stèle d'Ashara a vu et suivi. La présence des deux baguettes magiques laisse toutefois penser qu'il s'agissait de figurines apotropaïques décrites dans les rituels puisque les reproductions dans la glyptique ou dans les reliefs ne les montrent presque jamais. Il semble par ailleurs clair que le sculpteur n'a pas gardé tous les détails du modèle originel, parce qu'il a dû intégrer dans son œuvre aussi des références approximatives, provenant de l'image du dieu à la hache, en les adaptant à son sujet.

Dans l'ensemble de la composition iconographique de la stèle d'Ashara, la présence de l'*apkallu*, dans ses proportions, sa fonction et dans le traitement de son aspect, semble apparemment atypique et il y a lieu de se demander quelle est sa signification. Même en tenant compte du fait que toutes les attestations de ce personnage dans d'autres reliefs sont postérieures, la comparaison met en évidence le fait que son contexte normal est cultuel et rituel, l'association à "l'arbre sacré" ou à l'eau étant des plus répandues dans l'iconographie. Il n'y a pas, à notre connaissance, de raisons mythologiques ou idéologiques qui puissent rendre nécessaire ou justifier sa présence dans le cadre d'un combat entre un dieu et un serpent, bien que sa fonction d'exorciste auprès des malades et de gardien contre les mauvaises influences des démons ait pu le prédisposer à occuper cette place. C'est seulement dans le cas où on interpréterait la scène de l'affrontement du dieu et du serpent comme une forme d'exorcisme, afin de soutenir la lutte d'un roi assyrien

---

[88] Toutefois, pour un exemple de réduction des proportions de ce personnage par rapport à l'image d'un prêtre, cf. un sceau néo-assyrien, dans Parpola 1993: 280, pl. n°38 (=BM 135114).

[89] Rittig 1977: 88; Wiggermann 1992: 56-57; Kawami 1972: 146-148, et pl. II-III.

[90] Rittig 1977: 81-82 et 85-86; Wiggermann 1992: 66-67.

[91] Frankfort 1939: 213, fig. 65: l'eau, ruisselant des mains du disque ailé, tombe dans deux vases en présence de génies *apkallu* à tête de griffon. Il s'agit toutefois d'un sceau de style babylonien plutôt que de style assyrien (cf. Kolbe 1981: 20-21 et n. 10).

[92] Wiggermann 1992: 67-68, avec bibliographie.

[93] Rittig 1977: 88; Wiggermann 1992: 68-69. Ces types de bâtons sont essentiellement des armes magiques et mystiques, ici utilisées par le génie-exorciste dans sa lutte contre le démon/serpent; pour un autre exemple de leurs pouvoirs dans un contexte de sorcellerie, cf. Ex.4,1-5; mais aussi Ex.7, 8-19; 17, 4-6 et *passim*.

contre une tribu araméenne – considérée comme un démon malfaisant – que la présence d'un génie exorciste aurait un sens logique. De toute façon, il faut souligner que cette spécialisation de l'*apkallu* dans la représentation de rituels pour obtenir le départ des mauvais esprits – agents de mort – est attestée et vraiment répandue seulement dans des documents bien plus récents, pour la plupart datés du 7e siècle ou même postérieurs[94], provenant souvent de Syrie du nord et de la côte méditerranéenne.

Si on n'arrive pas à discerner immédiatement la logique expressive ou narrative qui place cette image entre ce qui précède et ce qui suit, il est par ailleurs évident que plusieurs éléments iconographiques dans le contexte de la lutte entre le dieu et le serpent attirent l'*apkallu* dans la scène, au delà de l'apparente similitude des habits. On a déjà remarqué que la bande ondulée qui descend du sommet de la tiare divine est représentée d'une façon qui la rapproche du flux d'eaux douces d'origine céleste – symbole du dieu Éa – qui s'échappent de vases jaillissants très connus dans la tradition assyrienne, ou bien du disque solaire, en présence parfois de l'"arbre sacré". Ce type de contexte est aussi présent dans le milieu syro-hittite.

Dans la mesure où ce génie est considéré comme faisant partie de l'entourage du dieu Éa, il pourrait effectivement évoquer la présence de cette divinité pendant la lutte du dieu de l'Orage contre le monstre-serpent: au delà des traditions éblaïtes, la mythologie hourrite attribue une grande importance au rôle joué par Éa dans les conflits entre Teššub, ou ses équivalents anatoliens, et le dragon[95]. C'est son intervention intelligente, avec l'assistance d'une déesse, qui permet au dieu de l'Orage de remporter la victoire et de sauver l'ordre cosmique et social. Dans ce cas, la présence du génie dans la scène de la stèle d'Ashara indiquerait la fusion de deux traditions différentes: d'une part, la mythologie hourrito-hittite pour le contexte narratif et de l'autre, la littérature mésopotamienne d'où vient le personnage même de l'homme-poisson.

Par ailleurs, l'association de l'eau, des vases jaillissants et du serpent est aussi fréquemment attestée et presque commune dans la tradition iconographique et artistique plus orientale et plus ancienne en Élam, dans des monuments et des sceaux remontants au IIe millénaire[96]. Par exemple, la stèle de Untaš-Napiriša comporte aussi la représentation d'un génie-poisson féminin et, de toute façon, des références au dieu Éa sont habituelles dans ce type de scène. Le fait que, dans un texte provenant d'Assur et contenant un rituel apotropaïque (dirigé entre autres contre la Lamaštu), on trouve associés l'*apkallu*, les serpents, et aussi le *kulullû*, l'homme-poisson, tous deux représentés dans le culte par leurs figurines en argile[97], semble confirmer l'appartenance de tous ces êtres, génies, monstres et démons à un même univers culturel, religieux et littéraire.

Il est difficile d'évaluer le poids effectif de ces données sur les intentions, les connaissances et la créativité des artisans qui ont réalisé le relief de l'*apkallu* sur la stèle d'Ashara. Encore vivantes et productives dans le répertoire élamite mais aussi kassite et mésopotamien jusqu'à la fin du IIe millénaire, ces images pourraient avoir survécu, avec des modalités diverses, dans la nouvelle culture de la Mésopotamie du nord, en Syrie comme en Assyrie, rendant ainsi possible et acceptable la composition iconographique de la stèle d'Ashara, bien que peut-être leurs rapports structurels avec l'idéologie religieuse soient désormais perdus ou profondément modifiés.

4.1.1.4. *Le "roi"*

Le dernier côté de la stèle – si on imagine une circulation autour d'elle qui irait en sens contraire des aiguilles d'une montre en partant de l'image du dieu – est complètement couvert par la représentation d'une figure humaine dont manque apparemment la partie inférieure. Il s'agit sans doute d'un être humain puisqu'il ne porte aucun des symboles associés à la représentation de la divinité mais, du point de vue des proportions, il est évidemment encore plus grand que le dieu de la première face. La comparaison est facilitée par la contiguïté des deux images qui se développent sur les deux faces, ayant les mêmes dimensions et constituant le coin qui s'arrondit au sommet: la courbe décrite par le bord de la stèle épouse la ligne de la tête et de la chevelure de cette image. Si on change la direction de la circulation et de la lecture autour du monument, on se rend alors compte que ce personnage tourne littéralement le dos au dieu, regardant en avant, droit devant lui, et donnant l'impression qu'il "suivait" le génie-poisson devant le dieu engagé dans la lutte avec le serpent. Il est habillé d'une longue tunique à manches courtes[98] et porte une haute

[94] Farber 1983: 441-442. Toutefois, pour une signification mystique et une valeur magique de conjuration de la scène du conflit entre le dieu de l'Orage et le serpent, cf. Fronzaroli 1997; Pardee 1978, et ci dessus note 73.

[95] Wilhelm 1989: 54; Archi 1993.

[96] Voir ci-dessus note 649 et Amiet 1966: 316, n°236a-b; 340-341; 376, pl. 285; 383: pl. 291.

[97] Wiggermann 1992: 1-23, avec bibliographie; Green 1986: 28, et pl. Xa.

[98] Pour des parallèles dans l'art syro-hittite ancien, voir Orthmann 1971: 154, avec exemples de Karkémish et Zincirli; Orthmann 1971: pl. 57e (=Zincirli B/5). Voir aussi Genge 1979: 44-47. Orthmann 1971: 291 souligne que ce type de vêtement n'est pas porté uniquement par des rois mais aussi par des musiciens et des serviteurs (Karkémish, voir Orthmann 1971: pl. 21c et pl. 29c).

ceinture[99] délimitée par deux bourrelets. Il présente son profil gauche, avec le torse de face, et il tient de sa main gauche, le bras replié sur la poitrine, un bouquet formé par trois épis avec leurs tiges. La main droite, parallèle au corps, s'appuie assez lourdement sur un bâton. Ce personnage a été interprété, selon les diverses lectures proposées pour le texte de la stèle, comme le portrait du roi assyrien Tukulti-Ninurta II, le commanditaire du monument, ou bien comme celui de son père, Adad-nirâri II.

Le geste consistant à empoigner le bâton paraît en effet indiquer la nature royale de la représentation puisque, dans le répertoire symbolique syro-hittite, le bâton est effectivement un attribut du souverain[100]. Quand il s'agit d'une image royale, l'iconographie atteste toutefois en général une attitude différente du personnage, qui tient le bâton avec une certaine force et solennité dans sa main sans s'y appuyer[101]. La royauté est par ailleurs souvent marquée par des signes caractéristiques complémentaires tandis qu'aucun autre élément dans ce relief ne vient renforcer cette connotation: en effet, manquent complètement au personnage bandeau, couronne, tiare, ou tout autre type de coiffure dont l'absence rendrait l'identification de cette représentation avec celle d'un roi impossible en milieu assyrien[102] mais qui ne semble pas rédhibitoire dans un contexte artistique syro-hittite et araméen[103]. Plus important et significatif sur ce point paraît être l'absence d'épée ou de tout autre type d'arme ou encore de bijoux, symboles constants et inter-culturels de la royauté[104]. La chevelure, entièrement visible, est marquée par une série de lignes parallèles qui forment sur la nuque une sorte de tresse avec une boucle finale, caractérisée par une forme en arêtes de poisson[105]. La barbe[106] paraît légèrement plus importante et plus arrondie que celle du dieu, rejoignant les cheveux avec des torsades. Sa coupe latérale ressemble de près à celle du génie. Les yeux, le nez, la bouche minuscule, reproduisant le dessin de ceux de la divinité, sont apparemment traités avec plus de soin par le sculpteur. Sur la partie inférieure du vêtement, les quatorze lignes parallèles ne doivent pas être interprétées comme des détails de la texture du vêtement, qui ne seraient attestées nulle part ailleurs; elles ont plus probablement pour fonction de délimiter autant d'espaces pour l'écriture. Seules quatre d'entre elles sont effectivement occupées par des signes cunéiformes, constituant ce qui semble être la suite du texte gravé sur la face "principale" de la stèle.

La structure de l'image de ce personnage, interprétée comme celle d'un roi, est en soi assez difficile à saisir, surtout en ce qui concerne ses proportions réelles. Comme on l'a déjà remarqué, elle semble se rapprocher directement de celles du dieu de l'Orage, même en les dépassant. Dans ce cas, il faudrait imaginer que ce relief aussi est fragmentaire: il lui manque la partie inférieure du vêtement du personnage, peut-être ses pieds. Mais l'image complète, reconstruite théoriquement, montrerait alors des incohérences graves, les bras et toute la partie supérieure du corps étant manifestement trop courts par rapport aux jambes. La qualité d'exécution du relief semble également intermédiaire entre celle du groupe dieu-serpent et celle du génie, laissant ouverte la question de la relation entre les diverses faces de la stèle.

Les éléments que nous venons d'examiner indiquent, pour la plupart d'entre eux, une origine syrienne, en particulier septentrionale, en ce qui concerne leur inspiration et leur technique d'exécution. On peut donc situer cette image à une époque où aucune influence assyrienne n'avait encore pénétré en Syrie du nord ni dans la Djéziré. Mis à part le texte de l'inscription, rien ne nous oblige non plus à l'interpréter comme un portrait royal. Tenant compte de l'aspect du personnage et surtout de la présence des épis, la première identification proposée par R.-J. Tournay l'expliquait comme une représentation du dieu Dagan[107]. Divinité tutélaire de la vallée du Moyen-Euphrate aux IIIe et IIe millénaires, Dagan peut être lié aux épis, symboles de prospérité agraire, grâce aux comparaisons établies avec des traditions occidentales et bibliques et surtout à travers son identification avec Kumarbi[108]. Bien que, comme on l'a vu, aucun des signes marquant habituellement la divinité ne soit présent sur cette face de la stèle[109], l'hypothèse que le

[99] Orthmann 1971: 156. À la différence d'autres représentations de rois, cette ceinture ne comporte ni nœud ni gland.

[100] Orthmann 1971: 287-297; cf., en particulier, 291.

[101] Cf., par exemple, Genge 1979: vol. II, pl. 1, 26 et 28.

[102] Orthmann 1971: 296-297; Reade 1972: 92; Boehmer 1981: 207-208.

[103] Orthmann 1971: 291, cf. *Gruppe B*. Dans les représentations citées dans la note 695, par exemple, aucun roi ne porte une coiffe particulière; dans l'art araméen du 8e siècle, la tiare adoptée suivra de près le modèle assyrien (Orthmann 1971: 156-157).

[104] Hrouda 1965: 55-58; Orthmann 1971: 157.

[105] Orthmann 1971: 152-154; Genge 1979: 47-49.

[106] En général, voir Orthmann 1971: 151.

[107] Tournay - Saouaf 1952: 173.

[108] Dhorme 1949: 165-167; Singer 1992; L'identification de Dagan et Kumarbi explique en effet l'attribution au dieu de Terqa du symbole des épis: voir Wilhelm 1989: 52. La personnalité divine de Dagan a toutefois quelque chose en commun avec Adad, puisqu'ils ont comme parèdre la même déesse d'origine hourrite, Šala, (Dhorme 1949: 101,128 et 173).

[109] Toutefois, cette absence de signes marquant la divinité, comme la tiare à cornes, n'est pas extraordinaire dans les traditions iconographiques syriennes du nord: voir Boehmer 1975.

personnage représenté soit vraiment Dagan n'est sans doute pas à exclure. Dagan n'est pas le père de Adad dans la tradition mésopotamienne, mais à Ougarit la divinité qui correspond à Adad, Ba'al, est définie, non sans ambiguïté, comme "fils de Dagan"[110]. L'iconographie de la stèle pourrait ainsi utiliser la présence dans le même contexte du dieu Dagan et de Adad afin de faire une allusion respectueuse aux relations entre Adad-nirâri II et son fils Tukulti-Ninurta II.

Dans le même article, Tournay propose par la suite une interprétation différente de cette image qui serait plutôt une représentation de Tukulti-Ninurta II[111], mentionné clairement dans le texte. Dans ce cas, la scène serait alors organisée afin de montrer ce roi pendant qu'il assiste au combat du dieu contre le serpent, prêt à recevoir, d'une façon légitime, les effets positifs de la victoire, en termes de soumission effective et de paiement de tribut par la population locale. Sans prendre en considération pour le moment les problèmes suscités par les différentes lectures de l'inscription, on peut déjà remarquer que la situation ainsi évoquée – surtout en raison du traitement de l'image du roi – ne paraît pas pouvoir correspondre aux critères idéologiques et politiques de la royauté assyrienne de cette époque.

En effet, l'idée que les dieux combattent pour, et même à la place, du roi d'Assyrie contre ses ennemis sera une des conceptions les plus productives dans le développement de la tradition littéraire des inscriptions royales assyriennes, se formalisant dans un *topos* bien reconnaissable surtout dans les textes datant de la fin de la dynastie sargonide[112]. Toutefois, au début du 9e siècle, son attestation dans l'iconographie officielle ne serait pas seulement une nouveauté absolue, pratiquement un *hapax*, mais aussi un élément contradictoire par rapport aux conceptions politiques de l'époque. En réalité, la tendance théologique attestée par les textes contemporains paraît avoir une direction opposée, témoignant surtout de l'intention de la chancellerie d'attribuer au roi des caractéristiques divines afin d'en renforcer l'image et la personnalité guerrière[113]. Si une situation dans laquelle le roi et le dieu agissent et combattent ensemble, l'un sur terre et l'autre du ciel[114], reste encore acceptable, la scène de la stèle d'Ashara montrerait au contraire un roi *otiosus*, sans armes, apportant au dieu un bouquet d'épis, offrande que d'ailleurs la divinité ne peut ni remarquer ni accepter, étant occupée à tuer le serpent.

Ce geste, et la forme même de l'offrande, renvoient par contre immédiatement aux reliefs syro-hittites de Karkémish de la "Processional Entry" datée du début du 9e siècle[115], où on peut voir une file de femmes avançant vers une divinité assise, portant des épis dans leur main droite tendue en avant[116]. Si on accepte cet éventuel parallèle comme élément d'interprétation, on pourrait dire que la stèle d'Ashara présente le mélange d'une scène de confrontation avec une scène de présentation ou d'adoration, comme celles qui sont illustrées dans la glyptique. Mais la cohérence de la composition n'est pas pour autant démontrée: le contraste iconographique entre la violence et l'action montrées sur les trois premiers côtés de la stèle et l'aspect impassible du personnage de la quatrième face reste frappant. Même si on tient compte du fait que les inscriptions assyriennes relatant les campagnes des deux rois dans le Moyen-Euphrate ne mentionnent effectivement pas de conflits militaires, on peut se demander si cela suffirait pour justifier l'attitude pacifique du "roi" dans la scène. La présence de l'*apkallu* – tournant le dos au "roi" et dirigeant son geste, de façon agressive, vers le serpent – ne suffit pas non plus pour assurer la transition entre les deux atmosphères puisqu'elle semble logiquement liée plutôt au contexte du combat qu'à celui de l'offrande.

Si l'on accepte une nouvelle lecture de certains signes du texte de la stèle avancée par H.G. Güterbock, on peut aussi proposer d'identifier ce personnage à tête nue comme l'image même d'Adad-nirâri II que, dans l'inscription, son fils Tukulti-Ninurta II affirme avoir fait réaliser. Si cette théorie est exacte, on devrait toutefois expliquer le fait qu'Adad-nirâri II est représenté deux fois dans l'iconographie: une

[110] Wyatt 1992a et 1992b: 408.

[111] Tournay - Saouaf 1952: 173-174, suivi en dernier par Genge 1979: 44.

[112] Voir, en général, Weinfeld 1983; Oded 1991: 223-230.

[113] Voir, par exemple, la titulature royale employée au début de la plus longue inscription d'Adad-nirâri II, après une invocation aux dieux, dans Grayson 1991: 147-149 et 157.

[114] Voir Andrae 1938: pl. 22a, fragment de brique peinte et émaillée provenant d'Assur, datée du règne de Tukulti-Ninurta II: le dieu Assur, représenté dans son "aura", le disque solaire entouré de nuages chargés de pluie, arme son arc regardant dans la direction dans laquelle se dirige un guerrier (très fragmentaire, peut-être le roi?) monté sur un char. Voir Frankfort 1939: 208-215, en particulier 212, pl. 64, pour une éventuelle relation Assur/Adad, pluie, "arbre sacré", *apkallu*. Le détail de la pluie comme arme d'Assur/Adad pourrait être comparé à la "grêle" qui tombe sur le serpent du relief de Malatya (Bittel 1976: 247, pl. 279).

[115] Pour la datation des reliefs de Karkémish, voir Orthmann 1971: 33-34; Mallowan 1972: 63-85; Genge 1979: 56-90, avec bibliographie; en dernier lieu, voir Hawkins 1972 et 1982: 383-384, qui propose le 10e siècle ou le début du 9e.

[116] Bittel 1976: 253, pl. 287; voir aussi 249-256. L'épi est un symbole de la déesse Šala, parèdre d'Adad (mais aussi de Dagan, cf. ci-dessus note 705); voir, en général, Seidl 1968: 136-138.

première fois transfiguré (peut-être par la mort?) en un dieu – puisque, selon l'édition la plus récente de ce texte[117], c'est bel et bien le roi assyrien qui "écrase la corne mauvaise du serpent" – et une deuxième fois selon les traits réalistes, plus humains, du modèle "vivant". Postulant toujours l'unité du projet iconographique, la scène représentée ne devrait plus être regardée seulement comme une illustration (erronée) du conflit assyro-laqéen – c'est-à-dire avec une attribution fautive au roi de symboles divins – mais comme une image allégorique de cette guerre: le roi victorieux qui étrangle le serpent est Adad-nirâri, mais, en même temps, cette victoire a été obtenue en laissant agir la divinité, en ayant foi en son pouvoir et en lui rendant hommage. Ce décalage entre deux niveaux distincts du langage et du discours politique assyrien apparaît toutefois peu probable à cette époque. Nous n'avons aucune preuve que les disciplines théologiques et idéologiques des chancelleries royales aient déjà développé cette rhétorique mystique dans la phase initiale de la construction de l'empire néo-assyrien. Une conception semblable de l'activité royale ne fera son apparition dans le corpus des inscriptions royales que beaucoup plus tard et ne circulera alors que dans les cercles limités de la cour assyrienne et de ses temples[118]; il ne semble donc pas possible de la voir utilisée sur un monument "public".

En général, l'analyse de l'iconographie de la stèle confirme, parallèlement au texte, l'impression d'"anomalie", d'irrégularité tant dans les formes, le style et la technique d'exécution que dans le contenu idéologique et la rhétorique de persuasion du message à transmettre. La présence contemporaine d'éléments de traditions et de cultures diverses est sans doute à l'origine de cette perplexité et de cette difficulté à interpréter le sens du monument et à indiquer avec certitude quelles sont la mentalité et l'origine politique des responsables de sa création, quel est le public ciblé et quel est le but recherché. Ce qui semble être en discussion est, en effet, l'unité de sa structure: autant les différentes représentations sur les quatre faces ont une certaine autonomie et une réalité expressive si on les examine isolément, autant leur regroupement dans une scène unique semble générer un message ambigu.

Quant au rattachement de l'œuvre aux traditions artistiques attestées dans la région au moment de sa création, l'analyse des différents éléments a indiqué, assez clairement, son éloignement clair par rapport aux techniques utilisées dans l'Assyrie contemporaine[119], qui ne montreront que plus tard, sous le règne d'Assurnasirpal II, la diversité nouvelle de leur développement. Bien qu'il s'agisse d'un thème commun à tout l'horizon culturel du Proche-Orient ancien et des côtes de la Méditerranée depuis la fin du IIIe millénaire, c'est à l'intérieur de la civilisation anatolienne, hittite, syrienne occidentale et syro-hittite que le thème mythologique du combat entre le dieu et le serpent, objet de la scène principale, est particulièrement exploité dans la littérature et structuré dans l'iconographie d'une façon comparable à celle de la stèle d'Ashara. En général, les caractères stylistiques de sa réalisation, le matériel employé, les motifs décoratifs particuliers rapprochent donc notre monument de l'art syro-hittite de centres comme Karkémish, Guzana ou Sam'al, à l'époque où le métissage entre la culture de la Syrie du nord, héritière de la civilisation hittite, et la culture araméenne commençait à devenir un phénomène historique productif dans le cadre politique et social de la Mésopotamie du nord.

4.1.2. L'inscription

Le texte de l'inscription gravée sur la stèle d'Ashara présente une problématique qui ne diffère pas de celle rencontrée dans l'interprétation de l'iconographie associée, générant le même type d'impression: il s'agit d'un document assez fidèle dans sa structure, dans l'articulation de son contenu et dans son lexique à des modèles connus. Pourtant il est impossible d'en proposer dès l'abord une classification sans évoquer l'exception ou l'hapax. Les difficultés se situent à trois niveaux, le premier étant lié directement à l'aspect grammatical, lexical et épigraphique du texte, le second à ses relations avec le corpus des inscriptions royales assyriennes et un troisième concernant son rapport avec l'iconographie. La transcription présentée ici correspond à celle que R.-J. Tournay a proposée en 1997. Il y a intégré une partie des corrections que H.G. Güterbock avait déjà indiquées et aussi une nouvelle lecture, celle de la ligne 7, que j'ai moi-même proposée.

---

[117] Tournay 1997.

[118] Par exemple, cf. le motif de l'oracle divin qui rassure le roi, lui conseillant de rester à la cour, laissant à la divinité la charge de battre l'ennemi, Weippert 1981: 81-90.

[119] Orthmann 1971: 148 exclut la stèle d'Ashara de la série des œuvres néo-hittites; Genge 1979: 45-50 insiste sur le caractère "primitif" de l'art de la stèle d'Ashara, insérant sa réalisation dans le développement d'une nouvelle culture louvite-paléo-araméenne.

4.1.2.1. *Transcription et traduction*

1. ^{d}Adad(IŠKUR)-né-ra-⸢ri⸣ šar(LUGAL) māt(KUR) Aš-šur$^{k[i]}$
2. da-iá-iš āl(URU) La-qé-e^{ki} g[ugallu](GÚ.GAL)
3. sa-pin qarni (SI) lemutti(ḪUL) ṣēri(MUŠ) šarru(LUGAL) šá-kin
4. taḫtâ(ḪUB)-šú la-ni-ḫu ki ^{d}Aš-⸢šur⸣ maḫar (IGI)
5. šakkanakki(GÌR.NITÁ-ki) a-na pag-ri-[šú] na-id qābli(MURUB)
6. ^{giš}Tukul-ti ^{d}Ninurta(MAŠ) mār(DUMU)-šú šarru(LUGAL) e[r-šú ...]
7. šá abi(AD)-šú epūšu(DÙ-šú) šu-ú ēpuš(DÙ-uš) [x x]
8. ṣābē(ERÍN)^{meš} -šú ardē(ÌR)^{meš} -šú šá-qit ilāni(DINGIR)^{meš} [x x]

^{d}Ištar(INANNA) arba-ìl

---

9. x li-tár-ra qà(KA)-at-šú
10. ra-a-pis šá a-a-bi ^{lú}šaknu(GAR) ^{lú}tár(DAR)-tá(DA)-nu
11. šá rēši(SAG) šāperu(KIN) a-šab dan-nát(I)-su gam-ru di-nu kit-tu
12. na-aṣ-rat ina erṣeti(KI-ti) rē'ûtu(SIPA-tu) a-ṣi(ZI)-e-ti$_{4}$(DI)

Traduction

1. Adad-nirâri, roi du pays d'Assur,
2. qui écrase la ville de Laqê, le prince
3. qui abat la corne mauvaise du serpent, roi qui inflige
4. sa défaite, infatigable avec le dieu Assur, le premier
5. des gouverneurs selon (son) propre choix, zélé au combat :
6. Tukulti-Ninurta, son fils, roi avisé,
7. ce que son père a fait, lui-même il l'a fait ...
8. Ses soldats, ses serviteurs, que la plus sublime des divinités,

Ištar d'Arbèles,

---

9. x (les) dirige, sa main
10. battant, de l'ennemi, haut-commissaire, chef d'armée,
11. fonctionnaire, officier, habitant de sa forteresse. Jugement sans appel, véridique:
12. il est gardé sur la terre, le pastorat, à jamais!

Si les huit premières lignes du texte, contenues sur la face "principale" de la stèle, sont dans l'ensemble de lecture difficile mais offrent des possibilités de compréhension et de traduction, la deuxième partie, sur la robe du personnage "royal", apparaît encore plus problématique. Bien qu'étant au fond souvent matériellement déchiffrables, les signes de ces quatre lignes ne semblent pas, pour l'instant, composer un message identifiable comme un extrait des inscriptions royales assyriennes. Au delà des incohérences du point de vue de l'idéologie politique néo-assyrienne, il faudrait en plus accepter la présence d'une quantité de "fautes" du scribe, de lectures aberrantes et d'utilisations de valeurs arbitraires et inconnues par ailleurs, pour arriver à une lecture pourvue de quelque sens. À partir de ces données fondamentales et inévitables, on a donc attribué la composition de ce texte à un scribe "provincial" dont la connaissance de la tradition élaborée par les chancelleries des rois d'Assyrie, déjà ancienne de plusieurs siècles, aurait été limitée et relative. La culture de ce scribe aurait été comparable à celle du sculpteur ayant exécuté la partie iconographique de la stèle, assyrianisé d'une façon assez superficielle.

On va présenter ici les différentes interprétations du texte qui peuvent être élaborées à partir d'une lecture différente de quelques signes, en particulier au début de la ligne 1: ^{d}im lugal *dan-nu* lugal ^{kur}*aš-šur*^{ki} "Adad, roi puissant, roi du pays d'Assur"[120], opposée à ^{d}IM-*ni-ra!-ri!* LUGAL ^{kur}*aš-šur*^{ki} "Adad-nirâri, roi du pays d'Assur"[121]; et au début de la ligne 7, *ša* AD-*šú* te-*šú šu-u* DU-*uš* "de son père, son œuvre il a accompli"[122], opposée à *ša* AD-*šú* NU-*šu šu-u* DU-*uš* "de/quant à son père, il a fait son image"[123], et à *ša* AD-*šú* DU-*šú šu-u* DU-*uš* "ce que son père a fait, lui aussi l'a fait"[124].

4.1.2.2. *La première interprétation du texte (Tournay 1952)*

Selon la première traduction, proposée par R.-J. Tournay en 1952, qui se fondait sur une lecture matérielle des signes au fond très proche de la réalité épigraphique, le texte s'ouvrirait sur une sorte d'invocation ou de dédicace au dieu Adad - qui serait donc représenté dans le relief de la face "principale" appelé inopinément "roi d'Assyrie" selon la titulature classique des souverains assyriens, mais auquel sont attribués aussi des épithètes connus par ailleurs comme divins et liés à ce dieu, comme *gugallu*[125]. Cette ouverture de l'inscription formulée comme une allocution à une divinité est caractéristique de certaines inscriptions royales assyriennes contemporaines[126] ainsi que d'au moins une inscription "provinciale", celle du gouverneur-roi de Guzana Adad-i'ty provenant de Tell Fékhériyé[127], et, comme telle, elle semble parfaitement classique. Moins acceptable est évidemment l'attribution à ce dieu de la royauté même du pays d'Assur. Le problème n'est pas tellement politique et institutionnel mais plutôt religieux et théologique. En effet, l'idée que la royauté sur la ville et l'état d'Assur était gérée d'une façon légitime uniquement par la divinité poliade – représentée sur le plan militaire et administratif par son vicaire et lieutenant, le "roi"–, était solidement enracinée dans les conceptions politiques du pays et dans le fonctionnement de ses institutions[128]. C'est le remplacement du dieu Assur par Adad qui, par contre, paraît impossible et inconcevable de la part d'un intellectuel ou d'un fonctionnaire assyrien à cette époque[129]. Aucune dévotion spéciale n'aurait pu amener à une telle substitution, ni à la faire accepter par un public assyrien.

Adad est connoté comme celui qui "aplatit" la corne du serpent[130]: le texte semble ainsi répéter métaphoriquement le renseignement déjà donné que le dieu est le responsable de la défaite et de la soumission de Laqê, la ville-région dont Terqa-Sirqu semble constituer le centre[131]. Il est ainsi évident que le texte a pris totalement en compte l'image déjà gravée sur cette face de la stèle, l'intégrant dans son discours à travers la création d'une métaphore qui établit une relation entre une tribu araméenne et un serpent cornu[132]. Cette métaphore est par ailleurs inédite, bien qu'au fond le mécanisme de sa signification soit assez compréhensible: serpent et gens de Laqê – peut-être considérés comme des "Araméens" – habitent et infestent le même désert syrien tous les deux sont dangereux pour les hommes civilisés et enfin tous les deux sont des victimes notoires de la fureur du dieu de l'Orage ou de son représentant. Les deux verbes utilisés, *dâšu* et *sapānu*[133], ont en commun dans leur signification le sens directionnel de l'action, vers le bas, de "fouler aux pied" et "déniveler", appartenant à la même tradition lexicale que celle des inscriptions royales

[120] Tournay - Saouaf 1952; voir aussi Genge 1979.

[121] Güterbock 1957 et Tournay 1997.

[122] Tournay - Saouaf 1952.

[123] Güterbock 1957.

[124] Tournay 1997: 273 et 275, citant Masetti-Rouault.

[125] Tournay - Saouaf 1952: 176, l. 1-5; voir aussi Tournay 1997.

[126] Grayson 1991: 12-13, ll. 1-27; 32-33, ll. 1-10, Tiglat-Phalazar Ier (appel à Assur, Enlil, Sin, Šamaš, Adad, Ninurta, Ištar); 100, ll. 1-10, Assur-bêl-kala (appel à Assur, ..., Éa..); 147, ll. 1-4, Adad-nirâri II, (appel à Assur, Enlil, Sin, Šamaš,...); 164-165, ll. 1-13, Tukulti-Ninurta II (à Assur, Anu, Enlil, Éa, Sin, Adad, Šamaš...); 193-194, ll. 1-9a, Assurnasirpal II (dédicace à Ninurta).

[127] Abou-Assaf - Bordreuil - Millard 1982: 13, 1-8a, dédicace d'une statue à Adad.

[128] Garelli 1975: 116-118; Lambert 1983: 82-83.

[129] Pour la problématique politique autour de la substitution/remplacement du culte d'Assur par celui de Marduk et les réactions qui s'en sont suivies en Assyrie au 7e siècle, voir Machinist 1985; Tadmor - Landsberger - Parpola 1989: 25-32 (Tadmor).

[130] Tournay - Saouaf 1952: 176, l. 3; Seux 1967: 71. L'image est aussi un topos littéraire ancien, utilisée dans une métaphore: voir Tournay - Shaffer 1994: 19, qui traduisent un hymne royal de Šulgi, dans lequel le geste de piétiner la tête du roi ennemi est attribué à Gilgameš. En milieu biblique, voir par exemple la même image d'écrasement de la tête du serpent en Gn 3, 14-15; dans l'iconographie de la stèle par contre le serpent est maîtrisé et soulevé par le dieu; cf. Nm 21, 7-9; 2 Rois 18, 4.

[131] Le toponyme Laqê est écrit avec le déterminatif de la ville, URU, mais suivi par KI, qui habituellement désigne un pays: partout ailleurs le déterminatif est KUR. Pour les autres occurrences, voir Parpola 1970b: 224.

[132] Cf., toutefois, dans une inscription royale sumérienne de Utu-ḫegal (fin du IIIe millénaire), la qualification des Gutéens, peuples originaires des montagnes orientales, comme "serpents, scorpions des montagnes" (Sollberger - Kupper 1971: 130); Michalowski 1989: 44, ll.145-146; 83-84, n.143. 145-146.

[133] Cf. Seux 1967: 71 (*dâšu*) et 259 (*sapānu*).

médio-assyriennes et désignant le traitement infligé par le roi aux ennemis. Avec ce choix, on garde la valeur idéologique du relief mais on n'arrive sans doute pas à restituer la référence mythologique précise illustrée par l'image même de l'étranglement du serpent.

On doit aussi considérer la possibilité que la phrase ait été formulée autour d'un jeu de mots: le signe MUŠ, serpent, se lit normalement *ṣēru,* le même mot pouvant servir à désigner la steppe, le désert. De cette éventuelle assonance pourrait découler l'association d'idée entre le serpent et les gens de la steppe. Tournay a déjà signalé la possibilité d'un autre jeu de mots entre le nom géographique "Laqê" et la racine araméenne *lq*', "abattre"[134]. En outre, cette portion de la vallée du Moyen-Euphrate est encore aujourd'hui célèbre – dans la tradition orale des archéologues qui fréquentent la région – pour les vipères qui l'infestent, surtout dans les environs des ruines de Doura-Europos ou de Mari. Dans un autre registre, il est intéressant de noter qu'une tablette assyrienne du 8e siècle, contenant un décret royal attribuant au *šaknu* Palil(Nergal)-ereš le gouvernorat sur cette même région, porte, sur une de ses tranches, le dessin d'un serpent[135], dont la présence ne paraît être justifiée par aucun élément du texte. Dans ce cas précis toutefois, la présence de ce serpent pourrait renvoyer à la tradition iconographique des *kudurru* babyloniens. Quant à la connotation négative donnée à la corne du serpent, il faut peut-être la rechercher dans des conceptions "primitives" concernant l'importance symbolique de la corne et de l'aspect agressif qu'elle confère à ce type de vipère[136] plutôt que dans l'idée de la dent porteuse du venin ou dans la répulsion que pourrait inspirer l'animal lui-même.

Dans la suite du texte, toujours selon la première traduction de Tournay, le "fils" d'Adad, le roi d'Assyrie Tukulti-Ninurta II, affirme avoir réalisé l'œuvre paternelle[137], ayant soumis la région entière; on pourrait en déduire que l'érection même de la stèle commémorerait justement cette occasion. Suivant cette interprétation, comme on l'a vu, les personnages principaux du relief seraient donc le dieu Adad et le roi Tukulti-Ninurta, qui par ailleurs s'échangeraient dans le texte les rôles tenus dans le relief: cette fois, c'est le roi assyrien qui agit à la place du dieu, réalisant un projet de son père.

Suivant les nouvelles hypothèses de lecture avancées par H.G. Güterbock en 1957[138], qui n'a par ailleurs jamais donné une nouvelle édition du texte, on peut arriver à une autre compréhension de l'inscription, qui présente le grand avantage de faire disparaître un des aspects les plus grossièrement "hérétiques" de la première édition, c'est-à-dire le fait que le dieu Adad est appelé "roi d'Assyrie" et figure comme "père" du roi régnant. En réalité, selon Güterbock, le début du texte ne serait qu'une sorte de légende de l'iconographie, qui désignerait un des personnages de la stèle comme étant l'image d'Adad-nirâri II, gravée sur ordre de son fils, le nouveau roi Tukulti-Ninurta II, qui aurait commandité la stèle pour célébrer la victoire de son père sur les tribus locales du Moyen-Euphrate. Si ces corrections, acceptables sur le plan épigraphique[139] – surtout en tenant compte du caractère "provincial" et imprécis de l'écriture – semblent bien fondées puisqu'elles permettent de mieux faire cadrer les contenus de l'inscription d'Ashara avec les règles de l'orthodoxie politique assyrienne, non seulement elles laissent sans solution d'autres problèmes, posés par la deuxième partie du texte, mais en outre elles soulèvent de nouvelles difficultés dans l'interprétation de la partie iconographique.

Puisque, dans la nouvelle version, c'est Adad-nirâri II qui a écrasé la corne du serpent, on devrait alors en conclure que c'est lui qui doit être représenté sur la stèle, luttant avec le monstre et connoté par une série caractéristique d'attributs divins comme la tiare, les cornes ou l'arme. Mais au fond, du point de vue de l'idéologie, il semble, à cette époque, aussi difficile d'envisager la divinisation d'un roi[140] – c'est vrai mort et seulement sous forme d'image – que d'appeler le dieu Adad roi d'Assyrie. Bien qu'on puisse trouver, dans les hymnes et dans la littérature mystique assyriens de l'époque sargonide tardive des exemples d'identification symbolique entre le roi et certaines divinités[141], ce concept ne fera partie du répertoire des motifs des inscriptions royales que vers la fin de l'empire et d'une façon plutôt marginale, comme c'est d'ailleurs aussi le cas pour le thème de la conception, de la naissance, de la croissance et de l'éducation

[134] Tournay - Saouaf 1952: 180.

[135] Reade - Walker 1981-1982: 118.

[136] Tournay - Saouaf 1952: 2; pour la valeur symbolique, voir Propp 1987. Remarquer que les pinces du scorpion sont également appelées "cornes"; cf. CAD, vol. 13, p. 137.

[137] Tournay - Saouaf 1952: 175-176, l. 7

[138] Güterbock 1957: 123; Schramm 1973: 11r, semble les accepter.

[139] Toutefois, les objections épigraphiques soulevées par Genge 1979: vol. II, 142, surtout dans ses notes 207-208, sont sans doute importantes.

[140] Labat 1939: 368-373; Seux 1981: 170-172; Nissen 1988: 172-179; Hallo 1988: 54-66.

[141] Voir par exemple Livingstone 1989: 92-94; 100, l. 26 et 102, ll. 20-22.

particulières de l'enfant royal, assisté par les divinités[142].

Par ailleurs, on peut remarquer que, par le biais d'un usage métaphorique dans certaines comparaisons attestées déjà dans les annales d'Adad-nirâri II, une certaine association entre les pouvoirs du roi et des caractères divins – en particulier ceux d'Adad – était sans doute déjà établie dans la titulature des annales d'Adad-nirâri II, se confirmant d'une façon explicite dans les textes d'Assurnasirpal II: le roi "brûle" (son ennemi) comme le dieu Girra[143], il "déchaîne l'orage" (contre l'ennemi) comme Adad[144]. Mais un tel usage paraît, à cette époque, correspondre plus à une volonté de rendre le texte de l'inscription plus "littéraire" qu'à l'idée d'attribuer directement au roi assyrien une nature divine. C'est seulement pendant le règne de Sennacherib, mais dans un contexte politique tout à fait spécifique[145], qu'on pourra assister à une identification explicite du roi avec le dieu Anšar-Assur, dans la légende d'un relief représentant le dieu vainqueur contre le monstre primordial Tiamat[146], et c'est par ailleurs un cas pratiquement unique, motivé par une stratégie politique et idéologique précise.

Dans une étude approfondie de l'iconographie de la stèle d'Ashara, H. Genge a déjà fait remarquer que, si l'idée d'attribuer à Adad la paternité effective du roi aurait été aberrante dans le milieu assyro-babylonien classique du début du 9ᵉ siècle, elle n'aurait pas étonné un public partageant une culture plus occidentale, araméenne, qui connaît des noms propres de souverains tels que Bar-Hadad, "Fils d'Adad", ou encore Baratara[147]. À son avis donc, la première traduction de Tournay était la meilleure sur ce point précis, les corrections proposées par Güterbock témoignant d'un effort pour replacer la logique de la stèle dans l'univers idéologique assyrien, considéré comme le seul possible et productif à cette époque. Par conséquent, Genge continue à penser que l'iconographie représente réellement Adad et Tukulti-Ninurta et que ces images et le texte ont pu être créés uniquement à l'intérieur d'une culture araméenne (ou paléo-araméenne) encore sans contacts directs avec le monde qu'elle veut représenter. À ce propos, il faut aussi rappeler que le roi de Mitanni, au début du Bronze Récent, portait le titre royal de "fils du dieu de l'Orage"[148]: en soi, l'éventuelle attribution de ce titre à Tukulti-Ninurta ne doit pas forcément être lue comme l'affirmation d'une idéologie politique spécifiquement araméenne.

En outre, s'il s'agit vraiment d'Adad-nirâri II présenté comme un nouvel Adad, on peut se demander qui sont alors les deux autres personnages sur la troisième et la quatrième face de la stèle et quel rôle ils jouent par rapport à la représentation principale. Dans ce contexte, on l'a vu, si on exclut la possibilité qu'il puisse s'agir d'une reduplication de la représentation d'Adad-nirâri, l'homme à tête nue qui assiste à la scène ne peut être que Tukulti-Ninurta lui-même, précédé par un prêtre ou un génie bénéfique qui doit faciliter, avec son savoir et son pouvoir rituel et magique, la lutte de son père contre le monstre. Toutefois, le roi assyrien n'affirme nulle part, dans ce texte, avoir fait exécuter son image en association avec celle de son père, ni d'ailleurs, à vrai dire, dans l'ensemble de ses inscriptions, avoir à aucun moment fait réaliser l'image de son père. Pourtant, l'événement aurait mérité d'être confié à la mémoire historique parce qu'il aurait marqué le début d'une tradition typiquement (néo)assyrienne, la construction d'une *ṣalam šarrūtī*(ya) "image de la (ma) royauté", c'est-à-dire d'un monument comportant une partie iconographique, au delà du texte éventuel. D'habitude, les inscriptions royales assyriennes ont toujours tenu scrupuleusement le compte des documents comportant des messages royaux destinés à une audience abstraite (dieux ou rois futurs), en général textes de fondation relatant la construction d'un important édifice public[149] ou bien stèles à l'intérieur d'un complexe monumental à Assur même[150]. Mais, à partir du début du 9ᵉ siècle, on voit citer régulièrement la création et l'érection de ces "images de la royauté" voulues par les souverains dans les endroits les plus lointains touchés par les expéditions militaires, pour commémorer

---

142 Le motif de l'assistance divine dans la formation physique et morale du roi dès sa conception est peut-être déjà présent, en embryon, dans les inscriptions médio-assyriennes; cf. par exemple Grayson 1987: 272, l. 17, où Tukulti-Ninurta Iᵉʳ se déclare "créature d'Adad", se manifestant à nouveau dans les textes du début du 9ᵉ siècle. Cf. Grayson 1991: 147, ll. 5-7a (Adad-nirâri II); 165, ll. 18-20 (Tukulti-Ninurta II). En général, Labat 1939: 53-64; Seux 1967: 375-377; Lambert 1974; Seux 1981: 170-171; Hallo 1987: 45-52.

143 Grayson 1991: 148, l. 18a (Adad-nirâri II).

144 Par exemple, Grayson 1991: 221, l. 120b, et *passim* dans les inscriptions d'Assurnasirpal II. Voir toutefois aussi Grayson 1976: 88-89, n°429, (l. 67, Adad-nirâri II), où il serait déjà question du "cri" royal comparé à un orage destructeur. Grayson 1991: 151, l. 67, suivant la proposition de Schramm 1973: 5, l. 67, traduit le texte autrement. Sur l'identification d'Adad et de son cri/l'orage, et la métaphore qui associe l'orage avec le bruit d'une armée en marche dans d'autres langues sémitiques occidentales, essentiellement l'ougaritique, voir De Moor 1988.

145 George 1986: 137-144.

146 Luckenbill 1924: 141, l. 10; 142, l. 1. Pour les inscriptions des reliefs dans les palais d'époque sargonide, voir, en général, Girardi 1988, avec bibliographie.

147 Genge 1979: 43-44.

148 De Martino 1991: 78-79.

149 Ellis 1968: 146-147. Cf. Börker-Klähn 1982: 70-71; Morandi 1988: 139-141.

150 Andrae 1913; Saporetti 1974; Vorys Canby 1976: 121-125.

éternellement leur passage et pour marquer les limites théoriques de leur territoire[151]. La stèle d'Ashara constituerait alors le premier exemple de monument de ce type pour cette époque. De plus, si Tukulti-Ninurta II est vraiment le commanditaire de cette stèle, pourquoi alors ne se serait-il pas fait attribuer ses symboles légitimes de royauté – mis à part le bâton sur lequel il s'appuie – comme il sera, à partir du règne d'Assurnasirpal II, traditionnel et normal de le faire[152]?

4.1.2.3. Nouvelle interprétation

La version la plus récente du texte, présentée par Tournay 1997 et reproduite ici, accepte la lecture de Güterbock en ce qui concerne la première ligne mais élimine la référence à la préparation de la stèle (NU, *ṣalmu*) par Tukulti-Ninurta. La forme du quatrième signe dans la ligne 7, lu NU, si on le compare par exemple aux autres NU dans le texte[153], ne semble pas soutenir la proposition de Güterbock, à laquelle on préfère la lecture DU, exactement comme pour l'avant-dernier signe de la même ligne, un DU sûr. Si on accepte ces lectures, l'inscription de la stèle semble communiquer en effet le même type de message qu'on peut trouver dans les inscriptions de ces deux rois. Adad-nirâri a assujetti la région, Tukulti-Ninurta, son fils, a fait de même. Toutefois le texte ne s'approche pas pour autant de ses modèles assyriens. Une séquence narrative semblable, œuvre du prédécesseur / œuvre du roi, peut se présenter, dans le cadre des inscriptions royales, seulement dans le contexte d'un topos littéraire connu, celui de la "priorité héroïque": le nouveau roi accomplit des gestes qui surpassent tout ce qui a été fait par ses pères, dans la perspective d'une amélioration perpétuelle de la royauté et de son pouvoir. Ici Tukulti-Ninurta semble affirmer avoir répété ce que son père avait déjà fait. Une telle affirmation n'est pas normale pour un roi assyrien, même si elle correspond bien à la situation décrite par les inscriptions de ces deux rois: des campagnes militaires le long des vallées du Khabour et de l'Euphrate, parcourues en direction opposée, l'un du nord vers le sud, l'autre du sud vers le nord, s'arrêtant aux mêmes endroits, rencontrant pratiquement les mêmes gens. Cette interprétation du texte ne permet pas de définir d'une façon précise l'identité des personnages des reliefs. Une référence claire est faite à Adad-nirâri, étrangleur de serpents comme le dieu de l'Orage de l'iconographie, mais l'interprétation générale de la stèle reste ouverte.

Après la présentation du message, apparemment principal, véhiculé par le texte et renforcé du point de vue communicatif par le rapport établi avec l'iconographie, l'inscription se poursuit par une invocation à la déesse assyrienne Ištar d'Arbèles afin qu'elle protège les soldats du roi ainsi que ses fidèles, les fonctionnaires assyriens. Selon la première traduction de Tournay, la prière comprenait le souhait que le "hurlement" du père – en l'occurrence Adad – anéantisse les forces de l'ennemi et toute sa *nomenklatura*. L'inscription se conclut avec une invocation solennelle afin que la justice et la domination des rois assyriens s'affirment éternellement sur toute la terre[154]. La nouvelle version élimine la référence au "cri" du père, remplacée par l'expression du vœu que la déesse Ištar puisse conduire les Assyriens à la victoire sur l'armée et l'administration ennemies. Le texte se poursuit avec l'affirmation de la stabilité de la royauté assyrienne – définie dans ce cadre comme "pastorat" – et de son caractère universel, stabilité présentée comme conséquence d'un verdict officiel, établi après un jugement ou une pratique divinatoire[155], selon un schéma inconnu par ailleurs dans les inscriptions royales. Quelques parallèles sont peut-être à rechercher dans des textes littéraires et dans des hymnes religieux en général postérieurs[156]. Manquent par contre les formules habituelles de malédiction contre les éventuels profanateurs du monument, très communes sur les stèles royales et funéraires[157].

Cette nouvelle édition du texte admet, à la fin de la ligne 4, une référence au dieu Assur, problématique du point de vue épigraphique, et en outre dans un contexte inhabituel. Le rôle de la divinité poliade dans le récit historiographique est de toute façon en général assez réduit dans les inscriptions de cette époque, se limitant à de rares citations dans la titulature du roi et dans des expressions figées et récurrentes[158]. Par contre, en ce qui concerne Ištar, il semble que le texte fasse référence – peut-être par deux fois – à la plus

---

151 Morandi 1988: 120-124. Cette innovation est par ailleurs précédée par la création de statues royales à partir du 11e siècle (Morandi 1988: 112, et aussi les tables pp. 139-143), qui toutefois ne prennent pas en considération la stèle d'Ashara.

152 Pritchard 1969: 152-153, pl. 439-445 et 299-300, n°439-445.

153 Voir ligne 10, dernier signe, ligne 11, en fin de ligne.

154 Tournay - Saouaf 1952: 175-177, ll. 8-12.

155 Pour ces valeurs de *dînu kittu*, voir CAD, vol. 5, 1957: 27; CAD, vol. 3, 1959: 152; CAD, vol. 8, 1971: 470-471. Pour l'aspect divinatoire, voir aussi, par exemple, Seux 1976: 468, et n. 9, et *passim*.

156 Pour le concept abstrait de "pastorat" *re'ûtu*, voir AHW: 978 a., et aussi Seux 1976: 530 (prière à Nabû pour Sargon II); Livingstone 1989: 18, l. 19; 27, l. 18; 111, l. 11 (Assurbanipal). Comme titre royal, voir Seux 1969: 243-250 et 441-446; voir aussi Seux 1980-1981: 162-163.

157 Morandi 1988: 136; Lackenbacher 1982: 162-167.

158 Grayson 1991: 148, l. 23; 152, l. 97; 154, l. 132; 157, l. 13' (Adad-nirâri II); 164, l. 1; 165, l. 24; 167, l. 8'; 168, ll. 15'-17'; 171, l. 4; 172, l. 29; 179, l. 128; 179, ll. 145-146 (Tukulti-Ninurta II).

belliqueuse des déesses assyriennes, bien que les signes censés signifier son nom soient particulièrement mal conservés. Cette déesse est effectivement bien connue et citée dans des inscriptions de la période, même d'origine provinciale[159]. Toutefois, l'identification de la forme de cette Ištar comme celle de la ville d'Arbèles est beaucoup plus rare, surtout si elle est comparée avec la divinité poliade de Ninive. Cette apparition semble donc difficile à justifier dans ce contexte spécifique.

Au delà des problèmes évidents de lecture des signes et de leur interprétation, la prière invoquant la protection de la déesse (l. 8) sur les "soldats" du roi (l'idéogramme avait été lu comme A, "enfants" dans l'édition la plus ancienne) ainsi que sur ses serviteurs, n'a pas, à ma connaissance, de parallèles directs[160]. De la même façon, la description de l'organisation militaire et administrative de l'"ennemi" laqéen, fournie par les noms des divers fonctionnaires, est en fait calquée, à quelques imprécisions près, sur le système assyrien, vision qui serait difficilement acceptable de la part de la chancellerie royale d'Assur. L'ennemi – en particulier les bédouins de la steppe – est décrit dans les inscriptions royales comme un sauvage sans culture et sans identité: dans ces conditions, on peut se demander comment il pourrait disposer d'un système de gestion du pouvoir et du territoire tellement semblable au système assyrien[161]. Les difficultés rencontrées dans l'interprétation de cette partie du texte ainsi établi, l'impossibilité pratique de trouver pour la plupart des expressions utilisées des parallèles, même éloignés, dans le corpus des inscriptions royales assyriennes ainsi que dans d'autres types de textes, montrent qu'il est sans doute nécessaire d'avancer encore dans l'amélioration de la lecture des signes, comme dans celle des connaissances de la grammaire assyrienne de cette époque. En effet, c'est à cette époque que la langue assyrienne standard est entrée en contact avec d'autres langues et dialectes, en particulier ceux du groupe sémitique occidental, araméen, et qu'elle a servi à exprimer, avec le système d'écriture cunéiforme, les nouvelles réalités culturelles et linguistiques qui étaient en train de se mettre en place en Syrie du nord[162].

Les autres propositions de lecture présentées par Tournay 1997, en particulier celle de la fin de la ligne 4, *la-ni-ḫu* ki ^{d}*aš-šur* IGI (au lieu de *la ga-mal* KI DINGIR.UTU-*ši*) et celle du début de la ligne 5, GÌR.NITÁ-ki a-na pag-ri (au lieu de GÌR.NITÁ KI UR), ne modifient pas réellement la compréhension générale du texte. Il s'agit sans doute d'attributs du sujet logique de la phrase, en l'occurrence l'étrangleur du serpent dans le relief. La possibilité de lire la séquence IGI GÌR.NITÁ-*ki* (=*maḫar šakkanakki*), "devant le(s) gouverneur(s)" permettrait peut-être d'y voir une référence aux relations de ce personnage avec le(s) chef(s) locaux, évoqués par ce titre ancien de *šakkanakku*, attribué à la fin du Bronze Ancien aux maîtres de la région et de la ville de Mari. Il est toutefois plus probable qu'on ait affaire, dans ce contexte, à un élément traditionnel de la titulature royale moyenne et néo-assyrienne[163] (*sakkanak ilāni*, "gouverneur des dieux") bien que le complément habituel (*ilāni, ilāni rabûti*) manque dans l'inscription, peut-être à la suite d'une erreur du scribe ou du lapicide.

En général, rappelant l'opinion déjà exprimée par Tournay dans sa première édition de la stèle, et tenant compte des caractéristiques épigraphiques, des choix lexicaux, de la compétence grammaticale manifestés dans cette inscription, quand on essaie de se former une idée de la culture et de la position du scribe qui a composé ce texte – au moins selon la lecture qu'on peut en donner pour le moment – on se trouve confronté à une réalité contradictoire. On a l'impression que cet intellectuel, d'une part connaît relativement bien le syllabaire assyrien, cherchant des valeurs rares et inusitées pour certains signes, se permettant quelques variations, et de l'autre qu'il ignore des règles de base, en ce qui concerne la phonétique et la transcription de certains sons. Il aurait eu en même temps une bonne pratique – peut-être un peu superficielle – du lexique et de certains thèmes spécifiques des inscriptions royales et des textes littéraires et religieux, lui permettant même de se lancer dans des jeux de mots mais, par ailleurs, il serait resté totalement étranger à la rhétorique et aux principes de l'articulation des concepts fondamentaux de l'idéologie royale assyrienne, ne se souciant pas des conséquences logiques et des implications éventuelles de l'exposition de son discours.

---

[159] Grayson 1991: 147, l. 4b (Adad-nirâri II) et Grayson 1991: 165, l. 13 (Tukulti-Ninurta II). Mais cf. le relief de Til Barsip, avec Ištar d'Arbèles sur son lion, reproduite par exemple dans Börker-Klähn, II, 1982: XX, pl. n° 252. Pour les liens entre Arbèles et Ištar, voir Livingstone 1989: 20-22.

[160] Par ailleurs, on peut comparer ce passage avec un passage du texte, dans sa version en akkadien et dans celle en araméen, de la statue d'Adad-i'ti de Tell Fékhériyé (Abou-Assaf - Bordreuil - Millard 1982: 13, ll. 11b-12a) où un concept similaire (protection des descendants et des "gens" de la maison royale) est exprimé, utilisant par ailleurs un lexique différent.

[161] Zaccagnini 1982; Fales 1982.

[162] Plusieurs études ont été dédiées à la question des influences de l'akkadien sur l'araméen, dont la plus complète reste sans doute Kaufman 1974, sans compter les nombreuses analyses de l'onomastique de la période (voir, par exemple, pour une bibliographie, Fales 1980: 244-245, n. 4).

[163] Seux 1967: p. 279-280.

Naturellement, on ne prend pas en considération ici les caractéristiques paléographiques de l'inscription qui relèvent plutôt de l'habilité personnelle du sculpteur ou du lapicide qui l'a gravée. Ce dernier aurait même pu ne pas connaître l'écriture cunéiforme et avoir travaillé en copiant son texte sur une tablette en argile ou bien en suivant des lignes tracées préalablement sur la pierre, à l'encre, par le scribe. La mauvaise disposition des signes entre eux et entre les lignes, le peu de soin dans l'incision sur le basalte, le manque d'équilibre qu'on remarque entre les différentes parties de l'inscription, la forme même des signes, ou encore la présence d'espaces vides, sont autant d'éléments qui attestent un manque évident de compétence et d'expérience des artisans qui ont travaillé à ce projet. La préparation de la stèle d'Ashara a été bâclée[164], peut-être même arrêtée en cours de travail, sans doute à la nouvelle de la mort de Tukulti-Ninurta qui a eu lieu seulement environ un an après son passage dans le pays de Laqê.

4.2. Le contexte de la stèle

4.2.1. Les données culturelles

4.2.1.1. Les tradition assyriennes

Si on accepte les nouvelles lectures de la première partie de la stèle proposées par Güterbock, tenant compte du fait que la titulature entourant le nom du personnage apparaît au fond correcte et exacte pour un roi d'Assyrie, le monument d'Ashara se structure alors comme un mémorial, érigé par le roi vivant en faveur de son prédécesseur désormais défunt. En général, ériger des monuments et écrire des inscriptions en l'honneur ou à la mémoire d'un père ou d'un ancêtre illustre ne sont pas des pratiques vraiment courantes dans le monde mésopotamien[165]. Les inscriptions funéraires, arrivées jusqu'à nous en quantité relativement modeste, suivent un schéma littéraire différent[166]. Quand il en subsiste une de quelque importance – on peut par exemple se référer à l'inscription d'Adad-guppi[167], mère du roi de Babylone Nabonide[168], que l'on peut dater du 7e siècle (donc bien plus récente que celle d'Ashara) et provenant de Ḫarran, un centre fortement influencé par la culture araméenne – elle a plutôt la forme d'une autobiographie, d'un récit développé à la première personne et qui en fin de compte peut effectivement tourner à la célébration et à la légitimation du vrai commanditaire du texte, dans ce cas précis Nabonide. Les inscriptions funéraires syro-hittites présentent la même structure, très simplifiée[169].

En examinant le corpus dans son ensemble, il est en effet facile de constater que cette inscription de Tukulti-Ninurta II serait isolée dans la tradition des inscriptions royales assyriennes, dans lesquelles on remarque au contraire une certaine discrétion dans les louanges directes du père ou des ancêtres du roi en place. On ne veut pas dire ainsi qu'il existe quelque forme de tabou linguistique concernant les rois morts[170], et interdisant de cautionner par filiation directe la légitimité même de la succession du monarque actuel[171]. Les prédécesseurs sont au contraire couramment évoqués, souvent avec une titulature complète, dans les généalogies insérées dans l'introduction de la plupart des inscriptions. Mais il s'agit en fait de l'application, dans un contexte historiographique, de la même règle que celle qui aboutit à la création des listes royales[172]. Par ailleurs, le père ou les ascendants plus ou moins lointains entrent également dans le récit historiographique, en particulier dans le cas d'inscriptions commémorant l'achèvement de travaux de construction de grand prestige, comme des palais ou des temples, où on indique le nom du roi qui a été le premier promoteur de l'initiative ou bien responsable de la première édification d'un bâtiment qui, ayant

---

164 Voir aussi, sur la qualité du texte des annales d'Adad-nirâri II, Grayson 1976: 84, n°333, et Grayson 1991: 146.

165 Borger 1975: 39, n°22; ajouter au moins McGinnis 1987 et Fadhil 1991. En général, pour la statuaire royale mésopotamienne au Bronze Ancien et Moyen et les cultes associés, voir Spycket 1968; cf., en particulier, p. 78-80, pour des exemples paléobabyloniens, rares, de statues de rois commanditées par un fils ou un des successeurs.

166 Bottéro 1982: 378-392.

167 Gadd 1958: 46-55. Sur Ḫarran à l'époque néo-assyrienne, voir Fales 1973: 99-105; Esse 1984.

168 Tadmor 1965: 351-363.

169 Hawkins 1980.

170 Le sujet de la mort et des funérailles royales en Assyrie et dans le monde mésopotamien a été rarement étudié de façon approfondie: voir, par exemple, pour l'aspect rituel, Labat 1939: 118-124; pour le lexique, Seux 1981: 150-151. Hallo 1991 traite le problème d'un point de vue général, dans un esprit plus comparatiste. Outre McGinnis 1987, quelques autres renseignements sur les cérémonies liées aux funérailles royales à l'époque des sargonides sont en général donnés dans les études sur le *šar puḫi*: cf., en dernier, Parpola 1983: XXII-XXXII, avec bibliographie. Sur la question du rituel funéraire *kispu*, en général, voir Tsukimoto 1985, surtout pp. 110-115 et 223-227. Dans Livingstone 1989: 52-53 se trouve l'édition d'un fragment d'un texte (CT 54 513) décrit comme "Epical Text Mourning the Death of a King (?)".

171 Le thème de la légitimité royale et de la continuité dynastique est traité dans Seux 1980-1981: 143-148; voir aussi Tadmor 1981: 25- 30; Garelli 1979.

172 Landsberger 1954; Tadmor 1977; en général, voir aussi Grayson 1980: 101-124.

vieilli et étant en ruine, est actuellement en cours de restauration ou de reconstruction[173]. Les raisons de la présence de cette sorte de *topos* littéraire sont diverses: d'une part, sans doute, le respect d'une réalité connue par la cour et les autres lecteurs du texte; de l'autre, le désir de montrer qu'on a obéi aux injonctions contenues dans les inscriptions déposées par les ancêtres dans les fondations des bâtiments mêmes, imposant que la vraie histoire de la construction soit conservée intégralement et que soient reconnus à chaque roi ses mérites[174]; enfin, peut-être aussi l'espoir d'éloigner ou de décharger sur d'autres que soi les éventuelles fautes rituelles et cérémonielles liées à l'édification, à la modification ou à la destruction de bâtiments religieux ou sacrés[175]. Dans ce contexte, l'activité du roi en charge est définie comme le perfectionnement, la conclusion d'un processus d'amélioration continuelle qui trouve son accomplissement dans l'intervention présente.

Cette même connotation idéologique se retrouve aussi dans les récits de quelques grands faits d'armes et de succès diplomatiques, où le souverain narrateur affirme avoir réalisé des exploits tels qu'aucun de ses prédécesseurs n'avait jamais réussi à en accomplir[176]. Ou encore, on peut décrire une action royale – par exemple la reconquête d'un territoire – comme une revanche ou une vengeance relative à une défaite ou à une offense diplomatique et politique subie par un de ses ancêtres, bien que, évidemment, aucune inscription royale n'ait jamais enregistré une situation d'échec pour l'Assyrie. On comprend alors que le roi en charge est légitime de par sa descendance d'une lignée royale mais aussi par ses qualités héroïques personnelles, désormais perfectionnées au plus haut degré, et qui le rendent objectivement meilleur – donc plus légitime – que tous ceux qui l'ont précédé.

La tendance à utiliser ce motif de la "priorité héroïque"[177] dans le discours politique assyrien finit alors par provoquer une relative exclusion de toute confrontation directe, dans le contexte narratif des inscriptions, entre le roi en charge et son père ou son prédécesseur: choix prudent d'ailleurs, considérant que souvent les successions royales étaient l'occasion d'assassinats et de régicides, même à l'intérieur de la famille régnante, ou de coups d'état de la part d'autres usurpateurs[178]. Il est évident que cette situation évolue et qu'à l'époque des sargonides, l'institution de la *bît redûti*[179], réglementant la succession au trône en désignant l'héritier et en organisant son éducation, permet enfin quelque forme de représentation officielle et contemporaine du roi en charge et de son successeur prévu[180]. On peut en voir un exemple dans un relief de Ninive présentant Sargon en conversation avec le prince héritier au trône, Sennacherib[181], chargé de mission dans d'autres provinces de l'empire et donc déjà en activité politique pendant le règne de son père, ou bien dans les reliefs de la stèle de Zincirli[182], représentant Esarhaddon triomphant sur ses ennemis, entouré – mais sur les côtés du monument – par ses deux fils Assurbanipal et Šamaš-šum-ukîn, princes héritiers respectivement aux trônes d'Assyrie et de Babylone.

---

173 Lackenbacher 1982: 12-21.

174 Ellis 1968: 165-168; Lackenbacher 1982: 145-161.

175 Cf., par exemple, les dangers inhérents à la démolition et à la (re)construction d'un édifice, comme ils sont décrits dans la série de présages *iqqur ippuš*, Labat 1965. Voir aussi Margueron 1989: 15-17.

176 Voir, par exemple: Grayson 1991: 197, l. 50 et 198, l. 63 (Assurnasirpal II), et *passim*, dans les inscriptions royales, pour l'aspect héroïque du motif; pour l'aspect politique et diplomatique, voir, par exemple, Grayson 1991: 200, ll. 100-101a (Assurnasirpal), et aussi Masetti 1980: 45 (Esarhaddon, voir Borger 1956: 58-59, ll. 26-22), et *passim*.

177 Selon la définition de R. Gelio. Ce motif a été isolé et étudié, dans le cadre des inscriptions royales assyriennes, dans une thèse de Laurea de l'Université de Rome par R. Gelio en 1977.

178 Garelli 1973, 1979 et 1981: 5-7; Seux 1981: 150-158. Pour la succession de Sargon II, voir Tadmor 1958: 37; Vera Chamaza 1992.

179 Seux 1981: 158-159.

180 Voir Reade 1972: 93 pour l'iconographie; Tadmor 1981: 25-32 analyse les stratégies rhétoriques utilisées par les chancelleries royales pour résoudre les nouveaux problèmes idéologiques et politiques créés par l'institution de la *bît redûti* et le principe de la légitimité par filiation directe et primogéniture.

181 Voir le relief BM 118822. Dans Parpola 1987: 27-41, n°29-40, se trouve une publication récente de la correspondance, essentiellement administrative, envoyée par Sennacherib, en tant que prince héritier, à son père Sargon.

182 Pritchard 1969: 154, pl. 447-449 et 300-301, n°447-449. Pour un commentaire contemporain du choix d'Esarhaddon comme prince héritier, voir Parpola 1970a: 102-105 et Parpola 1983: 115-119 (LAS 129), l'édition la plus récente étant Parpola 1993: 152-153, n°185.

183 Tadmor 1981: 25-33, déjà cité, et Tadmor 1983, qui étudie la question des liens entre la succession royale et les textes historiographiques qui prennent la forme d'"apologies autobiographiques", dans le contexte desquelles les relations personnelles et dynastiques entre père et fils-héritier sont souvent évoquées; il suggère aussi une origine anatolienne - nord-syrienne pour cette typologie de textes. Cette problématique a été étudiée pour les cultures de la Syrie du nord par Oller 1989: 415-417.

Même dans les textes historiographiques, le rapport père / fils, souverain / prince héritier fait son apparition[183]: dans une inscription provenant de Ninive[184], Esarhaddon peut par exemple évoquer la préférence que son père lui a manifestée dès son plus jeune âge par rapport à ses frères et le complot régicide qui s'en est suivi[185]; ou encore, un texte littéraire contient un court épisode dans lequel un prince, accomplissant en rêve un voyage initiatique dans l'outre tombe[186], y rencontre un de ses ancêtres, dont la vision pourrait l'instruire sur la bonne conduite à suivre avec les dieux pour une meilleure gestion du pouvoir.

Diverses compositions littéraires de l'époque d'Esarhaddon et d'Assurbanipal se structurent même autour de la louange présentée fictivement par un prince héritier à son père[187]. On peut aussi noter la représentation d'un roi (Sennacherib) en train de réfléchir sur le (mauvais) sort de son prédécesseur (Sargon II), essayant de comprendre les raisons du malheur pour pouvoir l'éviter à son tour[188]. Si, naturellement, le but apologétique de la stratégie de la propagande royale est évident dans ces créations particulières de la cour assyrienne tardive, il n'en reste pas moins que l'introduction du thème de la louange du père, ou de l'*exemplum* – qu'il soit bon ou mauvais – offert à son successeur, tout en étant une innovation dans l'univers littéraire assyrien, resteront sans développement possible dans l'idéologie strictement politique des inscriptions. De toute façon, la situation historique et les conditions politiques des règnes et de l'accession au pouvoir d'Adad-nirâri II et de Tukulti-Ninurta II ne semblent pas correspondre, ni être comparables, sous aucun point de vue, à la réalité assyrienne des 8e et 7e siècles, au moment de l'affirmation de la dynastie des sargonides, qui ont utilisé d'une manière si efficace ces types de composition littéraire.

A partir du règne de Sennacherib, la situation de la succession semble donc désormais assez bien structurée pour former la raison d'être de documents juridiques et de traités internationaux spécifiques[189]. Toutefois, pendant toute l'époque sargonide – la seule à être véritablement documentée par d'autres sources que les inscriptions royales[190] – dans la correspondance adressée aux rois par leurs conseillers techniques et scientifiques, on peut encore observer la pratique d'éviter soigneusement d'appeler par leur nom propre les pères défunts respectifs des destinataires[191]: s'agit-il seulement d'une convention linguistique de politesse et de respect ou bien y avait-il là une interdiction encore opérante? Pour toutes ces raisons, on a donc l'impression que, spécialement en Assyrie, le passage symbolisé par l'expression "le roi est mort, vive le roi!" continue à poser un problème institutionnel évident pendant une période assez longue, et que c'est sans doute en conséquence de cette situation que la relation père / fils, roi mort / roi régnant paraît laissée dans l'ombre dans les différentes instances expressives, inscriptions et reliefs, qui communiquent d'une façon officielle l'idéologie royale. Il suffit de penser que la première année effective du règne d'un roi, selon le système chronologique classique assyrien fondé sur l'énumération des *limmu*, est encore comptabilisée parmi celles de son prédécesseur, créant des problèmes d'interprétation même aux historiens modernes[192].

Tout en tenant compte de la relative pénurie de textes pour les époques plus anciennes, cette situation semble particulièrement nette au début de la tradition néo-assyrienne, au 9e siècle. Dans ces conditions, il apparaît peu probable que le roi Tukulti-Ninurta II puisse être considéré comme le commanditaire d'une stèle auprès d'un atelier d'une province reculée afin de célébrer les hauts faits de son père dans la région, et qu'il ait choisi comme sujet du monument une claire identification d'Adad-nirâri II avec le dieu de l'orage Adad. On connaît, on l'a vu, dans les textes d'Adad-nirâri II et ensuite d'Assurnasirpal II, des métaphores littéraires mettant par exemple en relation la voix, le hurlement du roi avec le tonnerre, le cri de guerre d'Adad, mais on n'arrive jamais à établir explicitement un principe d'égalité entre les pouvoirs divins et les pouvoirs royaux. Autrement, au 9e siècle, une initiative de ce genre constituerait une vraie innovation, un changement par rapport au comportement traditionnel des rois assyriens, et devrait être considérée comme le signe d'un état particulier de la situation politique interne et des relations entre père et fils dans la famille royale et à la cour.

---

[184] Borger 1956: 36-64 (Prisme Ninive A).

[185] Borger 1956: 40-43, n°27, épisode 2, ll. 8-62. Voir aussi Tadmor 1983: 39-42; Ishida 1991.

[186] Speiser 1969: 109-110; Labat 1970: 94-97.

[187] Voir, par exemple, Livingstone 1989: 56-59, n°25 (collection de "lettres" envoyées à Assurbanipal par son fils), et peut-être aussi Livingstone 1989: 59-61, n°26-28.

[188] Landsberger - Parpola - Tadmor 1989: 9-17, en particulier ll. 1-13.

[189] Sur le thème des *adê* et des *mamītu* au Ier millénaire, destinés à assurer la succession royale, voir Tadmor 1982: 445-458; une édition récente se trouve dans Parpola 1988: XXVIII-XXX, 18, n°3 (Sennacherib); 28-58, n°6 (Esarhaddon); 62-64, n°8 (Assurbanipal).

[190] Parpola 1981: 135.

[191] Voir Parpola 1983: 294, n. 4'.

[192] Grayson 1982: 245.

La réputation ancienne de Terqa, avec son temple dédié au dieu Dagan[193], comme centre religieux spécialisé dans le culte et les rituels funéraires pour les dynasties régnant dans la vallée du Moyen-Euphrate aux débuts du IIe millénaire[194], aurait pu perdurer, selon des modalités diverses et variées, jusqu'au Ier millénaire et être encore vivante dans la culture de la ville araméenne de Sirqu. Si tel était le cas, comme Tournay l'a suggéré, on pourrait alors supposer que la création de la stèle ait été un geste occasionnel et isolé, réalisé au moment du passage de l'expédition de Tukulti-Ninurta II dans les environs, afin d'honorer le père défunt dans un endroit approprié et prestigieux. Toutefois, le manque presque total de tout renseignement sur les conditions de vie, d'habitat, et sur l'état de la culture et de la religion dans la Sirqu laqéenne des 10e et 9e siècles[195], à l'exception de la stèle elle-même, rend cette hypothèse difficile à vérifier, au moins pour le moment. De toute façon, une explication de ce genre laisserait sans solution les problèmes stylistiques, du point de vue iconographique et textuel, posés par le monument en question.

4.2.1.2. Les traditions syriennes

Si on prend en considération le contexte culturel plus typiquement syrien, ou syro-araméen, comme ambiance dans laquelle l'inspiration pour l'inscription de la stèle d'Ashara s'est développée, le texte et la création d'une représentation d'un père-roi de la part d'un fils devenu roi apparaissent sans doute moins aberrantes. Il est vrai qu'on ne connaît pas, pour le moment, de documents araméens réellement contemporains de ce monument, mais si on accepte d'examiner le corpus des inscriptions "royales" émanant des cours syro-araméennes et datées environ des trois premiers siècles du Ier millénaire, on pourra peut-être percevoir quelques relations entre la production historiographique araméenne dans son ensemble et cet "ancêtre" provenant du Moyen-Euphrate, bien plus ancien. Il semble par ailleurs évident que la formation de cette typologie textuelle et de ce motif spécifique dépend directement des traditions et du modèle élaborés dans le contexte amorrite syrien depuis le Bronze Moyen et qu'on a vu particulièrement développés dans les cultes et l'idéologie funéraire concernant les rois défunts dans le contexte de la culture urbaine de Syrie nord-occidentale, à Ougarit comme à Émar, pendant tout l'Âge du Bronze Récent.

En effet, la création de monuments dédiés à un père ou à un prédécesseur, avec ou sans signification commémorative ou funéraire, n'est pas un phénomène excessivement rare dans la tradition des milieux de cour araméens, bien que, comme en Assyrie, le cas de stèles ou d'inscriptions "autobiographiques" à la gloire du souverain régnant soit évidemment beaucoup plus fréquent. Une inscription rédigée en langue phénicienne sur le sarcophage d'Ahiram, roi de Byblos et que l'on peut sans doute dater du 10e siècle, par exemple, affirme que la sépulture a été préparée par le fils et successeur de ce personnage, le roi Ittoba'a[196], qui est représenté conjointement avec son père dans le relief du monument, au moment du banquet funéraire. Mais c'est surtout la statue que Bar-Rakib, roi de Sam'al-Y'dy (Zincirli), a fait ériger, vers l'an 730, pour commémorer son père, Panamu II[197], qui peut être considérée comme le monument au fond le plus proche de celui d'Ashara. L'inscription sur cette statue souligne emphatiquement que c'est grâce à la "loyauté" personnelle de son père vis-à-vis des dieux, en particulier de Hadad, mais aussi vis-à-vis du roi d'Assyrie Tiglat-Phalazar III (744-727), que la dynastie légitime a pu récupérer le trône, occupé momentanément par un usurpateur qui avait massacré presque toute la famille royale et opprimé le pays entier. Puisque Panamu II est mort en se battant héroïquement à côté de son protecteur, c'est désormais Bar-Rakib qui va recueillir la faveur divine et l'appui militaire et politique assyrien lui permettant de conserver son pouvoir. Il s'agit sans doute ici d'un monument funéraire – la création de la statue royale doit également être comprise dans ce contexte – fournissant aussi au roi un espace rhétorique pour justifier et défendre sa position philo-assyrienne. Ces mêmes thèmes sont toutefois présents également dans les autres inscriptions de Bar-Rakib: la "bonne conduite", la justice paternelle, à laquelle font écho celles du fils, sont à l'origine du pouvoir et du succès politique de leur maison[198]. Père et fils peuvent donc apparaître ensemble sur la même stèle, dans un même récit.

Les raisons de ce développement littéraire du motif de la relation entre roi prédécesseur et roi successeur dans la tradition historiographique sémitique occidentale, en particulier araméenne, ont souvent été recherchées dans la diversité de la structure de cette société par rapport au monde assyrien, différence qu'on est habitué à évaluer d'un point de vue (vaguement) ethnologique – en réalité, ethnique – par des couples d'opposition: nomade (ou mieux semi-nomade) *vs.* sédentaire et tribu, clan *vs.* état et ville. Dans une société incomplètement urbanisée, dans laquelle ni le concept d'état ni celui d'individu ne sont arrivés

---

[193] Dossin 1948; Durand 1985a: 169; Charpin - Durand 1985: 325; Grayson 1987: 59-60, n°8.

[194] Voir par exemple Bottéro 1982: 403, n. 18; Tsukimoto 1985: 70-73.

[195] Buccellati 1979: 29-30.

[196] Pritchard 1969: 157-158, pl. 456-459 et 302, n°456-459; Porada 1973.

[197] Panamu ou Panamuwa. Sur ce monument, voir Donner - Röllig 1971: I, 39-40, n°215; II, 223-232; cf. Sader 1987: 165-169. Pour une interprétation différente, voir maintenant Margalit 1994, a et b.

[198] Donner - Röllig 1971: I, 40, n°216, ll. 4-7.

à une réelle autonomie institutionnelle, la relation familiale reste à la base de la structure même du système politique, expliquant ainsi l'importance accordée aux généalogies, à la descendance directe, à l'appartenance à un groupe déterminé: plusieurs états araméens sont nommés selon l'ancêtre tribal fondateur de la dynastie (Bît-Adini, Bît-Gabbari, Bît-Agusi, Bît-Baḫiani, etc.)[199]. Dans ces conditions, l'espace attribué, dans les textes historiographiques véhiculant l'idéologie du pouvoir, aux relations entre deux générations de rois est plus compréhensible et ce thème a pu connaître, dans la Syrie de la fin du IIe et du début du Ier millénaire, une expansion allant bien au delà de la simple question de la légitimité de la succession, comme elle apparaît par exemple à travers les "listes royales" assyriennes ou babyloniennes.

Par ailleurs, le substrat anatolien et syro-hittite, dans lequel la culture araméenne s'est développée dans les régions plus septentrionales de la Syrie, était sans doute un milieu qui conservait encore l'héritage de la grande tradition historiographique de l'empire hittite[200], dans laquelle les relations dynastiques, ainsi que celles entre père et fils, avaient une grande importance, reflétée par la structure même des textes[201]. Bien que désormais représentée essentiellement par des inscriptions en louvite hiéroglyphique, il est possible que cette tradition ait aussi influencé la création de ce type de discours politique et des formes de son expression dans la culture aramaïsante des états naissants. Pour le reste, la lourde assyrianisation de la culture locale semble avoir tout recouvert déjà un demi-siècle après les campagnes d'Adad-nirâri II et de Tukulti-Ninurta II[202]. Comme on l'a vu, il faudra attendre l'époque des successeurs de Sargon II et de l'expansion du processus d'aramaïsation de la Mésopotamie du nord pour voir ces motifs et situations réapparaître à la surface dans la littérature de la cour royale d'Assur.

4.2.2. Les données historiques

4.2.2.1. Résumé de l'histoire du Moyen-Euphrate

Les connaissances dont on dispose actuellement pour la reconstruction de l'histoire événementielle de la région entourant les cours moyens du Khabour et de l'Euphrate sont fondamentalement restreintes aux informations fournies par des sources assyriennes, épigraphiques – les inscriptions royales – ou archéologiques. En effet, en ce qui concerne la fin du IIe et le début du Ier millénaire, les fouilles les plus complètes et récentes dans ce territoire ont été réalisées pour la plus grande partie sur des sites fortement marqués par la présence assyrienne[203]; toutefois, notre connaissance de la région a été récemment améliorée par d'importantes prospections, effectuées souvent en connexion avec les programmes de fouilles archéologiques[204].

Les rapports concernant les campagnes militaires assyriennes le long de l'Euphrate syrien qui ont touché la région d'Ashara au tout début de l'époque néo-assyrienne s'insèrent normalement dans la structure narrative des inscriptions royales[205] d'Adad-nirâri II[206] et de Tukulti-Ninurta II[207], qui se présentent du

---

199 Sur le problème des origines des états araméens, leurs caractéristiques et leur évolution, voir O'Callaghan 1948: 93-118; Dupont-Sommer 1949; Liverani 1962; Genge 1979: 20-40; Sader 1987; Schwartz 1989, avec bibliographie; Zadok 1991; Bordreuil 1993a, etc.

200 Pour la relation entre la stèle de Tell Ahmar 2 et l'inscription de Bar-Rakib pour Panamu, voir Hawkins 1980: 140, et, en général Hawkins 1982: 378-379. Pour l'historiographie hittite, voir Hoffner 1975a et b; Güterbock 1985.

201 Pour des inscriptions d'un roi rédigées sur ordre de son fils et successeur, cf., par exemple, Güterbock 1985: 22-24 (Anitta/Pidhana) et 31 (Mursili II Šuppiluliuma).

202 Voir, par exemple, le cas de Guzana (inscription bilingue assyro-araméenne), cf. Abou-Assaf - Bordreuil - Millard 1982; de Sam'al (reliefs de Kilamuwa et, par la suite, de Bar-Rakib), Orthmann 1971: 66-67; Hawkins 1982: 398.

203 Une liste officielle de missions archéologiques opérant en 1992 dans la section syrienne de la vallée de l'Euphrate, du Balikh, du Khabour, et dans la Djéziré se trouve dans Maqdissi 1993. Mis à part les grandes fouilles réalisées à partir de la fin du siècle dernier, comme celles de Jerablus/KarkémishKarkemish, ou de Zincirli-Sam'al, et plus tard de Tell Halaf-Guzana, Arslan Tash-Khadatu, Tell Ahmar-Til Barsip (Matthiae 1977: 3-30, Bounni 1993), les recherches en cours se sont concentrées essentiellement sur des sites qui, bien que susceptibles de fournir des données nouvelles sur la civilisation "araméenne" locale, sont en fait caractérisés par la présence massive de matériel assyrien, en termes d'architecture, céramique et textes, datable plus ou moins directement des périodes d'occupation de la région en question par une administration "coloniale" assyrienne, à l'époque médio- et néo-assyrienne. C'est le cas en particulier à Tell Cheikh Hamed-Dûr-katlimmu (voir Kühne 1990b, 1993), Tell Ahmar-Til Barsip (Bunnens 1993), Tell Barri-Kaḫat (Pecorella 1993), Tell Hajaja-Šadikanni (Mahmoud 1993).

204 Van Liere - Lauffray 1955; Kühne 1977 et 1979; Simpson 1984; Geyer - Monchambert 1987; voir aussi Russell 1985 et Liverani 1992a.

205 Voir Olmstead 1916. Pour une typologie des inscriptions royales assyriennes, voir Grayson 1974 et 1981; sur les modalités de composition et d'écriture des textes, et les problèmes d'idéologie inhérents, voir Levine 1981, 1983; Tadmor 1981, 1983; Liverani 1973, 1979.

206 Seidmann 1935; Schramm 1973: 3-8; Grayson 1976: 81-97; Grayson 1991: 142-162, avec bibliographie. Une traduction de la partie du texte qui concerne le Moyen-Euphrate se trouve ci-dessous, en annexe.

207 Schramm 1970 et 1973: 8-17; Grayson 1976: 97-113; Kühne 1980a: 49-62; Grayson 1991: 163-188. Une traduction de la partie du texte qui concerne le Moyen-Euphrate se trouve ci-dessous, en annexe.

point de vue formel comme des annales[208]. Ces récits décalquent d'assez près les textes de Tiglat-Phalazar Ier (1114-1076), le dernier souverain de l'époque médio-assyrienne, qui avait considérablement élargi les frontières de l'empire dans toutes les directions, y compris dans la vallée de l'Euphrate syrien[209]. Malgré ce modèle historiographique existant, les expéditions lancées par ces deux rois vers le Moyen-Euphrate ne sont pas présentées comme des épisodes épiques, dans un itinéraire de conquête ou de reconquête lancée vers la Méditerranée ou le sud babylonien: au contraire, et d'emblée, ces campagnes semblent plutôt des détours ayant pour seul but de ramasser les impôts dus par les populations locales, apparemment déjà soumises, offrant en même temps au roi l'occasion, d'une part, de s'adonner à des parties de chasse dans la steppe, de l'autre de réorganiser la présence administrative et coloniale assyrienne dans la région. Comme on le verra par la suite, une signification toute différente devra par contre être attribuée aux interventions militaires d'Assurnasirpal II dans les mêmes territoires, beaucoup plus ponctuelles et justifiées dans le récit par des événements précis et des situations de crise aiguë.

Les raisons et les conditions culturelles et sociales qui ont conduit d'une part à la création de la stèle d'Ashara et, de l'autre, à la formation des récits des inscriptions royales assyriennes, sont sans doute à rechercher dans la position tenue par la vallée du Moyen-Euphrate et du Khabour sur l'échiquier de l'empire néo-assyrien renaissant, au début du Ier millénaire. Le texte gravé sur ce monument parle de l'"écrasement" de la corne du serpent et l'iconographie présente un dieu guerrier en action, tandis que les inscriptions royales assyriennes censurent toute référence à une éventuelle action militaire et violente de la part du corps expéditionnaire. Ignorée dans le récit officiel de la campagne de Tukulti-Ninurta II, l'érection même de la stèle, comme on l'a vu, pourrait dans ce contexte avoir eu des significations divergentes: il aurait pu s'agir du moment culminant de la célébration d'une victoire locale, militaire ou politique, marquant aussi une des frontières vers l'ouest du territoire considéré effectivement comme assyrien. Ou bien, la stèle avec l'effigie royale et l'inscription cunéiforme aurait pu être érigée uniquement pour commémorer le passage des Assyriens dans une région au contraire estimée par eux comme lointaine et périphérique par rapport au noyau central de l'empire.

A partir des renseignements offerts par les inscriptions royales des deux rois protagonistes de ces campagnes, il est très difficile de décider quel était le statut de la région du Moyen-Euphrate à cette époque précise. Malgré les nombreuses mises en garde contre un traitement non analytique des informations fournies par les inscriptions royales et l'avancement des recherches portant sur de nouveaux modèles explicatifs de l'impérialisme assyrien[210], l'image qu'on se forme encore du Moyen-Euphrate au 9e siècle, suivant le récit des annales, est celle d'un pays "tributaire" déjà sous la coupe d'une domination de type colonial, peut-être toutefois à des degrés divers selon les centres pris en considération. La phraséologie des textes indiquerait en effet un partage entre deux types de zones. Les premières, dont on ne nomme pas les chefs politiques, ne versent pas tribut au passage de l'expédition royale, sans doute parce qu'elles sont déjà considérées comme "assyriennes" et paient donc leurs contributions par des canaux fiscaux réguliers et internes au système administratif assyrien. Par contre, les zones du second type n'auraient pas encore accepté d'intégrer ce système et seraient donc considérées comme potentiellement rebelles et ennemies, à moins que les autorités locales, qui sont citées par leur noms dans les textes, ne modifient leur position au moment même du passage terrifiant de l'expédition, intégrant alors le système assyrien. Une autre distinction doit être considérée parmi ces nouveaux "vassaux", entre ceux qui seront obligés de verser par la suite un tribut régulier, annuel, entrant ainsi dans une relation structurée et nominalement stable avec l'administration assyrienne et ceux qui pourront se contenter de présenter au roi assyrien des cadeaux au moment de son passage sur leur terres[211]. Les campagnes dans le Moyen-Euphrate trouveraient dans cette perspective leur explication fonctionnelle et leur sens en tant qu'activités royales prestigieuses, même si elles ne sont pas clairement connotées comme de véritables actes de conquête militaire.

Avant les expéditions dont il est question ici, il faut donc supposer qu'au territoire géré directement par une administration assyrienne – comme le sera plus tard la vallée entière du Moyen-Euphrate, mais pour le moment limité aux alentours de Dûr-katlimmu – s'opposait une région à statut différent dont les principaux centres semblent avoir établi quelque forme d'accord avec l'Assyrie. Tout en laissant aux chefs locaux une certaine marge d'indépendance et d'autonomie, ce protocole diplomatique aurait assuré à la monarchie assyrienne la souveraineté sur toute cette portion de la vallée et concrètement la possibilité d'y imposer un tribut occasionnel. Si tel était le cas, il resterait à déterminer à quelle époque les Assyriens ont pu reprendre effectivement des relations politiques avec cette région après l'infiltration araméenne commencée sans doute à la fin du IIe millénaire. En outre, en ce qui concerne directement la section de la vallée entre l'embouchure du Khabour et Ḫindanu, on n'a pas de preuves directes qu'une structure

[208] Tadmor 1977.

[209] Borger 1974: 108-134; Grayson 1976: 1-45; Grayson 1991: 5-84.

[210] Jankowska 1969; Liverani 1979; Postgate 1979; Garelli 1979; Larsen 1979; Liverani 1988: 777-785; Postgate 1989.

[211] Liverani 1988b, 1992b; mais voir aussi Postgate 1992.

administrative et coloniale, sur le modèle de celle de Dûr-katlimmu, ait jamais été réelle et durable. La rareté de tout type de documents relatifs à la fin de la période médio-assyrienne et au début du Ier millénaire, jusqu'au règne d'Adad-nirâri II, incite à la prudence et rend hypothétique tout essai de reconstruction de la réalité sociale, ethnique et politique de cette période.

D'une façon analogue[212], le manque presque total de textes et de vestiges archéologiques que l'on puisse dater des époques postérieures à la chute du royaume de Mari au 18e siècle – à l'exception de quelques tablettes provenant de la ville de Terqa témoignant de la survie du royaume de Ḫana – a pendant longtemps accrédité l'hypothèse de l'installation d'une période de "siècles obscurs" dans la région, et pas seulement dans nos connaissances. La partie de la vallée de l'Euphrate comprise en gros entre l'embouchure du Khabour et la région de Rapiqu est en effet souvent décrite comme un territoire pratiquement vide pendant plus d'un demi millénaire. À partir du 12e ou du 11e siècle, elle aurait été occupée par des populations nomades ou semi-nomades, difficiles à contrôler, ne disposant ni d'une organisation sociale ni d'une identité culturelle précises et qui auraient habité et rempli l'espace vide de la vallée et des steppes environnantes.

Il est sans doute vrai que la vallée de l'Euphrate a généralement connu un développement urbain et démographique modéré, en raison des conditions climatiques et géographiques, et qu'elle n'a jamais constitué, depuis la plus haute antiquité, un axe important pour la circulation des hommes et des biens entre l'Anatolie, la Mésopotamie du nord et la Mésopotamie du sud. Toutefois, comme on l'a vu dans les chapitres précédents, les récentes découvertes réalisées en Syrie nord-orientale, démontrant la continuité de l'occupation urbaine depuis le Bronze Récent, apportent des renseignements importants, ouvrant la voie à une nouvelle interprétation des modalités de la présence humaine et de la survie d'institutions civiles et urbaines dans cette région, et cela sur de très longues périodes. Les modèles d'interprétation de structures sociales et culturelles mises ainsi en lumière à travers la documentation nouvelle doivent être prises en considération dans l'étude, d'une part, des formes d'intégration de ces territoires dans l'empire assyrien et, de l'autre, de l'organisation politique des communautés et des états locaux.

En premier lieu, les récentes fouilles françaises à Terqa ont permis de comprendre que le royaume de Ḫana, avec ses institutions étatiques et ses traditions urbaines, a continué à exister pendant une période beaucoup plus longue qu'on ne le pensait auparavant, au moins jusqu'au 15e siècle, dernière époque attestée effectivement et sans aucun doute par la stratigraphie du tell ainsi que par les documents qui y ont été retrouvés. La culture de ce centre, tout en étant caractérisée par une puissante empreinte locale, une évidente originalité et conscience de sa propre autonomie, apparaît fortement marquée par des influences diverses, parmi lesquelles celle de la Babylonie a peut-être été la plus importante. La nouvelle documentation montre qu'au milieu du IIe millénaire, Ḫana, se dégageant de l'emprise babylonienne, était entrée dans la fédération mitannienne, entité politique associée plus tard, dans les textes assyriens, au royaume de Ḫanigalbat, sans doute comme territoire le plus méridional. Le centre de cette fédération se trouvait dans la haute vallée du Khabour et comprenait même l'Assyrie parmi les états soumis à son contrôle. Quand le roi assyrien Assur-uballit Ier (1365-1330) et ses successeurs immédiats réussirent à libérer leur pays de la domination mitannienne et, par la suite, à la faire disparaître complètement et à prendre sa place, c'est sans doute selon des formes juridiquement semblables qu'ils établirent leur souveraineté sur la Djéziré orientale et sans doute aussi sur le Moyen-Euphrate, en aval de l'embouchure du Khabour. L'intégration politique de Ḫana à l'empire mitannien au milieu du IIe millénaire a permis à la culture locale de s'ouvrir aux influences des traditions syriennes occidentales et septentrionales, élaborées dans un contexte tant sémitique que hourrite[213]. Les archives conservées à Dûr-katlimmu, le plus important centre administratif assyrien de la région du Khabour, gardent trace des relations existant, à l'époque de Salmanazar Ier (1274-1245) et Tukulti-Ninurta Ier (1244-1208), entre le palais assyrien et la ville de Terqa[214].

Dans le contexte politique de la fin du 13e siècle, cette grande crise – qui a provoqué, dans toute l'Asie occidentale, l'écroulement de l'organisation territoriale et économique fondée sur un contrôle administratif direct de la région et établie par l'Assyrie en Syrie du nord pendant les siècles précédents – semble coïncider effectivement avec l'avancée de l'infiltration des populations araméennes dans la Djéziré[215]. Ce processus, déjà dénoncé dans les inscriptions de Salmanazar Ier, aboutira, à la fin du IIe millénaire dans la partie la plus occidentale de la Mésopotamie du nord, sous le contrôle du pouvoir hittite, à la fondation de nouveaux états, à composantes mélangées selon des proportions différentes, néo-hittite, louvite et araméenne[216].

[212] Cf. discussion dans le chapitre 2, § 2.1.3.

[213] Voir, en général, Rouault 1992 et Masetti-Rouault 1993; discussion dans le chapitre 2, § 2.1.2 et 2.1.3.

[214] Röllig 1984; Cancik-Kirschbaum 1996; Kühne 1995; voir chapitre 2, § 2.2.3.

[215] Dupont-Sommer 1949: 15-19; Malamat 1973; Sader 1992. Pour une discussion sur le modèle de l'"invasion", voir ci-dessus § 1.2.3.

[216] Dupont-Sommer 1949: 23-30; Hawkins 1982; Sader 1987; Liverani 1988: 714-718; Ponchia 1991; Bordreuil 1993 a et c. Voir aussi ci-dessus § 3.1.3.

En ce qui concerne la vallée du Moyen Khabour et la Djéziré orientale, des découvertes archéologiques récentes et la trouvaille de plusieurs textes et inscriptions de chefs locaux ont permis de comprendre que l'intégration politique des gens de culture et langue araméennes dans le gouvernement de la région a été un phénomène long et complexe[217]. Ici, la survie et sans doute la résistance des petits royaumes gérés par des dynasties locales d'origine assyrienne – ou tout au moins installées au pouvoir avec le soutien de ce pays au temps de sa puissance – ont permis de ralentir l'installation d'états araméens à l'est du Khabour, y laissant perdurer, sinon un réel contrôle politique, du moins l'empreinte culturelle et institutionnelle de l'Assyrie.

Pour la vallée du Moyen-Euphrate, de la région du Djebel Bishri jusqu'à Ḫindanu, la situation apparaît moins claire: les fouilles archéologiques et les prospections n'ont pas encore décelé ni étudié de sites d'une certaine importance que l'on puisse dater de cette époque[218]. Plusieurs raisons permettent sans doute d'expliquer cet état des choses. On ne peut pas exclure l'éventualité qu'un vaste phénomène d'érosion fluviale, due à des changements du cours de l'Euphrate ou à un phénomène d'alluvionnement particulièrement violent, ait effacé presque partout les niveaux archéologiques correspondant à cette époque, surtout pour les villes situées sur le fond de la vallée[219]. Il est par ailleurs possible, comme on l'a déjà vu, que la population locale, politiquement organisée dans une structure dimorphique, ait préféré en majorité pendant cette période éviter la concentration dans les centres urbains, se distribuant dans la zone agricole et dans les hauts plateaux environnants d'une façon aujourd'hui difficile à reconstituer[220]. Ce choix de la population du Moyen-Euphrate qui a pu dépendre de raisons différentes – entre autres, la pression assyrienne ou la modification des rapports économiques et de production entre les différentes composantes de la société dimorphique – ne correspond automatiquement ni à une fracture politique, ni à une régression culturelle des traditions urbaines locales.

A la fin du IIe millénaire, les rois assyriens poussent souvent leurs expéditions dans la vallée de l'Euphrate jusqu'à la hauteur de Rapiqu qui représente manifestement la frontière avec la Babylonie. Les inscriptions de Tiglat-Phalazar Ier (1114-1076) mentionnent à plusieurs reprises des campagnes militaires lancées essentiellement contre les tribus araméennes installées dans un énorme territoire, allant de Suḫu à Karkémish en passant par le Djebel Bishri. Tandis que le pays de Suḫu, avec ses villes principales de Sapirrutu, Anat et Ḫindanu semble faire l'objet de l'attention particulière du roi, ou de toute façon d'une bonne connaissance géographique de la chancellerie[221], la région de Ḫana paraît ignorée, peut-être comprise d'une façon implicite dans les territoires évoqués. Le nom même de l'ancien royaume de Ḫana sera, à la fin de cette période, pratiquement oublié, remplacé par le toponyme araméen – avec un sens apparemment géographique – de Laqê[222]. Toutefois, les inscriptions royales d'Assur-bêl-kala (1073-1056) enregistrent encore des campagnes contre un certain Tukulti-Mer, fils d'Ilu-iqiša, roi de Mari, qui, à son tour, dans sa propre inscription provenant de Sippar, se déclare roi de Ḫana[223]. Terqa disparaît comme toponyme des rares textes de l'époque; les fouilles archéologiques en cours sur le site n'ont pas relevé non plus, au moins pour le moment, de niveau contemporain de cette période.

Quand une ville identifiable avec l'ancienne Terqa refera surface dans la documentation plus récente, la graphie du toponyme rendra une prononciation différente, Sirqu, qui était par ailleurs déjà attestée dans les documents de l'époque du royaume de Ḫana, au milieu du IIe millénaire. Il est difficile d'évaluer l'importance démographique et politique réelle de Sirqu, dont, dans l'état actuel des fouilles, aucun reste – avec l'exception de la stèle d'Ashara, et peut-être de quelques tombes – ne paraît avoir survécu à l'érosion du tell. À partir des récits des inscriptions royales assyriennes, il semble que ce centre soit de nouveau considéré comme une des villes principales de la région de Laqê, peut-être même sa capitale politique, puisqu'il est le siège d'un "palais". Le texte de la stèle montre une certaine imprécision dans la façon de citer ces toponymes: au lieu des normaux ^kur^*la-qé-e* "la région de Laqê" et ^uru^*sir-qu* "la ville de Sirqu", on voit apparaître ^uru^*la-qé-e*^ki^ "la ville de la région de Laqê", pour désigner sans doute le site même où la stèle a été érigée.

---

217 Voir ci-dessus § 3.2.; Maul 1992; Grayson 1991: 127, avec bibliographie.

218 Gawlikowski 1982; Cuyler Young 1983; Kepinski-Lecomte 1992. Voir, en général, Brinkman 1968 et 1984a et 1984b: 1-38.

219 Pour une analyse du phénomène du changement progressif du cours de l'Euphrate en Babylonie, à cette époque, voir Zettler 1992.

220 McClellan 1992 et 1993; Sader 1992.

221 Haklar 1983.

222 Postgate 1983.

223 Grayson 1991: 89 et 111. Par ailleurs, le pays des "rois de Ḫana" est encore cité dans le texte décrivant l'"empire de Sargon"; voir en dernier lieu Grayson 1977: 59, ll. 2.

Les inscriptions d'Assur-bêl-kala sont les derniers textes historiographiques d'une certaine ampleur datant de cette période. Si la situation de l'Assyrie, sous la constante pression politique exercée par les états dimorphiques "araméens" en révolte à ses frontières occidentales, devait devenir de plus en plus difficile et précaire, la chancellerie royale continue à relater les victoires assyriennes remportées contre les Araméens: dans des inscriptions différentes on trouve citées, entre autres régions, la vallée du bas Khabour, ainsi que, comme on l'a vu, la région de Mari[224]. D'autres campagnes seront lancées dans le désert depuis Anat jusqu'à Tadmor-Palmyre dans le but de défendre les pistes commerciales menant vers la Méditerranée mais, dans l'état actuel de la documentation, il est impossible de savoir si le cœur même du pays de Laqê pouvait être considéré, déjà à cette époque, comme vassal des rois assyriens.

La présence dans le site de Ḫaradum sur l'Euphrate, dans la région en amont de Anat, d'une forteresse assyrienne pendant une période estimée par les fouilleurs comme allant du 11e au 9e siècle, laisse penser à une certaine continuité du contrôle de cette section de la vallée de la part de l'armée d'Assur, tout au moins jusqu'à la période qui a précédé la campagne d'Adad-nirâri II à Laqê[225], mais des fluctuations restent toujours possibles. Bien que les inscriptions royales de ce souverain ne mentionnent pas explicitement cette région avant le récit de la campagne de 894, les premières années de son règne avaient déjà vu des expéditions militaires victorieuses contre Babylone. L'établissement d'un accord diplomatique avec le roi babylonien Šamaš-mudammiq avait permis à l'Assyrie de réintégrer dans ses frontières une grande partie des régions méridionales à l'est du Tigre, d'Arrapha jusqu'à Der, mais aussi des forteresses le long de l'Euphrate, dans les alentours de Ḫît[226].

Ces premiers mouvements d'expansion territoriale, significatifs sans doute d'un nouveau climat politique qui s'installe en Assyrie, auront une portée très limitée. La fin du règne d'Adad-nirâri sera marquée par un changement complet des relations avec Babylone, qui récupère la plus grande partie des terres cédées à son ancien ennemi. S'il semble évident qu'au moins pendant quelques années toute la vallée du Moyen-Euphrate a été sous contrôle assyrien, le retour de sa partie la plus méridionale dans la sphère du contrôle babylonien et le retrait consécutif des troupes assyriennes doivent avoir eu des effets politiquement et localement appréciables aussi dans le pays de Laqê[227].

4.2.2.2. *Les campagnes d'Adad-nirâri II*

Dans les inscriptions d'Adad-nirâri II, le récit de la campagne explicitement dirigée vers les vallées du Khabour et du Moyen-Euphrate est donné dans la version la plus détaillée des annales de ce roi, rédigée sans doute vers la fin de son règne et retrouvée à Assur sur plusieurs tablettes[228]. Cette campagne est présentée comme la suite naturelle de la septième expédition contre le Ḫanigalbat qui, à la différence des précédentes, n'est plus considérée comme un acte de guerre mais plutôt comme une marche triomphale permettant de vérifier la conquête définitive du pays et son intégration dans les frontières de l'état assyrien[229]. Il semble bien que le vrai objectif royal de la septième campagne ait été en réalité le Moyen-Euphrate. Le texte rapporte ensuite une liste de personnalités locales rencontrées par le roi, selon des modalités différentes, pendant sa descente vers le sud[230]. Il est par ailleurs intéressant de remarquer que le verbe qui dénote le type de pouvoir exercé par ces chefs locaux sur leur territoire ne fait pas partie de ceux que l'on rencontre généralement dans le lexique des inscriptions – *bêlū tu ou šarrū tu* – mais qu'il a été choisi dans un autre répertoire, plus secondaire, celui du contrôle, *kalû*[231], et qu'il est utilisé uniquement dans cette partie du texte.

L'ordre de succession suivi dans l'énumération de ces rencontres est géographique mais aucune preuve ne permet d'affirmer qu'il soit pour autant exhaustif. À Sikani-Tell Fékhériyé[232], aux sources du Khabour – et d'après le texte de la statue de son chef qui y a été retrouvée, siège d'un culte local d'Adad[233] – Adad-nirâri II reçoit le tribut d'Abi-salamu, chef portant un bon nom araméen appartenant à la tribu de Bît-Baḫiani[234] qui contrôlait à cette époque la ville de Guzana-Tell Halaf[235] et ses territoires. Sans entrer

---

[224] Grayson 1991: 87-105; voir ci-dessus, § 3.2.
[225] Killick 1988; Kepinski-Lecomte 1992.
[226] Grayson 1975: 166; Grayson 1991: 149: 33-34. Voir aussi Grayson 1976b.
[227] Grayson 1976b et 1982: 249-251; Liverani 1988: 777-780.
[228] Grayson 1976: 81-82; voir aussi Schramm 1973: 3-8.
[229] Grayson 1991: 152-155, mais cf. ci-dessous, Annexe.
[230] Pour l'itinéraire suivi, voir Kühne 1980b et Russel 1985.
[231] Grayson 1991: 153-154, ll. 101, 114, 117; voir CAD, vol. 8, pp. 95-104. Cf. Postgate 1974: 234-235.
[232] Mc Ewan *et al.* 1958.
[233] Abou-Assaf - Bordreuil - Millard 1982.
[234] Bordreuil 1993c: 252.
[235] Sader 1987: 5-45, avec bibliographie.

dans Guzana même et sans que le texte ait mentionné une situation d'hostilité préalable – insistant plutôt sur une intervention particulière du dieu Šamaš, et non pas de Adad![236] – le roi impose à Abi-salamu le versement d'un tribut annuel (*madattu*). Il se dirige ensuite vers le sud, le long du fleuve, et, à Šadikanni[237], il prélève une autre quantité de biens sur la communauté locale. L'étape suivante, Qatna[238], est marquée par ailleurs par un événement politique précis, l'installation comme chef de la ville d'un personnage d'origine locale. Amel-Adad est en effet identifié dans le texte comme "homme de Qatna" mais aussi, en même temps, comme "vassal", lú*da-gíl pa-ni* du roi assyrien[239]. À partir des données de l'inscription, il est difficile de comprendre la nature et le sens de la soumission d'Amel-Adad au roi d'Assyrie. S'agit-il de l'installation d'un fonctionnaire assyrien, membre de la cour, au pouvoir dans son pays d'origine, selon le modèle évoqué aussi dans le cas de Šamši-ilu[240] à Til Barsip en pleine époque néo-assyrienne, ou de Sassunuri[241] à Guzana, beaucoup plus proche dans le temps? Il est aussi possible que le texte fasse allusion à une soumission d'Amel-Adad antérieure à l'arrivée de l'expédition à Qatna, évoquant dans ce cas l'existence d'un parti local "philo-assyrien" qui s'opposerait au gouvernement précédent. Profitant de l'appui extérieur assyrien, qui ne lui aura pas coûté plus cher que le versement d'une partie des biens de la communauté locale gardés dans le "palais", Amel-Adad s'impose sur l'administration en place, tout en insérant sa ville, comme le soulignent les inscriptions royales, dans le cercle des pays soumis et vassaux qui versent un tribut régulier. Les tributs de ce type sont à distinguer des autres versements que le roi assyrien recevra par la suite au cours de sa campagne et qui sont d'une autre nature: il s'agit de dons de bienvenue et de fournitures nécessaires à l'entretien du corps expéditionnaire, versés sans doute afin d'éviter le sac et la razzia. Le caractère régulier des contributions imposées aux chefs locaux indique la création d'une relation politique de vassalité[242].

Après le passage à Dûr-katlimmu - Tell Cheikh Hamed, considérée comme "ville royale" – sans doute gouvernée directement par des fonctionnaires attachés à la cour d'Assur et siège d'une garnison[243] – et entrant dans le territoire de Laqê, Adad-nirâri II obtient encore les tributs (*biltu madattu*) de Baratara, chef de la "ville" de Zuriḫ, de la tribu de Bît-Ḫalupê, et celui de Ḫaranu, autre chef local[244]. L'identité de ces chefs locaux est normalement établie dans le texte indiquant leur nom, le nom de la tribu à laquelle ils appartiennent ainsi que de la "ville", *alū* (URU) qui représente peut-être le pôle sédentaire et urbain de ces sociétés dimorphiques[245].

Arrivé à la confluence du Khabour et de l'Euphrate, le roi assyrien va suivre par la suite la rive gauche du fleuve, le côté Djéziré, longeant peut-être le cours d'un canal, jusqu'à Sirqu-Tell Ashara. Il y reçoit, comme marques de soumission de la ville, les biens du "palais" de Mudaddu, "homme" de Laqê, mais aussi les impôts de la "totalité du pays de Laqê", haut et bas[246]. Ce double tribut payé ici à l'Assyrie semble être un autre indice du rôle de Sirqu en tant que centre du pays de Laqê. La documentation est toutefois trop réduite pour prouver que Sirqu était à cette époque la vraie capitale politique d'un état organisé ou même d'une fédération d'états ou de clans, et pas simplement un centre géographique ou économique important seulement dans cette partie précise de la vallée. C'est peut-être la mémoire de la position de Terqa comme siège de la royauté du pays de Ḫana au IIe millénaire qui a fait garder à cette ville une telle importance, partiellement reconnue par les inscriptions royales assyriennes: Sirqu est la seule ville du Moyen-Euphrate pour laquelle le texte mentionne l'existence d'un "palais"[247] où par ailleurs le roi et son expédition n'entreront pas, se limitant à rester à proximité de l'habitat.

À Sirqu parvient aussi le tribut de Ḫindanu, situé bien plus en aval, juste à la frontière avec Suḫu, mais Adad-nirâri ne semble pas avoir continué sa campagne au-delà des frontières de Laqê. La narration s'arrête en effet à ce point, après avoir enregistré, d'une façon plus vague, sans doute comme conclusion de l'expédition dans son ensemble, l'édification de centres administratifs et de dépôts, appelés "palais" dans ce

---

236 Grayson 1991: 153, ll. 100-104; Masetti-Rouault 1997b.

237 Le texte ne nomme pas le chef ou le roi de cette ville, identifiée avec le site de Tell Ajaja (Mahmoud 1993), qui pourrait être un descendant de la dynastie déjà présente dans la région au siècle précédent; voir Grayson 1991: 127; voir aussi Liverani 1988b: 89 et 1992b: 31-32.

238 La Qattunān paléobabylonienne. Voir Liverani 1992b: 32.

239 Grayson 1991: 153, ll. 109; voir CAD, vol. 3, pp. 21-25.

240 Lemaire-Durand 1984; voir aussi Grayson 1993: 27.

241 Abou-Assaf - Bordreuil - Millard 1982: 103-113; voir aussi Millard 1983.

242 Liverani 1979; Postgate 1992.

243 Röllig 1978; Liverani 1988b: 87-88; Kühne 1990b.

244 Grayson 1991: 153, ll. 113b-115.

245 Brinkman 1968: 267-285; voir aussi Rowton 1973.

246 Grayson 1991: 153-154 et 116-119a.

247 Grayson 1991: 154, l. 117.

contexte, l'organisation d'activités agricoles dans des territoires auparavant non exploités à fond, et le résultat des parties de chasse du roi. Ces activités vont permettre la constitution, à Assur, d'une sorte de parc zoologique exotique. On peut supposer que le voyage de retour vers l'Assyrie a suivi d'abord les rives du Khabour et ensuite les routes du ouadi Tharthar, au sud du Djebel Sindjar, à moins que l'itinéraire réel n'ait prévu de passer par le nord, sur la route qui va de Nasibin vers l'est, vers Ninive, direction apparemment plus commune à cette époque[248].

4.2.2.3. *Les campagnes de Tukulti-Ninurta II*

L'inscription qui contient le récit de l'expédition de Tukulti-Ninurta II au pays de Laqê, comportant le passage à Sirqu, datée des années 885-884, a été rédigée probablement à la fin de la même année, donc pas très longtemps avant la mort du roi, en 883. Ce texte a été retrouvé à Assur sur une seule tablette et puisqu'aucun type d'introduction ou de généalogie n'y est présent, on a supposé qu'il s'agissait en fait de la seconde partie d'une composition originellement plus longue, relatant les activités royales à partir de 886, la quatrième année de règne de Tukulti-Ninurta II[249]. La section principale de l'inscription est occupée par le récit détaillé de la longue campagne militaire réalisée en 885-884 qui, ayant débuté en suivant le ouadi Tharthar en direction sud vers la vallée du Tigre, bifurque à la hauteur de Sippar et se dirige vers le nord-ouest, remontant l'Euphrate. Dans un premier temps, l'expédition avance dans des territoires désertiques parsemés de points d'eau abandonnés sans rencontrer aucune forme de résistance; quand elle se rapprochera, marchant vers l'est, des rives du Tigre, elle attaquera des villages appartenant à des groupes d'Araméens Ūtū dans une région qui n'est pas familière aux troupes assyriennes. Il s'agit d'un territoire sous influence babylonienne et le fait que le roi assyrien puisse traverser les alentours de Dûr-Kurigalzu et de Sippar sans problèmes apparents montre que la situation en Babylonie devait être précaire en raison sans doute de la pression araméenne. Il est aussi possible que les accords bilatéraux établis entre le roi babylonien Nabû-šuma-ukîn et Adad-nirâri II à la fin de son règne aient prévu ce cas[250], permettant à chacune des deux parties en cause de traverser les territoires de l'autre pour des raisons de sécurité nationale ou commune, par exemple à la poursuite de groupes d'Araméens. De toute façon, le texte présente cette partie de l'expédition de Tukulti-Ninurta II comme un passage dans des régions non hostiles, sans par ailleurs mentionner aucun type de prélèvement d'impôts.

Alignées dans un itinéraire suivant la rive gauche de l'Euphrate, plusieurs localités de rive droite sont citées dans le texte avec une précision qui atteste, de la part des rédacteurs, une bonne connaissance géographique de la région. Le premier tribut n'est recueilli qu'à Anat où une contribution (*namurtu*) est apportée par Ilu-ibni "gouverneur" du pays de Suḫu, *šá-kìn* ^{kur}*su-ḫi*, suivi, quelques étapes plus tard, par Ammealaba, l'"homme" de Ḫindanu, à Ḫindanu même[251]. La traversée du pays de Laqê, au-delà d'une frontière située probablement à Aqarbanu dans l'alvéole de Mari, est par contre ponctuée – mises à part les scènes de chasse – par une série de rencontres avec les chefs locaux dans presque tous les différents centres touchés par l'expédition assyrienne. Ces derniers versent, apparemment sans problèmes, leur tribut au roi. Les textes sont explicites et concordants sur ce point: il s'agit toujours de rencontres politiques avec des représentants locaux de structures urbaines et citadines tandis qu'aucune mention n'est faite concernant quelque conflit avec la population "araméenne" non-sédentarisée.

Par rapport au texte de la campagne d'Adad-nirâri II dans la même région, la version de Tukulti-Ninurta est plus longue, plus précise et exhaustive et ajoute au schéma de l'itinéraire du voyage des annotations claires, des listes détaillant la qualité et la quantité des biens récupérés comme taxes ou comme butin. Par ailleurs, le texte ne donne plus de renseignements sur le type d'organisation politique des territoires, indiquant simplement le nom du chef local et sa provenance géographique, associés au toponyme de la localité où se déroule la rencontre. Parmi les personnages qui viennent payer leur tribut, seuls deux chefs, Mudaddu et Ḫaranu, étaient déjà entrés en contact avec Adad-nirâri II pendant sa campagne dans la région tandis que le troisième contribuable, Ḫamataya, apparaît dans ce contexte pour la première fois. Selon le texte, c'est seulement à partir du moment où Tukulti-Ninurta II, entrant dans le pays de Laqê, retrace à rebours l'itinéraire qui avait été celui de son père que les populations locales commencent à signifier leur soumission au roi assyrien d'une façon régulière. En outre, tous les chefs cités répéteront leur geste deux fois. Ainsi, Mudaddu, l'"homme" de Laqê, sans doute la même personne que le chef de la ville de Sirqu, versera son tribut aux Assyriens à deux reprises: la première fois quand l'expédition entrera en territoire laqéen à Aqarbanu, la deuxième quand elle s'approchera de Sirqu; Ḫamataya, autre "homme" de Laqê et chef de la ville de Suru, appartenant aux gens du Bît-Ḫalupê sur le Khabour, fera de même au moment de

---

[248] Kessler 1980b: 183-230 et Liverani 1992b: 141-144.

[249] Grayson 1991: 171-179, et aussi ci-dessous, Annexe. Voir aussi Grayson 1974: 98-105; pour l'ensemble des inscriptions, voir Schramm 1973: 8-17.

[250] Grayson 1975: 166; 1976: 97.

[251] Voir Haklar 1983; Ismaïl - Roaf - Black 1988; Liverani 1992b: 66-67.

l'arrêt des Assyriens dans le territoire de Ṣupru, donnant plus tard son tribut dans les environs de Suru même au moment où l'expédition est pratiquement sur le point de sortir de Laqê. Ḫaranu aura le même comportement: après un premier versement à Arbatu, il apportera le deuxième pendant le séjour du roi près de Sirqu.

Considérant la qualité et la quantité variée des biens donnés aux Assyriens et malgré que le texte n'utilise qu'un seul terme, *namurtu*, pour indiquer tous les prélèvements du roi, on peut peut-être en déduire que cette double contribution répondait à deux exigences diverses. Il s'agissait, en premier lieu, d'un apport logistique, destiné – tout en souhaitant la bienvenue à l'expédition – à son entretien pendant la traversée du pays; tandis que dans le deuxième cas, le tribut, plus important et comprenant des biens de grand prestige – or, argent, bronze – constituerait le vrai signe politique de la soumission[252].

Après une halte près de la ville d'Usalla, dont on ne cite pas le nom du chef mais où est livré un nouveau ravitaillement, l'expédition arrive à Dûr-katlimmu, ancien siège de l'administration assyrienne des territoires contrôlés dans la Djéziré, y recevant à nouveau un tribut du pays de Laqê tout entier ainsi que de la ville même[253]. L'usage aussi dans ce cas du terme commun pour tout type de paiement, *namurtu*, ne permet pas de faire de distinction quant à la nature de cette nouvelle contribution: s'agit-il d'une quantité de biens réunis par une structure représentative ou fédérative de tous les Laqéens ou bien de la présentation au roi de l'ensemble des impôts levés dans la région par l'administration assyrienne[254]? Qatna est le dernier centre dans la vallée du Khabour à être défini comme laqéen et à verser le tribut. Par la suite, pendant l'étape suivante, dans le territoire de Šadikanni, le roi assyrien recevra pour la dernière fois dans cette campagne un tribut. Suivant un itinéraire encore donné avec le détail des toponymes mais sans citer de nouvelles rencontres et de nouvelles contributions, l'armée de Tukulti-Ninurta II continuera à remonter le fleuve jusqu'à Magrisu-Hassaké et, de là, marchant le long du Djaghdjagh, se rendra à Nasibin. Avec un brusque changement de direction, les troupes assyriennes se dirigent alors vers l'ouest pour rejoindre, sans que le texte en donne les raisons, Ḫuzirina-Sultan Tepe et le pays de Muški[255], où le récit de cette campagne trouve sa conclusion.

4.2.2.4. Les campagnes royales au pays de Laqê d'après la tradition historiographique assyrienne

Insérées dans le contexte des annales, les sections narratives concernant les campagnes conduites par Adad-nirâri II et Tukulti-Ninurta II en direction de la Syrie du nord, incluant aussi un passage dans les vallées du Khabour et du Moyen-Euphrate, sont organisées, d'un point de vue formel, d'une façon originale et pratiquement inédite dans le corpus des inscriptions royales. En effet, comme on l'a vu, ces campagnes sont présentées comme des itinéraires de voyage[256] – connus par ailleurs grâce à d'autres exemples dans la tradition littéraire mésopotamienne en dehors de tout contexte historiographique – mentionnant les étapes principales faites par l'expédition, avec l'ajout éventuel de données géographiques et de faits jugés remarquables ou intéressants ainsi que de listes des biens réquisitionnés[257]. Si la structure narrative de ces portions d'inscriptions royales est assez rigide, générant l'impression que les événements décrits sont rapportés d'une façon stéréotypée avec un lexique constant – donc très peu informative sur le plan historique –, on a pu vérifier qu'en fait ces textes véhiculent des renseignements et des messages au fond assez précis.

On a déjà remarqué que la structure du récit de ces campagnes dans le pays de Laqê tend à faire ressortir un fait déterminé: les expéditions dans ces régions n'ont pas été des "guerres" puisqu'elles ne donnent lieu ni à des batailles, ni à des affrontements militaires[258]. Les raisons de ce choix narratif, laissant sous-entendue dans le texte la situation de la région qui va rendre nécessaire ou utile l'intervention

---

252 Jankowska 1969; en général, Liverani 1992b: 155-162, avec bibliographie.

253 Grayson 1991: 177, ll. 104-107.

254 Comme à l'époque médio-assyrienne, l'éventuelle présence d'une colonie assyrienne dans cette ville, attestée sûrement à une époque légèrement plus tardive, ne fait l'objet d'aucun commentaire du texte. L'ampleur et l'importance économique des programmes d'exploitation agricole réalisés par l'administration assyrienne basée à Dûr-katlimmu ont été démontrées par les travaux de la mission archéologique qui fouille ce site: voir, pour les rapports de fouille dans le centre urbain, Kühne 1984, 1987a et b, 1988, 1990c, 1994; pour le programme de colonisation et exploitation agricole, Kühne 1990a, Ergenzinger - Kühne 1991, Morandi 1996; pour les rapports avec la steppe, Pfälzner 1984; Bernbeck 1993; pour une présentation historique du rôle de la ville dans le contexte assyrien, Röllig 1978 et 1984; Kühne 1990b, 1993 et 1995, ainsi que, pour la période médio-assyrienne, Pfälzner 1995.

255 Liverani 1992b: 30-31.

256 Grayson 1976: 83-84, et n. 336; Kühne 1980b: 48, pour une comparaison avec les étapes. Pour une discussion sur le rapport entre la géographie et le textes des itinéraires, voir par exemple Goetze 1953 et Hallo 1964. Comme structure narrative dans les inscriptions royales, voir Schramm 1973: 64.

257 Liverani 1992b: 144-148.

258 Lambert 1974: 107; Grayson 1976: 135-136.

assyrienne, ouvrent plusieurs possibilités d'interprétation: d'une part, on peut en inférer que le message principal que le texte doit transmettre est que, s'il n'y a pas eu de guerre, c'est parce que la seule présence physique du roi a convaincu les autochtones de se soumettre et de lui présenter leur tribut et leur assistance logistique. Alternativement, l'idée principale pourrait être que ces régions étaient déjà soumises depuis longtemps, nécessitant uniquement une intervention formelle de la part du roi pour mieux motiver, ou accélérer, leurs paiements. On a avancé également l'hypothèse que ces campagnes ont eu un but essentiellement "préventif" pour empêcher les révoltes des tribus "araméennes" de la région qui éclateront en effet par la suite sous le règne d'Assurnasirpal II[259].

Il est aussi intéressant d'observer que le motif pourtant déjà bien connu dans les inscriptions royales assyriennes de la "splendeur" royale, semblable à celle des dieux, ou de l'"attaque des armes d'Assur"[260], la visibilité politique de sa puissance, qui soumettent les récalcitrants par la terreur sacrée sans besoin d'une intervention militaire directe n'est pas utilisé ni évoqué de façon explicite dans ce contexte. Ce choix narratif souligne le caractère original de la composition littéraire de cette section de l'inscription ainsi que, sans doute, la nouveauté de ce type de situation historique, vue de la part de la chancellerie assyrienne.

En effet, même si dans les textes connus on ne trouve que des allusions indirectes à une éventuelle précédente (mais récente) domination assyrienne dans la région – par exemple, l'existence d'une "ville royale" à Dûr-katlimmu –, il est évident que tout se passe au fond comme si le roi était en train de traverser une ancienne province de l'empire, habitée par une population habituée à avoir un comportement politiquement et idéologiquement correct par rapport à son souverain, lui offrant accueil, assistance logistique et payant de lourds impôts. Les responsables régionaux qui entrent en contact avec les rois assyriens sont par ailleurs clairement définis comme des autochtones, "hommes de Laqê", dont rien ne laisse prévoir une éventuelle participation à l'administration provinciale d'Assur avec peut-être l'exception, déjà signalée, du cas de Amel-Adad de Qatna qui est aussi "vassal" du roi.

Le fait que, parmi les chefs qui viennent présenter leurs hommages, seul Ilu-ibni de Suḫu soit appelé avec un titre spécifique, "gouverneur" d'un pays indépendant de l'Assyrie, indique que le statut des autres gouvernants du Moyen-Euphrate est différent et pas suffisamment clair du point de vue de la chancellerie assyrienne. De la même façon, les relations entretenues par ces communautés locales avec le roi et l'administration assyrienne encore sous le règne de Tukulti-Ninurta II sont fondées sur des stratégies juridiques encore expérimentales et par conséquent difficiles à traduire sur le plan idéologique dans la structure narrative des inscriptions royales. Pour expliquer cet état d'incertitude, il faut aussi remarquer que la région de Laqê se trouve prise entre deux zones très différentes: la vallée du bas Khabour, contrôlée directement par une administration assyrienne et le pays de Suḫu qui semble garder une certaine unité et autonomie, liées à son importance économique sur la route vers Tadmor et la côte méditerranéenne et marquées sans doute par l'influence babylonienne[261]. Cette situation sera définie avec plus de précision en termes de stratégie politique seulement sous les règnes d'Assurnasirpal II et Salmanazar III qui vont s'appliquer à la destruction de ces structures de pouvoir local.

Entre ces deux pôles, on a dû trouver difficile de déterminer et de définir la position effective de Laqê préalable à la descente des expéditions assyriennes et c'est sans doute le choix de présenter les récits comme des itinéraires, presque des carnets de voyage, qui a permis à la chancellerie de fournir un texte complet sans pour autant être obligée d'entrer dans des considérations historiographiques et idéologiques encore floues ou bien dont on ne souhaitait pas divulguer la teneur. Le style de la narration insiste sur le caractère de "parade" de l'avancement de la campagne; les seules actions proprement héroïques décrites sont limitées à la capacité de l'armée de traverser des régions désertiques ou de faire face aux dangers présentés par le cours de l'Euphrate et, en ce qui concerne le roi, à ses activités cynégétiques: en somme, de vrais safaris.

4.2.2.5. Le Moyen-Euphrate après Tukulti-Ninurta II

Pour comprendre les conditions politiques caractéristiques de cette époque pour le pays de Laqê, il peut être intéressant de parcourir les inscriptions royales d'Assurnasirpal II[262] pour voir ce qui arrivera par la suite aux chefs laqéens pendant son règne et de quelle façon sera présentée leur relation avec l'Assyrie,

---

[259] Voir, sur les changements dans l'organisation des campagnes et dans l'idéologie politique assyrienne, Grayson 1976: 135-136.

[260] Masetti 1980, *passim*.

[261] Tadmor 1975; sur le rôle du commerce dans l'économie à l'âge du Fer, voir Oppenheim 1967.

[262] Grayson 1976: 113-211; Grayson 1991: 189-393; Schramm 1973: 18-69.

même s'il s'agit d'une époque légèrement postérieure à celle de la création de la stèle d'Ashara[263]. Déjà en 882, dans sa première année complète de règne, le roi est obligé de prolonger une campagne originellement lancée contre la Mésopotamie du nord et Katmuḫi à la nouvelle d'une "révolte" dans la ville de Suru dans le Moyen-Euphrate: la population locale a tué Ḫamataya, le chef qui avait versé son tribut à Tukulti-Ninurta II, maintenant cité dans le texte comme "gouverneur" de la ville, LÚ.GAR, *šaknu*[264]. Son acte de soumission à l'Assyrie semble ainsi avoir provoqué le changement de son statut et en même temps celui de la ville, qui est entrée dans l'univers assyrien. D'autre part, il est aussi évident que le choix politique de Ḫamataya n'a pas rencontré la faveur générale et lui a coûté la vie. La population de Suru le remplace par un chef provenant du Bît-Adini[265], un état "araméen" situé entre la vallée de l'Euphrate et la rive occidentale du Khabour.

La provenance de ce personnage, Aḫi-iababa, d'un pays qui semble situé plutôt vers l'ouest – ses villes les plus importantes, comme Til Barsip, se trouvant sur le haut Euphrate syrien – montre que l'état de Bît-Adini était considéré à cette époque comme assez puissant pour intervenir dans une question opposant une communauté locale à l'administration assyrienne et également intéressé à le faire. La population de Suru, en effet, ne se tourne pas vers le pays de Laqê, pourtant plus proche, probablement parce que le gouvernement de Sirqu est fidèle à l'Assyrie. Bît-Adini, un état à structure sans doute dimorphique, où une dynastie qui porte des noms sémitiques gouverne une population mélangée, avec une culture urbaine marquée par la tradition syro-hittite, est probablement dans une phase de réorganisation politique. Exploitant sans doute les liens qui unissent les populations semi-nomades de la Djéziré centrale, Bît-Adini manifeste l'intention de s'opposer à l'avancée assyrienne. C'est au Bît-Adini qu'un chef laqéen en révolte contre l'Assyrie va se réfugier après avoir été battu par Assurnasirpal II[266]. Cette politique détermine la riposte militaire des rois assyriens et sa destruction sous le règne de Salmanazar III.

En ce qui concerne l'élection de Aḫi-iababa à Suru que les textes assyriens décrivent avec force détails, on peut constater un changement dans la phraséologie employée dans l'inscription pour définir le pouvoir de ce personnage: il est précisé qu'il est nommé par la population locale à la royauté (MAN, *šarrūtu*)[267] sur le pays. Le texte oppose ainsi à un "gouvernorat" philo-assyrien une royauté locale, éventuellement philo-araméenne. La réaction attendue du roi assyrien est de venir venger le crime commis contre son vassal, ramassant au passage les tributs *madattu* des centres restés fidèles, à Šadikanni celui de Šamanuḫa-šar-ilāni, et à Qatna celui de Amel-Adad qui avait été installé par son grand-père[268]. Pour Suru, ce n'est plus le temps des audiences, bien que des essais de médiation diplomatique aient été manifestement faits par la noblesse locale: la ville est assiégée, prise, le palais saccagé, les coupables – des membres de la cour de la ville – punis magistralement, leur chef écorché à Ninive même[269]. Enfin, le roi installe un nouveau gouverneur, "son" gouverneur, un certain Azi-ili, un "homme de Laqê" d'origine sûrement locale[270]. Le récit de cet événement se termine avec la remarque que la victoire à Suru a permis au roi assyrien de mieux établir son pouvoir sur tous les "rois"(MAN.MEŠ, *šarrū*) du pays de Laqê qui, eux, voient augmenter tous les impôts (*biltu tamartu*) dus à l'Assyrie[271].

Mais cette victoire apparemment totale, bien que célébrée avec grands fastes à travers l'érection d'une stèle royale[272], ne termine pas le récit: en effet on insère dans le texte, à ce même moment, la relation d'une autre révolte. Un "gouverneur" de Suḫu qui avait donné sa contribution pendant la campagne de Tukulti-Ninurta II, Ilu-ibni, est obligé de quitter son pays pour se réfugier en Assyrie à la cour, probablement à la suite d'une rébellion, interprétée dans le texte comme un geste anti-assyrien[273]. Cette fois-ci, il n'y a pas de réaction militaire immédiate. C'est seulement en 878 que l'expédition contre Suḫu est déclenchée,

---

[263] Une étude très approfondie de la problématique historique, géographique et économique liée au règne d'Assurnasirpal II se trouve dans Liverani 1992b; certaines conclusions avaient déjà été avancées dans Liverani 1988b. Pour une analyse littéraire des inscriptions de ce roi, voir Badalì *et al.* 1982, avec bibliographie. Tadmor 1975, Grayson 1976 et Lambert 1974 présentent une interprétation plus politique de la période. En général, voir aussi Labat 1969: 7-37; Garelli - Nikiprowetzky 1974: 77-91; Grayson 1982: 253-259; Liverani 1988: 780-792. Une étude approfondie de la situation historique de la vallée du bas Khabour à l'époque néo-assyrienne se trouve maintenant dans Morandi Bonacossi 1996.

[264] Grayson 1991: 198-199, ll. 69b-76; cf. p.198, l. 75b.

[265] Sader 1987: 47-98, avec bibliographie; Hawkins 1982: 381- 390; voir aussi Bordreuil 1993c: 252.

[266] Grayson 1991: 214-215, ll. 26b-48a.

[267] Grayson 1991: 198-199, l. 76.

[268] Grayson 1991: 199,76b-79a.

[269] Grayson 1991: 199-200, ll. 79b-94a.

[270] Grayson 1991: 199, l. 89b.

[271] Grayson 1991: 200, ll. 93b-96a.

[272] Grayson 1991: 200, ll. 97b-99a.

[273] Grayson 1991: 200, ll. 99b-101a.

traversant d'abord la Djéziré orientale et suivant vers l'aval le Khabour et l'Euphrate. Le récit de cette campagne se structure de nouveau comme un itinéraire, cette fois épuré de toute annotation marginale; le texte conserve uniquement les toponymes correspondant aux étapes principales, donnant une liste stéréotypée des biens recueillis à chaque arrêt sans indiquer ni le nom ni le titre des gouvernants locaux[274]. L'expédition se termine évidemment avec le siège de Suru, ville du pays de Suḫu occupée par son actuel "gouverneur", Kudurru, considéré comme responsable de la situation, et la punition des coupables au moment où ils essaient de s'échapper. Parmi eux, le roi fait prisonniers aussi des soldats de Babylone, commandés par le frère du roi dont la présence à Suru prouve l'engagement de son pays et donc le caractère international de cette révolte anti-assyrienne. Dans le palais de Suru, une statue du roi avec une inscription célébrant sa valeur est érigée pour commémorer cette nouvelle victoire du roi d'Assur[275].

D'une façon assez surprenante, le récit continue en admettant implicitement le caractère éphémère de la domination assyrienne dans la région: en effet, non seulement la campagne ne se poursuit pas vers la frontière avec Babylone mais une nouvelle "rébellion" éclate immédiatement sur le Moyen-Euphrate. La même année, dès le retour du roi en Assyrie, "les hommes" de Laqê, de la ville de Ḫindanu, de Suḫu, LÚ^{meš}-*e* ^{kur}*la-qa-a* ^{uru}*hi-in-da-a-nu* ^{kur}*su-ḫi*, organisent la révolte, rendant ainsi nécessaire une nouvelle expédition punitive[276]. Cette fois Assurnasirpal va utiliser, pour se déplacer plus rapidement mais aussi pour éviter la résistance locale, une flotte de bateaux construite à Suru sur le Khabour. La ville investie par l'expédition assyrienne paraît avoir été abandonnée par son "gouverneur" Azi-ili qui, bien qu'installé au pouvoir par le roi assyrien lui même, est actuellement passé à l'ennemi avec son collègue Ḫenti-ili. La descente du fleuve est ponctuée par les attaques de l'armée assyrienne contre tous les centres laqéens, visant la destruction totale du territoire ennemi et de sa production agricole. Deux séries de batailles dans le territoire de Suḫu aboutiront, selon le texte, à la défaite générale des alliés "araméens" dont les chefs arrivent toutefois à s'échapper en remontant la vallée de l'Euphrate. Poursuivis par le roi assyrien après avoir traversé la région du Djebel Bishri, considérée traditionnellement comme le lieu d'origine et un refuge idéal pour les bédouins, ils se dirigent vers le nord sur l'autre rive de l'Euphrate dans les territoires de l'état araméen de Bît-Adini où deux villes seront attaquées et détruites. Quant à Azi-ili, il arrive à faire perdre sa trace, obligé quand même d'abandonner au roi assyrien une partie de ses troupes, de ses biens et de son bétail qui devaient déjà se trouver au nord puisqu'il paraît difficile d'imaginer une fuite depuis le champ de bataille avec un tel "bagage". Azi-ili donc, tout en étant laqéen, montre qu'il avait des relations suivies avec l'état araméen de Bît-Adini, comme cela avait déjà été le cas d'Aḫi-iababa, l'usurpateur qui avait remplacé Ḫamataya au gouvernement de la ville de Suru. Ḫenti-ili est confiné dans sa ville[277]. Le texte rapporte aussi le destin d'Ilaya, défini comme "cheikh", *nasiku*, laqéen, et non pas chef d'une ville: bien qu'il ne soit pas cité auparavant dans le récit comme participant à la rébellion, il sera emmené en Assyrie avec ses troupes. Dans ce contexte, son transfert à Assur semble être présenté comme une déportation[278].

En général, le pays de Laqê continue à être fréquemment cité dans les inscriptions d'Assurnasirpal II, surtout comme territoire de frontière entre les régions syriennes sous contrôle assyrien et les régions de Ḫindanu et Suḫu, cette dernière restant manifestement autonome dans une zone d'influence clairement babylonienne[279]. La ville de Sirqu apparaît également dans les mêmes textes, à plusieurs reprises, associée à la mention d'un gué sur l'Euphrate[280]. La région de Laqê à cette époque est désormais considérée comme partie intégrante de l'empire assyrien en voie de constitution et ses habitants se retrouvent dans la nouvelle capitale Kalaḫ parmi la main d'œuvre qui y travaille et qui va s'y établir[281]. Le cas du groupe de guerriers de Ilaya amené en Assyrie pourrait être interprété comme un des premiers exemples d'intégration d'Araméens dans l'armée assyrienne, avec des fonctions spécifiques, qu'on connaît mieux pour les époques suivantes.

---

[274] Grayson 1991: 212-213, ll. 1-16a.

[275] Grayson 1991: 213-214, ll. 16b-26a.

[276] Grayson 1991: 214, ll. 26b-28a. Il est intéressant de remarquer que, dans ce cas, la révolte anti-assyrienne ne consiste pas dans l'expulsion ou l'assassinat d'un fonctionnaire assyrien ou philo-assyrien mais par une action considérée comme agressive, la traversée de l'Euphrate. A cette époque, le fleuve constitue une frontière entre les pays vassaux et les territoires contrôlés directement par l'Assyrie, sans doute par la colonie de Dûr-katlimmu.

[277] Grayson 1991: 214-215, ll. 28b-48a.

[278] Grayson 1991: 215, ll. 43b-44a.

[279] Liverani 1992b: 64-65.

[280] Grayson 1991: 227, l. 54, et *passim*.

[281] Grayson 1991: 227, ll. 52-55a.

4.2.2.6. *Laqê et Assyrie au début du 9e siècle*

Dans l'ensemble, la politique développée par Assurnasirpal II dans la région qui, pour des raisons logiques et chronologiques, doit être considérée comme la suite et l'achèvement de l'action entreprise par ses deux prédécesseurs immédiats, semble avoir eu comme but principal la destruction des structures sociales et politiques des populations qui occupent le Moyen-Euphrate et le Khabour et leur remplacement par une organisation stable et durable gérée par l'administration assyrienne. Comme à l'époque de la formation de l'empire médio-assyrien, à des tentatives diverses pour contrôler la population de la Djéziré, à travers l'établissement de liens de vassalité avec les chefs locaux, fait suite la transformation des anciens états en provinces, administrées par des gouverneurs assyriens.

Profitant d'une période de crise du gouvernement babylonien – lui-même aux prises avec l'avancée araméenne dans ses territoires et dans la structure de la société, et incapable d'évincer l'influence des Assyriens dans le Moyen-Euphrate[282] –, Adad-nirâri II avait essayé d'associer Laqê à l'Assyrie, s'appuyant peut-être sur l'ancienneté des relations existant entre les deux pays dès l'âge du Bronze Récent. Il a rencontré une réalité locale complexe, difficile à définir par sa chancellerie: il s'agit de formes de gouvernement et d'états dimorphiques, agités par des conflits internes entre les différentes catégories sociales et fonctionnelles qui la composent. L'ancienne colonie assyrienne de Dûr-katlimmu et quelques centres encore liés à elle, comme Šadikanni, ont peut-être un statut encore différent.

L'inscription royale d'Adad-nirâri II montre certains responsables politiques de cette région – dont le pouvoir reste manifestement limité aux territoires environnant les "villes" citées – en train de présenter des dons (*madattu, biltu madattu*) au roi. Leur position est présentée comme étant apparemment stable. Après Qatna, Adad-nirâri II rencontrera sur son chemin un seul autre "palais" (E2.GAL, *ekallu*), celui de Mudaddu de Sirqu tandis que, pour les autres chefs de Laqê lui versant tribut, le texte ne mentionne pas de "palais" mais seulement la relation à une ville. Cette image équilibrée et politiquement calme du Moyen-Euphrate pendant le règne d'Adad-nirâri II est confirmée aussi par le développement de la titulature royale au début de l'inscription, qui ne cite pas Laqê parmi les pays conquis militairement par le roi. Tous les conflits violents qui opposent les tribus et les états araméens au roi sont situés au Ḫanigalbat, dans la Djéziré septentrionale et orientale et dans le piémont des chaînes anatoliennes[283].

De ce point de vue, l'avancée assyrienne dans le Moyen-Euphrate se présente à cette époque comme une entreprise essentiellement politique. Adad-nirâri II va insérer la présence assyrienne dans la structure et l'organisation sociale et économique dimorphique des communautés locales ainsi que dans la dynamique, elle-même locale, de l'affirmation des groupes semi-nomades, qui peut aboutir à la formation des états "araméens". Cette intervention précoce de l'Assyrie dans la phase constitutive de nouvelles structures administratives et politiques des sociétés du Moyen-Euphrate, qui correspondent à la montée vers le pouvoir des populations "araméennes", modifiant artificiellement les équilibres locaux, sera sans doute déterminante dans le développement ultérieur de l'empire néo-assyrien.

La campagne de Tukulti-Ninurta II vise à consolider la nouvelle configuration qui se dessine dans la région, peut-être à l'élargir: il rencontre les même chefs déjà vus en relation avec son père mais il prend aussi des contacts avec Ḫamataya, responsable de la ville de Suru sur le Khabour qui, dans les annales d'Assurnasirpal II, est déjà présenté comme un "gouverneur". Encore une fois, il est difficile de comprendre de plus près à quel type de "gouvernorat"[284] une telle organisation politique correspond. Dans la première partie du 9e siècle, ce titre qualifie le représentant officiel de la communauté locale auprès de la cour assyrienne, donc au fond le vassal, lié par serment à son souverain; par la suite, dès le règne d'Assurnasirpal II, le titre est assumé par des fonctionnaires royaux qui gouvernent les provinces. C'est le cas de Sassu-nuri, éponyme et fondateur d'une dynastie locale à Guzana[285]. À Suḫu, le titre de gouverneur a encore une autre valeur, étant pratiquement équivalent à celui de roi, comme le prouvent les inscriptions royales des membres de la dynastie de Šamaš-kudurri-uṣur qui règnent sur un pays juridiquement autonome[286]. Au mouvement initial qui comporte la centralisation et l'affluence en Assyrie de fonctionnaires et de biens provenant des provinces, intégrés dans l'état assyrien par la médiation de la royauté, fait suite un mouvement en sens contraire: fonctionnaires et capitaux quittent la cour pour se déployer dans les provinces afin d'y rechercher des profits toujours plus importants.

---

[282] Brinkman 1968: 277-280; 1984: 3-14.

[283] Grayson 1991: 148-149, ll. 23-35.

[284] Henshaw 1967; Garelli 1974; Postgate 1980b; Van Driel 1970 et 1981; Postgate 1989.

[285] Abou-Assaf - Bordreuil - Millard 1982.

[286] Cavigneaux - Khalil-Ismaïl 1991.

Dès la fin de l'époque de Tukulti-Ninurta II, se dessinent donc les contradictions qui vont caractériser la structure politique interne de l'état assyrien jusqu'au règne de Tiglat-Phalazar III[287]: le morcellement des territoires des provinces syriennes sous le contrôle d'autorités différentes et la concentration des pouvoirs dans les mains d'un groupe limité de hauts fonctionnaires qui vont gérer les provinces comme leur possession et leur propre état.

Il est bien possible que ces deux types d'organisation locale du pouvoir, qui doivent s'articuler avec le système administratif assyrien, ne soient pas à interpréter comme deux solutions opposées ou comme des étapes différenciées chronologiquement d'un développement interne des institutions assyriennes[288]. Au début du 9e siècle, les différentes positions des chefs locaux, "gouverneurs" ou fonctionnaires assyriens sont plutôt à voir comme les pôles ou des points d'un *continuum* beaucoup plus étendu que prévu. Dans ce *continuum*, le concept unificateur de base reste apparemment l'autonomie locale des pays en question dans le cadre idéologique d'une appartenance générale à l'Assyrie, marquée par le versement du tribut. Les diverses modulations, enregistrées par les inscriptions, dépendent par contre de la position du chef local d'une part dans la culture et les conceptions politiques de la population concernée, de l'autre dans la structure politique, administrative et idéologique de l'état assyrien. En effet, dans les annales d'Assurnasirpal II, on n'hésitera pas à appeler "rois" l'ensemble des chefs tribaux liés à une ville de la région de Laqê payant pourtant tribut à l'Assyrie. Pour Ḫamataya, il semble impossible de reconstituer une carrière et une relation avec l'Assyrie semblables à celles des gouverneurs de Guzana mais il est évident que le roi réagit à la nouvelle de son assassinat exactement comme s'il était vraiment un fonctionnaire assyrien et comme si la révolte de Suru était une action anti-assyrienne. La même mésaventure arrive par ailleurs au "gouverneur" de Suḫu Ilu-ibni qui trouvera asile en Assyrie quand son pays refusera de suivre la ligne stratégique, manifestement philo-assyrienne, déterminée par son chef.

Si on prend en considération la liste de noms propres des autorités locales des régions du moyen Khabour et du Moyen-Euphrate entrées en contact avec les rois assyriens pendant leurs campagnes, on peut constater qu'il y a parmi eux, dans une proportion supérieure à celle qu'on serait en droit d'attendre, des formations qui ne se laissent pas classer comme des exemples d'une onomastique araméenne classique ou préclassique[289]. On a l'impression que certains de ces noms gardent plutôt des assonances amorrites ou paléobabyloniennes ou même, sans doute, hourrites. L'onomastique des chefs locaux semble refléter encore un niveau de la langue et de la culture de la population locale avant l'affirmation de la langue araméenne. La différence entre la multiplicité des origines linguistiques de ces noms semble pouvoir exclure que, dans ce cas, on ait affaire à un phénomène de résurgence de formes amorrites dans l'araméen, lié à des facteurs idéologiques, comme la reprise des traditions relatives par exemple à l'époque de Mari. S'il est certain qu'il faut manier avec beaucoup de prudence le facteur onomastique dans l'analyse d'une situation ethnolinguistique donnée, la présence dans cette liste de noms comme Amel-Adad, Mudaddu, Ilu-ibni Amme-alaba, Šamanuḫa-šar-ilani, Azi-ili, Ḫenti-ili, Kudurru à côté de ceux, manifestement araméens ou sémitiques-occidentaux, comme Abi-salamu, Baratara, Ḫaranu, Ḫamataya, Ilaya peut être considérée comme attestant une stratification culturelle et sociale assez complexe dans les communautés villageoises ou semi-nomades rencontrées par les expéditions assyriennes.

Tout en admettant que ces indices onomastiques ne sont pas suffisants en soi pour démontrer la réalité de conflits locaux dus à l'intégration plus ou moins forcée ou accélérée des populations araméennes dans la région, ils prouvent au moins que les Araméens ne se sont pas installés dans un monde vide mais qu'ils se sont superposés à une population locale organisée et détentrice d'une culture plus ancienne et peut-être encore prestigieuse. La composition des communautés dans la vallée du bas Khabour et du Moyen-Euphrate ainsi que de leurs systèmes de gestion interne du pouvoir reflète, au début du Ier millénaire, cette complexité qui peut devenir une source de conflits éventuels. Mais il n'est pas nécessaire de supposer l'existence de luttes en termes de "guerres civiles" sur un fond de tensions raciales: les tensions dont les récits des inscriptions royales assyriennes font état sont sans doute de nature plus politique et économique, causées par la recherche d'un difficile équilibre entre les diverses forces productives de la région dans une structure sociale fondamentalement dimorphique.

C'est dans cette dynamique, qui aurait dû amener les gens du Moyen-Euphrate vers la constitution d'un ou de plusieurs états, que s'est insérée la présence assyrienne, modifiant profondément par son intervention militaire le développement naturel de ces organisations politiques. Entrant dans les conflits en cours à une époque durant laquelle l'influence babylonienne était éteinte, l'Assyrie change en la faussant la balance des pouvoirs en jeu, organisant des gouvernements territorialement limités et en même temps un alignement philo-assyrien apparemment résistant et solide mais en réalité créant une unité illusoire et prête à

---

287 Garelli 1991.

288 Postgate 1992, *contra* Liverani 1988b.

289 Liverani 1962 et Edzard 1964.

se rompre dès que l'appui assyrien s'éloigne. En effet, les intérêts concrets des gouverneurs et des rois soumis – parce que soutenus – à l'Assyrie ne résident que d'une façon très secondaire et limitée dans l'augmentation de la puissance et de la domination de l'état assyrien. En réalité, le système d'exploitation assyrien, en échange de l'aide fournie, se dispose déjà à couvrir les territoires sous son influence d'un réseau lourd d'impôts et de taxes, privant ainsi les groupes dominants d'un certain pourcentage de leur possibilités d'enrichissement. La nécessité de se libérer au plus vite de cette étreinte, et éventuellement du système politique qui lui permet de s'enraciner localement, se manifeste rapidement à travers la révolte directe et localisée contre le représentant objectif de ce système d'exploitation, c'est-à-dire le "gouverneur" et son "palais". Alternativement, on assiste à un changement drastique et dramatique dans la ligne politique de la ville même dont les chefs changent leur alignement initial. Il s'agit alors des grandes "trahisons" perpétrées par des gouverneurs installés au pouvoir par les Assyriens eux-mêmes qui préludent, dans la logique morale des inscriptions royales, à une punition violente et exemplaire.

La manifestation rapide de cette situation de crise, déjà évidente dans les premières années de règne d'Assurnasirpal II, montre que le calcul des rois d'Assur avait au fond été mauvais et que la stabilisation artificielle de la situation politique interne à la région du Moyen-Euphrate grâce à un soutien militaire et peut-être aussi partiellement financier ne pouvait pas garantir une frontière sud-occidentale sûre à l'empire néo-assyrien naissant sans un investissement en forces beaucoup plus lourd et massif. Tenant compte de ces échecs et de ces expériences, Assurnasirpal II et son successeur Salmanazar III développeront par la suite une ligne politique, administrative et militaire différente dans leurs relations avec le milieu araméen dans la perspective de leur avancée vers l'occident syrien. Cette nouvelle tendance trouvera son achèvement dans la stratégie impériale du règne de Tiglat-Phalazar III à la fin du 8ᵉ siècle. Au delà de la réalisation concrète et totale du système des provinces, il semble alors que les conditions idéologiques et militaires du soutien que l'Assyrie fournira à cette époque à certains groupes araméens pour leur permettre de s'affirmer contre d'autres fortes tendances anti-assyriennes avaient été déjà expérimentées et connues, au moins partiellement, pendant les expéditions du 9ᵉ siècle le long de l'Euphrate.

L'intervention assyrienne dans le pays de Laqê aura eu comme conséquence immédiate le blocage définitif du processus de formation d'états syro-araméens locaux. Ce processus pourra par contre se réaliser en Mésopotamie du nord et surtout en Syrie occidentale où les conditions politiques et culturelles étaient sans doute différentes et où, en outre, une influence assyrienne effective s'était manifestée avec plus de retard que sur le Moyen-Euphrate. Le manque de documentation, archéologique comme textuelle concernant la situation de Laqê après Assurnasirpal II empêche de suivre son développement mais, sous le règne d'Adadnirâri III (810-783), la région entière fait partie intégrante des territoires de la province de Raṣappa sous le contrôle d'un haut dignitaire assyrien, le gouverneur Palil(Nergal)-ereš[290]. L'étouffement et l'arrêt définitif d'une gestion du pouvoir et des moyens de production autochtones et autonomes de cette partie de la vallée de l'Euphrate ont dû s'accompagner de l'écrasement et de la dispersion des forces et des structures sociales capables de garder, élaborer et développer une culture et une civilisation locales et originales qui n'ont pas eu le temps de laisser des traces visibles pour la recherche historique moderne[291]. Mais c'est peut-être aussi le manque de stratégies de recherches archéologiques, environnementales et épigraphiques aptes à révéler des faits de civilisation comme ceux produits par ces communautés qui provoque, encore une fois, l'impression de vide dans l'analyse de la situation locale, d'un point de vue synchronique ou diachronique, en opposition au trop plein de connaissances, déjà codées dans les inscriptions royales, transmises par la culture de l'hégémonie assyrienne.

4.3. Conclusions

4.3.1. Culture locale et culture araméenne

Dans la pénurie de données datant du début du Iᵉʳ millénaire, à l'exception des textes royaux ou d'autres types d'information émanant tous d'une même source assyrienne, on comprend mal pourquoi la stèle d'Ashara, dont la localisation géographique et chronologique est solidement établie, a été systématiquement ignorée dans les discours développés sur l'histoire de la région. Elle paraît en effet devenir une pièce maîtresse – complémentaire ou alternative, selon les différents points de vue, à la rhétorique assyrienne – pour la reconstruction des composantes sociales et culturelles de la société syrienne orientale à cette époque. Pour pouvoir essayer d'expliquer les raisons de sa création et son sens, il faut lire la conception et la réalisation technique de ce monument sur le fond – qu'on a essayé d'évoquer ici – d'une réalité politique et d'une forme de civilisation stratifiées qui, seules, peuvent justifier à leur tour la complexité du message véhiculé.

---

290 Page 1968; Ponchia 1991: 12-14 et 17-18.

291 Toutefois, cf. ci-dessus § 3.2, et l'attestation de l'existence, au milieu du 8ᵉ siècle, d'un chef local de Laqê dans un texte "royal" d'un des gouverneurs de Suḫu (cf. Cavigneaux - Khalil-Ismaïl 1991).

L'articulation, intense et multiple à différents niveaux, du discours développé dans l'iconographie et le texte de ce monument s'oppose en effet tant à ce qu'on croit savoir de la culture araméenne "primitive", semi-nomade – avant ses contacts évolutifs avec le monde mésopotamien et assyrien – que, d'autre part, à la perfection des équilibres stylistiques et idéologiques de l'art de communiquer assyrien. C'est cette opposition qui semble avoir généré la méfiance des historiens à l'égard des contenus et des formes de la stèle dans la mesure où ils ne correspondent pas aux cadres interprétatifs habituels. La découverte d'autres documents – comme par exemple la statue avec inscription bilingue assyro-araméenne de Tell Fékhériyé qui, bien que dans une position différente, se situe manifestement dans le même continuum culturel – n'a pas vraiment modifié la perception ni l'impact, dans la discussion scientifique et historique, de la stèle d'Ashara qui continue à être vue comme une œuvre un peu "kitsch" assez embarrassante et difficile à inclure dans une histoire de l'art et de la société assyrienne qui se veut déjà classique.

Si la stèle est assyrienne, c'est-à-dire commandée par le roi Tukulti-Ninurta II et destinée à une consommation assyrienne – tout le monde admet désormais qu'elle a été matériellement réalisée par un artisan local, "provincial", "araméen" –, il est certain qu'elle représente un échec: on a montré ici que ni son cadre idéologique, ni les images développées ne coïncident avec les normes acceptables du style des chancelleries de la cour d'Assur. La difficulté à localiser l'endroit précis où elle a été retrouvée, sur le tell d'Ashara ou dans ses alentours immédiats, malgré les recherches effectuées au moment de sa publication et encore récemment, empêche de savoir quels ont été son destin et les circonstances de sa conservation. Dans l'état actuel des travaux, on ne peut pas savoir si ce monument a été jeté dans une décharge ou bien s'il a été gardé dans un contexte déterminé et significatif. Par ailleurs, différents exemples inclus dans des reliefs assyriens montrent les activités et le style de vie des militaires en campagne on voit que les sculpteurs et les artistes qui exécutaient les "images de la royauté" dans des endroits estimés importants ou significatifs parmi ceux touchés par l'avancée de l'armée étaient eux-mêmes des Assyriens, intégrés dans le corps expéditionnaire au même titre que les scribes ou les devins. Dans ces conditions, on voit mal la raison pour laquelle le roi assyrien aurait dû faire appel à un atelier local afin de faire préparer une statue destinée à commémorer son passage – ou celui de son père – dans la région. Comme on l'a vu, le récit des annales ne mentionne pas des intentions semblables et l'occasion ne semblait pas propice puisqu'à Sirqu, ou en général dans le pays de Laqê, il n'y a pas eu de victoires militaires éclatantes ni de célébrations d'actes rituels dignes d'être notés. On ne voit pas non plus comment un intellectuel, un scribe assyrien attaché à l'expédition, avec sans doute la mission de rédiger des memoranda des événements, des listes géographiques et fiscales des tributs reçus, rompu donc aux règles de la technique littéraire élaborée depuis des siècles par la tradition des chancelleries de la cour assyrienne, aurait pu créer un texte si différent et ambigu par rapport aux messages véhiculés par les inscriptions royales. Les éventuelles fautes commises par un lapicide provincial incertain de son art ne suffisent pas à expliquer tous les côtés obscurs de l'interprétation.

Une fois repoussée l'hypothèse d'une origine – et d'une destination – assyrienne du monument d'Ashara, le champ reste libre pour avancer la recherche dans l'autre direction le champ local. Si la stèle a été produite à Sirqu même, elle doit représenter de près l'état de la culture de la "cour" locale mais aussi, en quelque mesure, la culture de toute la population à laquelle sans doute elle s'adresse aussi, au delà du roi assyrien, de passage ou déjà parti. On a remarqué la distance qui sépare le style iconographique de la stèle de celui du texte: autant les reliefs sont marqués d'une façon claire par les caractéristiques formelles de l'art syrien et syro-hittite du début de l'âge du Fer, autant l'inscription représente un effort conscient pour intégrer le monument dans l'ensemble de la production assyrienne. À Tell Fékhériyé, seulement quelques dizaines d'années plus tard, le texte sur la statue du gouvernant local sera bilingue, contenant aussi une version en araméen; à Ashara, on n'a pas de preuves directes permettant d'affirmer qu'un texte araméen aurait dû être ajouté à l'assyrien quoique les espaces laissés libres sur la surface du monument puissent effectivement indiquer une intention, non réalisée, de ce type. Naturellement, la question qui se pose est de savoir si l'absence de texte en langue et écriture araméennes sur la stèle d'Ashara peut être considérée comme un indice du fait que la culture locale du "palais" de Mudaddu n'était pas encore suffisamment aramaïsée ou était hostile à cette aramaïsation, préférant au fond s'exprimer, dans un contexte littéraire, en assyrien. Au delà de l'occasion précise du passage de Tukulti-Ninurta dans la région, elle aurait ainsi voulu marquer son appartenance à l'aire d'influence de la grande civilisation présente dans le Moyen-Euphrate d'une façon continue depuis plusieurs siècles et au fond proche de l'autre facteur culturel localement présent, babylonien. Encore une fois, l'impossibilité de déterminer le contexte archéologique et stratigraphique de la stèle, d'en étudier les relations avec d'autres documents (céramique, architecture, textes) de la même période pour évaluer le degré du changement culturel lié à l'affirmation d'une présence "araméenne" dans la région nous oblige à laisser, pour le moment, ces questions ouvertes. Toutefois, le problème de la détermination des divers niveaux et formes de l'intégration sociale, politique, économique des différents regroupements humains et catégories sociales dans cette partie de la vallée de l'Euphrate ne doit pas pour autant être écarté de la discussion historique comme non pertinent, en particulier dans le cas de la stèle d'Ashara.

Un tel isolement documentaire rend aussi problématique tout effort pour situer la partie iconographique du monument dans l'ensemble de l'art syro-hittite. La qualité et le rythme de la composition de l'œuvre, la forme des images ainsi que leur contenu narratif la rapprochent sans doute d'exemples plus septentrionaux et on a proposé des parallèles, sinon immédiats, en tout cas acceptables, comme on l'a vu, avec l'art de Tell Halaf-Guzana, de Tell Ahmar-Til Barsip, de Karkémish ou de Zincirli-Sam'al. Tout en tenant compte du fait que les questions liées à la localisation chronologique de la plupart de ces œuvres et de ces ensembles monumentaux sont souvent encore ouvertes, la stèle d'Ashara, à cause de la datation sûre de son inscription, est considérée comme légèrement plus tardive puisque les monument les plus évidemment comparables sont généralement datés du 10e et du début du 9e siècle. En réalité, la date du texte n'implique nullement une chronologie identique pour la partie iconographique de la stèle: l'inscription aurait bien pu être ajoutée dans un deuxième temps, justement au moment du passage de la campagne du Tukulti-Ninurta II à Sirqu en 884. Tandis que la plus grande partie des reliefs appartenant à une tradition artistique commune avec la stèle d'Ashara a été trouvée dans des contextes architecturaux complexes, associés en séries monumentales significatives et dans des centres urbains marqués par une même culture, cette stèle reste par contre unique, sans aucun repère architectural ni artistique local. Si un atelier de sculpture et d'écriture monumentales avait vraiment été actif dans cette région pour une période assez longue pour lui permettre d'acquérir toute l'expérience nécessaire à la réalisation d'une œuvre si élaborée, on aurait pu et dû sans doute trouver d'autres traces de son existence. Dans cette situation, on ne peut pas exclure l'hypothèse – déjà rapidement évoquée par E. Unger *apud* H. Schmökel – que la stèle, coupée de sa base originelle, n'a pas été créée localement mais qu'elle provient directement d'un des centres de la Djéziré nord-occidentale cités ci-dessus. En l'état actuel de la documentation, on ne peut localiser avec plus de certitude son lieu d'origine.

Quelles qu'aient pu être les raisons de sa création et sa fonction originelle à Sirqu, ce monument en basalte aurait été adapté pour devenir une "stèle" et recevoir un texte du type "inscription royale assyrienne" répondant à de nouvelles exigences communicatives ou de commémoration de ses détenteurs. À partir de la forme particulière de la section du monument et tenant compte du fait que, initialement, seules deux ou trois faces devaient être sculptées (avec les représentations du dieu et du serpent, certainement coupées, plus celle du "roi" si on estime qu'il lui manque sa partie inférieure), on peut peut-être avancer l'hypothèse que le bloc de pierre était utilisé à l'origine comme soutien et décoration d'un coin d'une entrée monumentale, peut-être même comme base d'un arc de porte. De cette façon on pourrait expliquer la forme irrégulière du bloc de basalte dont le sommet, arrondi d'un seul coté avant que le relief ne soit exécuté, correspondrait à la présence d'un coin entre deux murs où une poutre aurait fixé le relief à la façade. D'autre part, le manque d'unité et de suite entre la face avec l'image du "roi" et celle de la "lutte entre le dieu et le serpent" trouverait une explication dans le simple fait qu'elles appartiendraient à deux ensembles narratifs et décoratifs différents.

Par contre, si le relief du "roi" faisait partie de l'iconographie originelle, il faudrait alors imaginer que, dès sa création, ce monument était destiné à être isolé: tenant compte des angles qui existent entre les faces, on n'arrive pas à identifier la situation architecturale dans laquelle il aurait pu être inséré. Bien que l'image du "roi" rappelle de près par son attitude les personnages qui, par exemple à Karkémish, font partie d'une procession, l'angle que sa face forme avec celle qui porte l'image du dieu rend impossible son utilisation dans une porte comme premier ou dernier élément d'une série de reliefs: le coin serait alors projeté dans l'espace même du passage. Les autres faces, celles du dieu et du serpent, sont sans doute plus autonomes et à regarder de front. Si la face présentant l'image du dieu devait, en raison de la forme du sommet, être considérée comme le montant gauche d'une porte, alors la face avec le serpent constituerait l'intérieur du même montant. Autrement, l'ensemble dieu-serpent pourrait constituer un élément autonome de décoration d'une façade, à la jonction de deux séries se développant sur le mur extérieur d'un même bâtiment.

Il est impossible d'évaluer le moment, les conditions et les causes du transport et de la conservation à Sirqu de cet élément architectural sculpté. On peut seulement rappeler que l'envoi de monuments de taille limitée, même sur de longues distances, pour des raisons d'échanges de biens de prestige à des fins politiques – jusqu'au "prêt" de statues divines jugées particulièrement puissantes ou miraculeuses – ou comme butin d'une campagne ou d'une guerre victorieuses, n'est pas un phénomène rare à cette époque. Il suffit de penser à la statue du dieu de l'Orage originaire de la ville d'Alep, comme son inscription l'indique, et retrouvée par les fouilleurs à Babylone, ou aux reliefs plus tardifs, de l'époque de Tiglat-Phalazar III, montrant les soldats assyriens rapportant chez eux des statues divines prises manifestement à l'ennemi. À titre d'exemple, si on pouvait prouver que ce bloc de basalte provient des ateliers de Guzana, on pourrait même avancer l'hypothèse qu'il s'agit effectivement d'une partie des dons ou des impôts reçus par Adad-nirâri II à son passage par les terres d'Abi-salamu, qu'il a abandonnée ou laissée en dépôt ou en cadeau aux autorités locales de Sirqu avant de rentrer en Assyrie. La documentation ne permet malheureusement pas d'approfondir cet aspect du problème. Il n'en reste pas moins que Terqa-Sirqu-Ashara avait déjà une certaine réputation comme ville où échouaient et pouvaient être gardés d'importants objets cultuels, vu sa position commode, juste à mi-chemin le long de l'Euphrate sur la route reliant la Mésopotamie du nord et celle du sud ou, à travers les steppes, l'Assyrie et les pays de l'occident méditerranéen.

4.3.2. Politique et société à Sirqu

Si l'iconographie du monument représente essentiellement des éléments de la culture syro-hittite, née des différents contacts entre le monde hourrite, hittite, et araméen dans la Djéziré occidentale et septentrionale, on peut se demander si la cour du palais de Sirqu pouvait comprendre intégralement ses contenus et les lire d'une façon philologiquement correcte. Il est certain que, lorsque ce monument a dû être employé pour faire une stèle, les images des reliefs ont été prises en compte par l'inscription, ne constituant donc pas l'illustration du récit du texte mais plutôt la source, obligatoire, de son inspiration. La scène de la lutte du dieu de l'Orage et du serpent qui était déjà sur la "stèle", peut-être à ce moment précis encore dans son état originel de relief, a alors été interprétée comme une allégorie de la "victoire" du roi assyrien Adad-nirâri II sur les Laqéens, message auquel on veut donner de l'emphase. L'identification du dieu Adad avec le roi Adad-nirâri II peut avoir été suggérée par le nom même du roi qui, selon les lectures de Güterbock et de Tournay, est d'ailleurs écrit syllabiquement, contrairement à la pratique scribale assyrienne contemporaine. Comme il semble excessif, même pour un scribe de province, d'appeler Adad le roi d'Assyrie, de la même façon, il semble excessif de supposer que l'ambiguïté entre le nom du dieu et celui du roi soit un effet littéraire voulu, recherché et calculé. La métaphore implicite qui en dérive tomberait sous le coup de la même réprobation de la part d'un public assyrien. Le texte de l'inscription tient toutefois à lier l'image de la lutte entre le dieu et le serpent d'abord à la personnalité du père et seulement après à celle du fils, Tukulti-Ninurta, à qui est reconnu le mérite d'avoir remporté les mêmes victoires que son prédécesseur. La lutte cyclique et éternelle du dieu de l'Orage contre le serpent qui représente le chaos, la chaleur et la mort devient aussi la métaphore de la lutte des rois assyriens, de père en fils, contre les gens de la steppe. C'est dans ce contexte que la deuxième partie de l'inscription – dont certaines sections sont peut-être manquantes – peut être comprise: elle pourrait en effet contenir l'ordre ou le souhait vigoureux que des fonctionnaires assyriens viennent prendre le contrôle des territoires et surtout des "ennemis" laqéens, fixant leur résidence dans une forteresse de la vallée, permettant ainsi à la royauté assyrienne de manifester pleinement sa nature universelle. La réalisation de ce souhait correspondrait, en effet, à la répression des activités et peut-être même à l'expulsion des "Laqéens", ceux qui habitent la steppe, dans la région. Cette situation est sans doute considérée comme utile au renforcement de la stabilité de la cour locale ou au moins de ses éléments philo-assyriens.

Analysant la structure de l'inscription de la stèle d'Ashara dans ce contexte, on remarque une distinction, une distance entre le sujet qui dit le texte et ceux dont on parle, les Laqéens et les rois d'Assur. Tandis que les inscriptions royales assyriennes, comme on l'a vu, ignorent toute distinction et parlent d'un Mudaddu homme de Sirqu et laqéen au même titre, on relève que ce texte, émanant très probablement de l'entourage du chef de cette ville, met toute l'emphase du discours sur l'écrasement des Laqéens de la part du roi assyrien: la métaphore – extraite de l'allégorie en question – qui est utilisée pour décrire cet acte assimile les vaincus à des animaux vénimeux, les connotant du même coup, à travers les allusions mythologiques et rituelles contenues dans l'iconographie, comme des êtres démoniaques foncièrement ennemis de l'homme. Or, il semble difficile d'imaginer que la population locale, même si elle est persécutée et soumise, en train d'essayer de sauver ce qui pouvait encore être sauvé, puisse arriver à un niveau d'auto-dénigrement et de mépris de soi-même tel qu'il l'amènerait à endosser toute la culpabilité éventuelle, se qualifiant d'une façon assez négative pour justifier l'intervention assyrienne. Il s'agit évidemment d'une technique de défense possible dans un procès théorique et par ailleurs bien connue dans la rhétorique des inscriptions royales assyriennes mais alors on aurait vraiment affaire à un procès d'intention puisque ces faux aveux ne contiennent aucune indication précise sur les charges, sur les fautes commises par les coupables laqéens dans cette histoire, à part le fait d'être, par nature, des serpents.

Il pourrait peut-être s'agir de fautes anciennes remontant à la période durant laquelle les tribus araméennes installées dans la région ont donné des signes de révolte, mettant en pièces le système administratif local sans doute lié aux centres assyriens plus proches: on sait que les rois d'Assur ont une mémoire d'éléphant! Ou bien, s'agirait-il d'un problème plus actuel ne concernant pas tellement les relations assyro-laqéennes – qui au contraire sont en général décrites dans les annales d'une façon au fond assez positive – mais concernant plutôt les relations sirqu-laqéennes dont la nature est beaucoup moins connue et commentée? Ce genre de conflits locaux, s'ils existaient vraiment, n'étaient pas perçus comme intéressants par les chancelleries royales sinon d'une manière limitée et dans le cas précis où l'Assyrie se sentirait directement interpellée. Ils recevaient donc peu d'attention dans le récit historiographique normal. Il est par ailleurs possible que les Assyriens aient compté sur des problèmes de politique interne locale pour élargir leur zone d'influence sans pour autant devoir échafauder un système militaire et administratif lourd, extrêmement onéreux pour l'état. Les chancelleries, dès lors, s'efforceront de cacher cet aspect peu glorieux d'interventions mesurées et ponctuelles dans les dynamiques locales de gestion du pouvoir et des ressources du territoire, continuant à développer les récits héroïques des campagnes réalisées par le roi.

On a déjà vu comme il serait imprudent et surtout historiquement non fondé de considérer ces éventuels contrastes locaux comme l'expression de luttes raciales ou culturelles entre population "locale" et occupants araméens. En réalité, comme le prouve la stèle d'Ashara, l'intégration et la fusion de ces deux composantes de la société laqéenne était sans doute un processus achevé ou au moins à un stade très avancé – pour les Assyriens le pays n'est plus, de toute façon, le royaume de Ḫana, mais Laqê – et les tensions internes doivent correspondre plus à des problèmes effectifs de gestion du territoire et de la richesse, à des contrastes économiques entre le centre urbain et la campagne ou la steppe, qu'à la défense de privilèges nationaux ou raciaux. Toutefois, dans ce contexte, il peut sembler plausible que la cour, en tant que centre d'un pouvoir enraciné dans les structures de la ville, ait exploité le thème de l'ancienneté des institutions citadines et de la nécessité de leur conservation, se référant du point de vue idéologique à un passé encore considéré comme prestigieux.

La stèle d'Ashara pourrait alors représenter l'exemple sans doute primitif de l'essai, de la part d'un chef local – peut-être le même Mudaddu cité dans les inscriptions royales – et de sa cour, de s'opposer à la montée de nouvelles valeurs et de nouveaux systèmes d'organisation et d'exploitation des territoires environnants, véhiculés par cette partie de la population qui ne vit pas dans la ville, en choisissant de s'appuyer sur le soutien militaire et politique assyrien. La cour de Mudaddu regrouperait au moins une partie des familles de la "noblesse" urbaine qui, quelle que soit leur origine ethnique, se considèrent comme les gardiens de cette tradition culturelle et sociale citadine vieille de plusieurs siècles et qui ressentiraient le besoin de se défendre de la montée vers la conquête du pouvoir local d'une autre partie de la population de la région que le texte de la stèle connote comme habitants de la steppe.

En réalité, la confrontation avec d'autres sociétés dimorphiques contemporaines montre qu'il ne s'agit pas d'une opposition entre deux cultures ou deux ethnies, l'une présentée comme nouvelle, "araméenne", de type tribal, à peine sédentarisée ou à la recherche d'une possible sédentarisation, et l'autre, caractérisée comme urbaine, fondée sur les anciennes traditions mésopotamiennes et organisée en état. L'analyse de l'idéologie religieuse manifestée dans la stèle montre que cette culture urbaine a parfaitement intégré toutes les influences et tous les apports culturels qui forment les fondements mêmes de la culture araméenne des 8e et 7e siècles en Syrie. L'opposition qui fracture la société laqéenne est plus probablement d'ordre politique et économique, à rechercher dans les conflits entre différentes catégories sociales et activités industrielles, agricoles ou commerciales, à l'intérieur d'une même société.

Apparemment parce que la cour de Sirqu est incapable d'en produire un neuf, elle bricole alors un monument ancien présent dans la ville pour porter son message et son avertissement, qui est d'abord destiné à rendre manifestes les relations l'unissant au destinataire et commanditaire fictif de l'œuvre, le roi d'Assur. Ayant rappelé le caractère répressif des interventions des rois assyriens, leur cohérence politique, la stèle prétend leur parler et surtout parler d'eux. La finalité de l'opération serait alors de montrer clairement les conséquences que la cour attend, sur le plan de la politique interne, de cette prétendue unité culturelle et idéologique, en somme du partage d'une même civilisation, avec la cour assyrienne: l'écrasement des (autres) Laqéens, dont pourtant il n'a jamais été question, au moins à ce moment-là, dans les inscriptions assyriennes contemporaines.

L'iconographie qui illustrait déjà le monument est conservée dans son intégralité, probablement pour ses qualités artistiques reconnues, la rédaction du texte assumant la charge de l'intégrer et d'en expliquer son sens dans ce contexte nouveau, ignorant même – parce qu'il n'y avait pas le choix et peut-être parce qu'on n'en avait pas réellement conscience – les contradictions graves qui allaient ainsi se créer. Il est nécessaire à ce point de supposer la présence parmi le personnel qui a géré ce projet à Sirqu, à côté d'un sculpteur qui connaît la tradition syro-hittite contemporaine, d'un scribe, d'un intellectuel même local qui avait pu acquérir une certaine connaissance, bien que partielle et limitée, de la mentalité assyrienne de l'époque, de sa littérature, de ses rituels. C'est sans doute à son intervention, contemporaine de la composition du texte, qu'on doit l'ajout sur les faces peut-être vides du monument de l'image du "roi"-dieu Dagan ainsi que du relief de l'*apkallu* afin de donner à l'ensemble du monument un aspect plus "assyrien". L'addition des nouvelles représentations exploite et souligne en même temps la nouvelle forme vaguement cylindrique du monument qui est maintenant lisible de tous les côtés, caractéristique des *kudurru*, des bétyles occidentaux ainsi que de certaines stèles assyriennes. La ressemblance avec un *kudurru* est renforcée par la présence du serpent, bien qu'avec une valeur très différente, et renvoie ainsi à une tradition figurative classique dans la culture mésopotamienne.

Le relief du génie couvert d'écailles de poisson ainsi que, sans doute, la représentation du "roi" remplissent la surface du bloc de basalte qui devait être originellement inséré dans les briques d'un mur, complétant la couverture iconographique du monument et imprimant ainsi une nouvelle direction de lecture et de circulation autour de lui. Ce mouvement circulaire crée ainsi une unité entre les différentes images sculptées, renforcée par ailleurs par le discours de l'inscription. À une interprétation mythologique de la scène qui se laisse lire comme un épisode de la lutte entre le dieu de l'Orage et le monstre-serpent sous le regard de Dagan, dieu de Terqa-Sirqu et avec l'assistance d'un représentant d'Éa, on peut superposer une lecture idéologique et politique: le roi assyrien va détruire les gens de la steppe comme Adad tue son ennemi. Un enrichissement ultérieur de l'interprétation peut être trouvé dans la référence croisée aux relations entre Adad et Dagan et entre Adad-nirâri et Tukulti-Ninurta, entre l'activité guerrière du personnage identifié comme dieu et l'absence de mouvement dans l'image du "roi". La confrontation entre l'iconographie et le texte de la stèle ouvre des possibilités infinies de constructions métaphoriques et d'exégèse des contenus et des formes du monument, pris comme un fait de communication unitaire.

L'introduction du thème de l'*apkallu* comme d'ailleurs la connaissance générale du syllabaire et du lexique littéraires assyriens prouvent la collaboration d'un scribe assez au courant des évolutions, même récentes, de la culture de la métropole. Toutefois, la teneur globale du texte de la stèle montre qu'il n'avait qu'une idée assez vague de la rhétorique et de la grammaire idéologique de base utilisées dans la production des textes historiographiques par les chancelleries assyriennes. Il est très difficile d'avancer des hypothèses concernant les modalités de la formation de ce fonctionnaire mais, à partir de sa performance pour le document d'Ashara, on peut déduire qu'il est entré en contact avec la culture assyrienne dans un centre probablement provincial, dans une école scribale où les élèves apprenaient surtout le lexique administratif et littéraire, se formant aussi sur des textes cultuels, mais n'avaient pas de raisons ni les moyens d'étudier les inscriptions royales. Dûr-katlimmu, siège d'une présence assyrienne de type administratif et colonial depuis l'époque médio-assyrienne, bien qu'ayant traversé une longue période de crise et de séparation de la métropole à la fin du IIe millénaire, était sans doute le centre le plus proche de Sirqu où ces connaissances pouvaient être encore courantes. Bien qu'une abondante collection de textes juridiques, de lettres, de listes et autres documents littéraires ait été retrouvée dans ce site, aucune inscription royale n'y a été découverte, à l'exception d'un texte attribué à Adad-nirâri III, en réalité œuvre du gouverneur Palil(Nergal)-ereš. Dans ce centre, devaient circuler aussi et être visibles et consultables les sceaux et les impressions de sceaux portant l'imagerie assyrienne traditionnelle et contemporaine. L'enseignement pouvait sans doute être ouvert à la population locale afin de créer un groupe de fonctionnaires destiné à officier dans la région, surtout dans les palais qui ne pouvaient pas utiliser de vrais scribes assyriens. La connaissance de l'assyrien devait de toute manière déjà à cette époque être considérée comme nécessaire pour garder des relations suivies avec ce centre politique important et proche.

De la même façon, le projet de dessiner les contours et les structures principales de la compétence linguistique, culturelle, idéologique de la cour de la ville de Sirqu au début du 9e siècle reste assez difficile à réaliser parce que les éléments en notre possession pour formuler une telle évaluation sont, comme on l'a vu, très limités et, au delà de la stèle même, dépendants de sources d'information étrangères, assyriennes. En général, on a l'impression que l'effort – explicite dans le bricolage de la stèle – de la cour et d'une partie de la communauté urbaine pour se relier au pôle assyrien était dès le départ voué à l'échec par le choix même des moyens employés, comme le prouvent les résultats objectifs obtenus. La stèle n'est pas reconnaissable comme une stèle assyrienne, son texte n'étant pas une inscription royale. Plusieurs éléments, formes et contenus du discours véhiculé par la stèle se relient facilement à la culture araméenne, telle qu'elle se fera connaître plus tard et plus à l'ouest. Diverses données contenues dans l'iconographie du monument dans son état originel sont à mettre en relation avec la culture composite de la Mésopotamie du nord et de la côte méditerranéenne, manifestant ainsi des influences hourrites, hittites ou louvites mais il n'est pas certain qu'à Sirqu, au 9e siècle, elles aient pu être entièrement comprises dans leur valeur initiale. En réalité, la culture locale de Sirqu, à juger par ce qui en reste visible à travers les choix politiques de la cour, parait s'être développée selon un schéma différent de celui du monde syro-hittite, à partir d'autres signaux, d'autre interférences entre le substrat existant et les apports araméens. Certaines des idées présentes dans le discours de la stèle proviennent sûrement d'Assyrie même mais on doit poser aussi dans ce cas la question de leur compréhension effective et de leur niveau d'intégration dans l'opinion locale.

La composante "araméenne" de la culture urbaine de Sirqu ressort plus clairement quand on prend en considération la politique globale développée par la cour de Sirqu dans ses rapports avec l'Assyrie d'une part et de l'autre avec la population du pays de Laqê et, plus particulièrement, lorsqu'on analyse la structure même du discours véhiculé par le monument. Afin de se garantir l'appui et le soutien militaire assyrien, la cour accepte de faire œuvre de soumission – se privant d'une partie de sa richesse – et divulgue ses tendances philo-assyriennes grâce au bricolage d'une stèle dont peut-être ni le roi Tukulti-Ninurta, ni ses successeurs, ne verront jamais l'aspect et que d'ailleurs ils auraient sans doute jugé irrecevable et blasphématoire. Ceux qui peuvent par contre comprendre le sens du monument sont les habitants de Laqê euxmêmes, invités à lire ainsi la présence assyrienne sur leurs terres comme l'autre face du pouvoir de l'autorité locale qui se présente comme l'intermédiaire entre la population et le roi "ennemi". L'offrande de la stèle au roi assyrien représente dans ce contexte une sorte de preuve de loyauté et de remerciement objectif pour le passage de l'expédition à Sirqu, comme si elle y avait été appelée par le chef local, montrant aussi ce qui pourrait arriver aux éventuels Laqéens "mauvais".

Dans ce cas, l'intervention des corps expéditionnaires assyriens dans le Moyen-Euphrate commence à prendre les traits politiques distinctifs – qui vont devenir caractéristiques plus d'un siècle après – de la participation des rois d'Assur dans les conflits internes des états araméens occidentaux, comme elle sera rapportée surtout par les inscriptions araméennes. Le comportement de la cour de Sirqu se présente comme le modèle, l'exemple connu le plus ancien, d'une habileté particulière à manœuvrer – c'est vrai dangereusement – les forces en tension et en action dans un champ politique non seulement local mais aussi international grâce à une intelligence assez claire de la situation réelle et à une évaluation correcte des intérêts réciproques, nationaux ou privés afin d'obtenir la stabilité d'un gouvernement spécifique. Les vicissitudes de la dynastie de Bar-Rakib à Sam'al soutenue directement par les Assyriens ou encore l'histoire de la guerre syro-éphraïmite entre Samarie et Judah en Israël sont d'autres exemples, plus récents, du développement de cette ligne politique déjà tracée par la cour de Sirqu. Le fonctionnement de ces mécanismes politiques a toutefois été de durée limitée; peu de temps après la mort de Tukulti-Ninurta et l'accession au trône d'Assurnasirpal II, Laqê se révolte contre la classe politique locale qui avait fondé son autorité sur l'appui assyrien, attirant ainsi une série de campagnes répressives marquées dans le récit historiographique officiel par la terrible violence de la "vengeance" assyrienne.

La création de la stèle d'Ashara reste le moment expressif culminant d'une culture locale, résultant de l'accumulation désormais millénaire des apports amorrites, hourrites, babyloniens, kassites, médio-assyriens et louvites dans la tradition du Moyen-Euphrate, élaborés et organisés selon un paradigme créatif original. Cette culture est le produit des activités intellectuelles d'une société complexe de type dimorphique où s'intègrent une population sédentaire et urbaine et une population rurale et semi-nomade. Ce partage de la communauté locale qui met en évidence surtout des types d'économie différents est à son tour recoupé par la stratification sociale dérivée de la distribution inégale des richesses. Pendant le processus d'homogénéisation de ces divers éléments de la société locale à la recherche d'un équilibre politique stable, un groupe social déterminé essaie d'imposer un modèle idéologique assyrien comme un des pôles de la transformation en cours, faisant appel directement au pouvoir militaire assyrien pour soutenir ses propres programmes: la création de la stèle coïncide avec cette phase. La réaction de la communauté locale comporte très rapidement la réplique de la royauté assyrienne qui va obtenir militairement le type de contrôle de la région qu'elle n'avait pas pu obtenir par les voies politiques et diplomatiques.

Si la solution envisagée dans la stèle ne semble pas avoir connu une réussite durable, la création de ce monument montre que la compétence culturelle de cette société du Moyen-Euphrate dispose d'un paradigme original – le bricolage ou le recyclage de tout fait culturel objectivement utile – qui lui donne la capacité de générer de nouvelles formes de pensée et ainsi de survivre et de se reproduire. Toutefois, cette culture est aussi marquée, comme l'ont noté tous les savants qui ont étudié la stèle, par un caractère provincial évident. Cela signifie que, par rapport à la tradition classique mésopotamienne ou syrienne, la culture locale du Moyen-Euphrate ne maîtrise pas l'ensemble des possibilités offertes par le système des significations mais seulement une partie qu'elle sélectionne et utilise d'une façon originale.

La présence contemporaine dans le travail de composition de la stèle de ces deux facteurs – réduction et expansion des codes de signification et de communication – pourrait peut-être laisser interpréter en général ce monument comme la production d'une culture de type créole, c'est-à-dire d'une culture née de la confrontation et de l'addition de sociétés et de civilisations diverses, développant par la suite des formes et des contenus originaux qui ne dépendent plus directement des modèles initiaux. Il n'est pas possible de vérifier l'existence dans la ville de Sirqu au début du 9e siècle des conditions nécessaires au déclenchement de ce type d'inter-réaction entre cultures comme, par exemple, les proportions démographiques de ses composantes humaines ou les codes d'intégration qui règlent les rapports entre les différents groupes, classes et fonctions sociales. On peut toutefois interpréter certains signes portés par la stèle d'Ashara comme indices d'une tendance de la culture locale à évoluer dans cette direction. Le monument est articulé selon un système de communication et un langage qui se laissent immédiatement interpréter comme une variante de qualité dégradée par rapport à la forme normale – donc *pidgin* – de son modèle assyrien. Mais il serait trop rapide de renvoyer ce langage simplement comme "dialecte" provincial, dégradé par sa distance de la langue du centre du pouvoir, en somme comme œuvre naïve, parce que le substrat culturel local y intervient, innovant et développant une dialectique propre, créant ainsi de nouvelles formes d'expression et de signification. En ce sens, l'analyse révèle que la création de la stèle d'Ashara, à partir des modèles syro-hittites, babyloniens et assyriens, a suivi la même structure de développement qui caractérise au siècle suivant la culture araméenne.

Conclusions

Cette recherche a présenté une étude de la situation sociale et culturelle de la Djéziré syrienne et plus particulièrement des vallées du Moyen-Euphrate et du bas Khabour dans la période comprise entre le 12e et le 9e siècle av. J.-C. À partir des données tirées des inscriptions royales assyriennes, l'histoire de cette région au début de l'Âge du Fer peut être résumée, dans le discours historique courant, par une liste des conflits entre les tribus semi-nomades araméennes occupant les steppes et l'armée assyrienne qui essaie de relancer, dans les vallées irriguées, le même programme de colonisation et d'urbanisation que celui qui avait été réalisé par les états de la fin du Bronze Récent. L'analyse des modèles historiques selon lesquels le développement de la civilisation araméenne est habituellement interprété dans la recherche moderne a montré l'importance excessive attribuée aux informations provenant des textes historiographiques assyriens. En réalité, les récits contenus dans les inscriptions royales assyriennes ne correspondent pas à la réalité humaine, politique, économique et géographique que les rois assyriens ont effectivement rencontrée pendant leurs incursions militaires dans la Djéziré. On a pu démontrer que les stratégies rhétoriques utilisées dans ces textes pour présenter la situation de la Mésopotamie du nord avant la colonisation doivent plutôt êtres expliquées à partir de l'examen des conditions politiques et économiques propres à l'état assyrien et à son gouvernement.

La nécessité de comprendre l'organisation de la société du Moyen-Euphrate de l'Âge du Fer sans se fonder sur l'apport des sources assyriennes nous a amené à entreprendre l'analyse des différents modèles d'interprétation employés couramment dans l'historiographie moderne pour décrire et définir les phénomènes historiques et culturels liés à la présence de populations nomades et semi-nomades dans cette région. En général, la plupart des recherches analysant la vaste documentation archéologique et textuelle du Moyen-Euphrate et en particulier de la ville de Mari insistent sur l'importance des contraintes constantes imposées par la géographie et par le climat à l'organisation de l'occupation humaine de ces territoires.

Attestée clairement à partir du Bronze Moyen, la formation d'une société à structure dimorphique dans le Moyen-Euphrate correspond à la nécessité de différencier les activités économiques qui garantissent la survie et le développement des communautés locales, exploitant à fond tout le potentiel naturel de la région. La distribution du travail entre l'élevage du petit bétail dans la steppe et l'agriculture dans la vallée irriguée détermine en effet le partage de la population en deux groupes, l'un caractérisé par un type de vie semi-nomade, l'autre par une implantation sédentaire et rurale. Les données des archives de Mari prouvent que cette division fonctionnelle ne dérive d'aucun critère ethnique ni culturel précis, les deux éléments de la population restant unis, à travers des relations symbiotiques fortes dans le cadre d'une même société et d'une même civilisation matérielle et intellectuelle. L'importance du rôle de la ville et de la culture urbaine dans la société dimorphique est variable, dépendant des rapports de pouvoir entre les différentes catégories sociales ainsi que des conditions économiques et politiques générales. Toutefois, l'étude du milieu urbain et de la production culturelle qui lui est associée reste pour nous la seule possibilité de connaître l'histoire de cette société à travers les recherches archéologiques réalisées essentiellement dans des sites urbains et par l'analyse philologique des textes produits par les administrations palatiales.

L'installation dans le Moyen-Euphrate d'une société de type bédouin est située chronologiquement, dans le discours historique général, après l'écroulement des royaumes amorrites du Bronze Moyen. Comportant la ruine et l'effacement des villes et des dynasties qui maîtrisaient les structures dimorphiques, la fin de cette époque aurait aussi vu le développement autonome de la civilisation semi-nomade qui, libérée de ses liens avec le monde et la culture urbaine classique, peut élaborer des valeurs et des formes nouvelles d'organisation sociale. Les résultats récents des fouilles archéologiques réalisées dans le Moyen-Euphrate sur le site de Tell Ashara, l'ancienne Terqa, ont permis de rectifier cette vision, montrant que la culture urbaine du Bronze Moyen a continué à exister dans la région pendant tout le Bronze Récent et même au delà. Si la continuité de la civilisation proto et paléo-syrienne amorrite dans la culture du Bronze Récent est une réalité affirmée avec toujours plus de preuves et de précision dans le cadre du monde syrien occidental et méditerranéen, les découvertes récentes faites à Terqa prouvent que le Moyen-Euphrate n'a pas été une région périphérique et marginale mais au contraire qu'elle a participé au développement de la civilisation syrienne de l'Âge du Fer.

Si la structure et la culture urbaine de Terqa ont survécu à la fin de la dynastie amorrite de Mari, récupérant et centralisant apparemment la gestion politique et économique de la région, on peut émettre l'hypothèse que le système dimorphique aussi a continué à organiser la société locale du Moyen-Euphrate. C'est donc dans ce cadre qu'il faut maintenant définir la formation de la culture araméenne qui ne peut plus être considérée comme la création d'une société nouvelle, résultat de la sédentarisation de tribus nomades provenant d'ailleurs, s'installant sur les ruines du monde syrien du Bronze Récent, mais qui doit être étudiée dans une perspective de continuité et d'évolution interne de la civilisation du millénaire précédent. La culture locale du Moyen-Euphrate, expression d'une société dimorphique intégrant d'une façon stable populations semi-nomades et populations sédentaires, semble constituer un milieu privilégié où ont pu se former les modèles, les formes, les contenus de la civilisation araméenne du Ier millénaire.

La période précise de la formation de la culture locale du Moyen-Euphrate de l'Âge du Fer est très peu documentée tant du point de vue archéologique que textuel. La crise de la vie et de la production intellectuelles liées aux activités des centres urbains dans la région peut avoir plusieurs explications dont l'une, la plus fréquemment évoquée, se fonde sur le principe de l'invasion ou de la prise de pouvoir par des tribus araméennes qui ne semblent pas intéressées, au moins dans cette phase, par l'occupation des centres urbains. Les résultats des campagnes de fouilles archéologiques dans la vallée du Moyen-Euphrate et du Khabour semblent confirmer cette opinion, la plupart des villes étudiées montrant, dans les couches datées de l'Âge du Fer, une claire empreinte laissée par l'occupation assyrienne qui, à partir du 13e siècle – avec une interruption notable pendant le 10e siècle – et jusqu'au 7e, va administrer toute la région comme province de l'empire. Par conséquent, on a estimé que pendant cette période la culture locale du Moyen-Euphrate, tant matérielle qu'intellectuelle, devait se résumer dans quelques imitations locales de la production assyrienne, les éventuels apports araméens étant perdus pour toujours dans les restes de leurs campements dans la steppe. La trouvaille fortuite en 1948 d'une stèle en basalte sur le site d'Ashara-Terqa offre la possibilité de modifier cette image négative de la société locale au 9e siècle.

L'analyse détaillée du texte cunéiforme et de l'iconographie de cette stèle, seul document illustrant l'histoire du Moyen-Euphrate au 9e siècle venant compléter les inscriptions assyriennes, m'a permis d'exclure l'origine assyrienne de son inspiration qui lui était généralement attribuée. La stèle est plutôt une production de la communauté locale qui a mis en œuvre tout son savoir religieux et idéologique ainsi que toutes ses compétences artistiques pour communiquer avec le roi assyrien à l'occasion du passage de sa campagne militaire dans la région. L'analyse des reliefs de la stèle et du texte de l'inscription a révélé les relations profondes que la culture de cette communauté garde tant avec la civilisation syrienne du Bronze Moyen et Récent qu'avec l'Anatolie méridionale syro-hittite, hourrite et louvite. Les traditions locales de la ville de Sirqu sont aussi profondément enracinées dans la civilisation ḫanéenne qui leur a transmis en héritage des formes et des contenus de la culture mésopotamienne classique dont la production cunéiforme du Moyen-Euphrate et du Khabour au 9e siècle représente le dernier développement en Syrie.

Sur un autre plan, l'étude des articulations de tous ces éléments m'a permis de faire ressortir les extraordinaires capacités créatives de cette culture qui réutilise en le bricolant tout son savoir religieux, mythologique, idéologique et toutes ses compétences artistiques et techniques pour inventer et obtenir un outil de communication avec le roi assyrien. La communauté ou au moins la cour locale, par les choix délibérés qu'elle fait dans le style de la composition et des motifs employés et surtout par l'usage du cunéiforme et de la langue assyrienne, essaie de prouver son appartenance à la même matrice culturelle que le pouvoir assyrien qu'elle interpelle. Si les gens de la steppe sont considérés dans le discours de la stèle comme des éléments externes à la société urbaine locale, peut-être menaçants, le texte ne fait en réalité aucune allusion à leur origine étrangère ou à leur caractère d'envahisseurs. Dans l'hypothèse que la référence à la steppe identifie la partie semi-nomade de la population du Moyen-Euphrate – peut-être donc les Araméens – comme les ennemis de la population urbaine, cette vision de la situation peut ne pas correspondre à une réalité historique mais plutôt à une prise de position idéologique du pouvoir en place. Il est bien possible que les "Araméens" en question ici représentent une composante de la société, peut-être marginale, en train de mettre en discussion l'ordre politique traditionnel.

Les Assyriens, quant à eux, semblent être de cet avis puisque, dans leurs inscriptions de la même époque, il n'y a aucune distinction entre la communauté locale de la ville de Sirqu-Terqa et un groupe araméen, tous dénotés par un même nom, les gens de Laqê. Par ailleurs, le même type de comportement et de stratégie par rapport à la présence militaire assyrienne, élaboré par les responsables politiques de Sirqu est mis en œuvre moins d'un siècle plus tard par Kilamuwa, roi de Sam'al, qui affirme dans son inscription en phénicien avoir "pris à la solde" le roi assyrien pour se libérer de ses ennemis, les Danunites. Ce sera à l'intérieur d'une logique du même type que les Assyriens vont intervenir dans les conflits du 8e siècle entre états araméens et israélites.

Dans la perspective d'une culture locale où les différences représentées dans la documentation comme linguistiques ou ethniques correspondent aussi à une distance sociale, économique et fonctionnelle, l'histoire des origines des Araméens, de leur langage, de leur civilisation ainsi que la description même de leur société et leur économie, de leurs relations avec le milieu naturel ou politique peuvent être complètement réorganisées et repensées. Si le terme de "culture araméenne" au début de l'Âge du Fer correspond effectivement à la culture d'une catégorie sociale – constituée au moins dans une certaine mesure par des populations semi-nomades s'occupant de l'élevage d'ovins et caprins –, alors sa formation et son développement peuvent être compris en les replaçant, dans la synchronie et dans la diachronie, à l'intérieur de la structure de la civilisation syrienne.

Annexes

Les récits des campagnes militaires d'Adad-nirâri II et de Tukulti-Ninurta II dans le Moyen-Euphrate et dans le Khabour

La VIIe campagne d'Adad-nirâri II[1]

91-93. Le mois de Sivan, le 15e jour, éponyme: Ina-iliya-allak, je suis allé à l'aide de la ville de Kummu. J'ai fait des sacrifices devant le dieu Adad de Kummu, mon seigneur. J'ai brûlé les villes du pays de Ḫabḫu, hostiles contre Kummu. J'ai fait la moisson dans son pays, et j'ai imposé sur elles un lourd tribut et impôts.

94-96. Le mois de Nisan, éponyme: Šamaš-abuya, pour la deuxième fois je suis allé à l'aide de la ville de Kummu. J'ai conquis, brûlé, ravagé et détruit les villes de Satkuru, Iasaddu, Kunnu, Tabsia, centres du pays de Ḫabḫu environnant Kummu, qui avaient arrêté de me verser le tribut, des attelages de chevaux de traîne.

97-100a. Suivant l'ordre d'Assur, grand seigneur, mon seigneur, et d'Ištar, dame de la bataille et du combat, qui marche à la tête de ma vaste armée, le mois de Sivan, même éponyme, je suis allé pour la cinquième fois dans le pays de Ḫanigalbat. J'ai reçu le tribut de tout Ḫanigalbat, haut et bas pays: ainsi je suis devenu seigneur du grand pays de Ḫanigalbat dans sa totalité; je l'ai annexé dans les frontières de mon pays, je les ai réuni sous une même autorité.

100b-104. J'ai traversé le Khabour, et je me suis dirigé vers la ville de Guzana, qui est gouvernée par Abi-salamu, un homme de Bit-Baḫiani. Je suis entré dans la ville de Sikani qui est située à la source du Khabour. Par la force exaltée de Šamaš, seigneur de mon turban, qui aime mon sacerdoce, j'ai reçu de lui beaucoup de chariots, d'attelages de chevaux, argent, or, propriété de son palais. Je lui ai imposé un tribut.

105-110. Pendant la même campagne j'ai suivi les rives du Khabour. J'ai passé la nuit dans la ville de Arnabanu. Parti de Arnabanu, j'ai passé la nuit dans la ville de Ṭabētu.

Parti de Ṭabētu, je suis entré dans la ville de Šadikanni: j'ai reçu tribut, impôts et de l'or.

Parti de Šadikanni, j'ai passé la nuit à Kisiru.

Parti de Kisiru, je suis entré dans la ville de Qatna. J'ai installé là au pouvoir Amel-Adad, homme de Qatna, mon vassal. J'ai reçu de lui des biens appartenant à son palais, chariots et chevaux, chars et bœufs. Je lui ai imposé un tribut.

111-113a. Parti de Qatna, j'ai campé sur les montagnes du *buṣu*, qui sont sur le Khabour.

Parti des montagnes, je suis entré dans la ville de Dûr-katlimmu. Je considère Dûr-katlimmu comme m'appartenant directement.

113b-115. Parti de Dûr-katlimmu, je suis allé dans le pays de Laqê, dans la ville de Zuriḫ, gouvernée par Barattara, de Bit-Ḫalupê. J'ai reçu de lui tribut et impôts. J'ai traversé la ville de Ḫaranu, et j'ai reçu tribut et impôts.

116-119. Je suis allé à Sirqu, qui se trouve sur l'autre rive de l'Euphrate, et qui est gouvernée par Mudadda, un laqéen. J'ai reçu tribut, impôt, la propriété de son palais, bœufs, des ânes-*agalu*, tribut et impôts de tout le pays de Laqê, haut et bas. J'ai reçu le tribut de la ville de Ḫindanu. Je l'ai transporté dans ma ville d'Assur.

La campagne de Tukulti-Ninurta II[2]

41-51. Dans le mois de Nisan, le 26e jour, éponyme: Na'idi-ili, je suis parti de la ville d'Assur. J'ai placé mon campement et j'ai passé la nuit dans le désert.

---

[1] Grayson 1991: 152-154, ll. 91-119.

[2] Grayson 1990: 173-178, ll. 41-127.

Parti du désert, j'ai traversé le ouadi Tharthar, j'ai placé mon campement et j'ai passé la nuit. À midi toute l'eau avait été puisée, j'ai desséché 470 puits dans la région. À pied, j'ai tué un ... à côté d'un puits. Le deuxième jour, au puits... L'eau était trop amère pour faire boire les soldats.

Parti des puits, je me suis dirigé vers le désert, j'ai placé mon campement, j'ai passé la nuit. Pendant quatre jours j'!(il)ai suivi les rives du Tharthar. Dans cette expédition j'ai tué huit taureaux sauvages. J'(il)ai placé mon campement et j'ai passé la nuit à l'embouchure du Tharthar, on a puisé de l'eau.

Parti de l'embouchure du Tharthar, j'ai traversé le *ḫamātu*, un terrain très difficile. Dans la prairie, j'ai vu des rivières, les puits autour étaient démolis, il y avait beaucoup d'eau. J'(il)ai placé mon campement, j'ai passé la nuit. On a puisé de l'eau toute la nuit, et le jour suivant. Je me suis approché du Tigre et j'ai conquis les campements des 'Utū, avec leurs villages situés le long du Tigre. Je les ai massacrés, et je leur ai pris un vaste butin. J'(il)ai placé mon campement, j'ai passé la nuit dans la ville de Aṣuṣu.

Parti de Aṣuṣu, le troisième jour j'ai continué tout seul, sans un explorateur ou un guide, à travers le bois.

52-68a. Je me suis approché à Dûr-Kurigalzu, j'ai placé mon campement et j'ai passé la nuit.

Parti de Dûr-Kurigalzu, j'(il)ai traversé le canal Patti-Enlil, j'ai placé mon campement et j'ai passé la nuit.

Parti du canal Patti-Enlil, j'ai placé mon campement et j'ai passé la nuit à Sippar-de-Šamaš.

Parti de Sippar-de-Šamaš, je me suis dirigé vers l'Euphrate, j'ai placé mon campement et j'ai passé la nuit dans la ville de Salatu.

Parti de la ville de Salatu, j'ai placé mon campement et j'ai passé la nuit devant la ville de Dûr-balāṭi: Dûr-balāṭi est située sur l'autre rive de l'Euphrate.

Parti de Dûr-balāṭi, j'ai placé mon campement et j'ai passé la nuit dans la ville de Raḫimmu, située avant la ville de Rapiqu. Rapiqu est sur l'autre rive de l'Euphrate.

Parti de Raḫimmu, j'ai placé mon campement et j'ai passé la nuit dans la région de Kabsitu, qui est sur l'Euphrate.

Parti de la ville de Kabsitu, j'(il)ai placé mon campement et j'ai passé la nuit dans la ville de Daiašetu.

Parti de Daiašetu, j'ai placé mon campement et j'ai passé la nuit en face de la ville de Idu, à la source de bitume, là où la stèle des grands dieux est érigée. Idu est sur l'autre rive de l'Euphrate.

Parti de Idu, j'(il)ai placé mon campement et j'ai passé la nuit dans la ville de Ḫarbû. Ḫarbû est sur l'autre rive de l'Euphrate.

Parti de Ḫarbû, j'ai parcouru les plaines de l'Euphrate.

On puisait l'eau nuit et jour. Dans une région désertique de montagnes, où il n'y avait pas de végétation, je me suis dirigé vers sa partie la plus aride, j'ai placé mon campement et j'ai passé la nuit dans les montagnes, un pays de soif.

Parti du pays de la soif, j'(il)ai placé mon campement et j'ai passé la nuit dans la plaine de la ville de Ḫudubilu, qui est sur l'Euphrate.

Parti de Ḫudubilu, j'(il)ai placé mon campement et j'ai passé la nuit entre la ville de Zadidanu et Sabiritu. Sabiritu est située (dans une île) au milieu de l'Euphrate.

Parti de Zadidanu j'(il)ai placé mon campement et j'ai passé la nuit entre les villes de Suru et de Talbiš. Talbiš est située (dans une île) au milieu de l'Euphrate.

68b-85a. Parti de Suru, je me suis approché de la ville de Anat dans le pays de Suḫu. Anat est située (dans une île) au milieu de l'Euphrate. J'(il)ai placé mon campement et j'ai passé la nuit. J'ai reçu un tribut imposant de la part de Ili-ibni, le gouverneur du pays de Suḫu: 3 talents d'argent, 20 mines d'or, un lit en ivoire, trois boîtes en ivoire, 18 lingots d'étain, 40 morceaux entaillés de bois *muskannu*, un lit en bois *muskannu*, 6 plates en bois de *muskannu*, une bassine en bronze, vêtements en lin, vêtements bariolés, laine pourpre, bœufs, moutons, pain et bière.

Parti de Anat, j'(il)ai placé mon campement et j'ai passé la nuit dans la ville de Mašqitu.

Parti de Mašqitu, j'(il)ai placé mon campement et j'ai passé la nuit dans la ville de Ḫarada. Ḫarada est sur l'autre rive de l'Euphrate.

Parti de Ḫarada, j'(il)ai placé mon campement et j'ai passé la nuit dans la ville de Kailetu.

Parti de Kailetu, je me suis approché de la ville de Ḫindanu. J'ai reçu le tribut de Amme-alaba, un homme de Ḫindanu: 10 mines d'or-*liqtu*, 10 mines d'argent, 2 talents d'étain, 1 talent de myrrhe, 60 ... bronze, ..., 10 mines de préparation d'antimoine, 8 mines d'antimoine minéral, 30 dromadaires, 50 bœufs, 30 ânes, 14 canards, 200 moutons, pain, bière, paille et foin. J'(il)ai placé mon campement et j'ai passé la nuit. Ḫindanu est sur l'autre rive de l'Euphrate. J'ai tué des autruches pendant mes chasses dans le désert, j'ai capturé des jeunes autruches. Pendant mes chasses sur les rives de l'Euphrate, j'ai tué des gazelles-*aialu*, j'ai capturé des jeunes gazelles-*aialu*.

Parti de Ḫindanu, j'ai coupé dans les montagnes, en direction de l'Euphrate, ... avec des haches en fer, et je suis passé à travers. J'ai placé mon campement et j'ai passé la nuit dans la ville de Nagiatu.

Parti de Nagiatu, je me suis approché de la plaine de Aqarbanu.

85b-95a. J'ai reçu le tribut de Mudadda, le laqéen: 200 moutons, 30 bœufs, céréales, paille, pain et bière.

Parti de Aqarbanu, je me suis approché de la ville de Ṣupru. J'ai reçu le tribut de Ḫamataya, le laqéen: 200 moutons, 50 bœufs, pain, bière, céréales et paille.

Parti à midi, j'(il)ai placé mon campement et j'ai passé la nuit dans la ville de Arbatu. J'ai reçu le tribut de Ḫaranu, le laqéen: 200 moutons, 30 bœufs, pain, bière, céréales et paille.

Parti de Arbatu, j'ai placé mon campement et j'ai passé la nuit dans la plaine.

Parti de la plaine, je me suis approché de la ville de Sirqu. J'ai reçu le tribut de Mudadda, l'homme de la ville de Sirqu: 3 mines d'or, 7 mines d'argent pur, ...talents d'étain, 40 récipients en bronze, 1 talent de myrrhe, X00 moutons, X40 bœufs, 20 ânes, 20 oiseaux, pain, bière, céréales, paille et foin.

Pendant que j'étais dans la région de Sirqu, j'(il)ai reçu le tribut de Ḫaranu, le laqéen: 3 mines d'or, 10 mines d'argent, 30 récipients en bronze, 6 talents d'étain, 500 moutons, 1xx bœufs, 20 ânes.

J'(il)ai placé mon campement et j'ai passé la nuit à Sirqu. Sirqu est sur l'autre rive de l'Euphrate.

95b-127. Parti de Sirqu, j'(il)ai placé mon campement et j'ai passé la nuit dans la plaine sur l'Euphrate, près de la ville de Rummunina, où se trouve le canal du Khabour.

Parti de Rummunina, je me suis approché de la ville de Suru de Bit-Ḫalupê, qui est sur la rive du Khabour. 20 mines d'or, 20 mines d'argent, 32 talents d'étain, 130 talents de bronze, 100 outils en bronze, une bassine, 150 vêtements tissés, 1 talent de laine pourpre, albâtre, ... talent de ..., 4 mines de préparation d'antimoine, 2 talents de fer, huile de bonne qualité, 1200 moutons, 100 bœufs, ..., ..canards, ses deux sœurs avec leur riche dot: ceci est le tribut de Ḫamataya, le laqéen.

Parti de Suru de Bit-Ḫalupê, je me suis approché de la ville de Usalâ. J'ai reçu le tribut de Usalâ: 200 moutons, 30 bœufs, pain, bière, céréales et paille. J'(il)ai placé mon campement et j'ai passé la nuit.

Parti de Usalâ, je me suis approché de Dûr-katlimmu... de tout le pays de Laqê: bœufs, moutons, argent pur, huile de bonne qualité, chevaux. J'ai reçu le tribut de Dûr-katlimmu: 10 talents d'argent, 14 mines de ..., ... talents de fer, ... talents de préparation d'antimoine, 2 talents de myrrhe, 100 épées en fer, 10 supports, ...vêtements avec un bord bariolé.

Parti de Dûr-katlimmu, j'ai placé mon campement et j'ai passé la nuit dans la ville de ...

Parti de la ville de ..., je me suis approché de la ville de Qatna. J'ai reçu le tribut du pays ... vêtements avec bord bariolé, 11 talents d'étain, 50 outils en bronze, ..., 100 canards et oies, pain, bière, céréales, paille,..

Parti de Qatna, j'ai placé mon campement et j'ai passé la nuit dans la ville de Latiḫu, dans le pays de Dikannu.

Parti de Latiḫu, je me suis approché de Šadikanni. 3 mines de ..., ... de bronze, une bassine en argent: ceci est le tribut.

Parti de Šadikanni, j'(il)ai placé mon campement et j'ai passé la nuit dans la ville de Ṭabēte.

Parti de Ṭabēte, j'(il)ai placé mon campement et j'ai passé la nuit dans la ville de Magrisu.

Parti de Magrisu, j'(il)ai placé mon campement et j'ai passé la nuit dans la ville de Guretu.

Parti de Guretu, j'(il)ai placé mon campement et j'ai passé la nuit dans la ville de Ṭabēte.

Parti de Ṭabēte, j'(il)ai placé mon campement et j'ai passé la nuit dans la ville de Kaḫat.

Parti de la ville de Kaḫat, j'(il)ai placé mon campement et j'ai passé la nuit dans la ville de Naṣipinu.

Parti de Naṣipinu, j'(il)ai placé mon campement et j'ai passé la nuit dans la ville de Ḫuzirina, que Tukulti-Ninurta avait réorganisée. Je me suis approché, ..., à travers les montagnes, terrains difficiles, une région âpre ... du pays de Mušku, je suis allé. Le quatrième jour, la ville de Pir..., leur butin, leur biens, leur bœufs, leur moutons, ..., j'ai conquis. J'ai coupé la récolte de leur vergers, ..., je leur ai permis de garder la propriété de leur villes. Je leur ai imposé tribut, impôt, et corvées.

Dans une autre campagne ...

Abréviations

AAAS	Annales Archéologiques Arabes Syriennes (Damas)
AfO	Archiv für Orientforschung (Graz)
AJA	American Journal of Archaeology (Princeton, N.J.)
AnSt	Anatolian Studies. Journal of the British Institute of Archaeology at Ankara (London)
AOAT	Alter Orient und Altes Testament. Veröffentlichungen zur Kultur und Geschichte des Alten Orients (Neukirchen-Vluyn)
AOATS	AOAT, Sonderreihe (Neukirchen-Vluyn)
AoF	Altorientalische Forschungen (Berlin)
ARRIM	Annual Review of the Royal Inscriptions of Mesopotamia Project (Toronto)
Bagh. Mitt.	Baghdader Mitteilungen (Berlin)
BASOR	Bulletin of the American Schools of Oriental Research (New Haven, Conn.)
BSMS	Bulletin of the (Canadian) Society for Mesopotamian Studies (Toronto)
BibAr	The Biblical Archaeologist (American Schools of Oriental Research, New Haven, Conn.)
BiOr	Bibliotheca Orientalis (Leiden)
CAD	Chicago Assyrian Dictionary (Chicago)
JANES	The Journal of the Ancient Near Eastern Society of Columbia University (New York)
JAOS	Journal of the American Oriental Society (Boston)
JCS	Journal of Cuneiform Studies (New Haven, Conn.)
JESHO	Journal of the Economic and Social History of the Orient (Leiden)
JNES	Journal of Near Eastern Studies (Chicago)
MARI	Mari, Annales de recherches interdisciplinaires (Paris)
NABU	Nouvelles Assyriologiques Brèves et Utilitaires (Paris)
OA	Oriens Antiquus. Rivista del Centro per l'antichità e la storia dell'arte del Vicino Oriente (Roma)
Or n.s.	Orientalia. Nova Series (Roma)
RA	Revue d'assyriologie et d'archéologie orientale (Paris)
RHA	Revue hittite et asianique (Paris)
SAAB	State Archives of Assyria Bulletin (Padoue)
SAOC	Studies in Ancient Oriental Civilizations (Chicago)
SMEA	Studi Micenei ed Egeo Anatolici (Roma)
TCS	Texts from Cuneiform Sources (Chicago)
UF	Ugarit-Forschungen. Internationales Jahrbuch für die Altertumskunde Syrien-Palästinas (Neukirchen-Vluyn)
VO	Vicino Oriente (Rome)
WO	Die Welt des Orients. Wissenschaftliche Beiträge zur Kunde des Morgenlandes (Göttingen)
WVDOG	Wissenschaftliche Veröffentlichungen der Deutschen Orient-Gesellschaft
ZA nF	Zeitschrift für Assyriologie und vorderasiatische Archäologie (Berlin)
ZAW	Zeitschrift für die alttestamentliche Wissenschaft (Giessen, Berlin)

Bibliographie

Abou-Assaf - Bordreuil - Millard 1982: Abou-Assaf A., Bordreuil P. & Millard A.R., *La statue de Tell Fekheryé et son inscription bilingue assyro-araméenne*, Etudes Assyriologiques, Paris.

Adams 1966: Adams R. Mc C., *The Evolution of Urban Society*, Chicago.

Adams 1981: Adams R. Mc C., *Heartland of Cities: Surveys of Ancient Settlement and Land Use on the Central Floodplain of the Euphrates*, Chicago.

Akkermans 1984: Akkermans P.M.M.G., "Archäologische Geländebegehung im Baliḫ-Tal", *AfO* 31 (1984), pp. 188-190.

Akkermans 1990: Akkermans P.M.M.G., *Villages in the Steppe*, Amsterdam.

Akkermans 1993a: Akkermans P.M.M.G., "Il periodo Halaf nell'Eufrate e nella Gezira", in O. Rouault & M.G. Masetti-Rouault (éds.), *L'Eufrate e il tempo. Le civiltà del medio Eufrate e della Gezira siriana*, Milano, pp. 27-29.

Akkermans 1993b: Akkermans P.M.M.G., "Tell Sabi Abyad e Khirbet-esh-Shenef", in O. Rouault & M.G. Masetti-Rouault (éds.), *L'Eufrate e il tempo. Le civiltà del medio Eufrate e della Gezira siriana*, Milano, pp. 131-134.

Akkermans 1994a: Akkermans P.M.M.G., "Ḫirbat aš-Šanaf 1991", *AfO* 40/41 (1993-1994), pp. 273-275.

Akkermans 1994b: Akkermans P.M.M.G., "Tall Sabi Abyad 1988", *AfO* 40/41 (1993-1994), pp. 257-261.

Akkermans 1994c: Akkermans P.M.M.G., "Tall Sabi Abyad 1991-1992", *AfO* 40/41 (1993-1994), pp. 261-267.

Akkermans - Le Mière 1992: Akkermans P.M.M.G. & Le Mière M., "The 1988 Excavations at Tell Sabi Abyad, a Later Neolithic Village in Northern Syria", *AJA* 96 (1992), pp. 1-22.

Akkermans - Limpens - Spoor 1993: Akkermans P.M.M.G., Limpens J. & Spoor R.H., "On the frontier of Assyria: excavations at Tell Sabi Abyad", *Akkadica* 84-85 (1993), pp. 1-52.

Akkermans - Rossmeisl 1990: Akkermans P.M.M.G. & Rossmeisl I., "Excavations at Tell Sabi Abyad, Northern Syria: a Regional Centre on the Assyrian Frontier", *Akkadica* 66 (1990), pp. 13-60.

Akurgal 1949: Akurgal E., *Späthethitische Bildkunst*, Ankara.

Akurgal 1966: Akurgal E., *Orient und Okzident, die Geburt der griechischen Kunst*, Kunst der Welt, Baden-Baden.

Akurgal 1981: Akurgal E., "Aramean and Phoenician Stylistic and Iconographic Elements in Neo-Hittite Art", in A. Biran (éd.), *Temples and High Places in Biblical Times. Proceedings of the Colloquium in Honour of the Centennial of the Hebrew Union College-Jewish Institute of Religion, March* 1977, Jerusalem, pp. 131-141.

Albright 1956: Albright W.F., "Northeast-Mediterranean Dark Ages and the Early Iron Age Art of Syria", in Saul S. Weinberg (éd.), *The Aegean and the Near East. Studies Presented to Hetty Goldman, on the Occasion of her Seventy-fifth Birthday*, Locust Valley, New York, pp. 144-164.

Algaze 1989: Algaze G., "The Uruk Expansion: Cross-Cultural Exchange as a Factor in Early Mesopotamian Civilization", *Current Anthropology* 30 (1989), pp. 571-608.

Algaze 1993: Algaze G., *The Uruk World System: The Dynamic of Expansion of Early Mesopotamian Civilization*, Chicago.

Amiet 1960: Amiet P., "Notes sur le répertoire iconographique de Mari à l'époque du palais", *Syria* 37 (1960), pp. 215-232.

Amiet 1963: Amiet P., "La glyptique syrienne archaïque. Notes sur la diffusion de la civilisation mésopotamienne en Syrie du Nord", *Syria* 40 (1963), pp. 59-83.

Amiet 1966: Amiet P., *Élam,* Auvers-sur-Oise.

Amiet 1973: Amiet P., *Bas-reliefs imaginaires de l'Ancien Orient, d'après les cachet et les sceaux-cylindres,* Paris.

Amiet 1976: Amiet P., *L'art d'Agadé au Musée du Louvre,* Paris.

Amiet 1980: Amiet P., *La glyptique mésopotamienne archaïque, Deuxième édition,* Paris.

Amiet 1982: Amiet P., "Jalons pour une interprétation du répertoire des sceaux-cylindres syriens au IIe millénaire", *Akkadica* 28 (1982), pp. 19-40.

Amiet 1985: Amiet P., "La glyptique de Mari", *MARI* 4 (1985), pp. 475-485.

Amiet 1992a: Amiet P., "Le dieu de l'orage dans l'iconographie des sceaux cylindres d'Ugarit", in D.J.W. Meijer (éd.), *Natural Phenomena. Their Meaning, Depiction and Description in the Ancient Near East (Festschrift Maurits van Loon),* Amsterdam, pp. 5-17.

Amiet 1992b: Amiet P., "Sur l'histoire élamite", *Iranica Antiqua* 27 (1992), pp. 75-94.

Amiet 1993: Amiet P., "La révolution urbaine en Syrie vers 3300-3100 avant J.-C.", in S. Cluzan, E. Delpont & J. Mouliérac (éds.), *Syrie. Mémoire et Civilisation,* Paris, pp. 80-85.

Amiet 1995: Amiet P., *L'Antiquité Orientale,* Que sais-je?, Paris.

Anbar 1985: Anbar M., "La distribution géographique des Bini-Yamina d'après les archives royales de Mari", in J.-M. Durand & J.-R.Kupper (éds.), *Miscellanea Babylonica. Mélanges offerts à Maurice Birot,* Paris, pp. 17-24.

Anbar 1991: Anbar M., *Les tribus amurrites de Mari,* Orbis Biblicus et Orientalis 108, Göttingen.

Andrae 1913: Andrae W, *Die Stelenreihen in Assur,* Wissenschaftliche Veröffentlichungen der Deutschen Orient Gesellschaft 24, Leipzig.

Andrae 1938: Andrae W, *Das wiedererstandene Assur,* Leipzig.

Archi 1977: Archi A., "Il "feudalesimo" ittita", *SMEA* 18 (1977), pp. 7-18.

Archi 1992: Archi A., "Substrate: some remarks on the formation of the west Hurrian pantheon", in H. Otten, E. Akurgal, H. Erkem & A. Süel (éds.), *Hittite and other Anatolian and Near Eastern Studies in Honour of Sedat Alp,* Ankara, pp. 7-14.

Archi 1993a: Archi A., "A Seal Impression from El-Qiṭār/Til-Abnu (Syria)", *AnSt* 43 (1993), pp. 203-206.

Archi 1993b: Archi A., "Divinités sémitiques et divinités de substrat: le cas d'Išhara et d'Ištar à Ébla", *MARI* 7 (1993), pp. 71-78.

Arnaud 1975: D. Arnaud, "Les textes d'Émar et la chronologie de la fin du Bronze Récent", *Syria* 52 (1975), pp. 87-92.

Arnaud 1980: D. Arnaud, "Traditions urbaines et influences semi-nomades à Émar, à l'âge du Bronze récent", in J.-C. Margueron (éd.), *Le Moyen Euphrate, zone de contacts et d'échanges. Actes du Colloque de Strasbourg mars 1977,* Leiden, pp. 245-264.

Arnaud 1984: D. Arnaud, "La Syrie du Moyen-Euphrate sous le protectorat hittite: l'administration d'après trois lettres inédites", *Aula Orientalis* 2 (1984), pp. 179-188.

Arnaud 1986: D. Arnaud, *Recherches au pays d'Aštata. Emar VI.3. Textes sumériens et akkadiens,* "Synthèse" 18, Paris.

Arnaud 1987: D. Arnaud, "Les Hittites sur le Moyen-Euphrate: Protecteurs et Indigènes", in R. Lebrun (éd.), *Acta Anatolica Emmanuel Laroche Oblata,* Hethitica 8, Paris et Louvain, pp. 9-27.

Arnaud 1991: D. Arnaud, *Textes syriens de l'Âge du Bronze récent. Avec une contribution d'Hatice Gonnet: Sceaux hiéroglyphiques anatoliens de Syrie,* Aula Orientalis Supplementa 1, Barcelona.

Arnaud 1993: D. Arnaud, "La Syrie au IIe millénaire. XIXe-XIIe siècle avant J.-C.", in S. Cluzan, E. Delpont & J. Mouliérac (éds.), *Syrie. Mémoire et civilisation*, Paris, pp. 138-143.

Artzi 1991: Artzi P., "Aššur-uballiṭ and the Sutians. A Small Chapter from the Theme: Prolegomena to Assyrian Empire", in M. Cogan & I. Eph'al (éds.) *Ah, Assyria...Studies in Assyrian History and Ancient Near Eastern Historiography presented to Hayim Tadmor*, Jerusalem, pp. 254-257.

Astour 1978: Astour M.C., "Les Hourrites en Syrie du Nord. Rapport Sommaire", *RHA* 36 (1978), (Actes de la XXIVe Rencontre Assyriologique Internationale 1977), pp. 1-22.

Astour 1980: Astour M.C., "Continuité et changement dans la toponymie de la Syrie du nord", in *La toponymie antique. Actes du colloque de Strasbourg 1975*, Leiden, pp. 117-141.

Audouze - Jarrige 1980: Audouze F. & Jarrige C., "Perspectives et limites de l'interprétation anthropologique des habitats en archéologie, un exemple contemporain: les habitats de nomades et de sédentaires de la plaine de Kachi, Baluchistan", in *Actes du colloque international du C.N.R.S. n°580. L'archéologie de l'Iraq: perspectives et limites de l'interprétation anthropologique des documents*, Paris, pp. 361-381.

Aurenche 1984: Aurenche O., "Architecture et société: les données de l'ethnoarchéologie", in O. Aurenche (éd.), *Nomades et sédentaires. Perspectives ethnoarchéologiques*, Paris, pp. 11-18.

Aynard - Durand 1980: Aynard M.-J. & Durand J.-M., "Documents d'époque Médio-Assyrienne", *Assur* 3/1 (1980), pp. 1-63.

Ayoub 1982: Ayoub S., *Die Keramik in Mesopotamien und in den Nachbargebieten von der Ur III-Zeit bis zum Ende der kassitischen Periode*, München.

Badali *et al.* 1982: Badali E., Biga M.G., Carena O., Di Bernardo G., Di Rienzo S., Liverani M. & Vitali P., "Studies on the Annals of Aššurnasirpal II. I.Morphological Analysis", *VO* 5 (1982), pp. 13-73.

Banning - Köhler-Rollefson 1992: Banning E.B. & Köhler-Rollefson I., "Ethnographic Lessons for the Pastoral Past: Camp Locations and Material Remains near Beidha, Southern Jordan", in O. Bar-Yosef & A. Khazanov (éds.), *Pastoralism in the Levant. Archaeological Materials in Anthropological Perspectives*, Madison, Wisconsin, pp. 181-204.

Barnett 1964: Barnett R.D., "The Gods of Zinjirli", in *Comptes Rendus de la XIe Rencontre Assyriologique Internationale, Leiden 1962*, Leiden, pp. 59-87, pl. 1-7.

Barrelet 1977a: Barrelet M.-T., "Le "cas" hurrite et la pratique archéologique", in *Méthodologie et Critique 1 : Problèmes concernant les Hurrites*, Paris, pp. 3-20.

Barrelet 1977b: Barrelet M.-T., "Un inventaire de Kar-Tukulti-Ninurta: textiles décorés assyriens et autres", *RA* 71 (1977), pp. 51-92.

Barth 1961: Barth F., *A Tribe of the Khamseh Confederacy: The Basseri Nomads of South Persia*, Oslo.

Bartl 1990: Bartl K., "Khirbet Esh-Shenef. A Late Bronze Age Settlement in the Balikh Valley, Northern Syria", *Akkadica* 67 (1990), pp. 10-32.

Bayliss 1973: Bayliss M., "The Cult of Dead Kin in Assyria and Babylonia", *Iraq* 35 (1973), pp. 115-126.

Beale 1978: Beale T.W., "Bevelled Rim Bowls and their Implications for Change and Economic Organization in the later Fourth Millennium B.C.", *JNES* 37 (1978), pp. 289-313.

Beckman 1983: Beckman G., "Mesopotamians and Mesopotamian Learning at Ḫattuša", *JCS* 35 (1983), pp. 97-114.

Beran 1957: Beran T., "Assyrische Gliptik des 14. Jahrhunderts", *ZA* 18 (1957), pp. 141-215.

Berger - Protsch 1973: Berger R. & Protsch R., "The Domestication of Plants and Animals in Europe and the Near East", *Or n.s.* 42 (1973), pp. 214-227.

Bernbeck 1993: Bernbeck R., *Steppe als Kulturlandschaft. Das 'Agig-Gebiet Ostsyriens vom Neolithikum bis zur islamischen Zeit,* Berliner Beiträge zum Vorderen Orient Ausgrabungen I, Berlin.

Berque 1959: Berque J., "Introduction to Nomads and Nomadism in the Arid Zone", *International Social Science Journal* 11 (1959), pp. 481-498.

Besançon - Sanlaville 1981: Besançon J. & Sanlaville P., "Aperçu géomorphologique sur la vallée de l'Euphrate syrien", *Paléorient* 7 (1981), pp. 5-18.

Beyer 1980: Beyer D., "Notes préliminaires sur les empreintes de sceaux de Meskene", in J.-C. Margueron (éd.), *Le Moyen Euphrate, zone de contacts et d'échanges. Actes du Colloque de Strasbourg mars 1977,* Leiden, pp. 265-283, pl. 1-5.

Beyer 1990: Beyer D., "Jardins sacrés d'Émar au Bronze Récent", *Ktema* 15 (1990), pp. 123-131.

Bienkowski 1992: Bienkowski P. (éd.), *Early Edom and Moab. The Beginning of the Iron Age in Southern Jordan,* Sheffield Archaeological Monographs 7, Sheffield.

Birot 1980: Birot M., "Fragments de rituel de Mari relatif au *kispum*", in *Death in Mesopotamia. Papers read at XXVIe Rencontre Assyriologique Internationale,* Copenhagen, pp. 139-150, pl. 2.

Birot 1985: Birot M., "Les chroniques "assyriennes" de Mari", *MARI* 4 (1985), pp. 219-242.

Bittel 1950: Bittel K., "Nur hethitische oder auch hurritische Kunst?", *ZA* 15 (1950), pp. 256-290.

Bittel 1976: Bittel K., *Les Hittites,* L'Univers des Formes, Paris.

Black - Green 1992: Black J. & Green A., Gods, *Demons and Symbols of Ancient Mesopotamia. An Illustrated Dictionary*, London.

Boehmer 1965: Boehmer R.M., *Die Entwicklung der Glyptik während der Akkad-Zeit,* Berlin.

Boehmer 1975: Boehmer R.M., "Hörnerkrone", in E. Ebeling, *et alii* (éds.), *Reallexikon der Assyriologie und vorderasiatischen Archäologie, vol. IV,* Berlin & New York, pp. 431-434.

Bonnet 1987: Bonnet C. "Typhon et Baal Saphon", in E. Lipinski (éd.), *Phoenicia and the East Mediterranean in the First Millennium B.C.,* Leuven, pp. 101-143.

Bordreuil 1985: Bordreuil P., "Ashtart de Mari et les dieux d'Ugarit", *MARI* 4 (1985), pp. 545-548.

Bordreuil 1991: Bordreuil P., "Recherches ougaritiques I. Où Baal a-t-il remporté la victoire contre Yam?", *Semitica* 40 (1991), pp. 17-27.

Bordreuil 1993a: Bordreuil P., "I regni aramaici settentrionali", in O. Rouault & M.G. Masetti-Rouault (éds.), *L'Eufrate e il tempo. Le civiltà del medio Eufrate e della Gezira siriana*, Milano, pp. 94-97.

Bordreuil 1993b: Bordreuil P., "La religion d'Ugarit", in S. Cluzan, E. Delpont & J. Mouliérac (éds.), *Syrie. Mémoire et Civilisation,* Paris, pp. 183-187.

Bordreuil 1993c: Bordreuil P., "Les royaumes araméens de Syrie", in S. Cluzan, E. Delpont & J. Mouliérac (éds.), *Syrie. Mémoire et Civilisation,* Paris, pp. 250-257.

Bordreuil - Pardee 1982: Bordreuil P. & Pardee D., "Le rituel funéraire ougaritique RS 34.126", *Syria* 59 (1982), pp. 121-128.

Bordreuil - Pardee 1993: Bordreuil P. & Pardee D., "Le combat de Ba'alu avec Yammu d'après les textes ougaritiques", *MARI* 7 (1993), pp. 63-70.

Borger 1956: Borger R., *Die Inschriften Asarhaddons, Königs von Assyrien,* AfOb 9, Graz.

Borger 1964: Borger R., *Enleitung in die assyrischen Königsinschriften, Erster Teil: das zweite Jahrtausend v.Chr.,* Handbuch der Orientalistik, Leiden/Köln.

Borger 1971: Borger R., "Gott Marduk und Gott-König Shulgi als Propheten. Zwei prophetische Texte", *BiOr* 28 (1971), pp. 3-24.

Borger 1975: Borger R., *Handbuch der Keilschriftliteratur III,* Berlin & New York.

Börker-Klähn 1972: Börker-Klähn J., "Haartrachten", in E. Ebeling, *et alii* (éds), *Reallexikon der Assyriologie und vorderasiatischen Archäologie, vol. IV,* Berlin & New York, pp. 1-12.

Börker-Klähn 1982: Börker-Klähn J., *Altorientalische Bildstern und vergleichbare Felsreliefs*, Baghdader Forschungen 4, Mainz am Rhein.

Bottema 1989: Bottema S., "Notes on the prehistoric environment of the Syrian Djezireh", in O.M.C. Haex, H.H. Curvers & P.M.M.G. Akkermans (éds.), *To the Euphrates and Beyond. Archaeological Studies in honour of Maurits N. van Loon*, Rotterdam et Brookfield, pp. 1-16.

Bottéro 1972: Bottéro J., "Habiru", in E. Ebeling, *et alii* (éds.), *Reallexikon der Assyriologie und vorderasiatischen Archäologie, vol. IV*, Berlin & New York, pp. 14-27.

Bottéro 1981: Bottéro J., "Les Habiru, les Nomades et les Sédentaires", in J. Silva Castillo (éd.), *Nomads and Sedentary Peoples*, México, pp. 89-107.

Bottéro 1982: Bottéro J., "Les inscriptions cunéiformes funéraires", in G. Gnoli & J.-P. Vernant (éds.), *La mort, les morts dans les sociétés anciennes*, Cambridge et Paris, pp. 373-406.

Bottéro 1987: Bottéro J., *Mésopotamie. L'écriture, la raison et les dieux*, Paris.

Bottéro - Kramer 1989: Bottéro J. & Kramer S.N., *Lorsque les dieux faisaient l'homme. Mythologie mésopotamienne*, Paris.

Bounni 1992: Bounni A., "La stele di Qadbun", *Contributi e Materiali di Archeologia Orientale* IV (1992), pp. 141-150.

Bounni 1993: Bounni A., "La politica archeologica siriana nella Gezira e lungo l'Eufrate", in O. Rouault & M.G. Masetti-Rouault (éds.), *L'Eufrate e il tempo. Le civiltà del Medio Eufrate e della Gezira siriana*, Milano, pp. 14-15.

Braidwood - Howe 1960: Braidwood R.J. & Howe B., *Prehistoric Investigation in Iraqi Kurdistan*, Studies in Ancient Oriental Civilizations 31, Chicago.

Brandes 1979: Brandes M.A., *Siegelabrollungen aus den archaischen Bauschichten in Uruk-Warka*, Freiburger altorientalische Studien 3, Wiesbaden.

Braun-Holzinger 1984: Braun-Holzinger E.A., *Figürliche Bronzen aus Mesopotamien*, München.

Breniquet 1993: Breniquet C., "Continuità e cambiamento: il periodo di Obeid in Siria", in O. Rouault & M.G. Masetti-Rouault (éds.), *L'Eufrate e il tempo. Le civiltà del medio Eufrate e della Gezira siriana*, Milano, pp. 30-33.

Briant 1982: Briant P., *Etat et pasteurs au Moyen-Orient ancien*, Production pastorale et société, Cambridge et Paris.

Brinkman 1968: Brinkman J.A., *A Political History of Post-Kassite Babylonia*, Analecta Orientalia 43, Rome.

Brinkman 1969: Brinkman J.A., "Ur: 'The Kassite Period and the Period of the Assyrian Kings'", *Or n.s.* 38 (1969), pp. 310-348.

Brinkman 1970: Brinkman J.A., "Notes on Mesopotamian History in the Thirteenth Century B.C.", *BiOr* 27 (1970), pp. 301-314.

Brinkman 1972: Brinkman J.A., "Foreign Relations of Babylonia from 1600 to 625 B.C.: The Documentary Evidence", *AJA* 76 (1972), pp. 271-281.

Brinkman 1984: Brinkman J.A., "Settlement Surveys and Documentary Evidence: Regional Variation and Secular Trends in Mesopotamian Demography", *JNES* 43 (1984), pp. 169-180.

Brockelmann 1908: Brockelmann C., *Grundriss der vergleichenden Grammatik der semitischen Sprachen I*, Berlin.

Buccellati 1966: Buccellati G., *The Amorrites of the Ur III Period*, Pubblicazioni del Seminario di Semitistica, Ricerche 1, Napoli.

Buccellati 1967: Buccellati G., *Cities and Nations of Ancient Syria. An Essay on Political Institutions with Special Reference to the Israelite Kingdoms*, Studi Semitici 26, Roma.

Buccellati 1977: Buccellati G., "The "Urban Revolution" in a Socio-Political Perspective", *Mesopotamia* 12 (1977), pp. 19-39.

Buccellati 1983: Buccellati G., *Terqa. An Introduction to the Site,* Preprint for the Symposium of Der-ez-Zor, Malibu.

Buccellati 1988: Buccellati G., "Scope of Research", in G. Buccellati & M. Kelly-Buccellati (éds.), *Mozan 1. The Soundings of the First Two Seasons,* Malibu, pp. 29-41.

Buccellati 1990a: Buccellati G., "From Khana to Laqê: The End of Syro-Mesopotamia", in Ö. Tunca (éd.), *De la Babylonie à la Syrie, en passant par Mari. Mélanges offerts à J.-R. Kupper,* Liège, pp. 229-253.

Buccellati 1990b: Buccellati G., ""River Bank", "High Country", and "Pasture Land": the Growth of Nomadism on the Middle Euphrates and the Khabur", in S. Eichler, M.Wäfler & D. Warburton (éds.), *Tall al-Ḫamīdīya 2, Symposion on Recent Excavations in the Upper Khabur Region,* Orbis Biblicus et Orientalis 3, Göttingen, pp. 87-117.

Buccellati 1990c: Buccellati G., "Salt at the Dawn of History: The Case of the Bevelled Rim Bowls", in P. Matthiae, M. Van Loon & H. Weiss (éds.), *Resurrecting the Past. A Joint Tribute to Adnan Bounni,* Istanbul, pp. 17-40.

Buccellati 1990d: Buccellati G., "The Rural Landscape of the Ancient Zor: the Terqa Evidence", in B. Geyer (éd.), *Techniques et Pratiques hydro-agricoles traditionnelles en domaine irrigué. Actes du Colloque de Damas, 1987,* Paris, pp. 155-169.

Buccellati 1993: Buccellati G., "Gli Amorrei e l'"addomesticamento" della steppa", in O. Rouault & M.G. Masetti-Rouault (éds.), *L'Eufrate e il Tempo. Le civiltà del medio Eufrate e della Gezira siriana,* Milano, pp. 139-142.

Buchanan 1957: Buchanan B., "On the Seal Impressions on Some Old Babylonian Tablets", *JCS* 11 (1957), pp. 45-52.

Bunnens 1993: Bunnens G., "Tell Ahmar - Til Barsip", in O. Rouault & M.G. Masetti-Rouault (éds.), *L'Eufrate e il tempo. Le civiltà del medio Eufrate e della Gezira siriana,* Milano, pp. 219-222.

Butzer 1994: Butzer K.W., "Compte rendu de H. Kühne (éd.), *Die rezente Umwelt von Tall Šēḫ Ḥamad und Daten zur Umweltrekonstruction der assyrischen Stadt Dūr-Katlimmu,* Berlin 1991", *BiOr* 51 (1994), pp. 160-162.

Calmeyer 1971: Calmeyer P., "Gürtel", in E. Ebeling *et alii* (éds.), *Reallexikon der Assyriologie und vorderasiatischen Archäologie, vol. III,* Berlin & New York, pp. 689-693.

Cancik-Kirschbaum 1996a: Cancik-Kirschbaum E.-Ch., *Die mittelassyrischen Briefe aus Tall Šēḫ Ḥamad,* Berichte der Ausgrabung Tall Šēḫ Ḥamad/Dūr-katlimmu 4, Berlin.

Cancik-Kirschbaum 1996b: Cancik-Kirschbaum E.-Ch., "Addenda und Corrigenda zu BATHS 4 (2)", *Nabu* 1996/3, p. 67.

Caquot 1969: Caquot A., "Problèmes d'histoire religieuse", in M. Liverani (éd.), *La Siria nel Tardo Bronzo,* Roma, pp. 61-79.

Caquot 1973: Caquot A., "Semites", *Encyclopaedia Universalis vol. 14 (2e édition, 1973)*, Paris, pp. 865-868.

Caquot - Sznycer - Herdner 1974: Caquot A., Sznycer M. & Herdner A., *Textes Ougaritiques, Tome I. Mythes et Légendes,* Paris.

Cassin 1968: Cassin E., "La Babilonia sotto i cassiti e il regno medioassiro", in E. Cassin, J. Bottéro & J. Vercoutter (éds.), *Storia Universale Feltrinelli 2, Gli imperi dell'Antico Oriente 2, La fine del II millennio,* (Trad. it. de *Fischer Weltgeschichte* vol. 3. Frankfurt 1966), Milano, pp. 7-165.

Cassin 1975: Cassin E., "Le semblable et le différent: Babylone et Israël", in L. Poliakov (éd.), *Hommes et bêtes. Actes du Colloque de Cerisy,* Paris et La Haye, pp. 115-127.

Cassin 1982: Cassin E., "La mort: valeur et représentation en Mésopotamie ancienne", in G. Gnoli & J.-P. Vernant (éds.), *La mort, les morts dans les sociétés anciennes,* Cambridge et Paris, pp. 355-372.

Cauvin 1977: Cauvin J., "Les fouilles de Mureybet (1971-1974) et leur signification pour les origines de la sédentarisation au Proche-Orient", *Annals of the American School of Oriental Research* 44 (1977), Ann Arbor, pp. 19-48.

Cauvin 1978: Cauvin J., *Les premiers villages de Syrie-Palestine du IXe au VIIe millénaire avant J.-C.*, Lyon.

Cauvin 1980: Cauvin J., "Le Moyen-Euphrate au VIIIe millénaire d'après Mureybet et Cheik Hassan", in J.-C. Margueron (éd.), *Le Moyen Euphrate, zone de contacts et d'échanges. Actes du Colloque de Strasbourg, 10-12 mars 1977,* Leiden, pp. 21-34.

Cauvin 1985: Cauvin J., "Il Neolitico in Siria: dai villaggi alle città", in P. Matthiae, S. Mazzoni-Archi & G. Scandone-Matthiae (éds.), *Da Ebla a Damasco. Diecimila anni di archeologia in Siria,* Milano, pp. 20-25.

Cauvin 1993: Cauvin J., "L'élaboration et la diffusion des premières sociétés agricoles", in S. Cluzan, E. Delpont & J. Mouliérac (éds.), *Syrie. Mémoire et Civilisation,* Paris, pp. 32-37.

Cavigneaux - Khalil Ismaïl 1991: Cavigneaux A. & Khalil Ismaïl B., "Die Statthalter von Suḫu und Mari im 8. jh.v.chr", *Baghdader Mittelungen* 21 (1990-1991), pp. 321-456.

Charles 1936: Charles H., *Tribus moutonnières du moyen-Euphrate,* Documents d'Etudes Orientales 8, Damas.

Charpin 1985: Charpin D., "Données nouvelles sur la chronologie des souverains d'Ešnunna", in J.-M. Durand & J.-R. Kupper (éds.), *Miscellanea Babylonica. Mélanges offerts à Maurice Birot,* Paris, pp. 51-66.

Charpin 1987a: Charpin D., "Les décrets royaux à l'époque paléo-babylonienne; à propos d'un ouvrage récent", *AfO* 34 (1987), pp. 36-44.

Charpin 1987b: Charpin D., "Šubat-Enlil et le pays d'Apum", *MARI* 5 (1987), pp. 129-140.

Charpin 1987c: Charpin D., "Tablettes présargoniques de Mari", *MARI* 5 (1987), pp. 65-128.

Charpin 1991: Charpin D., "Le traité entre Ibâl-pî-El II d'Eshnunna et Zimri-Lim de Mari", in D. Charpin & F. Joannès (éds.), *Marchands, diplomates et empereurs. Etudes sur la civilisation mésopotamienne offertes à Paul Garelli,* Paris, pp. 139-166.

Charpin 1992: Charpin D., "Mari entre l'Est et l'Ouest: politique, culture, religion", *Akkadica* 78 (1992), pp. 1-10.

Charpin 1993a: Charpin D., "La Syrie à l'époque de Mari: des invasions amorrites à la chute de Mari", in S. Cluzan, E. Delpont & J. Mouliérac (éds.), *Syrie. Mémoire et Civilisation,* Paris, pp. 144-149.

Charpin 1993b: Charpin D., "Les archives de Mari au IIIe millénaire", in S. Cluzan, E. Delpont & J. Mouliérac (éds.), *Syrie. Mémoire et Civilisation,* Paris, p. 107.

Charpin - Durand 1985: Charpin D. & Durand J.-M., "La prise de pouvoir par Zimri-Lim", *MARI* 4 (1985), pp. 293-343.

Charpin - Durand 1986: Charpin D. & Durand J.-M., ""Fils de Sim'al": les origines tribales des rois de Mari", *RA* 80 (1986), pp. 141-183.

Childe 1950: Childe V.G., "The Urban Revolution", *Town Planning Review* 21 (1950), pp. 3-17.

Cleuziou 1994: Cleuziou S., "La chute de l'empire d'Akkadé: hommes et milieux au Moyen-Orient", *Les Nouvelles de l'Archéologie* 56 (1994), pp. 45-48.

Collon 1972: Collon D., "The Smiting God. A Study of a Bronze in the Pomerance Collection in New York", *Levant* 4 (1972), pp. 111-134.

Collon 1975: Collon D., *The Seal Impressions from Tell Atchana/Alalakh,* AOAT 27, Neukirchen-Vluyn.

Collon 1981: Collon D., "Les animaux attributs des divinités du Proche Orient Ancien: problèmes d'iconographie", in *L'Animal, l'Homme, le Dieu dans le Proche Orient Ancien. Actes du Colloque de Cartigny 1981,* Les Cahiers du C.E.P.O.A. 2, Leuven, pp. 83-85.

Collon 1987a: Collon D., *First Impressions. Cylinder Seals in the Ancient Near East*, London.

Collon 1987b: Collon D., "Išar-Lim", *MARI* 5 (1987), pp. 141-153.

Cooper 1973: Cooper J., "Sumerian and Akkadian in Sumer and Akkad", *Or n.s.* 42 (1973), pp. 239-246.

Courtois 1979: Courtois J.-C., "Ras Shamra", *Supplément au Dictionnaire de la Bible,* tome IX, pp. 12, 18-34, 38-40, 50-63, 68-80, Paris.

Crawford 1992: Crawford H., "An early Dynastic Trading Network in North Mesopotamia?", in D. Charpin & F. Joannès (éds.), *La circulation des biens, des personnes et des idées dans le Proche-Orient ancien, Actes de la XXXVIIIe Rencontre Assyriologique Internationale,* Paris, pp. 77-82.

Curvers 1989: Curvers H.H., "The beginnings of the third millennium in Syria", in O.M.C. Haex, H.H. Curvers & P.M.M.G. Akkermans (éds.), *To the Euphrates and Beyond. Archaeological Studies in honour of Maurits N. van Loon,* Rotterdam et Brookfield, pp. 173-194.

Cuyler Young 1983: Cuyler Young, Jr. T., "The Assyrian Army on the Middle Euphrates: Evidence from Current Excavations", *BSMS* 6 (1983), pp. 19-32.

Darga 1969: Darga M., "Über das Wesen des ḫuwaši-Steines", *RHA* 27 (1969), pp. 5-24.

Day 1985: Day J., *God's Conflict with the Dragon and the Sea: Echoes of a Canaanite Myth in the Old Testament,* Cambridge.

De Martino 1991: De Martino S., "I Hurriti dei testi ittiti dell'antico regno", *Seminari. Anno 1990,* Istituto degli Studi Micenei ed Egeo-anatolici, Roma, pp. 71-83.

De Miroschedji 1981: De Miroschedji P., "Le dieu élamite au serpent et aux eaux jaillissantes", *Iranica Antiqua 16 (1981). In Memoriam Roman Ghirshman,* pp. 1-25, pl. 1-9.

de Moor 1988: de Moor J.C., "Hebrew hēdād "Thunder-Storm"", *UF* 20 (1988), pp. 173-177.

Deshayes 1980: Deshayes J., "Conclusions", in J.-C. Margueron (éd.), *Le Moyen Euphrate. Zone de contacts et d'échanges. Actes du Colloque de Strasbourg 10-12 mars 1977,* Leiden, pp. 403-406.

De Smet 1990: De Smet W., ""Kashshû" in Old-Babylonian Documents", *Akkadica* 68 (1990), pp. 1-19.

Dever 1992: Dever W.G., "The Late Bronze-Iron Age I Horizon in Syria-Palestine: Egyptians, Canaanites, 'Sea-People', and Proto-Israelites", in W.A. Ward & M. Sharp Joukowsky (éds.), *The Crisis Years: the 12th Century B.C. From beyond the Danube to the Tigris,* Dubuque, Iowa, pp. 99-110.

D'Hont 1990: D'Hont O., "Evolution récente dans l'utilisation des espaces de la moyenne vallée de l'Euphrate", in B. Geyer (éd.), *Techniques et pratiques hydro-agricoles traditionnelles en domaine irrigué. Actes du Colloque de Damas, 27 juin-1er juillet 1987,* Tome 1, Paris, pp. 239-246.

D'Hont 1994: D'Hont O., *Vie quotidienne des 'Agēdāt. Techniques et occupation de l'espace sur le Moyen-Euphrate,* Damas.

Dhorme 1949: Dhorme E., "Les religions de Babylonie et d'Assyrie", *Les anciennes religions orientales II,* Mana. Introduction à l'histoire des religions 1, Paris, pp. 3-330.

Diakonoff 1969a: Diakonoff I.M., "Agrarian Conditions in Middle Assyria", in I. M. Diakonoff (éd.), *Ancient Mesopotamia. Socio-economic History. A Collection of Studies by Soviet Scholars,* Moscow, pp. 204-234.

Diakonoff 1969b: Diakonoff I.M., "The Rise of the Despotic State in Ancient Mesopotamia (1956)", in I. M. Diakonoff (éd.), *Ancient Mesopotamia. Socio-economic History. A Collection of Studies by Soviet Scholars,* Moscow, pp. 173-203.

Diakonoff 1975: Diakonoff I.M., "The Rural Community in the Ancient Near East", *JESHO* 18 (1975), pp. 121-133.

Dietrich - Loretz 1980: Dietrich M. & Loretz O., "Totenverehrung in Mari (12803) und Ugarit (KTU 1.161)", *UF* 12 (1980), pp. 381-382.

Dietrich - Loretz - Mayer 1989: Dietrich M., Loretz O. & Mayer W., "Sikkanum "Betyle"", *UF* 21 (1989), pp. 133-139.

Digard - Bromberger 1980: Digard J.-P. & Bromberger C., "L'ethnoarchéologie: le point de vue d'ethnologues", in *Actes du colloque international du C.N.R.S. n°580. L'archéologie de l'Iraq: perspectives et limites de l'interprétation anthropologique des documents,* Paris, pp. 41-50.

Dilleman 1962: Dilleman L., *Haute Mésopotamie orientale et pays adjacents. Contribution à la géographie historique de la région, du Ve s. avant l'ère chrétienne au VIe siècle* de cette ère., Bibliothèque Archéologique et Historique 72, Paris.

Dion 1974: Dion P.-E., *La Langue de Ya'udi: description et classement de l'ancien parler de Zincirli dans le cadre des langues sémitiques du nord-ouest,* Waterloo, Ontario.

Dion 1997: Dion P.-E., *Les Araméens à l'Âge du Fer : histoire politique et structures sociales*, Études Bibliques 34, Paris.

Donbaz - Frame 1983: Donbaz V. & Frame G., "The Building Activities of Shalmaneser I in Northern Mesopotamia", *ARRIM* 1 (1983), pp. 1-5.

Donner - Röllig 1971: Donner H. & Röllig, W., *Kanaanäische und Aramäische Inschriften, I-III.,* Wiesbaden.

Dossin 1948: Dossin G., "Une révélation du dieu Dagan de Terqa", *RA* 42 (1948), pp. 125-134.

Dothan 1992: Dothan T., "Social Dislocation and Cultural Change in the 12th Century B.C.", in W.A. Ward & M. Sharp Joukowsky (éds.), *The Crisis Years: the 12th Century B.C. From beyond the Danube to the Tigris,* Dubuque, Iowa, pp. 93-98.

Douglas Van Buren 1933: Douglas Van Buren C., *The Flowing Vase and the God with Streams,* Berlin.

Drews 1993: Drews R., *The End of Bronze Age. Changes in Warfare and the Catastrophe ca. 1200 B.C.,* Princeton.

Driver 1932: Driver G.R., "Semitic Languages", *Encyclopedia Brittannica vol. 20, (14e éd., 1932),* London, pp. 314-318.

Drower 1975: Drower M.S., "Ugarit", *The Cambridge Ancient History vol.II.2,* Cambridge, pp. 130-160.

Dupont-Sommer 1949: Dupont-Sommer A., *Les Araméens,* L'Orient Ancien Illustré, Paris.

Durand 1977: Durand J.-M., "L'insertion des Hurrites dans l'histoire Proche-Orientale: Problèmatique et Perspectives", in *Méthodologie et Critique 1 : Problèmes concernant les Hurrites,* Paris, pp. 21-40.

Durand 1982: Durand J.-M., "Sumérien et Akkadien en pays amorrite", *MARI* 1 (1982), pp. 79-89.

Durand 1985a: Durand J.-M., "La situation historique des *Šakkanakku*: nouvelle approche", *MARI* 4 (1985), pp. 147-172.

Durand 1985b: Durand J.-M., "Le culte des bétyles en Syrie", in J.-M. Durand & J.-R. Kupper (éds.), *Miscellanea Babylonica. Mélanges offerts à Maurice Birot,* Paris, pp. 79-84.

Durand 1990: Durand J.-M., "Problèmes d'eau et d'irrigation au royaume de Mari: l'apport des textes anciens", in B. Geyer (éd.), *Techniques et pratiques hydro-agricoles traditionnelles en domaine irrigué. Actes du Colloque de Damas, 27 juin-1er juillet 1987,* Tome 1, Paris, pp. 101-142.

Durand 1991: Durand J.-M., "Précurseurs syriens aux protocoles néo-assyriens - Considérations sur la vie politique aux Bords-de-l'Euphrate", in D. Charpin & F. Joannès (éds.), *Marchands, Diplomates et Empereurs. Etudes sur la civilisation mésopotamienne offertes à Paul Garelli,* Paris, pp. 13-71.

Durand 1993: Durand J.-M., "Le mythologème du combat entre le dieu de l'orage et la Mer en Mésopotamie", *MARI* 7 (1993), pp. 41-61.

Durand 1995: Durand J.-M., "La religión en Siria durante la época de los reinos amorreos según la documentación de Mari", in P. Mander & J.-M. Durand, *Mitología y Religíon del Oriente Antiguo* II/1. Semites Occidentales (Ebla, Mari), Sabadell, pp. 127-349.

Durand - Charpin 1980: Durand J.-M. & Charpin D., "Remarques sur l'élevage intensif dans l'Iraq ancien", in *Actes du colloque international du C.N.R.S. n°580. L'archéologie de l'Iraq: perspectives et limites de l'interprétation anthropologique des documents,* Paris, pp. 131-150.

Durand - Lemaire 1984: Durand J.-M. & Lemaire, A., *Les Inscriptions Araméennes de Sfire et l'Assyrie de Shamshi-ilu,* Paris.

Dussaud 1927: Dussaud R., *Topographie historique de la Syrie antique et médiévale,* Bibliothèque Archéologique et Historique IV, Paris.

Ebeling 1938: Ebeling E., *Bruchstücke eines politischen Propaganda-Gedichtes aus einer Assyrischen Kanzlei,* Mitteilungen der Altorientalischen Gesellschaft 12/ 2, Leipzig.

Edzard 1957: Edzard D.O., *Die 'Zweite Zwischenzeit' Babyloniens,* Wiesbaden.

Edzard 1959: Edzard D.O., "Altbabylonische *nawûm*", *ZA* 53 (1959), pp. 168-173.

Edzard 1964: Edzard D.O., "Mari und Aramäer?", *ZA* 22 (1964), pp. 142-149.

Edzard 1967: Edzard D.O., "Pantheon und Kult in Mari", in J.-R. Kupper (éd.), *La civilisation de Mari. XVe Rencontre Assyriologique Internationale, Liège, 4-8 juillet 1966,* Paris, pp. 51-71.

Edzard 1968a: Edzard D.O., "Il periodo paleobabilonese", in E. Cassin, J. Bottéro & J. Vercoutter (éds.), *Storia Universale Feltrinelli 2. Gli imperi dell'Antico Oriente 1,* (trad.it. de *Fischer Weltgeschichte 2*), Milano, pp. 167-215.

Edzard 1968b: Edzard D.O., "Il regno della III dinastia d'Ur e i suoi eredi", in E. Cassin, J. Bottéro & J. Vercoutter (éds.), *Storia Universale Feltrinelli 2, Gli imperi dell'Antico Oriente 1,* (trad.it. de *Fischer Weltgeschichte 2,* Frankfurt 1965), Milano, pp. 126-166.

Edzard 1968c: Edzard D.O., "L'età protodinastica", in E. Cassin, J. Bottéro & J. Vercoutter (éds.), *Storia Universale Feltrinelli 2, Gli imperi dell'Antico Oriente 1.,* (trad.it. de *Fischer Weltgeschichte 2,* Frankfurt 1965), Milano, pp. 55-90.

Edzard 1974: Edzard D.O., "Problèmes de la royauté dans la période présargonique", in P. Garelli (éd.), *Le palais et la Royauté. Archéologie et Civilisation. Actes de la XIXe Rencontre assyriologique Internationale, Paris 1971,* Paris, pp. 141-149.

Edzard 1981: Edzard D.O., "Mesopotamian Nomads in the Third Millennium B.C.", in J. Silva Castillo (éd.), *Nomads and Sedentary Peoples,* México, pp. 37-45.

Edzard - Kammenhuber 1975: Edzard D.O. & Kammenhuber A., "Hurriter, Hurritisch", in E. Ebeling, *et alii* (éds.), *Reallexikon der Assyriologie und vorderasiatischen Archäologie, vol.IV,* Berlin & New York, pp. 507-514.

Eidem 1991: Eidem J., "An Old Assyrian Treaty from Tell Leilan", in D. Charpin & F. Joannès (éds.), *Marchands, Diplomates et Empereurs. Etudes sur la civilisation mésopotamienne offertes à Paul Garelli,* Paris, pp. 185-207.

Eisen 1940: Eisen G.A., *Ancient Oriental and other Seals with a description of the Collection of Mrs William H. Moore,* Oriental Institute Publications 47, Chicago.

Eldar - Nir - Nahlieli 1992: Eldar I., Nir Y. & Nahlieli D., "The Bedouins and Their Campsites in Dimona Region of the Negev: Comparative Model for the Study of Ancient Desert Settlements", in O. Bar-Yosef & A. Khazanov (éds.), *Pastoralism in the Levant. Archaeological Materials in Anthropological Perspectives,* Madison, Wisconsin, pp. 205-218.

Ellis 1968: Ellis R.S., *Foundation Deposits in Ancient Mesopotamia,* Yale Near Eastern Researches 2, New Haven and London.

El-Safadi 1974: El-Safadi H., "Die Entstehung der Syrischen Glyptik und ihre Entwicklung in der Zeit von Zimrilim bis Ammitaqumma", *UF* 6 (1974), pp. 313-352, pl. 2-25.

El-Safadi 1975: El-Safadi H.,"Die Entstehung der Syrischen Glyptik und ihre Entwicklung in der Zeit von Zimrilim bis Ammitaqumma (Fortseztung)", *UF* 7 (1975), pp. 433-468.

Ergenzinger - Kühne 1991: Ergenzinger P.J. & Kühne H., "Ein regional Bewässerungssystem am Ḫābur", in H. Kühne (éd.), *Die rezente Umwelt von Tall Šēḫ Ḥamad und Daten zur Umweltrekonstruktion der assyrischen Stadt Dūr-katlimmu*, Berichte der Ausgrabung Tall Šēḫ Ḥamad 1, Berlin, pp. 163-190.

Esse 1984: Esse D.L., "The City of Abraham and the Moon God", *BSMS* 8 (1984), pp. 5-13.

Fadhil 1991: Fadhil A., "Die Grabinschrift der Mullissu-mukannišat-Ninua aus Nimrud/Kalḫu und andere in ihrem grabgefundene schriftträger", *Baghdader Mittelungen* 21 (1990-1991), pp. 471-482, pl. 39-45.

Faivre 1992: Faivre X., "Le tell d'Amouda", in J.-M. Durand (éd.), *Recherches en haute Mésopotamie. Tell Mohamed Diyab, Campagnes 1990 et 1991*, Paris, pp. 133-150.

Fales 1973: Fales F.M., *Censimenti e catasti di epoca neo-assira*, Roma.

Fales 1982: Fales F.M., "The Enemy in the Neo-Assyrian Royal Inscriptions: "The Moral Judgement"", in H.-J. Nissen & J. Renger (éds.), *Mesopotamien und seine Nachbarn. Politische und kulturelle Wechselbeziehungen im Alten Vorderasien vom 4. bis 1. Jahrtausend v. Chr., vol. II*, Berlin, pp. 425-436.

Falkenstein 1954: Falkenstein A., "La cité-temple sumérienne", *Cahiers d'histoire mondiale* 1 (1954), pp. 784-814.

Farber 1983: Farber W., "Lamaštu", in E. Ebeling *et alii* (éds.), *Reallexikon der Assyriologie und vorderasiatischen Archäologie, vol. VI*, Berlin & New York, pp. 439-446.

Fenton 1996: Fenton T., "Baal au foudre: of snakes and mountains, myth and message", in N. Wyatt, W.G.E. Watson & J.B. Lloyd (éds.), *Ugarit, religion and culture. Proceedings of the International Colloquium on Ugarit, religion and culture. Edinburgh, July 1994. Essays presented in honour of Professor John C.L. Gibson*, Münster, pp. 49-64.

Finet 1975: Finet A., "Les temples sumériens du Tell Kannas", *Syria* 52 (1975), pp. 157-174.

Finet 1979: Finet A., "Bilan provisoire des fouilles belges du Tell Kannas", in D.N. Freedman (éd.) *Excavation Reports from the Tabqa Dam Project-Euphrates Valley, Syria*, Annual of the American School of Oriental Research 44, New Haven, Connecticut, pp. 79-85.

Finet 1985: Finet A., "Mari dans son contexte géographique", *MARI* 4 (1985), pp. 41-44.

Finet 1990: Finet A., "Les pratiques de l'irrigation au 18e siècle avant notre ère en Mésopotamie d'après les textes de Mari et le Code d'Hammourabi", in B. Geyer (éd.), *Techniques et pratiques hydro-agricoles traditionnelles en domaine irrigué. Actes du Colloque de Damas, 27 juin-1er juillet 1987*, Tome 1, Paris, pp. 143-152.

Finkelstein 1988: Finkelstein I., *The Archaeology of the Israelite Settlement*, Jerusalem.

Finkelstein 1955: Finkelstein J.J., "Subartu and Subarians in Old Babylonian Sources", *JCS* 9 (1945), pp. 1-7.

Fleming 1992: Fleming D.E., "A Limited Kingship: Late Bronze Emar in Ancient Syria", *UF* 24 (1992), pp. 59-71.

Fleming 1993: Fleming D.E., "Baal and Dagan in Ancient Syria", *ZA* 83 (1993), pp. 88-98.

Fleming 1994: Fleming D.E., "The Mountain Dagan: DINGIR.KUR and DINGIR.KUR.GAL", *NABU* 1994, n°1, pp. 15-16.

Forest 1996: Forest J.-D., *Mésopotamie. L'apparition de l'État*, Paris.

Forrer 1920: Forrer E., *Die Provinzeinteilung des assyrischen Reiches*, Leipzig.

Fortin 1989: Fortin M., "Trois campagnes de fouilles à Tell 'Atij: Un comptoir commercial du IIIe millénaire en Syrie du Nord", *BSMS* 18 (1989), pp. 35-56.

Fortin 1991a: Fortin M., "Récentes recherches archéologiques dans la moyenne vallée du Khabour (Syrie)", *BSMS* 21 (1991), pp. 5-16.

Fortin 1991b: Fortin M., "Tell Gudeda: un site "industriel" du IIIe millénaire av. J.-C. dans la moyenne vallée du Khabour?", *BSMS* 21 (1991), pp. 64-78.

Foster 1974: Foster B.R., "Wisdom and the Gods in Ancient Mesopotamia", *OR n.s.* 43 (1974), pp. 344-354.

Foster 1995 : Foster B., *From Distant Days. Myths, Tales and Poetry of Ancient Mesopotamia*, Bethesda.

Frangipane 1989: Frangipane M., "Produzione di vasellame in serie e distribuzione di razioni alimentari nelle società protourbane del periodo Tardo-Uruk-Jemdet Nasr", in R. Dolce & C. Zaccagnini (éds.), *Il pane del re. Accumulo e distribuzione dei cereali nell'Oriente antico*, Bologna, pp. 49-64.

Frangipane 1993: Frangipane M., "Local Components in the Development of Centralized Societies in Syro-Anatolian Regions", in M. Frangipane, H. Hauptmann, M. Liverani, P. Matthiae & M. Mellink (éds.), *Between the Rivers and Over the Mountains. Archaeologica Anatolica et Mesopotamica Alba Palmieri Dedicata,* Roma, pp. 133-161.

Frankfort 1939: Frankfort H., *Cylinder Seals,* London.

Frankfort 1970: Frankfort H., *The Art and Architecture of the Ancient Orient,* The Pelican History of Art, Harmondsworth, England.

Frayne 1990: Frayne D.R., *Old Babylonian Period (2003-1595 BC),* The Royal Inscriptions of Mesopotamia, Early Periods vol. IV, Toronto, Buffalo et London.

Frey - Kürschner 1991: Frey W. & Kürschner H., "Die aktuelle und potentielle natürliche Vegetation im Bereich des Unteren Ḫābūr", in H. Kühne (éd.), *Die Rezente Umwelt von Tall Šēḫ Ḥamad und Daten zur Umweltrekonstruktion der assyrischen Stadt Dūr-katlimmu,* Berichte der Ausgrabung Tall Šēḫ Ḥamad 1, Berlin, pp. 87-103.

Freydank 1976: Freydank H., "Untersuchungen zur sozialen Struktur in mittelassyrischer Zeit", *AoF* 4 (1976), pp. 111-130.

Freydank 1980: Freydank H., "Zur Lage der deportienten Hurriter in Assyrien", *AoF* 7 (1980), pp. 89-117.

Freydank - Saporetti 1979: Freydank H. & Saporetti C., *Nuove attestazioni dell'Onomastica medio-assira,* Incunabula Graeca 74, Roma.

Frézouls 1980: Frézouls E., "Les fonctions du Moyen-Euphrate à l'époque romaine", in J.-C. Margueron (éd.), *Le Moyen Euphrate, zone de contacts et d'échanges. Actes du Colloque de Strasbourg 10-12 mars 1977,* Leiden, pp. 355-386.

Fronzaroli 1997: Fronzaroli P., "Les combats de Hadda dans les textes d'Ébla", *MARI* 8 (1997), pp. 282-290.

Gaal 1982: Gaal E., "The Economic Role of Hanigalbat at the beginning of the Neo-Assyrian Expansion", in H.-J. Nissen & J. Renger (éds.), *Mesopotamien und seine Nachbarn. Politische und kulturelle Wechselbeziehungen im Alten Vorderasien vom 4. bis 1. Jahrtausend v. Chr., vol. II,* Berlin, pp. 349-354.

Gadd 1958: Gadd C.J., "The Harran Inscription of Nabonidus", *AnSt* 7 (1958), pp. 35-92.

Garbini 1960: Garbini G., *Il semitico di nord-ovest,* Napoli.

Garbini 1984: Garbini G., *Le lingue semitiche. Studi di storia linguistica,* Dipartimento di Studi Asiatici, Series Minor 20, Napoli.

Garelli 1962: Garelli P., "La religion de l'Assyrie ancienne d'après un ouvrage récent", *RA* 56 (1962), pp. 191-210.

Garelli 1963: Garelli P., *Les Assyriens en Cappadoce,* Bibliothèque Archéologique et Historique de l'Institut Français d'Archéologie d'Istanbul XIX, Paris.

Garelli 1967: Garelli P., "Le problème de la "féodalité" assyrienne du XVe au XIIe siècle av. J.-C.", *Semitica* 17 (1967), pp. 5-21.

Garelli 1969: Garelli P., *Le Proche-Orient asiatique, des origines aux invasions des peuples de la mer,* Nouvelle Clio, L'histoire et ses problèmes 2/1, Paris.

Garelli 1973: Garelli P., "Les sujets du roi d'Assyrie", in *La voix de l'opposition en Mésopotamie. Colloque organisé par l'Institut des Hautes Etudes de Belgique, 19 et 20 mars 1973,* Bruxelles, pp. 189-213.

Garelli 1974: Garelli P., "Remarques sur l'administration de l'Empire assyrien", *RA* 68 (1974), pp. 129-140.

Garelli 1975: Garelli P., "Les temples et le pouvoir royal en Assyrie du XIVe au VIIIe siècle", in *Le temple et le culte. Compte rendu de la vingtième Rencontre Assyriologique Internationale, Leiden 1972,* Istanbul, pp. 116-124.

Garelli 1979: Garelli P., "L'état et la légitimité royale sous l'empire assyrien", M. T. Larsen (éd.), *Power and Propaganda. A Symposium on Ancient Empires,* Mesopotamia 7, Copenhagen, pp. 319-328.

Garelli 1981: Garelli P., "La conception de la royauté en Assyrie", F.M. Fales (éd.), *Assyrian Royal Inscriptions: New Horizons in literary, ideological, and historical Analysis,* Orientis Antiqui Collectio 17, Roma, pp. 1-11.

Garelli 1982: Garelli P., "Importance et rôle des Araméens dans l'administration de l'empire assyrien", in H.-J. Nissen & J. Renger (éds.), *Mesopotamien und seine Nachbarn. Politische und kulturelle Wechselbeziehungen im Alten Vorderasien vom 4. bis 1. Jahrtausend v. Chr., vol. II,* Berlin, pp. 437-448.

Garelli 1991: Garelli P., "The Achievement of Tiglat-pileser III: Novelty or Continuity?", in M. Cogan & I. Eph'al (éds.) *Ah, Assyria...Studies in Assyrian History and Ancient Near Eastern Historiography presented to Hayim Tadmor,* Jerusalem, pp. 46-51.

Garelli - Nikiprowetzky 1974: Garelli P. & Nikiprowetzky V., *Le Proche-Orient Asiatique. Les Empires mésopotamiens. Israël,* Nouvelle Clio, l'Histoire et ses problèmes 2/2, Paris.

Gasche 1987: Gasche H., *La Babylonie au 17e siècle avant notre ère : Approche archólogique, problèmes et perspectives*, Mesopotamian History and Environment, Series II, Memoirs I, Ghent.

Gasche - Armstrong - Cole - Gurzadyan 1998 : Gasche H., Armstrong A., Cole S. W. & Gurzadyan V. G., *Dating the Fall of Babylon. A Reappraisal of Second Millennium Chronology*, Ghent - Chicago.

Gawlikowski 1982: Gawlikowski M., "Bijan in the Euphrates", *Sumer* 42 (1982), pp. 15-21.

Gelb 1944: Gelb I.J., *Hurrians and Subarians,* Studies in Ancient Oriental Civilizations 22, Chicago.

Gelb 1960: Gelb I.J., "Sumerians and Akkadians in their Ethno-Linguistic Relationship", *Genava n.s.* 8 (1960), pp. 258-271.

Gelb 1961: Gelb I.J., "The Early History of the West Semitic People", *JCS* 15 (1961), pp. 27-47.

Gelb 1965: Gelb I.J., "The Ancient Mesopotamia Ration System", *JNES* 24 (1965), pp. 230-243.

Gelb 1969: Gelb I.J., "On the Alleged Temple and State Economies in Ancient Mesopotamia", *Studies in Onore di Edoardo Volterra 6,* Milano, pp. 137-154.

Gelb 1973: Gelb I.J., *Pour une théorie de l'écriture,* (trad. franç. de *A Study of Writing,* Chicago 1952), Paris.

Gelb 1981: Gelb I.J., "Ebla and the Kish Civilization", in L. Cagni (éd.), *La lingua di Ebla. Atti del Convegno Internazionale, Napoli 21-23 aprile 1980,* Napoli, pp. 9-73.

Genge 1979: Genge H., *Nordsyrisch-südanatolische Reliefs. Eine archäologisch-historische Untersuchung Datierung und Bestimmung I - II,* Die Kongelige Danske Videnskabernes Selskab Historisk-filosofiske Meddelelser 49: 1 - 2, Copenhagen.

George 1986: George A.R., "Sennacherib and the Tablet of Destinies", *Iraq* 48 (1986), pp. 133-146.

Gerardi 1988: Gerardi P., "Epigraphs and Assyrian Palace Reliefs: the Development of the Epigraphic Text", *JCS* 40 (1988), pp. 1-35.

Gervitz 1973: Gervitz S., "On Canaanite Rhetoric: the Evidence of the Amarna Letters from Tyre", *Or n.s.* 42 (1973), pp. 162-177.

Geyer 1990: Geyer B., "Aménagements hydrauliques et terroir agricole dans la moyenne vallée de l'Euphrate", in B. Geyer (éd.), *Techniques et pratiques hydro-agricoles traditionnelles en domaine irrigué. Actes du Colloque de Damas, 27 juin-1er juillet 1987,* Tome 1, Paris, pp. 63-84.

Geyer 1992: Geyer B., "Compte rendu de H. Kühne (éd.), *Die rezente Umwelt von Tall Šēḫ Ḥamad und Daten zur Umweltrekonstruction der assyrischen Stadt Dūr-Katlimmu*, Berlin, 1991", *Paléorient* 18 (1992), pp. 152-156.

Geyer - Monchambert 1987: Geyer B. & Monchambert J.-Y., "Prospection de la moyenne vallée de l'Euphrate; rapport préliminaire 1982-85", *MARI* 5 (1987), pp. 293-344.

Gilbert 1975: Gilbert A.S., "Modern Nomads and Prehistoric Pastoralists: The Limits of Analogy", *JANES* 7 (1975), pp. 53-71.

Glassner 1986: Glassner J.-J., *La chute d'Akkadé. L'événement et sa mémoire*, Berlin.

Glassner 1994: Glassner J.-J., "La chute de l'empire d'Akkadé, les volcans d'Anatolie et la désertification de la vallée du Habur", *Les Nouvelles de l'Archéologie* 56 (1994), pp. 49-51.

Goetze 1953: Goetze A., "An Old Babylonian Itinerary", *JCS* 7 (1953), pp. 51-94.

Goetze 1969a: Goetze A., "Kingship in Heaven", in J.B. Pritchard (éd.), *Ancient Near East Texts Relating to the Old Testament, Third Edition*, Princeton, N. J., pp. 120-121.

Goetze 1969b: Goetze A., "The Myth of Illuyankas", in J.B. Pritchard (éd.), *Ancient Near East Texts Relating to the Old Testament, Third Edition*, Princeton, N. J., pp. 125-126.

Goetze 1969c: Goetze A., "The Song of Ullikummi", in J.B. Pritchard (éd.), *Ancient Near East Texts Relating to the Old Testament, Third Edition*, Princeton, N. J., pp. 121-122.

Goody 1977: Goody J.M., *The Domestication of the Savage Mind*, Cambridge.

Goody 1980: Goody J.M., *La logique de l'écriture. Aux origines des sociétés humaines*, Paris.

Gottwald 1979: Gottwald N.K., *The Tribes of Yahweh*, Maryknoll, New York.

Graesser 1972: Graesser C.F., "Standing Stones in Ancient Palestine", *BibAr* 35 (1972), pp. 34-63.

Grayson 1971: Grayson A.K., "The Early Development of Assyrian Monarchy", *UF* 3 (1971), pp. 311-319.

Grayson 1972: Grayson A.K., *Assyrian Royal Inscriptions. Volume I.*, Records of the Ancient Near East 2, Wiesbaden.

Grayson 1975: Grayson A.K., *Assyrian and Babylonian Chronicles*, Locust Valley, New York.

Grayson 1976a: Grayson A.K., *Assyrian Royal Inscriptions. Volume II.*, Records of the Ancient Near East 2/2, Wiesbaden.

Grayson 1976b: Grayson A.K., "Studies in Neo-Assyrian History. The Ninth Century", *BiOr* 33 (1976), pp. 134-145.

Grayson 1977: Grayson A.K., "The Empire of Sargon of Akkad", *AfO* 25 (1974-1977), pp. 56-64, pl. 1-2.

Grayson 1980a: Grayson A.K., "Assyria and Babylonia", *Or.n.s.* 49 (1980), pp. 140-194.

Grayson 1980b: Grayson A.K., "Königlisten und Chroniken. B. Akkadisch", in E. Ebeling, *et alii* (éds.), *Reallexikon der Assyriologie und vorderasiatischen Archäologie, vol. V*, Berlin & New York, pp. 86-134.

Grayson 1981: Grayson A.K., "Assyrian Royal Inscriptions: Literary Characteristics", in F.M. Fales (éd.), *Assyrian Royal Inscriptions: New Horizons in literary, ideological, and historical Analysis*, Orientis Antiqui Collectio 17, Roma, pp. 35-47.

Grayson 1982: Grayson A.K., "Assyria: Ashur-Dan II to Ashur-Nirari V (934-745 B.C.)", *Cambridge Ancient History, Second Edition, vol. III, part I*, Cambridge, pp. 238-281.

Grayson 1987: Grayson A.K., *Assyrian Rulers of the Third and Second Millennia BC (to 1115)*, The Royal Inscriptions of Mesopotamia. Assyrian Periods vol. I, Toronto, Buffalo, London.

Grayson 1991: Grayson A.K., *Assyrian Rulers of the Early First Millennium BC (1114-859 BC)*, The Royal Inscriptions of Mesopotamia. Assyrian Periods vol. II, Toronto, Buffalo, London.

Grayson 1993: Grayson A.K., "Assyrian Officials and Power in the Ninth and Eighth Centuries", *SAAB* 7 (1993), pp. 19-52.

Green 1983: Green A., "Neo-Assyrian Apothropaic Figures. Figurines, Rituals and Monumental Art, with Special Reference from the Excavations of the British School of Archaeology in Iraq at Nimrud", *Iraq* 45 (1983), pp. 87-96, pl. 9-15.

Green 1985: Green A., "A Note on the "Scorpion-Man" and Pazuzu", *Iraq* 47 (1985), pp. 75-82, pl. 7-15.

Green 1986: Green A., "A Note on the Assyrian "Goat-Fish", "Fish-Man" and "Fish-Woman"", *Iraq* 48 (1986), pp. 25-30, pl. 5-10.

Green 1994: Green A., "Mischwesen. B. Archäologie. Mesopotamien; c.a. Löwenadler, Löwendrache, Löwenmensch und Menschenlöwe", in E. Ebeling *et alii* (éds.), *Reallexikon der Assyriologie und vorderasiatischen Archäologie, vol. VIII*, Berlin & New York, p. 246-264.

Greenfield - Shaffer 1983: Greenfield J.C. & Shaffer A., "Notes on the Akkadian-aramaic Bilingual Statue from Tell Fekheriye", *Iraq* 45 (1983), pp. 109-116.

Greenstein 1982: Greenstein E.L., "The Snaring of Sea in the Baal Epic", *Maarav* 3 (1982), pp. 195-216.

Gremmem - Bottema 1991: Gremmem W.H.E. & Bottema S., "Palynological Investigations in the Syrian Gazira", in H. Kühne (éd.), *Die Rezente Umwelt von Tall Šēḫ Ḥamad und Daten zur Umweltrekonstruktion der assyrischen Stadt Dūr-katlimmu*, Berichte der Ausgrabung Tall Šēḫ Ḥamad 1, Berlin, pp. 105-116.

Gualandi 1997: Gualandi G., "Terqa. Rapport préliminaire (1987-1989). Les sceaux-cylindres, étude préliminaire", *MARI* 8, (1997), pp. 149-157.

Güterbock 1934: Güterbock H.G., "Die historische Tradition und ihre literarische Gestaltung bei Babyloniern und Hethitern bis 1200", *ZA* 8 (1934), pp. 1-91.

Güterbock 1938: Güterbock H.G., "Die historische Tradition und ihre literarische Gestaltung bei Babyloniern und Hethitern bis 1200 (II).", *ZA* 10 (1938), pp. 45-149.

Güterbock 1948: Güterbock H.G., "The Hittite Version of the Hurrian Kumarbi Myths: Oriental Forerunners of Hesiod", *AJA* 52 (1948), pp. 123-134, pl. 3.

Güterbock 1951: Güterbock H.G., "The Song of Ullikummi. Revised Text of the Hittite Version of a Hurrian Myth, I", *JCS* 5 (1951), pp. 135-161.

Güterbock 1952: Güterbock H.G., "The Song of Ullikummi. Revised Text of the Hittite Version of a Hurrian Myth, II", *JCS* 6 (1952), pp. 8-42.

Güterbock 1957: Güterbock H.G., "A Note on the Stela of Tukulti-Ninurta II Found Near Tell Ashara", *JNES* 16 (1957), pp. 123.

Güterbock 1961: Güterbock H.G., "Hittite Mythology", in Samuel Noah Kramer (éd.), *Mythologies of the Ancient World*, Garden City, New York, pp. 140-179.

Güterbock 1983: Güterbock H.G., "Hittite Historiography: A Survey", in H. Tadmor & M. Weinfeld (éds.), *History, Historians and Interpretation*, Jerusalem, pp. 21-35.

Güterbock 1992: Güterbock H.G., "Survival of the Hittite Dynasty", in W.A. Ward & M. Sharp Joukowsky (éds.), *The Crisis Years: the 12th Century B.C. From beyond the Danube to the Tigris*, Dubuque, Iowa, pp. 53-55.

Haas 1978: Haas V., "Substratgottheiten des Westhurrischen Pantheons", *RHA* 36 (1978), (Actes de la XXIVe Rencontre Assyriologique Internationale 1977), pp. 59-69.

Haas - Wilhelm 1974: Haas V. & Wilhelm G., *Hurritische und luwische Riten aus Kizzuwatna*, AOATS 3, Neukirchen-Vluyn.

Haklar 1983: Haklar N., "Die Stellung Suḫis in der Geschichte. Ein Zwischenbilanz", *OA* 22 (1983), pp. 25-36.

Hallo 1957: Hallo W.W., *Early Mesopotamian Royal Titles: A Philologic and Historical Analysis*, American Oriental Series 43, New Haven, Connecticut.

Hallo 1964: Hallo W.W., "The road to Emar", *JCS* 18 (1964), pp. 57-88.

Hallo 1978: Hallo W.W., "Simurrum and the Hurrian Frontier", *RHA* 36 (1978), (Actes de la XXIVe Rencontre Assyriologique Internationale 1977), pp. 71-83.

Hallo 1987: Hallo W.W., "The Births of Kings", in J.H. Marks & R.M. Good (éds.), *Love and Death in the Ancient Near East. Essays in Honor of Marvin H. Pope,* New York, pp. 45-52.

Hallo 1988: Hallo W.W., "Texts, Statues and the Cult of the Divine King", in *Supplements to Vetus Testamentum 40 (1988). Congress Volume,* Jerusalem, pp. 54-66.

Hallo 1992a: Hallo W.W., "From Bronze Age to Iron Age in Western Asia: Defining the Problem", in W.A. Ward & M. Sharp Joukowsky (éds.), *The Crisis Years: the 12th Century B.C. From beyond the Danube to the Tigris,* Dubuque, Iowa, pp. 1-9.

Hallo 1992b: Hallo W.W., "The Syrian Contribution to Cuneiform Literature and Learning", in M.W. Chavalas & J.L. Hayes (éds.), *New Horizons in the Study of Ancient Syria,* Bibliotheca Mesopotamica 25, Malibu, pp. 69-80.

Hamlin 1971: Hamlin C., *The Early Second Millennium Ceramics of Dinkha Tepe, Iran and an Analysis of the Habur Ware Assemblage of Northern Mesopotamia,* Unpublished Doctoral Dissertation, The University of Pennsylvania, Philadelphia.

Hamlin 1977: Hamlin C., "Agricultural Seasonality at Mari and the Problem of Temporal Variability", in L. Levine & T. C. Young (éds.), *Mountains and Lowlands: Essays in the Archaeology of Greater Mesopotamia,* Bibliotheca Mesopotamica 7, Malibu, pp. 35-74.

Hammade 1993: Hammade H., "Tell el-'Abr et la question de l'Obeid syrien", in S. Cluzan, E. Delpont & J. Mouliérac (éds.), *Syrie. Mémoire et Civilisation,* Paris, pp. 49-51.

Harrak 1987: Harrak A., *Assyria and Ḫanigalbat. A Historical Reconstruction of Bilateral Relations from the Middle of the Fourteenth to the End of the Twelfth Centuries B. C.*, Texte und Studien zur Orientalistik 4, Hildesheim, Zürich, New York.

Hawkins 1972a: Hawkins J.D., "Building Inscriptions of Carchemish. The Long Wall of Sculpture and Great Staircase", *AnSt* 22 (1972), pp. 87-114.

Hawkins 1972b: Hawkins J.D., "Ḫatti: the Ist millennium B.C.", in E. Ebeling, *et alii* (éds.), *Reallexikon der Assyriologie und vorderasiatischen Archäologie, vol. IV,* Berlin & New York, pp. 153-159.

Hawkins 1974: Hawkins J.D., "Assyrians and Hittites", *Iraq* 36 (1974), pp. 67-83.

Hawkins 1980a: Hawkins J.D., "Late Hittite Funerary Monuments", in B. Alster (éd.), *Death in Mesopotamia. Papers read at XXVIe Rencontre Assyriologique Internationale, Mesopotamia* 8, Copenhagen, pp. 213-225, pl. 3-8.

Hawkins 1980b: Hawkins J.D., "The "Autobiography of Ariyahinas's Son": an Edition of the Hieroglyphic Luwian Stelae Tell Ahmar 1 and Aleppo 2", *AnSt* 30 (1980), pp. 139-156, pl. 6-7.

Hawkins 1982: Hawkins J.D., "The Neo-Hittite States in Syria and Anatolia", in *Cambridge Ancient History, Second Edition, vol. III, part I.,* Cambridge, pp. 372-441.

Hawkins 1993: Hawkins J.D., "Gli Hittiti e Neohittiti nel Tauro e in Siria", in O. Rouault & M.G. Masetti-Rouault (éds.), *L'Eufrate e il tempo. Le civiltà del medio Eufrate e della Gezira siriana,* Milano, pp. 90-93.

Hawkins 2000: Hawkins J. D., *Corpus of Hieroglyphic Luwian Inscriptions*, Berlin - New York.

Hawkins - Morpugo-Davies - Neumann 1973: Hawkins J.D., Morpugo-Davies A. & Neumann G., "Hittite Hieroglyphics and Luwian: New evidence for the connection", *Nachrichten der Akademie der Wissenschaften in Göttingen I. Philologisch-Historische Klasse 6,* pp. 3-55.

Healey 1977: Healey J.F., "The Underworld Character of the God Dagan", *Journal of Northwest Semitic Language* 5 (1977), pp. 43-51.

Heltzer 1969: Heltzer M., "Problems of the Social History of Syria in the Late Bronze Age", in M. Liverani (éd.), *La Siria nel Tardo Bronzo,* Roma, pp. 31-46.

Heltzer 1981: Heltzer M., *The Suteans,* Istituto Orientale di Napoli, Seminario di studi asiatici Series minor 13, Naples.

Heltzer 1988: Heltzer M., "The Late Bronze Age Service System and its Decline", in M. Heltzer & E. Lipinski (éds.), *Society and Economy in the Eastern Mediterranean (C.1500-1000 B.C.)*, Orientalia Lovaniensia Analecta 2, Leuven, pp. 7-18.

Henshaw 1967: Henshaw R.A., "The Office of *Šaknu* in Neo-Assyrian Time", *JAOS* 87 (1967), pp. 517-525.

Hoffner 1975: Hoffner, Jr. H.A., "Hittite Mythological Texts: a Survey", in H. Goedicke & J.J.M. Roberts (éds.), *Unity and Diversity. Essays in History, Literature and Religion of the Ancient Near East*, Baltimore and London, pp. 136-145.

Hoffner 1992a: Hoffner, Jr. H.A., "Syrian Cultural Influence in Ḫatti", in M.W. Chavalas & J.L. Hayes (éds.), *New Horizons in the Study of Ancient Syria*, Bibliotheca Mesopotamica 25, Malibu, pp. 89-106.

Hoffner 1992b: Hoffner, Jr. H.A., "The Last Days of Khattusha", in W.A. Ward & M. Sharp Joukowsky (éds.), *The Crisis Years: the 12th Century B.C. From beyond the Danube to the Tigris*, Dubuque, Iowa, pp. 46-52.

Hole 1980: Hole F., "The Prehistory of Herding: Some Suggestion from Ethnography", in *Actes du colloque international du C.N.R.S. n°580. L'archéologie de l'Iraq: perspectives et limites de l'interprétation anthropologique des documents*, Paris, pp. 119-130.

Hole 1991: Hole F., "Middle Khabur Settlement and Agriculture in the Ninivite 5 Period", *BSMS* 21 (1991), pp. 17-30.

Houwink ten Cate 1992: Houwink ten Cate P.H.J., "The Hittite Storm God: his Role and his Rule According to Hittite Cuneiform Sources", in D.J.W. Meijer (éd.), *Natural Phenomena. Their Meaning, Depiction and Description in the Ancient Near East (Festschrift Maurits van Loon)*, Amsterdam, pp. 83-148.

Hrouda 1965: Hrouda B., *Die Kulturgeschichte des Assyrischen Flachbildes*, Bonn.

Hrouda 1972: Hrouda B., "Ḫābūr-Ware", in E. Ebeling *et alii* (éds.), *Reallexikon der Assyriologie und vorderasiatischen Archäologie vol. IV*, Berlin & New York, pp. 29-31.

Hrouda 1985: Hrouda B., "Zum Problem der Hurriter", *MARI* 4 (1985), pp. 595-613.

Hruška 1974: Hruška B., "Die Reformtexte Urukaginas. Die verspätete Versuch eine Konsolidierung des Staadtstaates von Lagaš", in P. Garelli (éd.), *Le palais et la royauté. Archéologie et civilisations. Actes de la XIXe Rencontre Assyriologique Internationale, Paris 1971*, Paris, pp. 151-161.

Ishida 1979: Ishida T., "The Structure and Historical Implications of the Lists of Pre-Israelite Nations", *Biblica* 60 (1979), pp. 461-490.

Ishida 1991: Ishida T., "The Succession Narrative and Esarhaddon's Apology: A Comparison", in M. Cogan & I. Eph'al (éds.) *Ah, Assyria... Studies in Assyrian History and Ancient Near Eastern Historiography presented to Hayim Tadmor*, Jerusalem, pp. 166-173.

Ismail - Roaf - Black 1988: Ismail B.K., Roaf M.D. & Black J.A., "History of 'Ana", in A. Northedge, A. Bamber & M. Roaf (éds.), *Excavations at 'Ana, Qal'a Island*, Warminster, England, pp. 1-5.

Izre'el 1992: Izre'el S., "Hatti and the Kingdom of Amurru: Linguistic Influences", in D. Charpin & F. Joannès (éds.), *La circulation des biens, des personnes et des idées dans le Proche-Orient ancien, Actes de la XXXVIIIe Rencontre Assyriologique Internationale*, Paris, pp. 227-230.

Jacobsen 1939: Jacobsen T., *The Sumerian King List*, Assyriological Studies 11, Chicago.

Jacobsen 1957: Jacobsen T., "Early Political Development in Mesopotamia", *ZA* 18 (1957), pp. 91-140.

Jacobsen 1968: Jacobsen T., "The Battle between Marduk and Tiamat", *JAOS* 88 (1968), pp. 104-108.

Jamieson 1993: Jamieson A.S., "The Euphrates Valley and Early Bronze Age Ceramic Traditions", *Abr-Nahrain* 31 (1993), pp. 36-92.

Jankowska 1947: Jankowska N.B., "Some Problems of the Economy of the Assyrian Empire", in I.M. Diakonoff (éd.), *Ancient Mesopotamia. Socio-Economic History. A Collection of Studies by Soviet Scholars,* Moscow, pp. 253-276.

Janzen 1994: Janzen J.G., "The "Wandering Aramean" Reconsidered", *Vetus Testamentum* 44 (1994), pp. 359-375.

Jas 1990: Jas R., "Two Middle-Assyrian Lists of Personal Names from Sabi Abyad", *Akkadica* 67 (1990), pp. 33-39.

Jean-Marie 1999: Jean-Marie M., *Tombes et nécropoles de Mari*, Mission archéologique de Mari 5, Bibliothèque Archéologique et Historique 153, Beyrouth.

Joannès 1991: Joannès F., "Le traité de vassalité d'Atamrum d'Andarig envers Zimri-Lim de Mari", in D. Charpin & F. Joannès (éds.), *Marchands, diplomates et empereurs. Études sur la civilisation mésopotamienne offertes à Paul Garelli,* Paris, pp. 167-177.

Kammenhuber 1978: Kammenhuber A., "Die Hurriter und das Problem der Indo-Arier", *RHA* 36 (1978), (Actes de la XXIVe Rencontre Assyriologique Internationale 1977), pp. 85-90.

Kammenhuber 1988: Kammenhuber A., "On Hittites, Mitanni-Hurrians, Indo-Aryans and Horse Tablets in the IInd Millennium B.C.", in H.I.H. Prince Takahito Mikasa (éd.), *Essays on Anatolian Studies in the Second Millennium B.C.,* Wiesbaden, pp. 35-51.

Kamp - Yoffee 1980: Kamp K.A. & Yoffee N., "Ethnicity in Ancient Western Asia During the Early Second Millennium B.C.: Archaeological Assesments and Ethnoarchaeological Perspectives", *BASOR* 237 (1980), pp. 85-104.

Kaufman 1974: Kaufman S.A., *The Akkadian Influences on Aramaic,* Assyriological Studies 19, Chicago and London.

Kawani 1972: Kawani M., "A Possible Source for the Sculptures of the Audience Hall, Pasargadae", *Iran* 1972, pp. 146-148.

Kay - Johnson 1981: Kay P.A. et Johnson D.L., "Estimation of Tigris-Euphrates Streamflow from Regional Paleoenvironmental Proxy Data", *Climatic Change* 3 (1981), pp. 251-263.

Kelly-Buccellati 1979: Kelly-Buccellati M., "The Evidence of Artifactual Evidence: Early Third Millenium Pottery at Terqa" in G. Buccellati (éd.), *Terqa Preliminary Reports 10, the Fourth Season: Introduction and the Stratigraphic Record,* Malibu, pp. 71-75.

Kepinski-Lecomte 1992: Kepinski-Lecomte C., "Introduction", in C. Kepinski-Lecomte (éd.), *Haradum I. Une ville nouvelle sur le Moyen-Euphrate (XVIIIe-XVIIe siècle av. J.-C.),* Paris, pp. 9-10.

Kessler 1975: Kessler K., "Die Anzahl der assyrischen Provinzen des jahres 738 v. Chr. in Nordsyrien", *WO* 8 (1975), pp. 49-63.

Kessler 1980: Kessler K., "Das Schicksal von Irridu unter Adad-narari I", *RA* 74 (1980), pp. 61-66.

Kessler 1980: Kessler K., *Untersuchungen zur historischen Topographie Nordmesopotamiens nach keilschriftlichen Quellen des I. Jahrtausends v. Chr.,* Beihefte zum Tübinger Atlas des Vorderen Orient, Reihe B, 26, Wiesbaden.

Killick 1988: Killick R., "Pottery from the Neo-Assyrian to Early Sasanian Period", in A. Northedge, A. Bamber & M. Roaf (éds.), *Excavations at 'Ana, Qal'a Island,* Warminster, England, pp. 54-65.

King 1912: King L.W., *Babylonian Boundary-Stones, and Memorial-Tablets in the British Museum, 2 vol.,* London.

Klengel 1980: Klengel H., "Zum Bewässerungsproblem am Mittlerei Euphrat nach Texten von Mari", *AoF* 7 (1980), pp. 7-87.

Klengel 1992: Klengel H., *Syria: 3000 to 300 B.C.; a Handbook of Political History,* Berlin.

Klimova 1973: Klimova D., "Beitrag zur Problematik der Entwicklung der Folkloristischen Motive Schafkraut und Lebenskraut der Schlangen", in A.A. Kampman (éd.), *Symbolae Biblicae et Mesopotamicae Francisco Mario Theodoro De Liagre Böhl Dedicatae,* Leiden, pp. 243-252.

Knauf 1992: Knauf E.A., "The Cultural Impact of Secondary State Formation: The Cases of the Edomites and Moabites", in P. Bienkowski (éd.), *Early Edom and Moab. The Beginning of the Iron Age in Southern Jordan,* Sheffield Archaeological Monographs 7, Sheffield, pp. 55-64.

Kolbe 1981: Kolbe D., *Die Reliefprogramme religiös-mythologischen Charackters in neu-assyrischen Palästen. Die Figurentypen, ihre Benennung und Bedeutung,* Europäische Hochschulschriften, Reihe 38, Archäologie 3, Bern.

Komoroczy 1973: Komoroczy G., "The Separation of Sky and Earth. The Cycle of Kumarbi and the Myths of Cosmogony in Mesopotamia", *Acta Antiqua Academiae Scientiarum Hungaricae XXI (1973),* Budapest, pp. 21-45.

Kraeling 1966: Kraeling E.G.H., *Aram and Israel, or The Arameans in Syria and Mesopotamia,* Columbia University Oriental Studies 13, New York (1ère édition 1918).

Kraus 1958: Kraus F.R., *Ein Edikt des Königs Ammi-ṣaduqa von Babylon,* Leiden.

Krupp - Schneider 1991: Krupp F. & Schneider W., "Bestandserfassung der rezenten Fauna im Bereichdes Nahr al-Ḫābūr", in H. Kühne (éd.), *Die Rezente Umwelt von Tall Šēḫ Ḥamad und Daten zur Umweltrekonstruktion der assyrischen Stadt Dūr-katlimmu,* Berichte der Ausgrabung Tall Šēḫ Ḥamad 1, Berlin, pp. 69-85.

Kühne (C.) 1982: Kühne C., "Politische Szenerie und internationale Beziehungen Vorderasiens um die Mitte des 2. Jahrtausends vor Chr.", in H.-J. Nissen & J. Renger (éds.), *Mesopotamien und seine Nachbarn. Politische und kulturelle Wechselbeziehungen im Alten Vorderasien vom 4. bis 1. Jahrtausend v. Chr., vol. II,* Berlin, pp. 203-264.

Kühne 1976: Kühne H., *Die Keramik vom Tell Chuēra und ihre Beziehungen zu Funden aus Syrien-Pälastina, der Türkei und dem Iraq,* Vorderasiatische Forschungen der Max Freiherr von Oppenheim-Stiftung 1, Berlin.

Kühne 1977: Kühne H., "Zur historischen Geographie am Unterer Ḫābūr. Vorläufiger Bericht über eine archäologische Geländebegehung", *AfO* 25 (1974-1977), pp. 249-255.

Kühne 1979: Kühne H., "Zur historischen Geographie am Unterer Ḫābūr Zweiter. Vorläufiger Bericht über eine archäologische Geländebegehung", *AfO* 26 (1978-1979), pp. 181-195.

Kühne 1980a: Kühne H., *Das Rollsiegeln in Syrien,* Tübingen.

Kühne 1980b: Kühne H., "Zur Rekonstruktion der Feldzüge Adad-Nīrārī II., Tukulti-Ninurta II. und Aššurnaṣirpal II. im Ḫābūr-Gebiet", *Baghdader Mittelungen* 11 (1980), pp. 44-70.

Kühne 1984: Kühne H., "Tell Seh Hamad/ Dur Katlimmu. The Assyrian Provincial Capital in the Mohafazat Deir Az-Zor", *AAAS* 34 (1984), Symposium International "Histoire de Deir-ez-Zor", pp. 160-182.

Kühne 1987a: Kühne H., "Preliminary Report on the Excavation in Tell Schech Hamad/ Dur-katlimmu in 1985", *AAAS* 36-37 (1986-1987), pp. 221-241.

Kühne 1987b: Kühne H., "Preliminary Report on the Excavation in Tell Schech Hamad/ Dur-katlimmu in 1986", *AAAS* 36-37 (1986-1987), pp. 242-267.

Kühne 1988: Kühne H., "Report on the Excavation at Tall Šēḫ Hamad / Dur-katlimmu 1988", *AAAS* 37-38 (1987-1988), pp. 142-157.

Kühne 1990a: Kühne H., "Ein Bewässerungssystem des Ersten Jahrtausends v. Chr. am Unteren Ḫābūr", in B. Geyer (éd.), *Techniques et pratiques hydro-agricoles traditionnelles en domaine irrigué. Actes du Colloque de Damas, 27 juin-1er juillet 1987,* Tome 1, Paris, pp. 193-214.

Kühne 1990b: Kühne H., "Gedanken zur Historischen und Städtebaulichen Entwicklung der Assyrischen Stadt Dūr-katlimmu", in P. Matthiae, M. van Loon & H. Weiss (éds.), *Resurrecting the Past. A Joint Tribute to Adnan Bounni*, Istanbul, pp. 153-169.

Kühne 1990c: Kühne H., "Tall Šēḫ Ḥamad Dūr-katlimmu 1985-1987", *AfO* 36-37 (1989-1990), pp. 308-323.

Kühne 1993: Kühne H., "Gli Assiri nella Siria settentrionale", in O. Rouault & M.G. Masetti-Rouault (éds.), *L'Eufrate e il tempo. Le civiltà del medio Eufrate e della Gezira siriana*, Milano, pp. 87-89.

Kühne 1994: Kühne H., "Tall Šēḫ Ḥamad/Dūr-katlimmu 1988-1990", *AfO* 40/41 (1993-1994), pp. 267-273.

Kühne 1995: Kühne H., "The Assyrians on the Middle Euphrates and the Ḫābūr", in M. Liverani (éd.), *Neo-Assyrian Geography*, Quaderni di Geografia Storica 5, Roma, pp. 69-85, pl. 1-2.

Kühne 2000: Kühne H., "Dur-katlimmu and the Middle Assyrian Empire", in O. Rouault & M. Wäfler (éds.), *La Djéziré et l'Euphrate Syriens de la protohistoire à la fin du deuxième millénaire av. J.-C. Actes du Colloque de Paris, juin 1993*, Subartu 7, Turnhout, pp. 271-279.

Kühne - Röllig 1993: Kühne H. & Röllig W., "Ein Assyro-Babylonisches Rollsiegel aus Tall Šēḫ Yamad", in M.J. Mellink, E. Porada & T. Özgüç (éds.), *Aspects of Art and Iconography: Anatolia and its Neighbors. Studies in Honor of Nimet Özgüç.*, Ankara, pp. 375-381.

Kümmel 1989: Kümmel H.M., "Ein Kaufvertrag aus Ḫana mit mittelassyrischer līmu-Datierung", *ZA* 79 (1989), pp. 191-200.

Kupper 1947: Kupper J.-R., "Un gouvernement provincial dans le royaume de Mari", *RA* 41 (1947), pp. 149-183.

Kupper 1957: Kupper J.-R., *Les nomades en Mésopotamie au temps des rois de Mari*, Bibliothèque de la Faculté de Philosophie et Lettres de l'Université de Liège 142, Paris.

Kupper 1959: Kupper J.-R., "Le rôle des nomades dans l'histoire de la Mésopotamie ancienne", *JESHO* 2 (1959), pp. 113-127.

Kupper 1961: Kupper J.-R., "Sutéens et Ḫapiru", *RA* 55 (1961), pp. 197-200.

Kupper 1971: Kupper J.-R., "La date des *šakkanakku* de Mari", *RA* 65 (1971), pp. 113-118.

Kupper 1972: Kupper J.-R., "Ḫana", in E. Ebeling, *et alii* (éds.), *Reallexikon der Assyriologie und vorderasiatischen Archäologie, vol. IV*, Berlin & New York, pp. 74-76.

Kupper 1973: Kupper J.-R., "Northern Mesopotamia and Syria", *Cambridge Ancient History, vol.II/1 (2e éd., 1973)*, pp. 1-41.

Kupper 1985: Kupper J.-R., "Šamši-Adad et l'Assyrie", in J.-M. Durand & J.-R. Kupper (éds.), *Miscellanea Babylonica. Mélanges offerts à Maurice Birot*, Paris, pp. 147-151.

Kupper 1991: Kupper J.-R., "Zimri-Lim et ses vassaux", in D. Charpin & F. Joannès (éds.), *Marchands, Diplomates et Empereurs. Etudes sur la civilisation mésopotamienne offertes à Paul Garelli*, Paris, pp. 179-184.

Kupper 1992: Kupper J.-R., "Karkémish aux IIIe et IIe millénaires avant notre ère", *Akkadica* 79-80 (1992), pp. 16-23.

Labat 1936: Labat R., *Le caractère religieux de la royauté assyro-babylonienne*, Paris.

Labat 1965: Labat R., *Un calendrier babylonien des travaux, des signes et des mois (séries iqqur îpuš)*, Bibliothèque de l'Ecole des Hautes Etudes, IV Section, 321, Paris.

Labat 1969: Labat R., "L'Assiria e i suoi vicini dal 1000 al 617 a.C. Il regno babilonese fino al 539 a.C.", in E. Cassin, J. Bottéro & J. Vercoutter (éds.), *Storia Universale Feltrinelli 4, Gli imperi dell'Antico Oriente III.* (Trad. it. de *Fischer Weltgeschichte vol. 4,*. Frankfurt 1967), Milano, pp. 7-114.

Lackenbacher 1982: Lackenbacher S., *Le roi bâtisseur. Les récits de construction assyriens des origines à Teglatphlasar III*, Etudes assyriologiques Cahier 11, Paris.

Lackenbacher 1991: Lackenbacher S., "Lettres et fragments", in P. Bordreuil (éd.), *Une bibliothèque au sud de la ville. Les Textes de la 34e campagne (1973)*, Paris, pp. 83-104.

Lambert 1958: Lambert W.G., "Three Unpublished Fragments of the Tukulti-Ninurta Epic", *AfO* 18 (1957-1958), pp. 38-51.

Lambert 1960: Lambert W.G., "The Domesticated Camel in the Second Millennium", *B.A.S.O.R.* 160 (1960), pp. 42-43.

Lambert 1974a: Lambert W.G., "The Reigns of Aššurnaṣirpal II and Shalmaneser III: an Interpretation", *Iraq* 36 (1974), pp. 103-109.

Lambert 1974b: Lambert W.G., "The Seed of Kingship", in P. Garelli (éd.), *Le palais et la royauté. Archéologie et Civilisation. Actes de la XIXe Rencontre Assyriologique Internationale*, Paris, pp. 417-440.

Lambert 1978: Lambert W.G., "The Mesopotamian Background of the Hurrian Pantheon", *RHA* 36 (1978), (Actes de la XXIVe Rencontre Assyriologique Internationale 1977), pp. 129-134.

Lambert 1982: Lambert W.G., "Interchange of Ideas between Southern Mesopotamia and Syria-Palestine as Seen in Literature", in H.-J. Nissen & J. Renger (éds.)., *Mesopotamien und seine Nachbarn. Politische und kulturelle Wechselbeziehungen im Alten Vorderasien vom 4. bis 1. Jahrtausend v. Chr., vol. I*, Berlin, pp. 311-316.

Lambert 1983: Lambert W.G., "The god Aššur", *Iraq* 45 (1983), pp. 82-86.

Lambert 1985: Lambert W.G., "The Pantheon of Mari", *MARI* 4 (1985), pp. 525-539.

Landsberger 1934: Landsberger B., *Die Fauna des alten Mesopotamien nach der 14. Tafel der Serie ḪAR-RA = ḪUBULLU*, Leipzig.

Landsberger 1948: Landsberger B., *Sam'al. Studien zur Entdeckung der Ruinenstätte Karatepe. I.*, Veröffentlichungen der Türkischen Historischen Gesellschaft, VII. Serie, Nr.16, Ankara.

Landsberger 1954: Landsberger B., "Assyrische Königliste und "Dunkles Zeitalter"", *JCS* 8 (1954), pp. 31-46, 47-73, 106-133.

Landsberger - Parpola - Tadmor 1989: Landsberger B., Parpola S. & Tadmor H., "The Sin of Sargon and Sennacherb Last Will", *SAAB* 3 (1989), pp. 3-51.

Laroche 1948: Laroche E., "Teššub, Ḫebat et leur cour", *JCS* 2 (1948), pp. 113-136.

Laroche 1957: Laroche E., "Fragments hourrites provenant de Mari", *RA* 51 (1957), pp. 104-106.

Laroche 1960: Laroche E., "Koubaba, déesse anatolienne, et le problème des origines de Cybèle", in *Eléments orientaux dans la religion grecque ancienne. Colloque de Strasbourg mai 1958*, Paris, pp. 113-128.

Laroche 1975a: Laroche E., "Hieroglyphen, hethitische", in E. Ebeling, *et alii* (éds.), *Reallexikon der Assyriologie und vorderasiatischen Archäologie, vol. IV*, Berlin & New York, pp. 394-399.

Laroche 1975b: Laroche E., "La réforme religieuse du roi Tudhaliya IV et sa signification politique", in F. Dunand & P. Lévêque (éds.), *Les syncrétismes dans les religions de l'antiquité. Colloque de Besançon (22-23 octobre 1973)*, Leiden, pp. 87-95.

Laroche 1976: Laroche E., "Panthéon national et panthéons locaux chez les Hourrites", *Or n.s.* 45 (1976), pp. 94-99.

Laroche 1980: Laroche E., "Émar, étape entre Babylone et le Hatti", in J.-C. Margueron (éd.), *Le Moyen Euphrate, zone de contacts et d'échanges. Actes du Colloque de Strasbourg mars 1977*, Leiden, pp. 235-244.

Laroche 1981: Laroche E., "Les hiéroglyphes de Meskene-Émar et le style "syro-hittite"", *Akkadica* 22 (1981), pp. 5-14.

Laroche 1983: Laroche E., "Les hiéroglyphes hittites de Meskéné-Émar : un emprunt d'écriture", *Comptes Rendus de l'Académie des Inscriptions et Belles Lettres* 1983, pp. 12-23.

Laroche 1988: Laroche E., "Observations sur le rituel anatolien provenant de Meskéné-Émar", in F. Imparati (éd.), *Studi di Storia e di Filologia anatolica dedicati a Giovanni Pugliese Carratelli,* Firenze, pp. 111-117.

Larsen 1974: Larsen M.T., "The City and its King. On the Old Assyrian Notion of Kingship", in P. Garelli (éd.), *Le Palais et la Royauté. Archéologie et Civilisation. Actes de la XIXe Renconre Assyriologique Internationale,* Paris, pp. 285-300.

Larsen 1976: Larsen M.T., *The Old Assyrian City-State and its Colonies,* Mesopotamia 4, Copenhagen.

Larsen 1979: Larsen M.T., "The Tradition of Empire in Mesopotamia", in M.T. Larsen (éd.), *Power and Propaganda. A Symposium on Ancient Empires.,* Mesopotamia 7, Copenhagen, pp. 75-103.

Leach 1982: Leach E., "Anthropological Approaches to the Study of the Bible during the Twentieth Century", in G.M. Tucker & D.A. Knight (éds.), *Humanizing America's Iconic Book. Society of Biblical Literature Centennial Addresses 1980,* Chico, California, pp. 73-94.

Leach 1980: Leach E., *L'unité de l'homme et autres essais,* Paris.

Lebeau 1985a: Lebeau M., "Rapport préliminaire sur la séquence céramique du chantier B de Mari (IIIe millénaire)", *MARI* 4 (1985), pp. 93-126.

Lebeau 1985b: Lebeau M., "Rapport préliminaire sur la céramique du Bronze Ancien IVa découverte au "Palais présargonique 1" de Mari", *MARI* 4 (1985), pp. 127-136.

Lebeau 1987: Lebeau M., "Rapport préliminaire sur la céramique des premiers niveaux de Mari (chantier B - 1984)", *MARI* 5 (1987), pp. 415-442.

Lebeau 1990: Lebeau M., "Esquisse d'une histoire de la Haute Mésopotamie au début de l'Age du Bronze", *ZA* 80 (1990), pp. 241-296.

Le Brun 1980: Le Brun A., "Les écuelles grossières: état de la question", in *Actes du colloque international du C.N.R.S. n°580. L'archéologie de l'Iraq: perspectives et limites de l'interprétation anthropologique des documents,* Paris, pp. 59-70.

Lebrun 1978: Lebrun R., "Présence des Hourrites à Samuha et dans le Haut-Pays Hittite", *RHA* 36 (1978), (Actes de la XXIVe Rencontre Assyriologique Internationale, 1977), pp. 135-140.

Lebrun 1979: Lebrun R., "Lawazantiya, foyer religieux kizzuwatnien", *Florilegium Anatolicum. Mélanges offerts à Emmanuel Laroche,* Paris, pp. 197-206.

Lebrun 1981: Lebrun R., "Le zoomorphisme dans la religion hittite", in *L'Animal, l'Homme, le Dieu dans le Proche Orient Ancien. Actes du Colloque de Cartigny 1981,* Les Cahiers du C.E.P.O.A. 2, Leuven, pp. 95-103.

Lebrun 1983a: Lebrun R., "A propos de quelques rois hittites bâtisseurs", in R. Donceel & R. Lebrun (éds.), *Archéologie et religions de l'Anatolie ancienne. Mélanges en l'honneur du professeur Paul Naster,* Homo religiosus 10, Louvain-la-Neuve, pp. 157-166.

Lebrun 1983b: Lebrun R., "Réflexions relatives à la complémentarité entre l'archéologie et la philologie hittites", in R. Doncel & R. Lebrun (éds.), *Archéologie et Religions de l'Anatolie Ancienne. Mélanges en l'honneur du professeur Paul Naster,* Homo religiosus 10, Louvain-la-Neuve, pp. 135-156.

Lebrun 1987: Lebrun R., "Problèmes de religion anatolienne", *Hethitica* 8 (1987), in R. Lebrun (éd.), *Acta Anatolica Emmanuel Laroche Oblata,* Louvain - Paris, pp. 241-262.

Lebrun 1988: Lebrun R., "Divinités louvites et hourrites des rituels anatoliens en langue akkadienne provenant de Meskene", *Hethitica* 9 (1988), pp. 147-155.

Lebrun 1989: Lebrun R., *Hymnes et prières hittites,* Homo religiosus 4, Louvain-la-Neuve.

Lemaire 1982: Lemaire A., "Recherches actuelles sur les origines de l'ancien Israël", *Journal Asiatique* 270 (1982), pp. 5-24.

Lemaire 1985: Lemaire A., "Mari, la Bible et le monde nord-ouest sémitique", *MARI* 4 (1985), pp. 548-558.

Lemaire 1988: Lemaire A., "Hadad l'Edomite ou Hadad l'Araméen?", *Biblische Notizen* 43 (1988), pp. 14-18.

Lemaire 1993: Lemaire A., "Cycle primitif d'Abraham et contexte géographico-historique", in A. Lemaire & B. Otzen (éds.), *History and Traditions of Early Israel. Studies Presented to Eduard Nielsen,* Leiden, New York et Köln, pp. 62-75.

Lemche 1988: Lemche N.P., *Ancient Israel. A New History of Israelite Society,* The Biblical Seminar 5, Sheffield.

Lemche 1991: Lemche N.P., *The Canaanites and Their Land,* Journal for the Study of the Old Testament, Supplement Series 10, Sheffeld.

Lemche 1993: Lemche N.P., "City-dwellers or Administrators. Further Light on the Canaanites", in A. Lemaire & B. Otzen (éds.), *History and Traditions of Early Israel. Studies Presented to Eduard Nielsen,* Leiden, New York et Köln, pp. 76-89.

Le Mière 1989: Le Mière M., "Les débuts de la céramique sur le Moyen-Euphrate (6500-5500)", in O.M.C. Haex, H.H. Curvers & P.M.M.G. Akkermans (éds.), *To the Euphrates and Beyond. Archaeological Studies in honour of Maurits N. Van Loon,* Rotterdam et Brookfield, pp. 53-64.

Leopardi 1983: Leopardi G., *Canti,* Milano.

Levine 1981: Levine L.D., "Manuscripts, Texts, and the Study of the Neo-Assyrian Royal Inscriptions", in F.M. Fales (éd.), *Assyrian Royal Inscriptions: New Horizons in literary, ideological, and historical Analysis,* Orientis Antiqui Collectio 17, Roma, pp. 49-70.

Levine 1983: Levine L.D., "Preliminary Remarks on the Historical Inscriptions of Sennacherib", in H. Tadmor & M. Weinfeld (éds.), *History, Historians and Interpretation,* Jerusalem, pp. 58-75.

Lévi-Strauss 1973: Lévi-Strauss C., *Anthropologie structurale deux,* Paris.

Limet 1976: Limet H., "Le panthéon de Mari à l'époque des *šakkanakku*", *Or n.s.* 45 (1976), pp. 87-93.

Limet 1977: Limet H., "Permanence et changement dans la toponymie antique", in *La Toponymie antique. Actes du Colloque de Strasbourg 12-14 juin 1975,* Leiden, pp. 83-115.

Lipinski 1973: Lipinski E., "SKN et SGN dans le sémitique occidental du Nord", *UF* 3 (1973), pp. 191-207.

Lipinski 1974: Lipinski E., "La légende sacrée de la conjuration des morsures de serpents", *UF 4* (1974), pp. 169-174.

Liverani 1962: Liverani M., "Antecedenti dell'onomastica aramaica antica", *Rivista di Studi Orientali* 37 (1962), pp. 65-76.

Liverani 1965: Liverani M., "I tell pre-classici", *Missione archeologica italiana in Siria: rapporto preliminare della campagna 1964,* Roma, pp. 107-133.

Liverani 1968: Liverani M., "Variazioni climatiche e fluttuazioni demografiche nella storia siriana", *OA* 7 (1968), pp. 77-89.

Liverani 1969: Liverani M., "Introduzione", in M. Liverani (éd.), *La Siria nel Tardo Bronzo,* Roma, pp. 3-14.

Liverani 1970: Liverani M., "Per una considerazione storica del problema amorreo", *OA* 9 (1970), pp. 5-27.

Liverani 1973: Liverani M., "Memorandum on the Approach to Historiographic Texts", *Or n.s.* 42 (1973), pp. 178-194.

Liverani 1974: Liverani M., "La royauté syrienne de l'âge du Bronze Récent", in P. Garelli (éd.), *Le palais et la Royauté. Archéologie et Civilisation. Actes de la XIXe Rencontre Assyriologique Internationale,* Paris, pp. 329-356.

Liverani 1975: Liverani M., "Communautés de village et Palais Royal dans la Syrie du IIe millénaire", *JESHO* 18 (1975), pp. 146-164.

Liverani 1978a: Liverani M., "L'élément hourrite dans la Syrie du nord (c. 1350-1200)", *RHA* 36 (1978), (Actes de la XXIVe Rencontre Assyriologique Internationale 1977), pp. 149-156.

Liverani 1978b: Liverani M., "Le tradizioni orali delle fonti scritte dell'Antico Oriente", in B. Bernardi, C. Pozzi & A. Triulzi (éds.), *Fonti orali. Antropologia e Storia,* Milano, pp. 395-406.

Liverani 1979: Liverani M., "The Ideology of the Assyrian Empire", in M.T. Larsen (éd.), *Power and Propaganda. A Symposium on Ancient Empires,* Mesopotamia 7, Copenhagen, pp. 297-317.

Liverani 1985: Liverani M., "Gli archivi di Ugarit", in P. Matthiae, S. Mazzoni-Archi, G. Scandone-Matthiae (éds.), *Da Ebla a Damasco. Diecimila anni di archeologia in Siria.,* Milano, pp. 84-87.

Liverani 1986a: Liverani M., *L'origine delle città. Le prime comunità urbane del Vicino Oriente,* Libri di base 99, Roma.

Liverani 1986b: Liverani M., "The Collapse of the Near Eastern regional System at the end of the Bronze Age: the case of Syria", in M. Rowlands & M.T. Larsen (éds.), *Centre and Periphery in the Ancient World,* Cambridge, pp. 66-73.

Liverani 1988a: Liverani M., *Antico Oriente. Storia Società Economia,* Roma et Bari.

Liverani 1988b: Liverani M., "The Growth of the Assyrian Empire in the Habur/Middle Euphrates Area: a New Paradigm", *SAAB* 2 (1988), pp. 81-98.

Liverani 1990: Liverani M., "Terminologia e ideologia del patto nelle iscrizioni reali assire", in L. Canfora, M. Liverani & C. Zaccagnini (éds.), *I trattati del mondo antico. Forma, ideologia, funzione,* Roma, pp. 113-147.

Liverani 1992a: Liverani M., "Raṣappu and Hatallu", *SAAB* 6 (1992), pp. 35-40.

Liverani 1992b: Liverani M., *Studies on the Annals of Ashurnasirpal II 2: Topographical Analysis,* Quaderni di Geografia Storica 4, Roma.

Liverani 1993: Liverani M., "Model and Actualization. The Kings of Akkad in the Historical Tradition", in M. Liverani (éd.), *Akkad. The First World Empire. Structure, Ideology, Traditions.,* History of the Ancient Near East / Studies 5, Padova, pp. 41-67.

Livingstone 1989: Livingstone A., *Court Poetry and Literary Miscellanea,* State Archives of Assyria 3, Helsinki.

Lloyd 1938: Lloyd S., "Some Ancient Sites in the Sinjar District", *Iraq* 5 (1938), pp. 123-142.

Lloyd 1940: Lloyd S., "Iraq Government Soundings at Sinjar", *Iraq* 7 (1940), pp. 14-21.

Luckenbill 1924: Luckenbill D.D., *The Annals of Sennacherib,* Oriental Institute Publications 2, Chicago.

Luciani 1999: Luciani M., "Zur Lage Terqas in schriftlichen Quellen", ZA 89 (1999), pp. 1-23.

Luke 1965: Luke J.T., *Pastoralism and Politics in the Mari Period: a Re-examination of the Character and Political Significance of the Major West Semitic Tribal Groups on the Middle Euphrates, ca. 1828-1758 B.C.,* University of Michigan Ph. D. dissertation, Ann Arbor, Michigan.

Lyonnet 1990: Lyonnet B., "Reconnaissance dans le haut Ḫabur: étude de la céramique", in J.-M. Durand (éd.), *Recherches en Haute Mésopotamie. Tell Mohammed Diyab, campagnes 1990 et 1991,* Paris, pp. 103-132.

Machinist 1976: Machinist P., "Literature as Politics: The Tukulti-Ninurta Epic and the Bible", *Catholic Biblical Quarterly* 38 (1976), pp. 455-474.

Machinist 1978: Machinist P., *The Tukulti-Ninurta Epic: A Study in Middle Assyrian Literature,* Doctoral Dissertation, Yale University 1978.

Machinist 1982: Machinist P., "Provincial Governance in Middle Assyria and Some New Texts from Yale", *Assur* 3/2 (1982), pp. 1-37, pl. 1-4.

Machinist 1985: Machinist P., "The Assyrians and Their Babylonian Problem: Some Reflections", *Wissenschaftskolleg zu Berlin Jahrbuch (1984-1985),* pp. 353-364.

Macqueen 1980: Macqueen J.G., "Nerik and its "Weather-God"", *AnSt* 30 (1980), pp. 179-187.

Madhloom 1970: Madhloom T.A.W., *The Chronology of Neo-Assyrian Art,* London.

Mahmoud 1993: Mahmoud A., "Tell Hajaja-Shadikanni", in O. Rouault & M.G. Masetti-Rouault (éds.), *L'Eufrate e il tempo. Le civiltà del Medio Eufrate e della Gezira siriana,* Milano, pp. 217-218.

Maidman 1984: Maidman M.P., "Kassites among Hurrians: a Case Study", *BSMS* 8 (1984), pp. 15-21.

Malamat 1967: Malamat A., "Aspects of Tribal Societies in Mari and Israel", in J.-R. Kupper (éd.), *La civilisation de Mari. XVe Rencontre Assyriologique Internationale, Liège 1966,* Paris, pp. 129-138.

Malamat 1973: Malamat A., "The Arameans", in D.J. Wiseman (éd.), *Peoples of Old Testament Times,* Oxford, pp. 134-155.

Malbran-Labat 1981: Malbran-Labat F., "Le Nomadisme à l'Epoque Néo-assyrienne", in J. Silva Castillo (éd.), *Nomads and Sedentary Peoples,* México, pp. 57-76.

Mallet 1975: Mallet J., "Mari: une nouvelle coutume funéraire assyrienne", *Syria* 52 (1975), pp. 23-36.

Mallowan 1936: Mallowan M.E.L., "The Excavations at Tall Chagar Bazar and an Archaeological Survey of the Ḫabur Region, 1934-35", *Iraq* 3 (1936), pp. 1-85.

Mallowan 1937: Mallowan M.E.L., "The Excavations at Tall Chagar Bazar and an Archaeological Survey of the Ḫabur Region. Second Campaign, 1936", *Iraq* 4 (1937), pp. 91-177.

Mallowan 1972: Mallowan M.E.L., "Carchemish. Reflections on the Chronology of the Sculpture", *AnSt* 22 (1972), pp. 63-85.

Mantran - Etiemble 1973: Mantran R. & Etiemble, "Lawrence (Thomas Edward), 1888-1935", *Encyclopaedia Universalis vol. 9 (5e publ., 1973),* Paris, pp. 853-855.

Maqdissi 1993: Maqdissi M., "Missioni regolari in Siria (1992)", in O. Rouault & M.G. Masetti-Rouault (éds.), *L'Eufrate e il tempo. Le civiltà del medio Eufrate e della Gezira siriana,* Milano, pp. 16-17.

Maréchal 1993: Maréchal C., "Les débuts de l'agriculture et les cultures préhistoriques expérimentales de Jalès", in S. Cluzan, E. Delpont & J. Mouliérac (éds.), *Syrie. Mémoire et Civilisation,* Paris, pp. 40-41.

Marfoe 1979: Marfoe L., "The Integrative Transformation: Patterns of Sociopolitical Organization in Southern Syria", *BASOR* 234 (1979), pp. 1-42, 84.

Margalit 1981: Margalit B., "The Ugaritic Creation Myth: Fact or Fiction", *UF* 13 (1981), pp. 137-145.

Margalit 1994: Margalit B., "Panamuwa et Sargon (II): a Case of 'David-and-Jonathan'?", *NABU* 1994, n°1, pp. 10-11.

Margalit 1994: Margalit B., "Parricidal Panamuwa: the Sequel", *NABU* 1994, n°1, pp. 12.

Margueron 1980: Margueron J.-C., "Émar: un exemple d'implantation hittite en terre syrienne", in J.-C. Margueron (éd.), *Le Moyen Euphrate, zone de contacts et d'échanges. Actes du Colloque de Strasbourg mars 1977,* Leiden, pp. 285-312, pl. 1-2.

Margueron 1985: Margueron J.-C., "Propos sur le sillon destructeur (Etude de cas)", *Syria* 62 (1985), pp. 1-20.

Margueron 1985: Margueron J.-C., "Remarques sur les temples de Mari", *MARI* 4 (1985), pp. 487-507.

Margueron 1987: Margueron J.-C., "Recherches sur l'urbanisme de Mari - 1", *MARI* 5 (1987), pp. 483-498.

Margueron 1989: Margueron J.-C., "Problèmes de transport au début de l'âge du Bronze", in M. Lebeau & Ph. Talon (éds.), *Reflets des deux Fleuves. Mélanges offerts à André Finet,* Akkadica Supplementum 6, Louvain, pp. 119-126.

Margueron 1990: Margueron J.-C., "L'aménagement de la région de Mari: quelques considérations historiques", in B. Geyer (éd.), *Techniques et pratiques hydro-agricoles traditionnelles en domaine irrigué. Actes du Colloque de Damas, 27 juin-1er juillet 1987,* Tome 1, Paris, pp. 171-189.

Margueron 1991a: Margueron J.-C., "Mari, l'Euphrate, et le Khabur au milieu du IIIe millénaire", *BSMS* 21 (1991), pp. 79-100.

Margueron 1991b: Margueron J.-C., "Sanctuaires sémitiques", in *Supplément au Dictionnaire de la Bible,* tome XI, Paris, pp. 1104-1257.

Margueron 1993a: Margueron J.-C., "Mari au IIIe millénaire", in S. Cluzan, E. Delpont & J. Mouliérac (éds.), *Syrie. Mémoire et Civilisation,* Paris, pp. 96-101.

Margueron 1993b: Margueron J.-C., "Mari au IIe millénaire", in S. Cluzan, E. Delpont & J. Mouliérac (éds.), *Syrie. Mémoire et Civilisation,* Paris, pp. 150-155.

Margueron 1993c: Margueron J.-C., "Mari: Rapport préliminaire sur la campagne de 1987. Chantier E", *MARI* 7 (1993), pp. 5-38.

Margueron 1993d: Margueron J.-C., "Meskene (Imar*/Emar). B. Archäologisch", in E. Ebeling *et alii* (éds.), *Reallexikon der Assyriologie und vorderasiatischen Archäologie, vol. VIII,* Berlin & New York, pp. 84-93.

Margueron 1998: Margueron J.-C., "Aménagement du territoire et organisation de l'espace en Syrie du Nord à l'Âge du Bronze : limites et possibilités d'une recherche", in M. Fortin & O. Aurenche (éds.), *Espace naturel, espace habité en Syrie du Nord (10e-2e millénaires av. J.-C.),* BCSMS 33, Québec - Lyon, pp. 167-178.

Marx 1992: Marx E., "Are there Pastoral Nomads in the Middle East?", in O. Bar-Yosef & A. Khazanov (éds.), *Pastoralism in the Levant. Archaeological Materials in Anthropological Perspectives,* Madison, Wisconsin, pp. 255-260.

Marzal 1969: Marzal A., *The Organization of the Mari State,* Univerity of Chicago, Ph. D. dissertation, 1969.

Masetti 1977: Masetti M. G., *Il motivo letterario della comunicazione nelle iscrizioni reali assire,* Tesi di Laurea, Università di Venezia.

Masetti 1980: Masetti M. G., *La campagna di Esarhaddon contro il re di Shubria. Letteratura, storiografia, propaganda politica in epoca neo-assira,* Tesi di Laurea, Università di Roma.

Masetti-Rouault 1993: Masetti-Rouault M.G., "L'época del regno di Khana", in O. Rouault & M.G. Masetti-Rouault (éds.), *L'Eufrate e il tempo. Le civiltà del medio Eufrate e della Gezira siriana,* Milano, p 76-79.

Masetti-Rouault - Rouault 1996: Masetti-Rouault M.G. & Rouault O, "Une harpè à Terqa" in H. Gasche & B. Hrouda (éds), *Collectanea Orientalia. Histoire, arts de l'espace et industrie de la terre. Etudes offertes en hommage à Agnès Spycket,* Civilisations du Proche-Orient, série 1, Archéologie et Environnement, vol. 3, Neuchâtel, pp. 181-198

Masetti-Rouault 1997a: Masetti-Rouault M. G., "Terqa. Rapport préliminaire (1987-1989). Chantier F: le sondage F3k1", *MARI* 8 (1997), pp. 78-89.

Masetti-Rouault 1997b: Masetti-Rouault M. G., "Adad ou Shamash? Notes sur le culte local aux sources du Khabour, X^e-IXe siècles av. J.-C.", *Semitica* 47 (1997), pp. 9-45.

Masetti-Rouault 1999: Masetti-Rouault M. G., "Aspects du paysage social et politique du Moyen-Euphrate à l'Âge du Fer", in L. Milano, S. de Martino, F.M. Fales & G.B. Lanfranchi (éds.), *Landscapes. Frontiers and Horizons in the Ancient Near East. Papers presented to the XLIV Rencontre Assyriologique Internationale, Venezia 7-11 July 1977,* Padova, pp. 129-138.

Matthers 1978: Matthers J., "Tell Rifaat 1977 : Preliminary Report of an Archaeological Survey", *Iraq* 40 (1978), pp. 119-162.

Matthews 1978: Matthews V.H., *Pastoral Nomadism in the Mari Kingdom (ca. 1830-1760 B.C.),* American School of Oriental Research, Dissertation Series 3, Cambridge.

Matthews 1990: Matthews D.M., *Principles of Composition in Near Eastern Glyptic of the Later Second Millennium B.C.*, Orbis Biblicus et Orientalis, Series Archaeologica 8, Göttingen.

Matthiae 1962: Matthiae P., *Ars Syra. Contributi alla storia dell'arte figurativa siriana nelle età del Medio e Tardo Bronzo,* Roma.

Matthiae 1967: Matthiae P., "I frammenti di sculture in pietra", in *Missione archeologica italiana in Siria. Rapporto preliminare della campagna 1966 (Tell Mardikh),* Roma, pp. 111-123.

Matthiae 1975: Matthiae P., "Unité et développement du temple dans la Syrie du Bronze Moyen", in *Le temple et le culte. Compte rendu de la vingtième Rencontre Assyriologique Internationale, Leiden 1972,* Istanbul, pp. 43-72.

Matthiae 1977: Matthiae P., *Ebla. Un impero ritrovato,* Torino.

Matthiae 1979: Matthiae P., "Princely Cemetery and Ancestors Cult during Middle Bronze II: A Proposal of Interpretation", *UF* 11 (1979), pp. 563-569.

Matthiae 1980: Matthiae P., "Ittiti ed Assiri a Tell Fray: lo scavo di una città medio-siriana sull'Eufrate", *SMEA* 22 (1980), pp. 35-52.

Matthiae 1985: Matthiae P., "Cultura materiale e cultura figurativa della Siria dall'età protostorica all'età neoassira", in P. Matthiae, S. Mazzoni-Archi & G. Scandone-Matthiae (éds.), *Da Ebla a Damasco. Diecimila anni di archeologia in Siria.,* Milano, pp. 34-39.

Matthiae 1993a: Matthiae P., "Ebla e l'archeologia dell'alta Mesopotamia", in O. Rouault & M.G. Masetti-Rouault (éds.), *L'Eufrate e il tempo. Le civiltà del medio Eufrate e della Gezira siriana,* Milano, pp. 131-134.

Matthiae 1993b: Matthiae P., "La religion d'Ébla", in S. Cluzan, E. Delpont & J. Mouliérac (éds.), *Syrie. Mémoire et Civilisation,* Paris, pp. 166-170.

Maul 1992: Maul S.M., *Die Inschriften von Tall Bderi,* Berliner Beiträge zum Vorderen Orient Texte 2, Berlin.

Maxwell-Hyslop 1974: Maxwell-Hyslop K.R., "Assyrian Sources of iron. A Preliminary Survey of the Historical and geographical Evidence", *Iraq* 36 (1974), pp. 139-154.

Maxwell Miller 1992: Maxwell Miller J., "Early Monarchy in Moab?", in P. Bienkowski (éd.), *Early Edom and Moab. The Beginning of the Iron Age in Southern Jordan,* Sheffield Archaeological Monographs 7, Sheffield, pp. 77-92.

Mazar 1962: Mazar B., "The Aramean Empire and its Relations with Israel", *BibAr* 25 (1962), pp. 98-120.

Mazzoni 1977: Mazzoni S., "Ricerche sul complesso dei rilievi neoittiti di Karkemish", *Rivista di Studi Orientali* 51 (1977), pp. 7-38.

Mazzoni 1979: Mazzoni S., "Nota sull'evoluzione del costume paleosiriano", *Egitto e Vicino Oriente* 2 (1979), pp. 111-138.

Mazzoni 1981: Mazzoni S., "Gli stati siro-ittiti e l'"età oscura": fattori geo-economici di uno sviluppo culturale", *Egitto e Vicino Oriente* 4 (1981), pp. 311-341.

Mazzoni 1982: Mazzoni S., "Gli stati siro-ittiti e l'"età oscura", II. Sviluppi iconografici e propaganda politica.", *Egitto e Vicino Oriente* 4 (1981), pp. 197-209.

Mazzoni 1985: Mazzoni S., "Frontières céramiques et le haut Euphrate au Bronze Ancien IV", *MARI* 4 (1985), pp. 561-577.

Mazzoni 1991: Mazzoni S., "Ebla e la formazione della cultura urbana in Siria", *La parola del passato* 46 (3-4) (1991), pp. 163-194.

McClellan 1992: McClellan T.L., "12th Century B.C. Syria: Comments on Sader's Paper", in W.A. Ward & M. Sharp Joukowsky (éds.), *The Crisis Years: the 12th Century B.C. From beyond the Danube to the Tigris,* Dubuque, Iowa, pp. 164-173.

McClellan 1993: McClellan T.L., "La Siria settentrionale nella Tarda età del Bronzo", in O. Rouault & M.G. Masetti-Rouault (éds.), *L'Eufrate e il tempo. Le civiltà del medio Eufrate e della Gezira siriana,* Milano, pp. 85-86.

McEwan *et al.* 1958: McEwan C.W., Braidwood L.S, Frankfort J., Güterbock H.G., Haines R.C., Kantor H.J. & Kraeling C.H., *Soundings at Tell Fakhariyah,* Oriental Institute Publications 79, Chicago.

McGinnis 1987: McGinnis J., "A Neo-Assyrian Text Describing a Royal Funeral", *SAAB* 1 (1987), pp. 1-12.

Meijer 1978: Meijer D.J.W., "Archäologische Geländebegehung östlich des Ğağğağ", *AfO* 26 (1978), pp. 172-174.

Meijer 1986: Meijer D.J.W., *A Survey in Northeastern Syria,* Publications de l'Institut historique-archéologique de Stamboul 58, Leiden.

Mellaart 1982: Mellaart J., "Mesopotamian Relations with the West, Including Anatolia", in H.-J. Nissen & J. Renger (éds.)., *Mesopotamien und seine Nachbarn. Politische und kulturelle Wechselbeziehungen im Alten Vorderasien vom 4. bis 1. Jahrtausend v. Chr., vol. I,* Berlin, pp. 7-14.

Mellink 1975: Mellink M.J., "Hurriter, Kunst", in E. Ebeling, *et alii* (éds), *Reallexikon der Assyriologie und vorderasiatischen Archäologie, vol. IV,* Berlin & New York, pp. 514-519.

Mendenhall 1962: Mendenhall G.E., "The Hebrew Conquest of Palestine", *BibAr* 25 (1962), pp. 66-87.

Mendenhall 1973: Mendenhall G.E., *The Tenth Generation. The Origins of the Biblical Tradition,* Baltimore and London.

Menzel 1981: Menzel B., *Assyrische Tempel I - II,* Studia Pohl: Series Maior 10, Roma.

Michalowski 1986: Michalowski P., "Mental Maps and Ideology: Reflections on Subartu", in H. Weiss (éd.), *The Origins of Cities in Dry-Farming Syria and Mesopotamia in the Third Millennium B.C.,* Guilford, Connecticut, pp. 129-156.

Michalowski 1989: Michalowski P., *The Lamentation over the Destruction of Sumer and Ur,* Winona Lake.

Milano 1989: Milano L., "Le razioni alimentari nel Vicino Oriente antico: per un'articolazione storica del sistema", in R. Dolce & C. Zaccagnini (éds.), *Il pane del re. Accumulo e distribuzione dei cereali nell'Oriente antico,* Bologna, pp. 65-100.

Millard 1983: Millard A.R., "Assyrians and Arameans", *Iraq* 45 (1983), pp. 101-108.

Miller 1986: Miller R., "Elephants, Ivory, and Charcoal: An Ecological Perspective", *BASOR* 264 (1986), pp. 29-44.

Monchambert 1984a: Monchambert J.-Y., "Le futur lac du Moyen Khabour: rapport sur la prospection archéologique menée en 1983", *Syria* 61 (1984), pp. 181-218.

Monchambert 1984b: Monchambert J.-Y., "Prospection archéologique sur l'emplacement du futur lac du Moyen Khabour", *Akkadica* 39 (1984), pp. 1-7.

Monchambert 1990: Monchambert J.-Y., "Réflexions à propos de la datation des canaux: le cas de la basse vallée de l'Euphrate syrien", in B. Geyer (éd.), *Techniques et pratiques hydro-agricoles traditionnelles en domaine irrigué. Actes du Colloque de Damas, 27 juin-1er juillet 1987,* Tome 1, Paris, pp. 87-99.

Moore 1993: Moore A.M.T., "Abu Hureyra", in O. Rouault & M.G. Masetti-Rouault (éds.), *L'Eufrate e il tempo. Le civiltà del medio Eufrate e della Gezira siriana,* Milano, pp. 123-126.

Moore - Hillman - Legge 1975: Moore A.M.T., Hillman G.C. & Legge A.J., "The Excavations of Tell Abu Hureyra in Syria: a Preliminary Report", *Proceeedings of the Prehistoric Society* 41 (1975), pp. 50-77.

Moortgat 1940: Moortgat A., *Vorderasiatische Rollsiegeln,* Berlin.

Moortgat 1942: Moortgat A., "Assyrische Glyptik des 13. Jahrunderts", *ZA* 13 (1942), pp. 50-88.

Moortgat 1944a: Moortgat A., "Assyrische Glyptik des 12. Jahrunderts", *ZA* 14 (1944), pp. 23-44.

Moortgat 1944b: Moortgat A., "Nur hethitische oder auch churrische Kunst?", *ZA* 14 (1944), pp. 152-160.

Moortgat 1969: Moortgat A., *The Art of Ancient Mesopotamia,* New York.

Moortgat-Correns 1953: Moortgat-Correns U., "Westsemitisches in der Bildkunst Mesopotamiens", *AfO* 16 (1952-1953), pp. 287-294.

Moortgat-Correns 1955: Moortgat-Correns U., "Neue Anhaltspunkte zur zeitlichen Ordnung syrischer Glyptik", *ZA* 17 (1955), pp. 88-101.

Moortgat-Correns 1964: Moortgat-Correns U., "Beiträge zur mittelassyrischen Glyptik", in K. Bittel, E. Heinrich, B. Hrouda & W. Nagel (éds.), *Vorderasiatische Archäologie. Studien und Aufsätze. (Festschrift Anton Moortgat).*, Berlin, pp. 165-177, pl. 21.

Moortgat-Correns 1972: Moortgat-Correns U., *Die Bildwerke vom Djebelet el Béda in ihrer räumlichen und zeitlichen Umwelt,* Berlin & New York.

Moortgat-Correns 1993: Moortgat-Correns U., "I periodi protodinastici nella Gezira tra i fiumi Balikh e Khabur", in O. Rouault & M.G. Masetti-Rouault (éds.), *L'Eufrate e il tempo. Le civiltà del medio Eufrate e della Gezira siriana,* Milano, pp. 127-130.

Mora 1998: Mora C., "Osservazioni sull'uso del "geroglifico anatolico" in Siria nel II millennio a. C.", in M. Marazzi (éd.) *Il geroglifico anatolico. Sviluppi della ricerca a venti anni dalla sua "redecifrazione". Atti del Colloquio e della Tavola Rotonda a Napoli - Procida, 5-9 giugno 1995*, Napoli, pp. 195-218.

Morandi 1988: Morandi D., "Stele e statue reali assire: localizzazione, diffusione e implicazioni ideologiche", *Mesopotamia* 23 (1988), pp. 105-155.

Morandi Bonacossi 1996a: Morandi Bonacossi D., *Tra il fiume e la steppa. Insediamento e uso del territorio nella bassa valle del fiume Ḫabūr in epoca neo-assira*, History of the Ancient Near East / Monograph 1, Padova.

Morandi Bonacossi 1996b: Morandi Bonacossi D., "Landscapes of Power. The Political Organization of Space in the Lower Khabur Valley in the Neo-Assyrian Period", SAAB 10/2 (1996), pp. 15-49.

Moscati 1955: Moscati S., *Histoire et Civilisation des peuples sémitiques,* Paris.

Muhesen 1993: Muhesen S., "La preistoria della Gezira e dell'Eufrate", in O. Rouault & M.G. Masetti-Rouault (éds.), *L'Eufrate e il tempo. Le civiltà del medio Eufrate e della Gezira siriana,* Milano, pp. 23-26.

Muhesen 1993: Muhesen S., "La Syrie au Paléolithique (1 000 000 - 12 000 av. J.-C.)", in S. Cluzan, E. Delpont & J. Mouliérac (éds.), *Syrie. Mémoire et Civilisation,* Paris, pp. 18-23.

Muhly 1992: Muhly J.D., "The Crisis Years in the Mediterranean World: Transition or Cultural Disintegration?", in W.A. Ward & M. Sharp Joukowsky (éds.), *The Crisis Years: the 12th Century B.C. From beyond the Danube to the Tigris,* Dubuque, Iowa, pp. 10-26.

Müller 1937: Müller K.F., *Das Assyrische Ritual. Teil I. Texte zum Assyrischen Königsritual,* Mitteilungen der Vorderasiatisch-Aegyptischen Gesellschaft, Leipzig.

Munn-Rankin 1975: Munn-Rankin J.M., "Assyrian Military Power 1300-1200 B.C.", *The Cambridge Ancient History II/2,* Cambridge, pp. 274-306.

Muscarella 1988: Muscarella O.W., "Comments on the Urkish Lion Pegs", in G. Buccellati & M. Kelly-Buccellati (éds.), *Mozan 1. The Soundings of the First Two Seasons,* Malibu, pp. 93-104.

Musil 1927: Musil A., *The Middle Euphrates. A Topographical Itinerary,* New York.

Na'aman 1975: Na'aman N., "Syria at the Transition from the Old Babylonian Period to the Middle Babylonian Period", *UF* 7 (1975), pp. 265-274.

Na'aman 1986: Na'aman N., "Ḫabiru and Hebrews: the Transfer of a Social Term to the Literary Sphere", *JNES* 45 (1986), pp. 271-288.

Nashef 1982: Nashef K., *Die Orts- und Gewässernamen des mittelbabylonischen und mittelassyrischen Zeit*, Répertoire Géographique des Textes Cunéiformes 5. Beihefte zum Tübinger Atlas Vorderen Orients B7/5, Wiesbaden.

Neumann - Parpola 1987: Neumann J. & Parpola S., "Climatic Change and the Eleventh-Tenth-Century Eclipse of Assyria and Babylonia", *JNES* 46 (1987), pp. 161-182.

Niehr 1994: Niehr H., "Zum Totenkult der Könige von Sam'al im 9. und 8. Jh. v. Chr.", *Studi Epigrafici e Linguistici sul Vicino Oriente Antico* 11 (1994), pp. 57-73.

Nissen 1980: Nissen H.J., "The Mobility between Settled and Non-Settled in Early Babylonia: Theory and Evidence", *Actes du colloque international du C.N.R.S. n°580. L'archéologie de l'Iraq: perspectives et limites de l'interprétation anthropologique des documents,* Paris, pp. 285-290.

Nissen 1988: Nissen H.J., *The Early History of the Ancient Near East, 9000-2000 B.C.* (trad. angl. de *Geschichte der Frühzeit des Vorderen Orients*, Darmstadt 1983), Chicago et London.

Nissen 1993: Nissen H.J., "Settlement Patterns and Material Culture of the Akkadian Period: Continuity and Discontinuity", in M. Liverani (éd.), *Akkad. The First World Empire. Structure, Ideology, Traditions.,* History of the Ancient Near East / Studies 5, Padova, pp. 91-106.

Nissen - Renger 1982: Nissen H.J. & Renger J., "Zentrum und Peripherie. Politische und kulturelle Wechselbeziehungen im alten Vorderasien vom 4. bis 1. Jt. v. Chr.", in H.-J. Nissen & J. Renger (éds.), *Mesopotamien und seine Nachbarn. Politische und kulturelle Wechselbeziehungen im Alten Vorderasien vom 4. bis 1. Jahrtausend v. Chr., vol. I,* Berlin, pp. 1-6.

Nöldeke 1911: Nöldeke T., "Semitic Languages", *Encyclopedia Britannica vol. XXIV (11e éd., 1911),* London, p 617-630.

Nougayrol 1962: Nougayrol J., "L'influence babylonienne à Ugarit", *Syria* 39 (1962), pp. 28-35.

Oates 1968: Oates D., *Studies in the Ancient History of Northern Iraq,* London.

Oates 1982: Oates D., "Excavations at Tell Brak, 1978-1981", *Iraq* 44 (1982), pp. 187-204.

Oates 1985: Oates D., "Walled Cities in Northern Mesopotamia in the Mari Period", *MARI* 4 (1985), pp. 585-594.

Oates (D.)1993: Oates D., "Gli Accadi lungo l'Eufrate e nella Gezira", in O. Rouault & M.G. Masetti-Rouault (éds.), *L'Eufrate e il tempo. Le civiltà del medio Eufrate e della Gezira siriana,* Milano, pp. 61-63.

Oates 1980: Oates J., "Land Use and Population in Prehistoric Mesopotamia", in *Actes du colloque international du C.N.R.S. n°580. L'archéologie de l'Iraq: perspectives et limites de l'interprétation anthropologique des documents,* Paris, pp. 303-314.

Oates 1983: Oates J., "'Ubaid Mesopotamia Reconsidered", in T.C. Young Jr., P.E.L. Smith & P. Mortensen (éds.), *The Hilly Flanks and Beyond: Essays on the Prehistory of Southwestern Asia Presented to R.J. Braidwood,* SAOC 36, Chicago, pp. 251-281.

Oates 1986: Oates J., "Tell Brak: the Uruk/Early Dynastic Sequence", in U. Finkbeiner & W. Röllig (éds.), *Ǧamdat Nasr, Period or Regional Style?,* Beiheft zum Tübiger Atlas des Vorderen Orients B 62, Wiesbaden, pp. 127-145.

Oates (J.) 1993: Oates J., "Il periodo protosiriano o protodinastico", in O. Rouault & M.G. Masetti-Rouault (éds.), *L'Eufrate e il tempo. Le civiltà del medio Eufrate e della Gezira siriana,* Milano, pp. 51-53.

Oates - Oates 1989: Oates D. & Oates J., "Akkadian Buildings at Tell Brak", *Iraq* 51 (1989), pp. 193-212.

Oates - Oates 1990: Oates D. & Oates J., "Aspects of Hellenistic and Roman Settlement in the Khabur Basin", in P. Matthiae, M. Van Loon & H. Weiss (éds.), *Resurrecting the Past. A Joint Tribute to Adnan Bounni,* Istanbul, pp. 227-248.

O'Callaghan 1948: O'Callaghan R.T., *Aram Naharaim. A Contribution to the History of Upper Mesopotamia in the Second Millennium B.C.,* Analecta Orientalia 26, Roma.

Oded 1991: Oded B., ""The Command of the God" as a Reason for Going to War in the Assyrian Royal Inscriptions", in M. Cogan & I. Eph'al (éds.) *Ah, Assyria... Studies in Assyrian History and Ancient Near Eastern Historiography presented to Hayim Tadmor,* Jerusalem, pp. 223-232.

Olmstead 1916: Olmstead A.T.E., *Assyrian Historiography,* The University of Missouri Studies, Social Science Series, III/1, Columbia.

Oppenheim 1949: Oppenheim A.L., "The Golden Garments of the Gods", *JNES* 8 (1949), pp. 172-193.

Oppenheim 1967: Oppenheim A.L., "Essay on Overland Trade in the First Millennium B.C.", *JCS* 21 (1967), pp. 236-254.

Oppenheim 1975: Oppenheim A.L., "Vue d'ensemble sur l'histoire économique de la Mésopotamie (1957)", in K. Polany & C. Arensberg (éds.), *Les systèmes économiques dans l'histoire et la théorie,* (trad. franç. de *Trade and Markets in the Early Empires. Economies in History and Theory,* New York 1957,) Paris, pp. 63-70.

Orthmann 1971: Orthmann W., *Untersuchungen zur späthethitischen Kunst,* Saarbrücker Beiträge zur Altertumskunde 8, Bonn.

Orthmann 1985: Orthmann W., "Art of the Akkade Period in Northern Syria and Mari", *MARI* 4 (1985), pp. 469-474.

Orthmann 1986: Orthmann W., "The Origin of Tell Chuera", in H. Weiss (éd.), *The Origins of Cities in Dry-Farming Syria and Mesopotamia in the Third Millennium B.C.,* Guilford, Connecticut, pp. 61-70.

Otten 1968: Otten H., "Ittiti, Khurriti e Mitanni", in E. Cassin, J. Bottéro & J. Vercoutter (éds.), *Storia Universale Feltrinelli 3, Gli imperi dell'Antico Oriente 2* (trad. it. de *Fischer Weltgeschichte 3,* Frankfurt 1966), Milano, pp. 94-135.

Page 1968: Page S., "A Stela of Adad-nirari III and Nergal-ereš from Tell al Rimah", *Iraq* 30 (1968), pp. 139-153, pl. 39-41.

Palmieri 1985: Palmieri A., "Eastern Anatolia and Early Mesopotamian Urbanism: Remarks on Changing Relations", in M. Liverani, A. Palmieri & R. Peroni (éds.), *Studi di Paletnologia in onore di S. M. Puglisi,* Roma, pp. 191-214.

Parayre 1977: Parayre D., "L'attribution de sculptures aux Hurrites: critique méthodologique", in *Méthodologie et Critique 1 : Problèmes concernant les Hurrites,* Paris, pp. 115-201.

Parayre 1991: Parayre D., "Notes sur la glyptique de Tell Leilan à l'époque paléo-babylonienne", in D. Charpin & F. Joannès (éds.), *Marchands, Diplomates et Empereurs. Etudes sur la civilisation mésopotamienne offertes à Paul Garelli,* Paris, pp. 389-396.

Parayre 1993: Parayre D., "Vers une définition de la culture des royaumes amorrites de Haute-Mésopotamie: les particularités septentrionales de la glyptique de Tell Leilan à l'époque paléo-babylonienne (ca.1807-1728 av.J.C.)", in M.J. Mellink, E. Porada & T. Özgüç (éds.), *Aspects of Art and Iconography: Anatolia and its Neighbors. Studies in Honour of Nimet Özgüç,* Ankara, pp. 507-535.

Pardee 1978: Pardee D., "A Philological and Prosodic Analysis of the Ugaritic Serpent Incantation UT 607", *JANES* 10 (1978), pp. 73-108.

Parpola 1970a: Parpola S., *Letters from Assyrian Scholars to the Kings Esarhaddon and Assurbanipal. Part I: Texts,* AOAT 5/1, Neukirchen-Vluyn.

Parpola 1970b: Parpola S., *Neo-Assyrian Toponyms,* AOAT 6, Neukirchen-Vluyn.

Parpola 1983: Parpola S., *Letters from Assyrian Scholars to the Kings Esarhaddon and Assurbanipal. Part II: Commentary and Appendices,* AOAT 5/2, Neukirchen-Vluyn.

Parpola 1987: Parpola S., *The Correspondence of Sargon II, Part I: Letters from Assyria and the West,* State Archives of Assyria 1, Helsinki.

Parpola 1993: Parpola S., *Letters from Assyrian and Babylonian Scholars,* State Archives of Assyria 10, Helsinki.

Parpola - Watanabe 1988: Parpola S. & Watanabe K., *Neo-Assyrian Treaties and Loyalty Oaths*, State Archive of Assyria 2, Helsinki.

Parrot 1961: Parrot A., *Assur*, Paris.

Parrot 1974: Parrot A., *Mari, capitale fabuleuse*, Paris.

Pecírková 1978: Pecírková J., "On Land Tenure in Assyria", in B. Hrouška & G. Komoroczy (éds.), *Festschrift Lubor Matouš*, Budapest, pp. 187-200.

Pecírková 1982: Pecírková J., "The Development of the Assyrian State", in H. Klengel (éd.), *Gesellschaft und Kultur im Alten Vorderasien*, Berlin, pp. 201-212.

Pecírková 1988: Pecírková J., "The Caracter of Political Power in Assyria", in P. Vavroušek & V. Soucek (éds.), *Šulmu. Papers presented at International Conference of Socialist Countries*, Prague, pp. 243-255.

Pecorella 1990: Pecorella P.E., "Tell Barri/Kahat durante il II millennio", in P. Matthiae, M. van Loon & H. Weiss (éds.), *Resurrecting the Past. A Joint Tribute to Adnan Bounni*, Istanbul, pp. 259-275.

Pecorella 1993: Pecorella P.E., "Tell Barri. I lavori della missione archeologica italiana", in O. Rouault & M.G. Masetti-Rouault (éds.), *L'Eufrate e il tempo. Le civiltà del medio Eufrate e della Gezira siriana*, Milano, pp. 211-216.

Pedersen 1985: Pedersen O., *Archives and Libraries in the City or Assur. A Survey of the Material from the German Excavations*, Uppsala.

Petersen - Woodward 1977: Petersen D.L. & Woodward M., "Northwest Semitic Religion: a Study of Relational Structures", *UF* 9 (1977), pp. 233-248.

Pettinato 1980: Pettinato G., "Pre-ugaritic Documentation of Ba'al", in G. Rendsburg, R. Adler, M. Arfa & N.H. Winter (éds.), *The Bible World. Essays in Honor of Cyrus H. Gordon*, New York, pp. 203-209.

Pfälzner 1984: Pfälzner P., "Eine archäologische Geländebegehung im Gebiet des Wadi 'Agīg/ Ostsyrien", *AfO* 31 (1984), pp. 178-185.

Pfälzner 1995: Pfälzner P., *Mittannische und mittelassyrische Keramik : Eine chronologische, funktionale und produktionsökonomische Analyse*, Berichte der Ausgrabung Tall Šēḫ Ḥamad 3, Berlin.

Pic 1997a: Pic M., "Terqa. Rapport préliminaire (1987-1989). Quelques objets", *MARI* 8 (1997), pp. 144-148.

Pic 1997b: Pic M., "Le matériel de Tell Ashara-Terqa au Musée du Louvre", *MARI* 8 (1997), pp.159-178.

Pierre 1984: Pierre B., "Décor peint à Mari et au Proche-Orient - I. La cour 106 du palais de Mari: les enjeux de la technique", *MARI* 3 (1984), pp. 223-254.

Pierre 1987: Pierre B., "Décor peint à Mari et au Proche-Orient - II.", *MARI* 5 (1987), pp. 551-576.

Pitard 1987: Pitard W.T., *Ancient Damascus. A Historical Study of the Syrian City-State from Earliest Times until its Fall to the Assyrians in 732 B.C.E.*, Winona Lake, Indiana.

Podany 1993: Podany A., "A Middle Babylonian Date for the Ḫana Kingdom", *JCS* 43-45 (1991-1993), pp. 53-62.

Podany - Beckman - Colbow 1993: Podany A., Beckman G.M. & Colbow G., "An Adoption and Inheritance Contract from the Reign of Iggid-Lim of Ḫana", *JCS* 43-45 (1991-1993), pp. 39-51.

Ponchia 1991: Ponchia S., *L'Assiria e gli stati transeufratici nella prima metà dell'VIII sec. a.C.*, History of the Ancient Near East / Studies 4 bis, Padova.

Pons - Gasche 1996: Pons N. & Gasche H., "Du cassite à Mari", in H. Gasche & B. Hrouda (éds.), *Collectanea Orientalia. Histoire, Arts de l'Espace et Industrie de la Terre. Études offertes à Agnès Spycket*, CPOA 3, Gand, pp. 287-298.

Porada 1947: Porada E., *Seal Impressions of Nuzi*, Annual of the American Schools of Oriental Research 24, New Haven.

Porada 1948: Porada E., *Corpus of Ancient Near Eastern Seals in North American Collections I, the Pierpont Morgan Library Collection*, The Bollingen Series 14, Washington.

Porada 1957: Porada E., "Syrian Seal Impressions on Tablets dated in the time of Hammurabi et Samsuiluna", *JNES* 16 (1957), pp. 192-196.

Porada 1973: Porada E., "Notes on the Sarcophagus of Ahiram", *JANES* 5 (1973), pp. 355-372.

Porada 1979: Porada E., "Remarks on Mitannian (Hurrian) and Middle Assyrian Glyptic Art", *Akkadica* 13 (1979), pp. 2-15, pl. 1-8.

Porada 1992: Porada E., "A Cylinder with a Storm God and Problems", in D.J.W. Meijer (éd.), *Natural Phenomena. Their Meaning, Depiction and Description in the Ancient Near East (Festschrift Maurits van Loon)*, Amsterdam, pp. 227-243.

Porada - Hallo 1994: Porada E. & Hallo W.W., "Random Observations on Works of Assyrian Art", in M. Dietrich & O. Loretz (éds.), *Beschreiben und Deuten in der Archäologie des Alten Orients. Festschrift für Ruth Mayer-Opificius*, Münster, pp. 259-268.

Postgate 1971: Postgate J.N., "Land Tenure in the Middle Assyrian Period: a Reconstruction", *Bulletin of the Society of Oriental and African Studies* 34 (1971), pp. 496-520.

Postgate 1972: Postgate J.N., "Ḫābūr", in E. Ebeling, *et alii* (éds.), *Reallexikon der Assyriologie und vorderasiatischen Archäologie, vol. IV*, Berlin & New York, pp. 28-29.

Postgate 1974: Postgate J.N., "Some Remarks on Conditions in the Assyrian Countryside", *JESHO* 17 (1974), pp. 225-243.

Postgate 1979: Postgate J.N., "The Economic Structure of the Assyrian Empire", in M.T. Larsen (éd.), *Power and Propaganda. A Symposium on Ancient Empires*, Mesopotamia 7, Copenhagen, pp. 193-221.

Postgate 1980a: Postgate J.N., "Compte rendu de H. Freydank, *Mittelassyrische Rechtsurkunden und Verwaltungtexte*, Berlin 1976.", *BiOr* 37 (1980), pp. 67-70.

Postgate 1980b: Postgate J.N., "The Place of the *Šaknu* in Assyrian Government", *AnSt* 30 (1980), pp. 67-76.

Postgate 1981: Postgate J.N., "Nomads and Sedentaries in the Middle Assyrian Sources", in J. Silva Castillo (éd.), *Nomads and Sedentary Peoples*, México, pp. 47-56.

Postgate 1982: Postgate J.N., "*Ilku* and Land Tenure in the Middle Assyrian Kingdom - A Second Attempt", in M.A. Dandamayev *et alii* (éds.), *Societies and Languages of the Ancient Near East. Studies in Honour of I. M. Diakonoff*, Warminster, pp. 304-313.

Postgate 1984: Postgate J.N., "Compte rendu de Peter Machinist, "Provincial Governance in Middle Assyria and some new texts from Yale", *Assur* 3:2 (1982)", *Mesopotamia* 18-19 (1983-1984), pp. 229-234.

Postgate 1985: Postgate J.N., "Compte rendu de K. Nashef, *Die Orts und Gewässernamen der mittelbabylonischen und mittelassyrische Zeit*, Wiesbaden 1982", AfO 32 (1985), pp. 95-101.

Postgate 1986a: Postgate J.N., "Administrative Archives from the City of Assur in the Middle Assyrian Period", in K. R. Veenhof (éd.), *Cuneiform Archives and Libraries*, Leiden, pp. 168-183.

Postgate 1986b: Postgate J.N., "Middle Assyrian Tablets: the instruments of bureaucracy", *AoF* 13 (1986), pp. 10-39.

Postgate 1986c: Postgate J.N., "The Transition from Uruk to Early Dynastic", in U. Finkbeiner & W. Röllig (éds.), *Ǧamdat Nasr, Period or Regional Style?*, Beiheft zum Tübiger Atlas des Vorderen Orients B 62, Wiesbaden, pp. 91-106.

Postgate 1988: Postgate J.N., *The Archive of Urad-Šerūa and his Family: A Middle Assyrian Household in Government Service*, Corpus Medio Assiro 33, Roma.

Postgate 1989: Postgate J.N., "The Ownership and Exploitation of Land in Assyria in the 1st Millennium B.C.", in M. Lebeau & Ph. Talon (éds.), *Reflets des deux Fleuves, Mélanges offerts à André Finet*, Akkadica Supplementum 6, Bruxelles, pp. 141-152.

Postgate 1992: Postgate J.N., "The Land of Assur and the yoke of Assur", *World Archaeology,* 23 (1992), pp. 247-263.

Postgate 1995: Postgate J.N., "The Home Provinces", in M. Liverani (éd.), *Neo-Assyrian Geography,* Quaderni di geografia storica 5, Roma, pp. 1-17.

Pritchard 1969: Pritchard J. B., *The Ancient Near East in Pictures Relating to the Old Testament (Second Edition with Supplement),* Princeton.

Propp 1987: Propp W.H., "The Skin of Moses Face - Transfigured or Disfigured?", *Catholic Biblical Quarterly* 49 (1987), pp. 375-386.

Rabin 1963: Rabin C., "The Origin of the Subdivision of Semitic", in D. Winton Thomas & W.D. McHardy (éds.), *Hebrew and Semitic Studies Presented to G.R. Driver,* Oxford, pp. 104-115.

Rabin 1971: Rabin C., "Semitic Languages", *Encyclopedia Judaica vol. XIV,* Jerusalem, pp. 1149-1157.

Reade 1972: Reade J.E., "The Neo-Assyrian Court and Army: Evidence from the Sculptures", *Iraq* 34 (1972), pp. 87-112, pl. 33-40.

Reade - Walker 1982: Reade J.E. & Walker C.B.F., "Some neo-Assyrian Royal Inscriptions", *AfO* 28 (1981-1982), pp. 115-118.

Reimer 1984: Reimer S., "Tell Qraya. A Summary of the 1984 Season", *Newsletter.*

Reiner 1961: Reiner E., "The Etiological Myth of the "Seven Sages"", *Or n.s.* 30 (1961), pp. 247-251.

Ripinsky 1975: Ripinsky M., "The Camel in Ancient Arabia", *Antiquity* 49 (1975), pp. 295-298.

Rittig 1977: Rittig D., *Assyrisch-babylonische Kleinplastik magischer Bedeutung vom 13.-6. Jh. v. Chr.,* Münchener Vorderasiatische Studien 1, München.

Roaf - Killick 1987: Roaf M. & Killick R., "A mysterious Affair of Styles: the Ninevite 5 Pottery of Northern Mesopotamia", *Iraq* 46 (1987), pp. 199-230.

Rodinson 1979: Rodinson M., *Les Arabes*, Paris

Röllig 1978: Röllig W., "Dūr-katlimmu", *Or n.s.* 47 (1978), pp. 419-430.

Röllig 1984: Röllig W., "Preliminary Remarks on the Middle-Assyrian Archive from Tell Schech-Hamad/Dur-Katlimu", *AAAS* 34 (1984), *Symposium International Histoire de Deir ez-Zor et ses Antiquités. Deir ez-Zor 2-6 Octobre 1983,* pp. 189-194.

Rothman 1993: Rothman M.S., "Another Look at the "Uruk Expansion" from the Tigris Piedmont", in M. Frangipane, H. Hauptmann, M. Liverani, P. Matthiae & M. Mellink (éds.), *Between the Rivers and Over the Mountains. Archaeologica Anatolica et Mesopotamica Alba Palmieri Dedicata,* Roma, pp. 163-176.

Rouault 1984: Rouault O., *Terqa Final Reports I: L'Archive de Puzurum,* Bibliotheca Mesopotamica 16, Malibu.

Rouault 1992: Rouault O., "Cultures locales et influences extérieures: le cas de Terqa", *SMEA* 30 (1992), pp. 247-256.

Rouault 1993a: Rouault O., "Introduzione alla storia della Siria nord-orientale", in O. Rouault & M.G. Masetti-Rouault (éds.), *L'Eufrate e il tempo. Le civiltà del medio Eufrate e della Gezira siriana,* Milano, pp. 18-22.

Rouault 1993b: Rouault O., "Tell Ashara - Terqa", *AJA* 95 (1991), pp. 728-730.

Rouault 1993c: Rouault O., "Tell Ashara - Terqa", in O. Rouault & M.G. Masetti-Rouault (éds.), *L'Eufrate e il tempo. Le civiltà del medio Eufrate e della Gezira siriana,* Milano, pp. 185-190.

Rouault 1994: Rouault O., Tall Ašāra/Terqa (1987-1989), *AfO* 40/41 (1993-1994), pp. 285-289.

Rouault 1997: Rouault O., "Terqa. Rapport préliminaire (1987-1989). Introduction", *MARI* 8 (1997), pp. 73-82.

Rouault 1998a: Rouault O., "Villes, villages et steppe dans la région de Terqa : données nouvelles", in M. Fortin & O. Aurenche (éds.), *Espace naturel, espace habité en Syrie du Nord (10e-2e millénaires av. J.-C.),* BCSMS 33, Québec - Lyon, pp. 191-198.

Rouault 1998b: Rouault O., "Recherches récentes à Tell Ashara - Terqa", in M. Lebeau (éd.), *About Subartu. Studies Devoted to Upper Mesopotamia. Vol. 1 - Landscape, Archaeology, Settlement*, Subartu IV, 1, Turnhout, pp. 313-330.

Rowton 1967: Rowton M., "The Physical Environment and the Problem of the Nomads", in J.-R. Kupper (éd.), *La civilisation de Mari. Actes de la XVe Rencontre Assyriologique Internationale, Liège, 4-8 août 1966,* Paris, pp. 109-121.

Rowton 1967: Rowton M., "The Woodlands of Ancient Western Asia", *JNES* 26 (1967), pp. 261-277.

Rowton 1969: Rowton M., "The Role of the Watercourses in the Growth of Mesopotamian Civilization", in W. Röllig (éd.), *lišān mitḫurti. Festschrift Wolfram F. von Soden,* AOAT 1, Neukirchen-Vluyn, pp. 307-316.

Rowton 1973a: Rowton M., "Autonomy and Nomadism in Western Asia", *Or n.s.* 42 (1973), G. Buccellati (éd.), *Gelb Volume. Approaches to the Study of the Ancient Near East,* Roma, pp. 247-258.

Rowton 1973b: Rowton M., "Urban Autonomy in a Nomadic Environment", *JNES* 32 (1973), pp. 201-215.

Rowton 1974: Rowton M., "Enclosed Nomadism", *JESHO* 17 (1974), pp. 1-30.

Rowton 1976a: Rowton M., "Dimorphic Structure and the Problem of the 'Apirû-'Ibrim", *JNES* 35 (1976), pp. 13-20.

Rowton 1976b: Rowton M., "Dimorphic Structure and Topology", *OA* 15 (1976), pp. 17-31.

Rowton 1976c: Rowton M., "Dimorphic Structure and the Parasocial Element", *JNES* 36 (1976), pp. 181-198.

Rowton 1980: Rowton M., "Pastoralism and the Periphery in Evolutionary Perspective", in *Actes du colloque international du C.N.R.S. n°580. L'archéologie de l'Iraq: perspective et limites de l'interprétation anthropologique des documents,* Paris, pp. 291-301.

Rowton 1981: Rowton M., "Economic and Political Factors in Ancient Nomadism", in J. Silva Castillo (éd.), *Nomads and Sedentary Peoples,* México, pp. 25-36.

Rowton 1982: Rowton M., "War, Trade and the Emerging Power Center", in H.-J. Nissen & J. Renger (éds.)., *Mesopotamien und seine Nachbarn. Politische und kulturelle Wechselbeziehungen im Alten Vorderasien vom 4. bis 1. Jahrtausend v. Chr., vol. I,* Berlin, pp. 187-194.

Rowton 1987: Rowton M., "The Role of Ethnic Invasion and the Chiefdom Regime in Dimorphic interaction: The Post-Kassite Period (ca. 1150-750 B.C.)", in F. Rochberg-Halton (éd.), *Language, Literature and History: Philological and Historical Studies Presented to Erica Reiner,* New Haven, Connecticut, pp. 367-378.

Russell 1985: Russell H.F., "The Historical Geography of the Euphrates and Habur According to the Middle- and Neo-Assyrian Sources", *Iraq* 47 (1985), pp. 57-74.

Sader 1987: Sader H.S., *Les états araméens de Syrie depuis leur fondation jusqu'à leur transformation en provinces assyriennes,* Beiruter Texte und Studien, Band 36, Beirut.

Sader 1992: Sader H.S., "12th Century B.C. in Syria: The Problem of the Rise of the Arameans", in W.A. Ward & M. Sharp Joukowsky (éds.), *The Crisis Years: the 12th Century B.C. From beyond the Danube to the Tigris,* Dubuque, Iowa, pp. 157-163.

Salvini 1967: Salvini M., *Nairi e Ur(u)aṭri. Contributo alla storia della formazione del regno di Urarṭu,* Incunabula Graeca 16, Roma.

Salvini 1977: Salvini M., "Sui testi mitologici in lingua hurrica", *SMEA* 18 (1977), pp. 73-91.

Salvini 1980: Salvini M., "Ittito e hurrico nei rituali di Bogazköy", *VO* 3 (1980), pp. 153-167.

Salvini 1982: Salvini M., "I dati storici", in P.E. Pecorella & M. Salvini (éds.), *Tell Barri / Kahat 1. Relazione preliminare sulle campagne 1980 e 1981 a Tell Barri / Kahat, nel bacino del Habur,* Roma, pp. 13-28.

Salvini 1984: Salvini M., "Le problème des Hourrites en relation avec la ville de Kahat (Tell Barri). Nouvelles données.", *AAAS* 34 (1984), *Symposium International Histoire de Deir ez-Zor et ses Antiquités. Deir ez-Zor 2-6 Octobre 1983,* pp. 133-136.

Salvini 1987: Salvini M., "Une hypothèse sur le "tell des remparts" de Mari", *MARI* 5 (1987), pp. 628-630.

Sanlaville 1985: Sanlaville P., "L'espace géographique de Mari", *MARI* 4 (1985), pp. 15-26.

Sanlaville 1990: Sanlaville P., "Milieu naturel et irrigation en Syrie", in B. Geyer (éd.), *Techniques et pratiques hydro-agricoles traditionnelles en domaine irrigué. Actes du Colloque de Damas, 27 juin-1er juillet 1987,* Tome 1, Paris, pp. 3-15.

Saporetti 1970: Saporetti C., *Onomastica Medio-Assira, I -II,* Studia Pohl 6, Roma.

Saporetti 1974: Saporetti C., "Some Considerations on the Stelae of Assur", *Assur* 1 (1974), pp. 1-12.

Saporetti 1979a: Saporetti C., *Gli eponimi medio-assiri,* Bibliotheca Mesopotamica 9, Malibu.

Saporetti 1979b: Saporetti C., "Qualche nota relativa al momento della liberazione dell'Assiria dall'influenza mitannica", *Egitto e Vicino Oriente* 2 (1979), pp. 151-172.

Sasson 1966: Sasson J.M., *Northernmost Syria: A Survey of its Institutions Before the Fall of Mari (ca. 1757 B.C.),* Brandeis University Ph. D. dissertation, 1966.

Sasson 1974: Sasson J.M., "Hurrians and Hurrian Names in Mari Texts", *UF* 6 (1974), pp. 352-400.

Sauren 1974: Sauren H., "La naissance du Dauphin", in P. Garelli (éd.), *Le palais et la royauté. Archéologie et Civilisation. Actes de la XIXe Rencontre Assyriologique Internationale,* Paris, pp. 457-471.

Schiffer 1911: Schiffer S., *Die Aramäer. Historisch-geographische Untersuchungen,* Leipzig.

Schmandt-Besserat 1988: Schmandt-Besserat D., "Tokens at Uruk", *Baghdader Mitteilungen* 19 (1988), pp. 1-175.

Schmökel 1955: Schmökel H., *Ur, Assur und Babylon. Drei Jahrtausend im Zweistromland,* Stuttgart.

Schmökel 1957: Schmökel H., *Geschichte des Alten Vorderasien,* Handbuch der Orientalistik, II/3, Leiden.

Schramm 1973: Schramm W., *Enleitung in die assyrischen Königsinschriften, Zweiter Teil: 934-722 v. Chr.,* Handbuch der Orientalistik, Leiden/Köln.

Schwartz 1985: Schwartz G.M., "The Ninivite V Period and Current Research", *Paléorient* 11/1 (1985), pp. 53-70.

Schwartz 1986: Schwartz G.M., "Mortuary Evidence and Social Stratification in the Ninevite 5 Period", in H. Weiss (éd.), *The Origins of Cities in Dry-Farming Syria and Mesopotamia in the Third Millennium B.C.,* Guilford, Connecticut, pp. 45-60.

Schwartz 1987: Schwartz G.M., "The Ninivite V Period and the Development of Complex Society in Northern Mesopotamia", *Paléorient* 13/2 (1987), pp. 93-100.

Schwartz 1989: Schwartz G.M., "The Origins of the Arameans in Syria and Northern Mesopotamia: Research problems and potential strategies", in O.M.C. Haex, H.H. Curvers, & P.M.M.G. Akkermans (éds.), *To the Euphrates and Beyond. Archaeological studies in honour of Maurits N. van Loon,* Rotterdam et Brookfield, pp. 275-291.

Schwartz 1993: Schwartz G.M., "Il periodo Uruk: rapporti "internazionali" nel IV millennio a.C. e lo sviluppo (e l'abbandono?) della civiltà urbana", in O. Rouault & M.G. Masetti-Rouault (éds.), *L'Eufrate e il tempo. Le civiltà del medio Eufrate e della Gezira siriana,* Milano, pp. 34-39.

Seeden - Wilson 1988: Seeden H. & Wilson J., "Processes of Site Formation in Villages of the Syrian Ǧazīra", *Berytus* 36 (1988), pp. 169-188.

Seidl 1968: Seidl U., "Die babylonischen Kudurru-Reliefs", *Baghdader Mittelungen* 4 (1968), pp. 7-220.

Seidmann 1935: Seidmann J., *Die Inschriften Adadnirāris II,* Mitteilungen der Altorientalischen Gesellschaft 9/III, Leipzig.

Seux 1965: Seux M.-J., "Remarques sur le titre royal assyrien *iššakki Aššur*", *RA* 59 (1965), pp. 101-109.

Seux 1967: Seux M.-J., *Epithètes royales akkadiennes et sumériennes,* Paris.

Seux 1976: Seux M.-J., *Hymnes et Prières aux dieux de Babylonie et d'Assyrie,* Littératures Anciennes du Proche Orient, Paris.

Seux 1981: Seux M.-J., "Königtum. B. II. und I. Jahrtausend", in E. Ebeling, *et alii* (éds.), *Reallexikon der Assyriologie und vorderasiatischen Archäologie, vol. V,* Berlin & New York, pp. 140-173.

Sharon 1994: Sharon I., "Demographic Aspects of the Problem of the Israelite Settlement", in L.M. Hope (éd.), *Uncovering Ancient Stones. Essays in Memory of H. Neil Richardson,* Winona Lake, Indiana, pp. 119-134.

Siegelovà 1971: Siegelovà J., *Appu-Märchen und Ḫedammu-Mythus,* Studien zu den Bogazköy-Texten 14, Wiesbaden.

Silvestri 1982: Silvestri D., "Riflessi linguistici delle ideologie funerarie nell'Anatolia ittita", in G. Gnoli & J.-P. Vernant (éds.), *La mort, les morts dans les sociétés anciennes,* Cambridge et Paris, pp. 407-418.

Simpson 1983: Simpson K., *Settlement Patterns on the Margins of Mesopotamia: Stability and Change Along the Middle Euphrates, Syria,* Ph. D. Dissertation, The University of Arizona, Tucson.

Simpson 1984: Simpson K., "Archaeological Survey in the Vicinity of Tall al'Ashārah", *AfO* 31 (1984), pp. 185-188.

Singer 1992: Singer I., "Hittite Cultural Influence in the Kingdom of Amurru", in D. Charpin & F. Joannès (éds.), *La circulation des biens, des personnes et des idées dans le Proche-Orient ancien. Actes de la XXXVIIIe Rencontre Assyriologique Internationale,* Paris, pp. 231-234.

Singer 1992: Singer I., "Towards the Image of Dagon the God of the Philistines", *Syria* 69 (1992), pp. 431-450.

Skaist 1980: Skaist A., "The Ancestor Cult and Succession in Mesopotamia", in B. Alster (éd.), *Death in Mesopotamia. Papers read at XXVIe Rencontre Assyriologique Internationale,* Mesopotamia 8, Copenhagen, pp. 123-128.

Smith 1889: Smith W.R., *Lectures on the Religion of the Semites, 1st ed.,* London.

Soden 1960: Soden (von) W., "Zum Einteilung der semitischen Sprachen", *Wiener Zeitschrift für die Kunde des Morgenlandes* 56 (1960), pp. 177-191.

Sollberger - Kupper 1971: Sollberger E. & Kupper J.-R., *Inscriptions royales sumériennes et akkadiennes,* Littératures Anciennes du Proche Orient, Paris.

Speiser 1933: Speiser E.A., "Ethnic Movements in the Near East in the Second Millennium B.C. The Hurrians and their Connections with the Ḫabiru and the Hyksos", Annual of the American School of Oriental Research 3 (1933), pp. 13-53.

Speiser 1942: Speiser E.A., "An Intrusive Hurro-Hittite Myth", *JAOS* 62 (1942), pp. 98-102.

Speiser 1954: Speiser E.A., "The Hurrian Participation in the Civilizations of Mesopotamia, Syria and Palestine", *Cahiers d'Histoire Mondiale* 1 (1953-1954), pp. 311-327.

Speiser 1969: Speiser E.A., "The Epic of Gilgamesh", in J.B. Pritchard (éd.), *Ancient Near East Texts Relating to the Old Testament, Third Edition,* Princeton, pp. 72-99.

Spycket 1968: Spycket A., *Les statues du culte dans les textes mésopotamiens des origines à la Ire Dynastie de Babylone*, Paris.

Spycket 1981: Spycket A., *La statuaire du Proche-Orient ancien,* Leiden.

Stager 1985: Stager L.E., "The Archeology of the Family in Ancient Israel", *BASOR* 260 (1985), pp. 1-35.

Steible 1982: Steible H., *Die altsumerischen Bau- und Weihinschriften. Teil I. Inschriften aus 'Lagash',* Wiesbaden.

Stein 1984: Stein D.L., "Khabur Ware and Nuzi Ware: Their Origin, Relationship, and Significance", *Assur* 4/1 (1984), pp. 1-65.

Stein 1988: Stein D.L., "Mythologische Inhalte der Nuzi-Glyptik", in V. Haas (éd.), *Hurriter und Hurritisch, Konstanzen Altorientalische Symposien Band II,* Konstanz, pp. 173-209.

Stein 1994: Stein D.L., "Mittan(n)i. B. Bildkunst und Architektur", in E. Ebeling *et alii* (éds.), *Reallexikon der Assyriologie und vorderasiatischen Archäologie, vol. VIII,* Berlin & New York, pp. 296-299.

Steinkeller 1993: Steinkeller P., "Early Political Development in Mesopotamia and the Origins of the Sargonic Empire", in M. Liverani (éd.), *Akkad. The First World Empire. Structure, Ideology, Traditions,* History of the Ancient Near East / Studies 5, Padova, pp. 107-129.

Stol 1979: Stol M., *On Trees, Mountains, and Millstones in the Ancient Near East,* Leiden.

Strommenger 1958: Strommenger E., "Alalaḫ und Siegelkunst. Altsyrische Glyptik", *JCS* 12 (1958), pp. 115-122.

Strommenger 1980: Strommenger E., *Habuba Kabira, Eine Stadt von 5000 Jahren.,* Mainz am Rhein.

Strommenger 1993: Strommenger E., "Tell Bi'a-Tuttul: nuovi scavi sull'Eufrate siriano", in O. Rouault & M.G. Masetti-Rouault (éds.), *L'Eufrate e il tempo. Le civiltà del medio Eufrate e della Gezira siriana,* Milano, pp. 177-180.

Tadmor 1958: Tadmor H., "Historical Implications of the Correct rendering of Akkadian *dâku*", *JNES* 17 (1958), pp. 129-141.

Tadmor 1975: Tadmor H., "Assyria and the West: the Ninth Century and its Aftermath", in H. Goedicke & J.J. M. Roberts (éds.), *Unity and Diversity. Essays in History, Literature and Religion of the Ancient Near East,* Baltimore and London, pp. 36-48.

Tadmor 1979a: Tadmor H., "Observations on Assyrian Historiography", in M. de Jong Ellis (éd.), *Essays on Ancient Near East in Memory of J.J. Finkelstein,* Hamdem, Connecticut, pp. 209-213.

Tadmor 1979b: Tadmor H., "The Decline of Empires in Western Asia *ca.* 1200 B.C.E.", in F. Moore Cross (éd.), *Symposia celebrating the Seventy-Fifth Anniversary of the American School of Oriental Research (1900-1975),* Cambridge, pp. 1-15.

Tadmor 1981: Tadmor H., "History and Ideology in the Assyrian Royal Inscriptions", in F.M. Fales (éd.), *Assyrian Royal Inscriptions: New Horizons in literary, ideological, and historical Analysis,* Orientis Antiqui Collectio 17, Roma, pp. 13-33.

Tadmor 1982a: Tadmor H., "The Aramaization of Assyria: Aspects of Western Impact", in H.J. Nissen & J. Renger (éds.)., *Mesopotamien und seine Nachbarn. Politische und kulturelle Wechselbeziehungen im Alten Vorderasien vom 4. bis 1. Jahrtausend v. Chr., vol. II,* Berlin, pp. 449-470.

Tadmor 1982b: Tadmor H., "Traditional Institutions and the Monarchy: Social and Political Tensions in the Time of David and Salomon", in Tomoo Ishida (éd.), *Studies in the Period of David and Salomon and Other Essays,* Tokyo, pp. 239-257.

Tadmor 1982c: Tadmor H., "Treaty and Oath in the Ancient Near East. A Historian's Approach", in G.M. Tucker & D.A. Knight (éds.), *Humanizing America's Iconic Book. Society of Biblical Literature. Centennial Addresses 1980,* Chico, California, pp. 127-152.

Tadmor 1983: Tadmor H., "An Ancient Scribal Error and its Modern Consequences: the date of the Nimrud Slab Inscription no.1", *AnSt* 33 (1983), pp. 199-203.

Tadmor 1986: Tadmor H., "Monarchy and the Elite in Assyria and Babylonia: The Question of Royal Accountability", in S. N. Eisenstadt (éd.), *The Origins and Diversity of Axial Age Civilizations,* Albany, pp. 203-224.

Tadmor 1990: Tadmor H., "Alleanza e dipendenza nell'antica Mesopotamia e in Israele: terminologia e prassi", in L. Canfora, M. Liverani & C. Zaccagnini (éds.), *I trattati del mondo antico. Forma, ideologia, funzione,* Roma, pp. 17-36.

Talon 1985: Talon Ph., "Quelques réflexions sur les clans hanéens", in J.-M. Durand & J.-R. Kupper (éds.), *Miscellanea Babylonica. Mélanges offerts à Maurice Birot,* Paris, pp. 277-284.

Teissier 1984: Teissier B., *Ancient Near Eastern Cylinder Seals from the Marcopoli Collection*, Berkeley.

Thompson 1921: Thompson R.C., *Carchemish. Report on the Excavations at Jerablus on Behalf of the British Museum, Part II.*, London.

Thompson 1988: Thompson T.L., *Early History of the Israelite People, From the Written and Archaeological Sources*, Leiden, New York et Köln.

Thuesen 1992: Thuesen I., "Information Exchange in the 'Ubaid Period in Mesopotamia and Syria", in D. Charpin & F. Joannès (éds.), *La circulation des biens, des personnes et des idées dans le Proche-Orient ancien, Actes de la XXXVIIIe Rencontre Assyriologique Internationale*, Paris, pp. 13-17.

Thureau-Dangin 1921: Thureau-Dangin F., "Rituel et amulettes contre Labartu", *RA* 18 (1921), pp. 161-198, pl. 1.

Thureau-Dangin - Dhorme 1924: Thureau-Dangin F. & Dhorme E., "Cinq jours de fouille à Asharah", *Syria* 5 (1924), pp. 265-293.

Toueir 1984: Toueir K., "Traveling Settlements Along the Euphrates", *AAAS* 34 (1984), *Symposium International Histoire de Deir ez-Zor et ses Antiquités. Deir ez-Zor 2-6 Octobre 1983*, pp. 215-228.

Toueir 1993: Toueir K., "Storia della Gezira siriana durante il periodo arabo musulmano", in O. Rouault & M.G. Masetti-Rouault (éds.), *L'Eufrate e il tempo. Le civiltà del medio Eufrate e della Gezira siriana*, Milano, pp. 111-113.

Tournay 1997: Tournay R.-J., "La stèle du roi Tukulti-Ninurta II. Nouvelle interprétation", Subartu IV, 2, pp. 273-278.

Tournay - Saouaf 1952: Tournay R.-J. & Saouaf S., "Stèle de Tukulti-Ninurta II", *AAAS* 2 (1952), pp. 169-190, pl. 1-3.

Tournay - Shaffer 1994: Tournay R. J. & Shaffer A., *L'épopée de Gilgamesh*, Littératures anciennes du Proche-Orient, Paris.

Traboulsi 1981: Traboulsi M., *Le climat de la Syrie: exemple de dégradation vers l'aride du climat méditerranéen*, Thèse de 3e cycle, Université de Lyon.

Trokay 1991: Trokay M., "Les origines du dieu élamite au serpent", in *Mésopotamie et Élam. Actes de la XXXVIe Rencontre Assyriologique Internationale, Gand 1989*, Gand, pp. 153-161.

Tsukimoto 1985: Tsukimoto A., *Untersuchungen zur Totenpflege (kispum) im alten Mesopotamien*, AOAT 216, Neukirchen-Vluyn.

Tsuneki - Miyake 1998: Tsuneki A. & Miyake Y., *Excavations at Tell Umm Qseir in the Middle Khabur Valley, North Syria*, Tsukuba.

Unger 1917: Unger E., *Die Stele des Bel-ḫarran-beli-ussur. Ein Denkmal der Zeit Salmanassars IV*, Publicationen der Kaiserlich Osmanischen Museen 3, Konstantinopel.

Unger 1957: Unger E., "Two Seals of the Ninth Century B.C. from Shadikanni on the Ḫabur", *BASOR* 130 (1953), pp. 15-21.

Ussishkin 1971: Ussishkin D., "Was Bit-Adini a Neo-Hittite or Aramean State?", *OR n.s.* 40 (1971), pp. 431-437.

Van der Toorn 1993: Van der Toorn K., "Ilib and the 'God of the Father'", *UF* 25 (1993), pp. 379-387.

Van der Toorn 1994: Van der Toorn K., "Gods and Ancestors in Emar and Nuzi", *ZA* 84 (1994), pp. 38-59.

Van Dijk 1968: Van Dijk J., "Vert comme Tišpak", *Or n.s.* 38 (1968), pp. 539-547.

Van Driel 1969: Van Driel G., *The Cult of Assur*, Studia Semitica Neerlandica 13, Assen.

Van Driel 1970: Van Driel G., "Land and People in Assyria: some Remarks", *BiOr* 27 (1970), pp. 168-175.

Van Driel 1981: Van Driel G., "Wine Lists and Beyond?", *BiOr* 38 (1981), pp. 259-272.

Van Driel 1993: Van Driel G., "Gebel Aruda", in O. Rouault & M.G. Masetti-Rouault (éds.), *L'Eufrate e il tempo. Le civiltà del medio Eufrate e della Gezira siriana*, Milano, pp. 139-142.

Van Driel - Van Driel-Murray 1979: Van Driel G. & Van Driel-Murray C., "Jebel Aruda 1977-1978", *Akkadica* 12 (1979), pp. 2-28.

Van Driel - Van Driel-Murray 1983: Van Driel G. & Van Driel-Murray C., "Jebel Aruda, the 1982 Season of Excavation, Interim Report", *Akkadica* 33 (1983), pp. 1-26.

Vanel 1965: Vanel A., *L'iconographie du dieu de l'Orage dans le Proche-Orient ancien jusqu'au VIIe siècle avant J.-C.*, Cahiers de la Revue Biblique 3, Paris.

Van Lerberghe 1995: Van Lerberghe K., "Kassites and Old Babylonian Societies", in K. Van Lerberghe & A. Schoors (éds.), *Immigration and Emigration in the Ancient Near East. Festschrift A. Lipinski*, Orientalia Lovanensia Analecta 65, Leuven, pp. 379-393.

Van Liere 1963: Van Liere W.H.E., "Capitals and Citadels of Bronze- Iron Age Syria in their Relationship to Land and Water", *AAAS* 13 (1963), pp. 109-122.

Van Liere - Lauffray 1955: Van Liere W.H.E. & Lauffray J., "Nouvelle prospection archéologique dans la haute Jezireh syrienne", *AAAS* 4/5 (1954-1955), pp. 129-148.

Van Loon 1979: Van Loon M., "Tall Buqras, 1978-1979", *AfO* 26 (1978-1979), pp. 152-155.

Van Loon 1984: Van Loon M., "The Nederlands Excavations at Bouqras", *AAAS* 34 (1984), *Symposium International Histoire de Deir ez-Zor et ses Antiquités. Deir ez-Zor 2-6 Octobre 1983*, pp. 43-61.

Van Loon - Skinner 1968: Van Loon M. & Skinner J.H., "The Oriental Institute Excavations at Mureybit, Syria: Preliminary Report on the 1965 Campaign", *JNES* 27 (1968), pp. 265-290.

Van Soldt 1986: Van Soldt W.H., "The Palace Archives at Ugarit", in K.R. Veenhof (éd.), *Cuneiform Archives and Libraries, XXXe Rencontre Assyriologyque Internationale, Leiden 4-8 July 1983,* Leiden, pp. 196-204.

Vaux (de) 1961: Vaux (de) R., *Les institutions de l'Ancien Testament I,* Paris.

Veenhof 1972: Veenhof K.R., *Aspects of Old Assyrian Trade and its Terminology,* Leiden.

Veenhof 1977: Veenhof K.R., "Some Social Effects of Old Assyrian Trade", *Iraq* 39 (1977), pp. 109-118.

Veenhof 1985: Veenhof K.R., "Limu of the Later Old Assyrian Period and Mari Chronology", *MARI* 4 (1985), pp. 191-218.

Venit 1986: Venit M.S., "Toward a definition of Middle Assyrian Style", *Akkadica* 50 (1986), pp. 1-21.

Vera Chamaza 1992: Vera Chamaza G.W., "Sargon II's Ascent to the Throne: the Political Situation", *SAAB* 6 (1992), pp. 21-33.

Vértesalji 1985: Vértesalji P.P., "Review of Protodynastic Development in Babylonia", *Mesopotamia* 20 (1985), pp. 53-75, 91-105.

Vieyra 1970: Vieyra M., "Les textes hittites", *Les religions du Proche-Orient asiatique,* Paris, pp. 461-566.

Vorys Canby 1971: Vorys Canby J., "Decorated Garments in Ashurnasirpal's Sculpture", *Iraq 33* (1971), pp. 31-53, pl. 10-19.

Vorys Canby 1976: Vorys Canby J., "The Stelenreihen at Assur, Tell Halaf, and Maṣṣebôt", *Iraq* 38 (1976), pp. 113-128, pl. 18-19.

Wäfler 1993: Wäfler M., "Il regno di Mitanni", in O. Rouault & M.G. Masetti-Rouault (éds.), *L'Eufrate e il tempo. Le civiltà del medio Eufrate e della Gezira siriana,* Milano, pp. 80-84.

Walker 1982: Walker C.B.F., "Babylonian Chronicle 25: a Chronicle of the Kassite and Isin II Dynasties", in G. van Driel, Th.J. Krispijn, M. Stol & K.R. Veenhof (éds.), *Zikir šumim. Assyriological Studies Presented to F.R. Kraus on the Occasion of his 70th* Birthday, Leiden, pp. 398-417.

Wansborough 1986: Wansborough J., "Ugaritic in Chancery Practice", in K.R. Veenhof (éd.), *Cuneiform Archives and Libraries, XXXe Rencontre Assyriologyque Internationale, Leiden 4-8 July 1983,* Leiden, pp. 205-209.

Watson 1983: Watson P.J., "The Halafian Culture: a Review and Synthesis", in T.C.Young Jr., P.E.L. Smith & P. Mortensen (éds.), *The Hilly Flanks and Beyond: Essays on the Prehistory of Southwestern Asia Presented to R.J. Braidwood*, SAOC 36, Chicago, pp. 231-249.

Weidner 1953a: Weidner E.F., "Das Reich Sargons von Akkad", *AfO* 16 (1954), pp. 1-24.

Weidner 1953b: Weidner E.F., "Die Bibliothek Tiglatpilesers I", *AfO* 16 (1952-1953), pp. 197-215.

Weinfeld 1983: Weinfeld M., "Divine Intervention in War in Ancient Israel and in the Ancient Near East", in H. Tadmor & M. Weinfeld (éds.), *History, Historians and Interpretation,* Jerusalem, p 121-147.

Weippert 1970: Weippert M., "Die Nomadenquelle. Ein Beitrag zur Topographie der Biqa' in 2. Jahrtausend v. Chr.", in A. Kuschke & E. Kutsch (éds.), *Archäologie und Altes Testament. Festschrift für Kurt Galling,* Tübingen, pp. 259-272.

Weippert 1971: Weippert M., *The Settlement of the Israelite Tribes in Palestine: A Critical Survey of Recent Scholarly Debate* (trad. angl. de *Die Landnahme der israelitischen Stämme,* Göttingen 1967), London.

Weippert 1979: Weippert M., "The Israelite "Conquest" and Evidence from Transjordan", in F. Moore Cross (éd.), *Symposia celebrating the Seventy-Fifth Anniversary of the American Society of Oriental Research. (1900-1975),* Cambridge, pp. 15-34.

Weippert 1981: Weippert M., "Assyrische Prophetien der Zeit Asarhaddons und Assurbanipal", in F.M. Fales (éd.), *Assyrian Royal Inscriptions: New Horizons in literary, ideological, and historical Analysis,* Orientis Antiqui Collectio 17, Roma, pp. 71-115.

Weippert 1982: Weippert M., "Zur Syrienpolitik Tiglathpileser III", in H.J. Nissen & J. Renger (éds.)., *Mesopotamien und seine Nachbarn. Politische und kulturelle Wechselbeziehungen im Alten Vorderasien vom 4. bis 1. Jahrtausend v. Chr., vol. II,* Berlin, pp. 395-408.

Weippert 1991: Weippert M., "The Balaam Text from Deir 'Alla and the Study of the Old Testament", in J. Hoftijzer & G. Van der Kooij (éds.) *The Balaam Texts from Deir 'Alla Re-evaluated,* Leiden, New York et Copenhagen, pp. 151-184.

Weiss B. 1982: Weiss B., "The Decline of Late Bronze Age Civilization as a Possible Response to Climatic Change", *Climatic Change* 4 (1982), pp. 172-198.

Weiss 1983: Weiss H., "Excavations at Tell Leilan and the Origins of North Mesopotamian Cities in the Third Millennium B.C.", *Paléorient* 9/2 (1983), pp. 39-52.

Weiss 1986a: Weiss H., "Introduction: The Origins of Cities in Dry-Farming Syria and Mesopotamia in the Third millennium B.C.", in H. Weiss (éd.), *The Origins of Cities in Dry-Farming Syria and Mesopotamia in the Third Millennium B.C.,* Guilford, Connecticut, pp. 1-6.

Weiss 1986b: Weiss H., "The Origins of Tell Leilan and the Conquest of Space in Third Millennium Mesopotamia", in H. Weiss (éd.), *The Origins of Cities in Dry-Farming Syria and Mesopotamia in the Third Millennium B.C.,* Guilford, Connecticut, pp. 71-108.

Weiss 1990: Weiss H., "Tell Leilan 1989: New Data for Mid-Third Millennium Urbanization and State Formation", *Mitteilungen der Deutschen Orient-Gesellschaft* 122 (1990), pp. 193-218.

Weiss 1993: Weiss H., "Subir *versus* Sumer: formazione secondaria e collasso dello Stato nelle pianure del Khabur", in O. Rouault & M.G. Masetti-Rouault (éds.), *L'Eufrate e il tempo. Le civiltà del medio Eufrate e della Gezira siriana,* Milano, pp. 40-50.

Weiss - Courty 1993: Weiss H. & Courty M.-A., "The Genesis and Collapse of the Akkadian Empire: The Accidental Refraction of Historical Law", in M. Liverani (éd.), *Akkad. The First World Empire. Structure, Ideology, Traditions,* History of the Ancient Near East / Studies 5, Padova, pp. 131-155.

Weiss - Courty 1994: Weiss H. & Courty M.-A., "La chute de l'Empire d'Akkadé ... (suite). Entre Droite épigraphique et Gauche archéologique, y a-t-il une place pour la science?", *Les Nouvelles de l'Archéologie* 57 (1994), pp. 33-41.

Westenholz 1993: Westenholz A., "The World View of Sargonic Officials. Differences in Mentality Between Sumerians and Akkadians", in M. Liverani (éd.), *Akkad. The First World Empire. Structure, Ideology, Traditions,* History of the Ancient Near East / Studies 5, Padova, pp. 157-169.

Whiting 1984: Whiting R.M., "Six Snake Omens in New Babylonian Script", *JCS* 32 (1984), pp. 206-210.

Wiggermann 1989: Wiggermann F.A.M., "Tišpak, his seal, and the dragon mušḫuššu", in O.M.C. Haex, H.H. Curvers & P.M.M.G. Akkermans (éds.), *To the Euphrates and Beyond. Archaeological Studies in honour of Maurits N. van Loon,* Rotterdam et Brookfield, pp. 117-134.

Wiggermann 1992: Wiggermann F.A.M., *Mesopotamian Protective Spirits. The Ritual Texts,* Cuneiform Monographs I, Groningen.

Wiggermann 1994: Wiggermann F.A.M., "Mischwesen. A. Philologisch. Mesopotamien", in E. Ebeling *et alii* (éds.), *Reallexikon der Assyriologie und vorderasiatischen Archäologie, vol. VIII,* Berlin & New York, pp. 222-245.

Wilhelm 1989: Wilhelm G., *The Hurrians,* (trad. angl. de *Grundzüge der Geschichte und Kultur der Hurriter,* Darmstadt 1982), Warminster.

Wilkinson 1990: Wilkinson T.J., "The Development of Settlement in the North Jazira between the 7th and the 1st Millennia BC", *Iraq* 52 (1990), pp. 48-62.

Willcox 1974: Willcox G.H., "A History of Deforestation as Indicated by Charcoal Analysis of Four Sites in Eastern Anatolia", *An St* 24 (1974), pp. 117-133.

Williams-Forte 1982: Williams-Forte E., "The Snake and the Tree in the Iconography and Texts of Syria during the Bronze Age", in L. Gorelick & E. Williams-Forte (éds.), *Ancient Seals and the Bible,* Malibu, pp. 18-43.

Winter 1973: Winter I.J., *North Syria in the Early First Millennium B.C. with special Reference to Ivory Carving,* Columbia University, Faculty of Philosophy, Ph. D. Dissertation, New York.

Winter 1982: Winter I.J., "Art as Evidence for Interaction: Relations Between the Assyrian Empire and North Syria", in H.J. Nissen & J. Renger (éds.)., *Mesopotamien und seine Nachbarn. Politische und kulturelle Wechselbeziehungen im Alten Vorderasien vom 4. bis 1. Jahrtausend v. Chr., vol. II,* Berlin, pp. 355-382.

Wittfogel 1957: Wittfogel K., *Oriental Despotism. A Comparative Study of Total Power,* Yale.

Worschech 1992: Worschech U., "Der Gott Kemosh. Versuch einer Charakterisierung", *UF* 24 (1992), pp. 393-401.

Wyatt 1980: Wyatt N., "The Relationship of the Deities Dagan and Hadad", *UF* 12 (1980), pp. 375-379.

Wyatt 1992a: Wyatt N., "Baal, Dagan, and Fred: a rejoinder", *UF* 24 (1992), pp. 428-430.

Wyatt 1992b: Wyatt N., "The Titles of the Ugaritic Storm-God", *UF* 24 (1992), pp. 403-424.

Xella 1972: Xella P., "Per una riconsiderazione della morfologia del dio Ḫoron", *Annali dell'Istituto Univeritario Orientale di Napoli* 22 (1972), pp. 271-286.

Xella 1981: Xella P., "Il re, la morte e gli antenati nella Siria antica", in U. Bianchi & M.J. Vermaseren (éds.), *La soteriologia dei culti orientali nell'Impero Romano,* Leiden, pp. 614-632.

Xella 1982: Xella P., "L'influence babylonienne à Ougarit, d'après les textes alphabétiques rituels et divinatoires", in H.J. Nissen & J. Renger (éds.)., *Mesopotamien und seine Nachbarn. Politische und kulturelle Wechselbeziehungen im Alten Vorderasien vom 4. bis 1. Jahrtausend v. Chr., vol. I,* Berlin, pp. 321-338.

Xella 1985: Xella P., "La religione in Siria durante l'età del Bronzo", in P. Matthiae, S. Mazzoni-Archi & G. Scandone-Matthiae (éds.), *Da Ebla a Damasco. Diecimila anni di archeologia in Siria.,* Milano, pp. 72-79.

Yadin 1979: Yadin Y., "The Transition from a Seminomadic to a Sedentary Society in the Twelfth Century B.C.E.", in F. Moore Cross (éd.), *Symposia celebrating the Seventy-Fifth Anniversary of the American School of Oriental Research (1900-1975)*, Cambridge, pp. 57-68.

Yamada 1994: Yamada S., "The Editorial History of the Assyrian King List", *ZA* 84 (1994), pp. 11-37.

Yon 1985: Yon M., "Baal et le Roi", in J.-L. Huot, M. Yon & Y. Calvet (éds.), *De l'Indus aux Balkans. Recueil à la mémoire de Jean Deshayes*, Paris, pp. 177-190.

Yon 1989: Yon M., "SHR MT, la chaleur de Mot", *UF* 21 (1989), pp. 461-466.

Yon 1990: Yon M., "Ougarit et ses dieux. (Travaux 1978-1988)", in P. Matthiae, M. van Loon & H. Weiss (éds.), *Resurrecting the Past. A Joint Tribute to Adnan Bounni.*, Istanbul, pp. 325-343.

Yon 1991: Yon M., "Stèles de pierre", in M. Yon (éd.), *Ras-Shamra-Ougarit VI. Arts et artisanat de la pierre*, Paris, pp. 273-344.

Yon 1992: Yon M., "The End of the Kingdom of Ugarit", in W.A. Ward & M. Sharp Joukowsky (éds.), *The Crisis Years: the 12th Century B.C. From beyond the Danube to the Tigris*, Dubuque, Iowa, pp. 111-122.

Yon 1993: Yon M., "Ugarit au Bronze Récent: deuxième moitié du IIe millénaire av. J.-C." in S. Cluzan, E. Delpont & J. Mouliérac (éds.), *Syrie. Mémoire et Civilisation*, Paris, p. 176-182.

Zaccagnini 1982: Zaccagnini C., "The Enemy in the Neo-Assyrian Royal Inscriptions: The "Ethnographic" Description", in H.J. Nissen & J. Renger (éds.), *Mesopotamien und seine Nachbarn. Politische und kulturelle Wechselbeziehungen im Alten Vorderasien vom 4. bis 1. Jahrtausend v. Chr., vol. II*, Berlin, pp. 409-424.

Zaccagnini 1990: Zaccagnini C., "The Forms of Alliance and Subjugation in the Near East of the Late Bronze Age", in L. Canfora, M. Liverani & C. Zaccagnini (éds.), *I trattati del mondo antico. Forma, ideologia, funzione*, Roma, pp. 37-79.

Zadok 1982: Zadok R., "Remarks on the Inscriptions of HDYS'Y from Tall Fakhariya", *Tel Aviv* 9 (1982), pp. 117-129.

Zadok 1991: Zadok R., "Elements of Aramean Pre-history", in M. Cogan & I. Eph'al (éds.) *Ah, Assyria... Studies in Ancient History and Ancient Near East Historiography Presented to Hayim Tadmor*, Jerusalem, pp. 104-117.

Zarins 1978: Zarins J., "The Camel in Ancient Arabia: a Further Note", *Antiquity* 52 (1978), pp. 44-46.

Zarins 1989: Zarins J., "Jebel Bishri and the Amorrite homeland: The PPNB phase", in O.M.C. Haex, H.H. Curvers & P.M.M.G. Akkermans (éds.), *To the Euphrates and Beyond. Archaeological Studies in honour of Maurits N. van Loon*, Rotterdam & Brookfield, pp. 29-51.

Zettler 1992: Zettler R.L., "12th Century B.C. Babylonia: Continuity and Change", in W.A. Ward & M. Sharp Joukowsky (éds.), *The Crisis Years: the 12th Century B.C. From beyond the Danube to the Tigris*, Dubuque, Iowa, pp. 174-181.

Zohar 1992: Zohar M., "Pastoralism and the Spread of the Semitic Languages", in O. Bar-Yosef & A. Khazanov (éds.), *Pastoralism in the Levant. Archaeological Materials in Anthropological Perspectives*, Madison, Wisconsin, pp. 165-180.

Index

1. Noms de personnes et de dieux

Abi-salamu 118, 119, 126, 129
Adad 52, 80, 87, 95, 102, 105, 106, 107, 108, 112, 118, 119, 130, 132
Adad-dayyanu 87
Adad-guppi 110
Adad-it'i 4
Adad-nirâri Ier 52, 57, 64, 66, 67, 69, 70, 83
Adad-nirâri II 75, 82, 86, 89, 101, 102, 103, 106, 107, 108, 112, 114, 116, 118, 119, 120, 121, 125, 129, 130, 132
Adad-nirâri III 127, 132
Adda 44
Addu 80
Agum II (-kakrime) 51
Ahiram 113
Amel-Adad 119, 122, 123, 126
Amme-alaba 120, 126
Anat 4, 117, 118
Anšar 107
Apladad 87
Apsû 94, 97
Arik-den-ili 57, 67, 68, 70
Assur 55, 56, 59, 60, 61, 62, 83, 107, 108, 109, 122
Assurbanipal 111, 112
Assur-bêl-kala 52, 82, 84, 85, 86, 117, 118
Assur-dan II 82, 86
Assurnasirpal II 79, 86, 89, 98, 103, 107, 108, 112, 115, 122, 123, 124, 125, 126, 127, 133,
Assur-rêš-iši Ier 67, 83
Assur-šum-kitti-lišir 4
Assur-uballit Ier 54, 56, 57, 63, 64, 67, 68, 116
Aḫi-iababa 123, 124
Azi-ili 123, 124, 126

Ba'al 44, 80, 95, 102
Baratara 107, 119, 126
Barattarna 48, 51
Bar-Hadad 107
Bar-Rakib 113, 133
Bêl-Ḫarran-bêl-uṣur 92

Dagan 48, 52, 101, 102, 113, 131, 132
David 76, 78

Éa 97, 100, 132
Enlil-nirâri 57
Eriba-Adad 67
Esarhaddon 111, 112

Gilgameš 95
Girra 107

Hadad 78, 80, 113
Hadad-ezer Ier 78
Hadad-i'ty 105
Hadda 105
Hammourabi 7, 28, 31, 40, 42, 50, 94
Hattusil III 67
Ḫamataya 120, 123, 124, 125, 126
Ḫaranu 119, 120, 121, 126
Ḫenti-ili 124, 126

Ilaya 124, 126
Ili-iqiša 52
Illuyanka 95, 96
Ilu-ibni 120, 122, 123, 126
Ilu-iqiša 117
Inšušinak 94
Išme-Dagan 55
Ištar d'Arbèles 108
Ittoba'al 113
Itur-Mer 52

Kadašman-Enlil II 67
Kadašman-ḫarbe Ier 67
Kapara 91
Kaštiliaš IV 52, 62, 69
Kaštiliašu 50
Kubaba 85
Kudurru 124, 126
Kumarbi 101
Kuzi-Teššub 78

Lamaštu 97, 98, 100
Lim (dynastie des) 47

Marduk 51, 62, 87, 94, 95
Môt 44, 95
Mudaddu 119, 120, 125, 126, 128, 130, 131
Mursil Ier 42, 50
Muwatalli II 78

Nabonide 110
Nabû 94
Nabuchadnezzar Ier 83
Nabû-šuma-ukîn 120
Napiriša 94
Nergal-ereš 86, 106, 127, 132
Ninazu 94
Ningizzida 94
Ninurta 94
Ninurta-kudurri-uṣur 86

Palil-ereš 106, 127, 132
Panamu II 113
Pazuzu 97, 98
Ptolémée 12
Puzur-Sin 55, 56

Qiš-Addu 51

Rezon 78

Ṣarpanitum 51

Salmanazar Ier 53, 57, 65, 68, 69, 116
Salmanazar III 89, 122, 123, 127
Salomon 78
Samanuḫa 85
Samsi-Addu 54, 55
Sargon 22
Sargon II 111, 112
Sassu-nuri 119
Saül 76
Saustatar 48, 96
Sennacherib 111, 112

Šamanu 126
Šamaš 52, 87, 119
Šamaš-kudurri-uṣur 125
Šamaš-šum-ukîn 111
Šamši-Adad IV 98
Šamši-ilu 119
Šarri-kušuḫ 78
Šattuara Ier 64, 69
Šattuara II 68
Šauška 85
Šuppiluliuma Ier 78

Talmi-Teššub 78
Tarḫunt 80
Taru 80
Teššub 45, 80, 100
Tiamat 94, 107
Tiglat-Phalazar Ier 74, 80, 82, 83, 84, 85, 86, 115, 117
Tiglat-Phalazar III 92, 113, 126, 127, 129
Tišpak 94, 95
Tukulti-Mer 52, 85, 117
Tukulti-Ninurta Ier 52, 53, 57, 62, 65, 66, 67, 69, 70, 82, 83, 116
Tukulti-Ninurta II 75, 89, 95, 101, 102, 106, 107, 108, 110, 112, 113, 114, 115, 120, 121, 122, 123, 125, 126, 128, 129, 130, 132, 133

Untash-Napiriša 100

Yahvé 77
Yam 44, 95

Zimri-Lim 40

2. Noms géographiques

Abd-el-Aziz (Djebel) 13, 15, 16
Abta (Tell) 92
Abu Hureyra 19
Ahmar (Tell) 79, 129
Ain Dara 92
Alalaḫ 40, 42, 46
Alep 12, 14, 31, 40, 42, 74, 94, 95
al-Radd (ouadi) 15, 16
Amurru 83
Anatolie 6, 7, 12, 13, 15, 39, 40, 45, 51, 54, 55, 67, 68, 71, 72, 78, 79, 80, 81, 82, 84, 96, 116
Anshan 94
Aqarbanu 120
Arabie 78
Aram-Zobah 74, 78
Arbatu 121
Arbèles 109
Arrapha 118
Ashara 9, 22, 47, 49, 52, 53, 56, 89, 90, 102, 108, 110, 113, 114, 119, 123, 127, 128, 129, 130, 131, 133, 135
Assur 6, 53, 54, 55, 56, 59, 60 ,61, 62, 63, 64, 65, 66, 67, 69, 82, 100, 105, 107, 108, 109, 118, 119, 120, 122, 124, 127, 130 ,131, 133
Assyrie 2, 7, 9, 12, 16, 18, 40, 46, 52, 53, 56, 57, 58, 59, 60, 64, 66, 67, 69, 70, 71, 74, 80 ,81, 82, 83, 85, 100, 102, 103, 110, 111, 112, 113, 115, 116, 118, 119, 120, 122, 123, 124, 125, 126, 130, 132
Ayn Dara 79

Babylone 7, 25, 28, 31, 43, 50, 51, 52, 55, 56, 62, 63, 67, 69, 73, 83, 94, 111, 118, 124, 129
Babylonie 8, 40, 51, 64, 74, 81, 82, 83, 117, 120
Balikh 6, 7, 11, 19
Bderi (Tell) 4
Beidar (Tell) 1
Beqa'a 78
Bi'a (Tell) 22
Bishri (Djebel) 15, 39, 51, 67, 68, 69, 83, 117, 124
Bît-Adini 74, 80, 81, 114, 123, 124
Bît-Agusi 74, 114
Bît-Baḫiani 74, 114, 118
Bît-Gabbari 114
Bît-Ḫalupê 119, 120
Bouqros 19
Brak (Tell) 1, 22, 24
Byblos 113

Canaan 27, 74, 76
Caucase 41
Cheikh Hamed (Tell) 92, 97, 119

Damas 12, 78
Deir-ez-Zor 53
Der 118
Diyala 23, 25, 69
Djaghdjagh 15, 121
Djéziré 1, 2, 7, 11, 12, 13, 14, 15, 16, 17, 18, 19, 20, 21, 22, 23, 24, 25, 26, 30, 31, 37, 38, 42, 43, 47, 48, 52, 59, 63, 64, 65, 67, 68, 69, 70 ,74, 77, 78, 80, 81, 82, 83, 84, 85, 86, 101, 116, 117, 119, 121, 123, 124, 125, 135 et *passim*
Doura-Europos 106

Dûr-katlimmu 8, 52, 65, 66, 69, 70, 82, 85, 86, 92, 115, 116, 119, 121, 122, 125, 132
Dûr-Kurigalzu 120
Dûr-Yaggid-Lim 65

Ebla 6, 22, 23, 42, 43, 94
Edom 77, 78
Egée 46
Egypte 6, 21, 27, 39, 45, 56, 67, 71, 78
Ekallate 25, 42
El Amarna 44, 67, 73, 78
Elam 39, 40, 42
El-Kowm 15
Eluḫat 69
Emar 6, 44, 45, 52, 74, 113
Ešnunna 25, 31, 43, 54, 94
Euphrate 11, 12, 13, 15, 16, 17, 19, 20 ,21, 22, 23, 24, 39, 44, 47, 65, 67, 70, 80, 81, 83, 84, 85, 86, 108, 117, 119, 120, 124, 130 et *passim*

Fékhériyé (Tell) 4, 105, 118, 128

Golfe arabo-persique 21, 39
Grand Hatti 79
Graya (Tell) 21, 23
Grèce 71
Guzana 4, 66, 79, 91, 103, 105, 118, 119, 125, 126, 129

Habuba Kabira 20
Hadad 78, 80, 113
Halaf (Tell) 79, 81, 91, 118, 129
Halebiyé-Zénobiyé 14
Halys 78
Hariri (Tell) 3, 22, 52
Hassaké 15, 121
Hatti 12, 40, 50, 51, 67, 71
Hattuša 78

Ḫamrin (Djebel) 23
Ḫana 7, 8, 38, 47, 48, 49, 50, 51, 52, 53, 54, 65, 69, 70, 85, 116, 117, 119, 131 et *passim*
Ḫanigalbat 40, 63, 64, 66, 68, 69, 86, 116, 118, 125
Ḫaradum 52, 118
Ḫarran 110
Ḫindanu 115, 117, 119, 120, 124
Ḫît 13, 83, 118
Ḫuzirina 121

Iran 54
Israël 27, 36, 72, 77, 133

Jordanie 26, 77
Judah 133

Kalaḫ 92, 124
Kaneš 54
Kannas (Tell) 20
Karatepe 79
Karkémish 52, 64, 74, 78, 79, 80, 83, 84, 85, 90, 92, 102, 103, 117, 129

Kâr-Tukulti-Ninurta 62, 70
Katmuḫi 67, 68, 123
Khabour 1, 4, 5, 6, 7, 8, 11, 13, 14, 15, 16, 17, 19, 21, 24, 34, 47, 48, 52, 53, 63, 64, 65, 66, 67, 68, 69, 70, 73, 74, 81, 82, 84, 85, 86, 89, 108, 114, 115, 116, 117, 118, 119, 120, 121, 122, 123, 124, 125, 126 et *passim*
Khuera (Tell) 22, 23
Kizzuwatna 79, 80

Lagash 94
Laqê 86, 87, 105, 106, 110, 117, 118, 119, 120, 121, 122, 123, 124, 125, 126, 127, 128, 132, 133
Leilan (Tell) 1, 22, 24
Liban 78

Magrisu 121
Malatya 79, 96
Mari 1, 3, 7, 21, 22, 23, 24, 25, 26, 28, 30, 31, 32, 35, 36, 38, 40, 42, 43, 47, 48, 49, 50, 52, 54, 67, 69, 81, 85, 86, 87, 89, 95, 106, 116, 117, 118, 120, 126
Mésopotamie 15, 54, 55, 71 et *passim*
Mésopotamie du nord 1, 68 et *passim*
Mésopotamie du sud 24 et *passim*
Mitanni 40, 51, 55, 56, 57, 63, 107
Moab 77
Moyen-Euphrate 1, 2, 11, 15, 69, 70, 73, 81, 85, 118, 126, 135 et *passim*
Mozan (Tell) 22
Mureybet 19
Muški 121

Nasibin 120, 121
Nimrud 92
Ninive 63, 109, 111, 112, 120, 123
Nuzi 46, 96

Ougarit 44, 45, 52, 74, 91, 95, 97, 113

Palestine 2, 26, 27, 39, 71, 72, 74, 75, 76, 77, 82
Palmyre 78, 83, 118
Palmyrène 15
Phénicie 74

Qatna 119, 121, 122, 123, 125
Qatnu 85

Raṣappa 87, 127
Ramadi 13
Rapiqu 69, 116, 117
Raqqa 14
Ras el 'Ain 15
Rimah (Tell) 63

Ṣupru(m) 25, 89, 121

Sam'al 79, 103, 113, 129, 133
Samanu 85
Samarie 133
Sapirrutu 117

Shamiyé 14, 27, 30, 67, 69, 74, 82, 83 ,84
Shatt el-Arab 13
Sikani 118
Sindjar (Djebel) 13, 15, 16, 120
Sippar 52, 69, 117, 120
Sirqu 95, 98, 105, 113, 117, 119, 120, 121, 124, 125, 129, 130, 131, 132, 133
Subir 22
Sultan Tepe 121
Sumer 20, 69
Suru 120, 121, 123, 124, 125, 126
Suḫu 4, 83, 84, 85, 86, 87, 117, 119, 120, 122, 123, 124, 125, 126
Syrie 2, 12, 15, 20, 71, 82, 84
Syrie du nord 68
Syrie du Nord 7

Šadikanni 85, 119, 121, 123, 125
Šamanu 126
Šubat-Enlil 31, 40, 43

Tabete 66
Tadmor 78, 83, 118, 122
Ta'idu 64
Tell Halaf 91
Terqa 1, 7, 8, 9, 16, 22, 23, 25, 40, 47, 48, 49, 50, 51, 52, 53, 54, 56, 70, 89, 95, 105, 113, 116, 117, 119, 129, 132, 135 et *passim*
Tharthar (ouadi) 11, 15, 23, 63, 65, 83, 92, 120
Tigre 1, 11, 15, 20, 21, 23, 25, 57, 65, 67, 70, 82, 83, 118, 120
Til Barsip 79, 80, 119, 123, 129
Transjordanie 77
Tuttul 22

Urartu 66
Usalla 121

Van 11, 82, 83

Waššukkanni 56

Y'dy 113
Yesemek 79

Zab 57
Zagros 19, 41
Zincirli 79, 80, 81, 92, 111, 113, 129
Ziwiyé 92
Zuriḫ 119

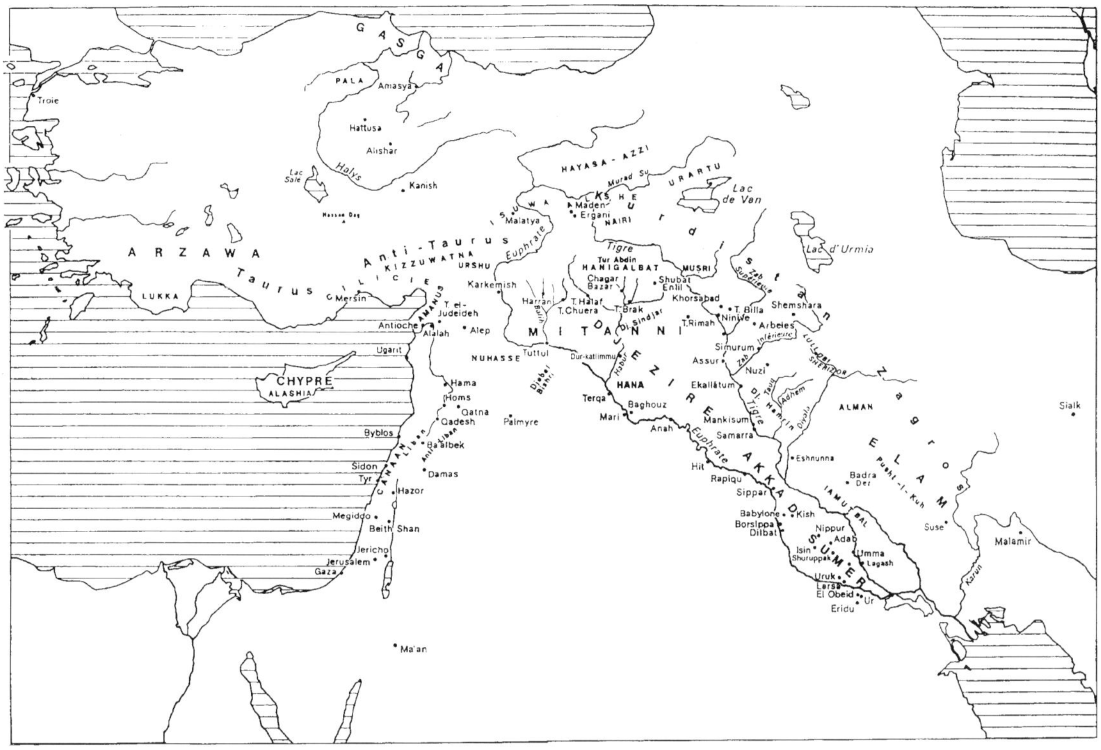

- Fig. 1: Carte générale du Proche-Orient ancien.

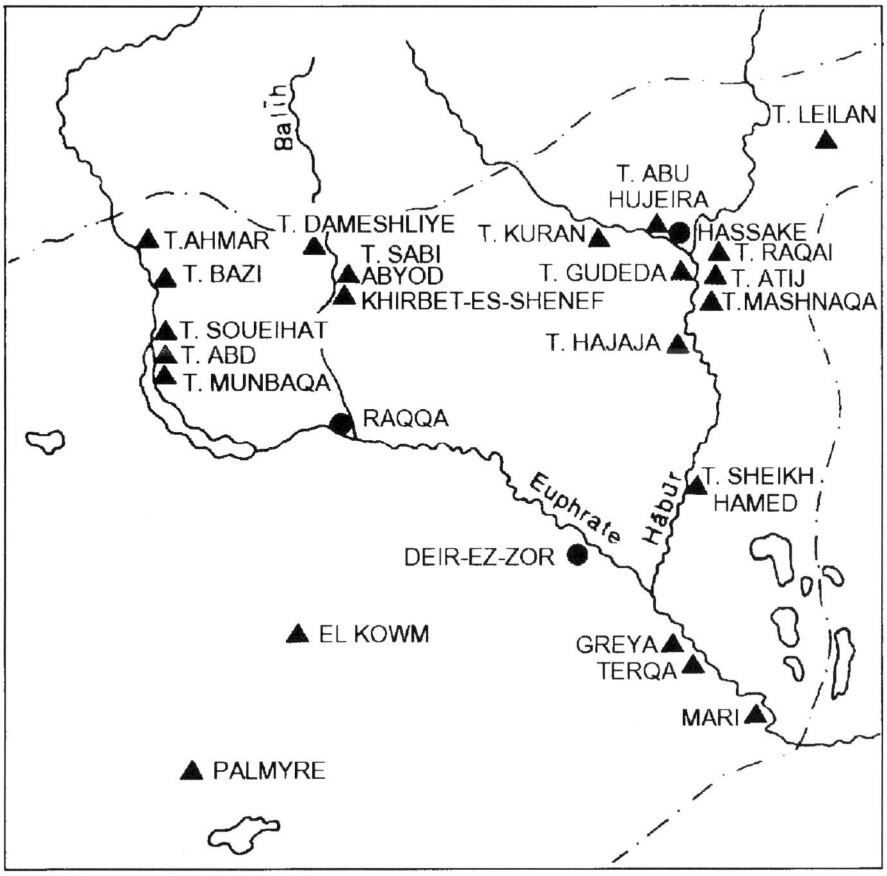

- Fig. 2: Sites de Mésopotamie du nord.

- Fig. 3 et 4: Ashara-Terqa; vue du tell depuis la rive gauche.

- Fig. 5: vue aérienne du tell occupé par le village moderne.

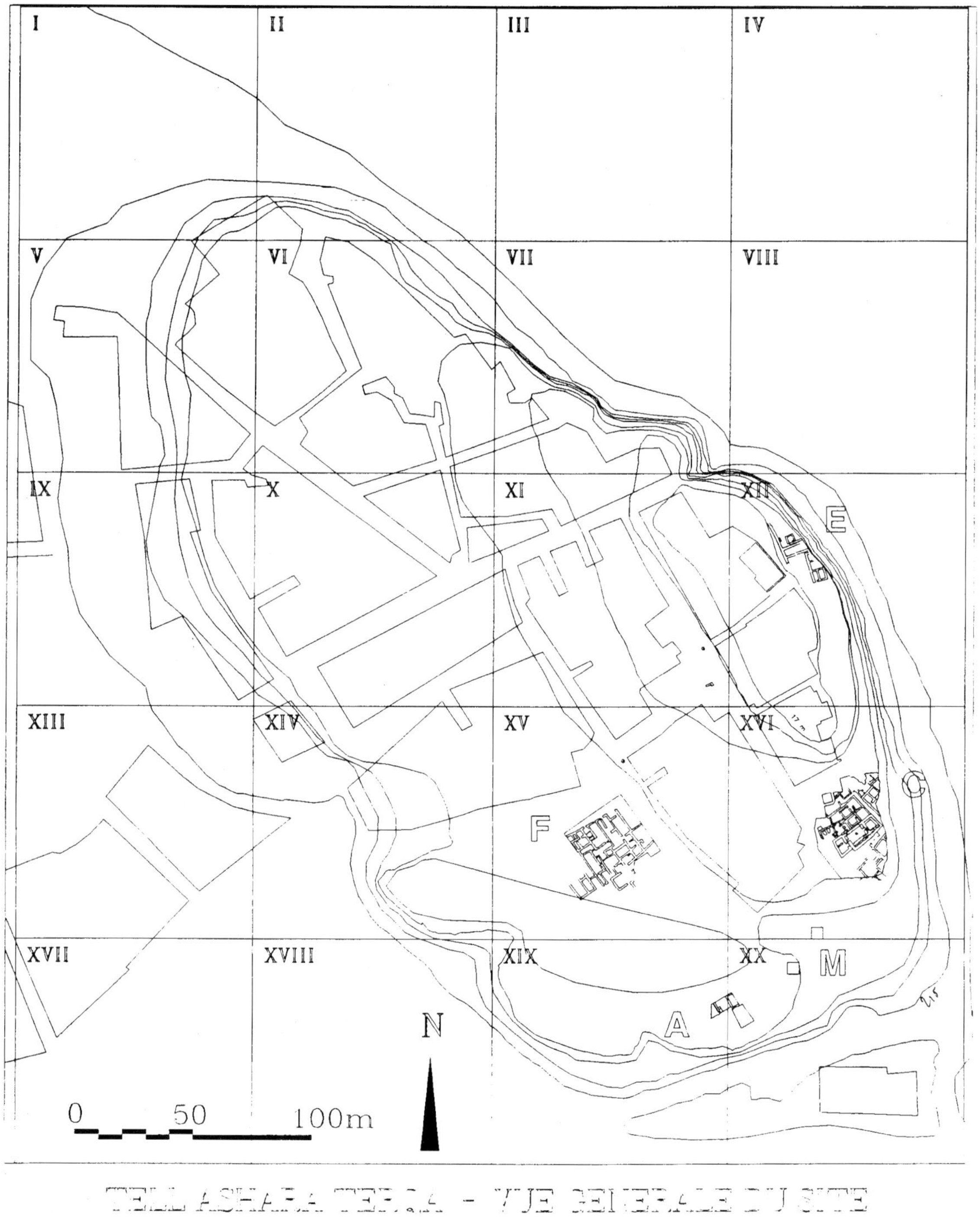

- Fig. 6: Ashara-Terqa; plan général avec la ville moderne et les chantiers de fouille.

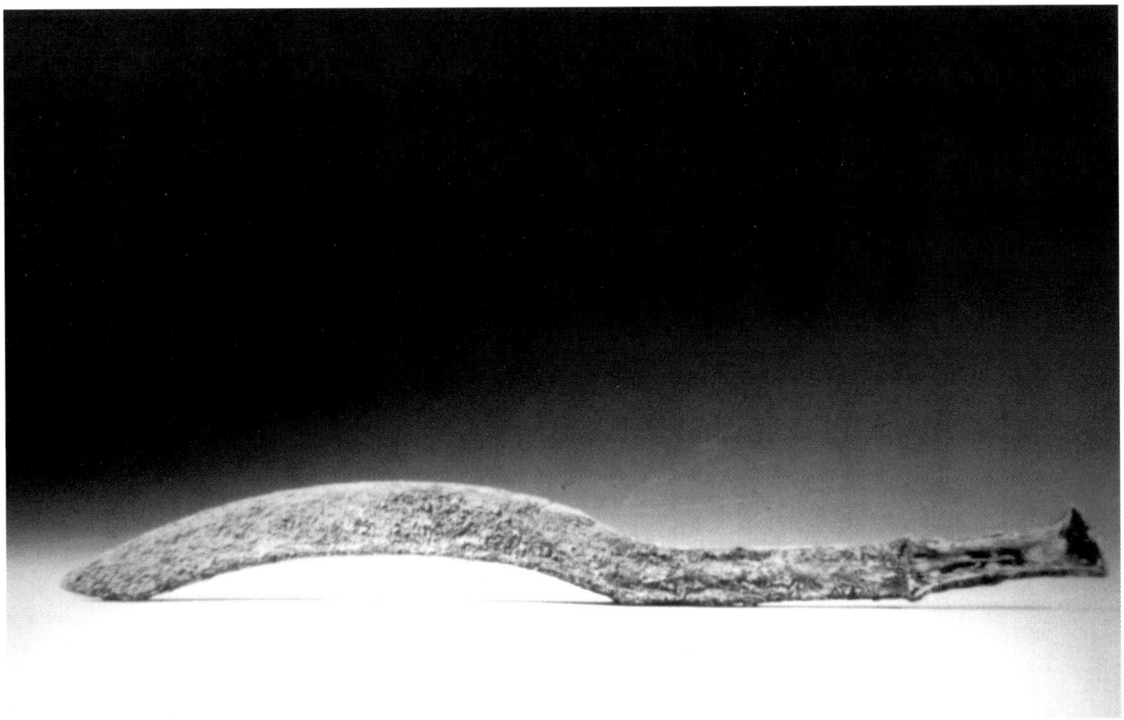

- Fig. 7: Ashara-Terqa; la harpè.

- Fig. 8: Ashara-Terqa: les centaures femelles.

- Fig. 9: Ashara-Terqa; la stèle (dessin Caroline Florimont).

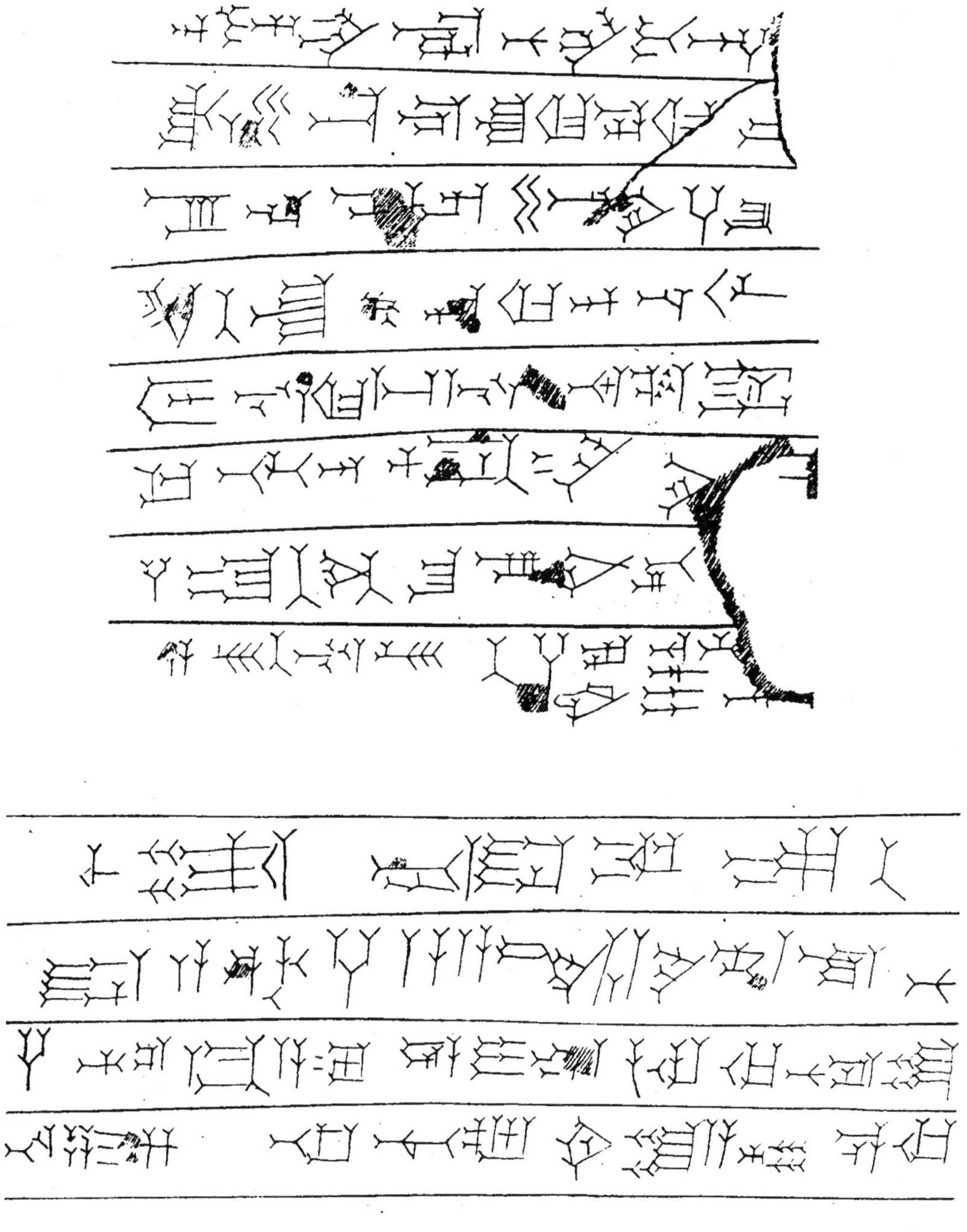

- Fig. 10: Ashara-Terqa; le texte de la stèle (copie R.-J. Tournay).

- Fig. 11: Ashara-Terqa; la stèle.

- Fig. 12: Ashara-Terqa; la stèle.

- Fig. 13: Ashara-Terqa; la stèle.

- Fig. 14: Ashara-Terqa; la stèle.